Matei Chihaia
Der Golem-Effekt

■ **machina** | Band 1

Editorial

Das lateinische Wort »*machina*« bedeutet – wie seine romanischen Entsprechungen – nicht nur Maschine, sondern auch List, bezeichnet zugleich den menschlichen Kunstgriff und das technische Artefakt. Die mit diesem Wort überschriebene Reihe versammelt Studien zur romanischen Literatur- und Medienwissenschaft in technik- und kulturanthropologischer Perspektive.
Die darin erscheinenden Monographien, Sammelbände und Editionen lassen sich von der Annahme leiten, dass literarische, theatralische, filmische oder andere mediale Produktionen nur mit gleichzeitiger Rücksicht auf ihre materielle Gestalt und ihren kulturellen Gebrauch angemessen zu beschreiben sind.

Die Reihe wird herausgegeben von Irene Albers, Sabine Friedrich, Jochen Mecke und Wolfram Nitsch.

Matei Chihaia ist Professor für Spanische Literaturwissenschaft an der Bergischen Universität Wuppertal.

Matei Chihaia
Der Golem-Effekt
Orientierung und phantastische Immersion
im Zeitalter des Kinos

[transcript]

Gefördert durch die Deutsche Forschungsgemeinschaft

Bibliografische Information der Deutschen Nationalbibliothek
Die Deutsche Nationalbibliothek verzeichnet diese Publikation in der Deutschen Nationalbibliografie; detaillierte bibliografische Daten sind im Internet über http://dnb.d-nb.de abrufbar.

© **2011 transcript Verlag, Bielefeld**

Die Verwertung der Texte und Bilder ist ohne Zustimmung des Verlages urheberrechtswidrig und strafbar. Das gilt auch für Vervielfältigungen, Übersetzungen, Mikroverfilmungen und für die Verarbeitung mit elektronischen Systemen.

Umschlagkonzept: Kordula Röckenhaus, Bielefeld
Umschlagabbildung: aus: Paul Wegener: Der Golem, wie er in die Welt kam (Deutschland 1920), DVD (Restaurierte Fassung mit neuer Musik), Erscheinungsdatum 15.3.2004 (Transit und UFA/ Universum)
Lektorat & Satz: Matei Chihaia
Druck: Majuskel Medienproduktion GmbH, Wetzlar
ISBN 978-3-8376-1714-6

Gedruckt auf alterungsbeständigem Papier mit chlorfrei gebleichtem Zellstoff.
Besuchen Sie uns im Internet: *http://www.transcript-verlag.de*
Bitte fordern Sie unser Gesamtverzeichnis und andere Broschüren an unter: *info@transcript-verlag.de*

Inhaltsverzeichnis

Vorwort 9

1. Diskurse über Orientierung im Zeitalter des Kinos

1.1 Einführung: Immersion und Infiltration in Film und Literatur
Fiktion und Technik 13
Desorientierung und Reorientierung 18

1.2 Das Problem der »Orientierung«
Von der geographischen Orientierung
zur Orientierung im Denken 25
Orientierung als symbolische Form 30
Sprache als Mittel der Zentrenbildung 35
Von Cassirer zu Ingarden:
Die Grenzen der legitimen Immersion 38

1.3 Immersion als Reorientierung
Kognitionspsychologie und das neue Medium 43
Der Tonfilm gegen den Syntax-Riegel 46
Deixis am Phantasma 51

1.4 Von der »ästhetischen Grenze« zur »filmischen Fiktion«
Bühlers frühe Analyse der Fiktion 59
Münsterberg: Der Film als perfekte Illusion 62
Michalski: Vom ungeformten zum geformten Raum 65
Hamburger: Die »filmische Fiktion« 69

1.5 Immersion als Desorientierung
Der Film als Traum und der Mangel an Orientierung 73
Zwei Perspektiven auf das »Unheimliche« 78
Die belebte Puppe 80

1.6 Zur Rezeption der Psychoanalyse in der Theorie filmischer Fiktion
Metz und Kracauer 87
Schefer und Kittler 93

1.7 Kognitionspsychologische Analysen der Immersion
Kognitive Bedingungen der filmischen Fiktion 99
Systemtheoretische Medientheorie 102

2. DER GOLEM-EFFEKT

2.1 Immersion und Infiltration in der erzählten Phantastik
Narrativ bedingte Unschlüssigkeit und Fiktionshäresie ... 109
Der Pygmalion- und der Quijote-Effekt............................. 116
Medial bedingte Unschlüssigkeit: Der Golem-Effekt 123

2.2 Meyrink: Fiktion und Esoterik
Das Paradox einer esoterischen Fiktion 129
Die narrative Problematisierung
der ästhetischen Grenze 133
Metapoetische Bezüge auf das Kino 145

2.3 Quiroga: Kalkül und Hypnose
Phasen einer Auseinandersetzung mit dem Kino 161
Miss Dorothy Phillips, mi esposa:
Illusion und Inszenierung.. 195
El espectro:
Desorientierung als doppelte Unschlüssigkeit 202

2.4 Wegener: Form und Magie
Die politische Orientierung des phantastischen Films 219
Mediale Desorientierung und Fiktionsironie..................... 223
Strukturelle Eigenschaften der filmischen Fiktion............ 228

2.5 Borges: Der neue Fiktionsvertrag
Orientierung und Desorientierung in den frühen Essays ... 247
Von der phantastischen Hypothese
zur erzählten Fiktion 263
Borges und Meyrink 273

**2.6 Palma, Bioy, Hernández: Legitime
und illegitime Transgressionen**
XYZ: Das Kino als legitimer Infiltrationsapparat 287
La invención de Morel: Die riskante Immersion 291
El acomodador und *Las hortensias*:
Die illegitime Transgression 303

**2.7 Cortázar: Der Golem-Effekt
als narrative Metalepse**
Immersion und Infiltration in der Poetik Cortázars 319
Continuidad de los parques: Ästhetische Bedingungen
der Metalepse 331

Schluss 355

Danksagung 361

Abkürzungsverzeichnis 363

Bibliographie 365

Filmographie 389

Vorwort

Das vorliegende Buch ist die überarbeitete Fassung meiner Habilitationsschrift zum Thema »Filmische Fiktionen: Poetik der Metalepse in den Erzählungen Julio Cortázars«, die ich im November 2005 bei der Philosophischen Fakultät der Universität zu Köln eingereicht habe. Es enthält zugleich den Ertrag der Forschungen, die ich als Heisenberg-Stipendiat der DFG von 2007 bis 2009 mit dem Arbeitstitel »Desorientierungszentren der Moderne« in Deutschland, Frankreich und Argentinien verfolgen durfte. Das zweite Projekt ging hierbei aus dem ersten hervor. These der Habilitation war es, dass die narrative Metalepse sich nur unter Bezug auf mediale Formen verstehen lässt, und dass der Film eine für Cortázar besonders relevante Form dieser Art darstellt. Cortázars metaleptische Erzählungen funktionieren als intermediale Erzählungen, welche sprachliche Konzeption mit optischer Konzeption kontrastieren. Dabei interagiert der Film auf zwei unterschiedliche Weisen mit der Sprache: Er kann ihre Ordnung verwirren und den Leser desorientieren, ihm aber auch als Modell der Reorientierung in der Fiktion dienen. Schon bei den Recherchen zur Habilitation stellte sich heraus, dass diese Ambivalenz des Kinos nicht nur die Poetik von Cortázars Erzählungen charakterisiert, sondern auch andere rioplatensische Texte der Moderne. Umgekehrt spalten sich die zeitgleichen essayistischen Diskurse über das Kino klar auf: Die einen beschreiben es als Gestalt, welche für die Reorientierung des Betrachters das Gleiche leistet wie sprachliche Formen – die anderen hingegen unterstreichen den Terror eines desorientierenden, sie aus ihrer lebensweltlichen Verankerung ersatzlos herausreißenden Mediums. Die Folgen dieser beiden Diskurse für das Verhältnis von Immersion und Fiktion zu erforschen, war das Ziel des zweiten Projekts, das die DFG großzügig gefördert hat. Tatsächlich kann ästhetische Immersion als »Teilnahme«, »Eintauchen« oder »Einsinken« beschrieben werden, und diese semantischen Varianten deuten bereits die verschiedenen

Diskurse an, welche die Poetik der Immersion in der Moderne prägen. Auch in fiktionalen Werken selbst, sei es in Erzählungen oder in Filmen, wird diese Rezeption durch zahlreiche metapoetische Sujets thematisiert. Dabei bildet die ästhetische Form des Kinos eine Herausforderung für die traditionelle Form narrativer Fiktion, die sich oft in phantastischen Grenzüberschreitungen niederschlägt. In einem Korpus von modernen Erzählungen, die ich mit Renate Lachmann als »fiktionshäretisch« bezeichne, wird diese Herausforderung ausgetragen. Dabei werden nicht nur die beiden Diskurse der Reorientierung und Desorientierung miteinander eng geführt, sondern auch charakteristische Unschlüssigkeiten zwischen der Immersion des Betrachters und der Infiltration fiktiver Figuren erzeugt. Mit Blick auf Gustav Meyrinks Roman und Paul Wegeners Film habe ich dies den »Golem-Effekt« genannt. Unter den Verfahren, die diesen Effekt bewirken und verhandeln, nimmt die narrative Metalepse einen besonderen Rang ein – insbesondere, wenn diese (wie bei Gérard Genette) unter ihrem ästhetischen, metafiktionalen Aspekt betrachtet wird. Die Metalepse als Überschreitung diegetischer Grenzen veranschaulicht die intensive Auseinandersetzung mit der ästhetischen Grenze der Fiktion, und insbesondere mit der fiktionalen Form des Kinos. Auch wenn also der thematische Schwerpunkt sich im Lauf der Forschung gegenüber der Habilitationsschrift verschoben hat, bildet die Poetik von *Continuidad de los parques* immer noch den Fluchtpunkt dieser Arbeit.

Wuppertal im Mai 2010

1. Teil

Diskurse über Orientierung im Zeitalter des Kinos

1.1 Einführung: Immersion und Infiltration in Film und Literatur

FIKTION UND TECHNIK

Die starken Impulse, die von der Filmtheorie und der Auseinandersetzung mit interaktiven digitalen Medien auf die Kultur der letzten beiden Jahrzehnte ausgingen, sind auch an der Theorie der Fiktion nicht spurlos vorbeigegangen. Dem Prinzip der ästhetischen Distanz, des Spiels und der Inszenierung, welches für die Semiotik der achtziger Jahre den Normalfall darstellte,[1] begegnete in Gestalt einer bestimmten Medientheorie ihr genaues Gegenteil: ein Modell, bei dem die Durchdringung des Fiktionalen mit dem Faktualen zum Ausgangspunkt wird. Die beiden Richtungen dieser Durchdringung lassen sich – mit Gertrud Koch – auf die Begriffe der »Immersion« und »Infiltration« bringen. Bezeichnet das eine die Teilnahme des Rezipienten an der künstlichen Welt, so beschreibt das andere umgekehrt das Vordringen fiktionaler Simulacren in den Horizont unserer Lebenswelt.[2]

---

[1] Rainer Warning: »Der inszenierte Diskurs. Bemerkungen zur pragmatischen Relation der Fiktion«, in: Dieter Henrich/Wolfgang Iser (Hg.): *Funktionen des Fiktiven*, München: Fink 1983, S. 183-206.

[2] Das Begriffspaar wird von Gertrud Koch in diesem Sinn verwendet (Koch: »Pygmalion – oder die göttliche Apparatur«, in: Gerhard Neumann/Mathias Mayer (Hg.): *Pygmalion. Die Geschichte des Mythos in der abendländischen Kultur*, Freiburg: Rombach 1997, S. 423-441, hier S. 433). Beide Aspekte arbeitet noch detaillierter Marie-Laure Ryan heraus. Allerdings untersucht sie statt der »Infiltration« die »Interaktion« mit virtuellen Welten (Ryan: *Narrative as Virtual Reality. Immersion and Interactivity in Literature and Electronic Media*, Baltimore/London: The Johns Hopkins UP 2001, S. 89-171, besonders Kap. 6: »From Immersion

Mit den fiktionalen und nichtfiktionalen Thematisierungen dieser »Immersion«, deren ebenbürtiges Gegenstück das aus dem Rahmen tretende, die Lebenswelt »infiltrierende« Kunstwerk ist, möchte ich mich in den folgenden Untersuchungen beschäftigen. Dabei konzentriere ich mich auf den narrativen Ausbau dieses Themas zu phantastischen, ereignishaften Überschreitungen der ästhetischen Grenze.

Die Prozesse der ästhetischen Immersion und Infiltration werden in der modernen Literatur unter dem Eindruck der Technisierung von Lebenswelt neu verhandelt. Es ist eine Grundannahme der Medientheorie, dass die neuen Technologien nicht nur Medien zur massenhaften Distribution, sondern auch ungewohnte Formen ästhetischer Erfahrung hervorbringen. Die technische Produzierbarkeit und Reproduzierbarkeit von Fiktionen stellt Immersion, aber auch Infiltration unter grundsätzlich andere Bedingungen als alle vormoderne Belebung der Kunst oder Kommunion mit ihr. Das Einsinken der Technologie in die Selbstverständlichkeit, die Einbindung des Menschen in eine Welt von Apparaten, erklärt, laut einer Phänomenologie der Technisierung,[3] weshalb Fiktionales und Faktuales sich jetzt durchdringen: Die Erzeugnisse der Technik werden Teil der Lebenswelt. In einer anthropologischen Perspektive formuliert Marshall McLuhan diesen Zusammenhang mit den Begriffen der »prothetischen Extension«, die zu einem Teil des Menschen wird, und der daraus folgenden »Medienvergessenheit«.[4] Der Benutzer von Medien versinkt in eine technisch hergestellte Wirklichkeit, die auf einmal als neue Umwelt angenommen wird. Für die daran anknüpfende Medientheorie Friedrich Kittlers

---

to Interactivity: The Text as World versus the Text as Game«), geht also von einer starken spielerischen Beteiligung des Rezipienten aus. Im Unterschied zu diesem rezeptionsästhetischen Ansatz argumentiert Koch mit der Filmtheorie von Christian Metz, wo es weniger um Spiel als um Suggestion geht. Auf den grundsätzlichen Unterschied zwischen einem kognitivistisch-interaktiven und einem psychoanalytischen Diskurs, der beide trennt, komme ich noch ausführlicher zu sprechen.

3   Eine gute Einführung in diesen Zusammenhang gibt Hans Blumenberg: »Lebenswelt und Technisierung unter Aspekten der Phänomenologie«, in: H.B.: *Wirklichkeiten in denen wir leben*, Stuttgart: Reclam 1981, S. 7-54.

4   Vgl. Wolfram Nitsch: »Anthropologische und technikzentrierte Medientheorien«, in: Claudia Liebrand/Irmela Schneider u.a. (Hg.): *Einführung in die Medienkulturwissenschaft*, Münster: Lit 2005, S. 81-98.

speist nicht nur das Kino den Betrachter in ein technisch bestimmtes System ein, sondern drängt seine Regel auch der Literatur auf. Die Besonderheiten der modernen Literatur – und somit auch die Sujets, welche die Grenze zwischen Kunst und Leben thematisieren[5] – erklärten sich einerseits aus der Technik des zeitgenössischen Mediums. Andererseits sei diese gerade deswegen so wirksam, weil sie nicht zum Gegenstand einer bewussten Reflexion werde. Eines der Beispiele ist der Roman *Der Golem* (1915) von Gustav Meyrink, der sich an den Standards der Filmproduktion orientiere, dies aber aufgrund seiner Medienvergessenheit nicht explizieren kann.[6]

Ein anderer der zahlreichen von Kittler zitierten Belege ist Paul Wegeners *Der Golem, wie er in die Welt kam* (1920). In der Figur des Golems, der sich als künstlicher Mensch unter fremder Kontrolle fortbewegt, sieht Kittler ein Emblem der Filmrezeption, welche, ohne Umwege über eine Poetik der Fiktion, Leinwand und Netzhaut verschaltet und den Zuschauer selbst in eine technisch organisierte Wahrnehmung einspeist.[7] Auch der Film im Film als Ausstellung von Fiktionalität, so die Konsequenz, bietet keine Reflexionsmöglichkeit von ästhetischen Grenzen, weil das Medium des Films nicht über Zeichenprozesse, also symbolisch, verarbeitet wird, sondern direkt auf das zentrale Nervensystem einwirkt.[8] Mit der prägnanten technozentrischen Interpretation der Literatur geht also eine ebensolche Deutung des Films einher. Das Kino besitzt laut Kittler zwar technische Schwellen, aber keine ästhetische Grenze, die, wie in der Buch-Fiktion, überschritten werden könnte. Denn »Stummfilme implementieren in technischer Positivität, was Psychoanalyse nur denken kann: ein Unbewußtes, das keine Worte hat«.[9]

---

5   Zum Sujetbegriff s. Juri Lotman: *Die Struktur literarischer Texte*, München: Fink 1972, S. 338 und Rainer Warning: »Chaos und Kosmos. Kontingenzbewältigung in der *Comédie humaine*«, in: R.W.: *Die Phantasie der Realisten*, München: Fink 1999, S. 35-88, hier S. 35-39.

6   Friedrich Kittler: *Grammophon – Film – Typewriter*, Berlin: Brinkmann & Bose 1986, S. 243-247.

7   Friedrich Kittler: »Romantik – Psychoanalyse – Film. Eine Doppelgängergeschichte«, in: F.K.: *Draculas Vermächtnis. Technische Schriften*, Leipzig: Reclam 1993, S. 81-104, hier S. 99-103.

8   Ebd., S. 100.

9   Ebd., S. 91.

Damit erscheint das neue Medium als ein ideales Mittel, um das Imaginäre der literarischen Romantik zu produzieren, d.h. unter Kontrolle zu bringen: Phantasmen, Doppelgänger und alle Manifestationen eines irrationalen Imaginären werden technisch realisierbar.[10] Die Fiktion ist also der Ort, an dem der Zusammenhang von Psyche und Technik hergestellt, aber auch verwischt wird. Kittler entdeckt auf diese Wiese die besondere Stellung des Sujets von Immersion oder Infiltration im Kinozeitalter. Zugleich jedoch führt ihn die Annahme einer *mauvaise foi*, einer ideologisch begründeten Unaufrichtigkeit der Literatur, an der Tragweite dieser Entdeckung vorbei. Denn die von ihm beschriebenen Sujets, die nicht ohne eine ästhetische Grenze gedacht werden können, sind nicht nur ein Anzeichen für den Zusammenbruch eines traditionellen, vorfilmischen Modells der fiktionalen Inszenierung, sondern auch für die bewusste und fiktionsironisch reflektierte Auseinandersetzung mit der ästhetischen Grenze des Kinos, d.h. der Grenze zwischen dem Film und anderen medialen Konstruktionen. Es besteht keine Notwendigkeit, den Schriftstellern ihre Medienvergessenheit vorzuführen, wenn man akzeptiert, dass das Kino nicht nur als technisches Medium, sondern auch als mediale Form wirksam wird. So lange diese metafiktionale Dimension des Gesagten nicht erschöpfend untersucht wurde, scheint es verfrüht, sich mit dem Ungesagten oder Unbewussten auseinanderzusetzen.

Der Golem, zusammen mit allen anderen künstlichen Menschen, deren Stammbaum Philippe Breton rekonstruiert hat,[11] gehört als metapoetisches Thema in diesen Zusammenhang. Das Motiv des Doppelgängers in Literatur und Film wurde erst unlängst zum Gegenstand einer ausführlichen komparatistischen Untersuchung, die, wie die vorliegende, von Kittler inspiriert ist.[12] Die komparatistische Perspektive zeigt aber auch, dass die Figuren des Unbewussten sich mit den Themen der Metafiktion überschneiden. Gerade die Bezüge auf kulturelle Motive wie den Doppelgänger oder das belebte Artefakt legen es nahe, die Konzentration von Golem-Fiktionen in der ersten Hälfte des 20. Jahrhunderts (analog zum von Stoichita rekonstruierten

---

10 Ebd., S. 97.

11 Philippe Breton: *A l'Image de l'homme. Du Golem aux créatures virtuelles*, Paris: Seuil 1995, S. 11-13.

12 Gerald Bär: *Das Motiv des Doppelgängers als Spaltungsphantasie in der Literatur und im deutschen Stummfilm*, Amsterdam: Rodopi 2006.

Pygmalion-Effekt, der in das frühe Kinozeitalter hineinreicht[13]) in die Geschichte der Fiktionsreflexion einzuordnen – und nicht als deren Ende zu deuten. Die fiktionsironische Reflexion und spielerische Brechung des gesprengten Rahmens lässt sich bereits in frühen Kurzfilmen wie Georges Méliès' *Les cartes vivantes* (1904) beobachten, wo eine lebensgroße Spielkartenkönigin aus dem Karton heraustritt und wieder in ihn zurückkehrt. Das technisch mögliche Wunder der Metamorphose wird hier buchstäblich als Karten-Spiel vorgeführt, als filmische Illusion, in der sich nicht nur das Imaginäre des staunend-amüsierten Zuschauers, sondern auch die filmische Fiktion metafiktional spiegelt. Nichts anderes geschieht in Meyrinks und Wegeners Werken, auch wenn es falsch wäre, sie auf ihre fiktionsironischen Aspekte zu reduzieren. Noch deutlicher wird dies in einer Literatur, welche Infiltration phantastisch erzählen, aber nicht effektiv bewirken kann. Die ausgezeichnete Monographie Mesa Gancedos über den künstlichen Menschen in der lateinamerikanischen Literatur unterstreicht immer wieder, dass das Thema der künstlichen Schöpfung ein Mittel bietet, die Konstruiertheit der Fiktion und die Rolle des Autors zu reflektieren.[14]

Anders als Kittler sehe ich also keinen Grund, den Beitrag des Kinos zur Fiktion des Kinozeitalters in der vollständigen Technisierung der Wahrnehmungsprozesse zu suchen. Aus einer phänomenologischen Perspektive kann es eine solche Vollständigkeit, wie Blumenberg im bereits zitierten Aufsatz zeigt, ohnehin nicht geben. Aber noch ein weiteres Indiz für das Beharren der Fiktion im Film gibt es: die Divergenz der psychoanalytischen und der kognitionspsychologischen Diskurse über den Film. Kittler weist zwar ebenfalls auf diese Divergenz hin, ordnet sie jedoch seiner Vorstellung von einer *mauvaise foi* der Fiktion unter: Film implementiere – unter seinem romantischen Aspekt – das unterbewusste Imaginäre, das die Psychoanalyse zu

---

13 Victor I. Stoichita: *L'Effet Pygmalion*, Genève: Droz 2008. Das letzte Kapitel dieses Buchs widmet sich dem Kino Alfred Hitchcocks. Eine ausgezeichnete Analyse zu diesem Thema und eine Erschließung des relevanten Korpus moderner Pygmalion-Geschichten im Bereich der lateinamerikanischen Literatur findet sich bei Daniel Mesa Gancedo: *Extraños semejantes. El personaje artificial y el artefacto narrativo en la literatura hispanoamericana*, Zaragoza: Prensas universitarias de Zaragoza 2002, S. 11-48.
14 Mesa Gancedo: *Extraños semejantes*, S. 383-385.

entdecken meint, und liefere zugleich – unter seinem modernen Aspekt – die wahre Psychotechnik, welche die Anordnungen der Experimentalpsychologen nur nachahmen könnten.[15] In beiden Fällen gestatte der Film eine objektive Organisation und Kontrolle – sei es von Doppelgänger-Erscheinungen oder von kognitiven Prozessen –, die in der literarischen Fiktion nicht möglich sei. Im Unterschied zu Kittler halte ich die Divergenz nun nicht für den Ausdruck von Medienblindheit, sondern für die Folge einer den Kinodiskursen eingeschriebenen und in der Fiktion verstärkten Ambivalenz. Kontrollierte und unkontrollierte Teilnahme am Kino hat eine fiktionsironische und eine phantasmatische Seite, und in der unhierarchischen Kombination dieser beiden Seiten liegt die provozierende Unberechenbarkeit von Autoren wie Meyrink, Quiroga oder Borges. Nicht funktionale Zuspitzung auf die »totale Macht« des Films als Psychotechnik, sondern eine besondere Aufmerksamkeit auf die Problematik der »ästhetischen Grenze« ist das Ziel dieser Verknüpfung. Der prägende Einfluss dieser Kinopoetik in der literarischen Fiktion der ersten Jahrhunderthälfte beruht, so meine These, nicht auf dem Abbau von fiktionaler Distanz, sondern auf ihrer intermedialen Differenzierung und Problematisierung, was sich beides im Sujet der Immersion und Infiltration äußert.

DESORIENTIERUNG UND REORIENTIERUNG

Die Frage, die ich am Beispiel des Golem-Motivs zu stellen versuche, ist nicht, was eine Fiktion besonders fesselnd macht, oder einer fiktionalen Gestalt gestattet, real zu werden. Es geht vielmehr um die Kriterien, nach denen die Immersion oder Infiltration überhaupt darstellbar und diskutierbar wird, also um die den betreffenden Sujets zugrunde liegenden Diskurse. Jean-Marie Schaeffer hat unterstrichen, dass die Teilnahme des Betrachters an der Fiktion in unterschiedlichen Medien verschieden ausfällt:

Damit eine Fiktion »läuft«, müssen wir die (gemalte) Landschaft sehen, an der (gefilmten) Geiselnahme teilnehmen, die (beschriebene) Eheszene (wieder-) erleben. Und die Art, in der wir das Scheitern einer Fiktion beschreiben – »In diesen Film kommt man nicht hinein«, »Das ist eine Geschichte, die einen

---

15 Kittler: *Grammophon – Film – Typewriter*, S. 237-241.

nicht packt«, »Diese Figur gibt es nicht« oder »Dieses Porträt hat keinerlei Leben in sich« – offenbart nicht weniger die zentrale Rolle der Immersion.[16]

Immersion und Infiltration lassen sich nicht einfach als technischneuronale Wechselwirkungen beschreiben, eben weil das Medium nur die Qualität, nicht die Intensität dieser Erfahrungen bestimmt. Daher ist es auch nicht nur die Technik des Films, welche den Betrachter in die Fiktion hineinzieht, sondern auch die fiktionale Form. In Anschluss an die Arbeiten von Jean-Louis Baudry, Christian Metz und Laura Mulvey[17] ist es zwar in den siebziger Jahren selbstverständlich geworden, einen psychoanalytisch konzipierten Rezipienten zum Projektionsdispositiv in Relation zu setzen. Dagegen hält jedoch die kognitive Filmtheorie, in der Tradition von Edgar Morin, an der ästhetischen Distanz als Grundlage der Immersion fest: Filme positionieren den Betrachter nicht, sie drängen ihm nicht ihre Realität auf, sondern lösen eine Reihe mentaler Prozesse aus. Die psychische Aktivität liegt also im Betrachter und wird nicht vom Werk kontrolliert.[18] Die Diskussion über die Ästhetik des Films produziert also eine Spaltung, welche mehr über das Verhältnis von kinematographischer und literarischer Fiktion sagt als ihre beiden Extremfälle.

Die vorliegende Untersuchung beschäftigt sich mit Rezeptionspsychologie also aus diskursgeschichtlichem Interesse, um die Ur-

---

16 »Pour qu'une fiction ›marche‹, nous devons voir le paysage (peint), assister au hold-up (filmé), (re)vivre la scène de ménage (décrite). Et la façon dont nous décrivons l'échec d'une fiction – ›Impossible d'entrer dans ce film‹, ›C'est un récit qui ne prend jamais‹, ›Ce personnage n'existe pas‹, ou encore, ›Le portrait est sans la moindre vie‹ – est tout aussi révélatrice de ce rôle central rempli par l'immersion« (Jean-Marie Schaeffer: *Pourquoi la fiction?*, Paris: Seuil 1999, S. 179).

17 Z.B. Laura Mulvey: »Visual Pleasure and Narrative Cinema«, *Screen* 16 (Autumn 1975), S. 6-18.

18 Dieser Gegensatz ist nichts Neues für die Fiktionstheorie der Filmwissenschaft. Vgl. etwa Carl Plantinga: »The Limits of Appropriation. Subjectivist Accounts of the Fiction/Nonfiction Film Distinction«, in: Ib Bondebjerg (Hg.): *Moving Images, Culture and the Mind*, Luton: Luton University Press 2000, S. 133-141, hier S. 133. Als Vertreter der kognitiven Filmtheorie wird bei Plantinga natürlich nicht Edgar Morin, sondern u.a. Richard Branigan diskutiert.

sprünge einer Spaltung herauszuarbeiten, die nicht nur die Exzesse heutiger Theorie, sondern auch die Komplexität der hier betrachteten Texte erklärt. Für die Analyse der Filme und Erzählungen der ersten Hälfte des 20. Jahrhunderts trifft der psychoanalytische wie auch der kognitionspsychologische Diskurs über das Imaginäre nur jeweils einen Teil der Problematik, die in der filmischen Fiktion reflektiert wird. Die von Schaeffer diskutierten Möglichkeiten, die Teilnahme des Rezipienten empirisch zu *bewirken*, ziehen also die Frage nach sich, wie sich die den Rahmen der Erzählung durchbrechende Immersion oder Infiltration überhaupt *erzählen* lässt. Und darauf zielt genau die Fragestellung der vorliegenden Untersuchung. Die narrative Metalepse ist das bekannteste dieser Verfahren, aber nicht das einzige (es sei denn man möchte den Gebrauch dieses Begriffs so stark erweitern, dass er alle Arten von Immersions- oder Infiltrationssujets erfasst).[19] Psychologie und Philosophie bieten Modelle, um die Grenzen des fiktionalen Erzählens zu beschreiben; umgekehrt werden ihre Grenzen, d.h. die Partialität ihrer Diskurse, in den hier betrachteten Fiktionen erzählerisch zu parapsychologischen oder paralogischen Sujets verarbeitet. In Film und Literatur der frühen Moderne findet sich ein Korpus, welches die genannten Diskurse konterdiskursiv überformt[20] – filmische oder literarische Erzählungen, welche im Schatten des Welterfolgs von Meyrinks *Golem* am gleichen Thema arbeiten. Die beiden Teile meiner Arbeit untersuchen jeweils die nichtfiktionalen und die fiktionalen Thematisierungen von Immersion und Infiltration, beides in einem Zeitraum, in dem das Kino ein bevorzugtes Modell fiktionaler Immersion wird.

In Anschluss an die fiktionstheoretischen Arbeiten von Jean-Marie Schaeffer und Marie-Laure Ryan soll also das Sujet der kinematographischen »Immersion« und »Infiltration« in der Poetik eines kleinen Korpus von modernen Erzählungen und Filmen erkundet werden, welche nicht so sehr das Motiv des Golems als der »Golem-Effekt« im

---

19 Jean-Marie Schaeffer: »Métalepse et immersion fictionnelle«, in: J.-M.S./ John Pier (Hg.): *Métalepses. Entorses au pacte de la représentation*, Paris: EHSS 2005, S. 323-334.

20 Den Begriff des Konterdiskurses verdanke ich Rainer Warning, der ihn definiert und anwendet im Aufsatz »Poetische Konterdiskursivität – Zum literaturwissenschaftlichen Umgang mit Foucault«, in: R.W.: *Die Phantasie der Realisten*, München 1999, S. 313-345.

weiteren Sinne verbindet. Dieser Effekt kann auch als Rahmen des Vergleichs zwischen europäischen und rioplatensischen Texten der Moderne dienen. Die Schwierigkeiten eines solchen Vergleichs gehen über die üblichen Probleme der Komparatistik hinaus und entspringen einer Dynamik beständiger Transkulturation, die zunehmend komplexer wird. Hans Ulrich Gumbrecht hat diesen gordischen Knoten mit seinem Buch *In 1926* durch einen bewusst gewählten Querschnitt gelöst: Dabei erscheint beispielsweise das Grammophon als eine Kontinente überspannende neue Erfahrung.[21] Auch das Kino und die damit verbundenen Diskurse schlagen eine Brücke zwischen Europa und Argentinien. Eine wichtige Strömung der modernen Literatur des La-Plata-Raums, welche von Horacio Quiroga zu Julio Cortázar führt, soll einen wichtigen Teil des Korpus bilden und mit Meyrinks und Wegeners Werken verglichen werden. Aus der regulären Immersion und Infiltration, wie sie zum Vertrag der spannenden oder besonders wirksamen Fiktion gehören, wird in diesen Filmen oder Erzählungen ein Sujet, das zur fiktionshäretischen Transgression oder fiktionsironischen Markierung der Grenze zwischen Kunst und Wirklichkeit dient. Auf welche Grenze sich dieses Sujet beziehen lässt, und wie es beschrieben werden kann, hängt von Diskursen der Orientierung ab, in denen das Kino eine international relevante Referenz scheint.

So zieht beispielsweise die argentinische Kulturzeitschrift *Nosotros* das Filmtheater jedes Mal zum Vergleich heran, wenn es darum geht, theoretische Sachverhalte wie die Relativitätstheorie zu veranschaulichen – und zwar unter dem Aspekt der Reorientierung, welcher zur gleichen Zeit Ernst Cassirers Beschäftigung mit Kants Orientierungsbegriff bestimmt. Dies gilt hinsichtlich des Raums, welcher bei Kant »wie eine kinematographische Projektion« beschrieben werde, und der Zeit, welche »wie ein regelmäßig abgespulter Film«, zuvor undurchschaubar gewesen sei, und welche jetzt der Erkenntnis zugänglich gemacht werde.[22] So erscheinen Kants ästhetische Kategorien in

---

21 Hans Ulrich Gumbrecht: *In 1926. Living on the edge of time*, Cambridge/Mass.: Harvard University Press 1997, S. 108-114.
22 P. Osorio: »Einstein visto por Kant«, übers. v. Emilio Suárez Calinaro, *Nosotros* 161 (1922), S. 326-342, hier S. 360-363; und José Gilli: »La teoría de la relatividad«, *Nosotros* 181 (1924), S. 298-320 (»El tiempo se deslizaba con una regularidad absoluta, como si fuera una sutil película cinematográfica, que se desarrollara con una velocidad desconocida e in-

Nosotros als Formen eines kinematographischen Als-Ob, der Versenkung in die Fiktion, für welche das Kino zu einem Schlüsselerlebnis geworden ist:

> Pues bien, en esta cosa en si – virtual, a través de mi ser, de todo lo que constituye la realidad misma de los mundos de la existencia – estoy sumergido como podría estar en el seno de la naturaleza en el edificio cerrado de un cinematógrafo.[23]

An dieser Stelle wird Immersion also explizit als ein Wechsel des Bezugssystems bestimmt – im Jahre 1922, also ungefähr zur gleichen Zeit, als Cassirer in seiner umfänglicheren Arbeit das Konzept der Orientierung auf die Erfahrung verschiedener, relativer Koordinationszentren gründet.

In den Artikeln aus *Nosotros* erscheint das Kino, der Inbegriff eines »estar sumergido«, als eine besonders immersive Form der Fiktion. Der Vergleich wird im Folgenden ausgeführt: Unterbewusst werde ein Prozess der mentalen Synthese ausgeführt, deren Erzeugnis ein Film ist, der sich vor meinen Sinnen abspult. Das Bewusstsein sei wie der glühende Draht, der diesen Film zu projizieren gestattet, und was wir als sichtbare Natur sehen, nur die Erscheinung dieses Films auf der Leinwand. Anfang der zwanziger Jahre wird das Kino also unter dem Eindruck der Neuerungen der Philosophie und theoretischen Physik zu einem universellen Modell technisch kontrollierter, wissenschaftlich erkundbarer Immersion. Dabei kommt es aber keineswegs zu einer eindeutigen symbolischen Besetzung des Mediums, sondern zu einer spezifischen, das Feld der Diskurse darüber strukturierenden Spannung.

Der »Golem-Effekt« lässt sich, so wird aus dem im ersten Teil analysierten Korpus hervorgehen, nach zwei grundsätzlich verschiedenen Modellen konzipieren, welche ich für historisch relevante Beschreibungskategorien der Immersion und Infiltration halte. Das eine ist die unheimliche »Desorientierung«, die auf ein Freudsches Beschreibungsmodell zurückgeht. Das Kino lockt, so Pascal Bonitzer, das Sehen des Betrachters aus der Sicherheit seiner leiblichen Orien-

---

cognoscible«, S. 391). Beide Autoren senden diese Beiträge als Korrespondenzen aus Frankreich an die Zeitschrift.

23 Osorio: »Einstein visto por Kant«, S. 331.

tierung heraus – ähnlich wie jener böse Geist, der laut Descartes alle Wahrnehmung als Illusion produziert haben kann: »C'est toute la psychologie de la perception qui est infectée par l'incertitude des critères objectifs, par la recherche des critères de certitude, par un malin génie caché«.[24] Damit verbunden sind die Doppelgänger-Erscheinungen, die für Lacan und die ihm folgenden Medien- und Kulturwissenschaften den Zusammenhang des Films mit dem Imaginären begründen. Neben diesem Modell der Desorientierung kann die Versenkung in die Fiktion aber auch als ein Prozess der »Reorientierung« beschrieben werden. Marie-Laure Ryan etwa erinnert im Zusammenhang mit der »immersion« daran, dass diese Art von Entgrenzung zwei »acts of recentering« erfordert: einen logischen und einen imaginativen.[25] Vorläufer wären hier die der Psychoanalyse zeitgleichen kognitionspsychologischen Untersuchungen über die Verlagerung des Subjektzentrums in den Film. So führt der Kunsthistoriker Ernst Michalski in Anschluss an Cassirers »symbolische Formen« den Begriff der »ästhetischen Grenze« ein, welcher genau dem kognitionspsychologisch gedachten Rahmen der Fiktion entspricht. In seinen *Vorlesungen über Psychologie* schreibt Oswald Külpe schon 1920 über »Orientierungs- und Richtpunkte«, die wir in der Konstanz wiederkehrender, gleich bleibender Erfahrungsbestandteile haben.[26] Die neue Umgebung, in welche die Leinwand den Filmbetrachter versetzt, lässt sich nun entweder, mit Külpe, aufgrund der Einheit ihrer Zusammenhänge dieser Erfahrung als eine »kinematographisch[e] Serie« subsumieren[27] – was bedeutet, dass die Fiktion einfach neue Orientierungspunkte anbietet, die an die Konstanten der normalen Koordination angeschlossen oder durch Übersetzungsprozesse mit diesen vermittelt werden. Oder aber, und diese Möglichkeit sieht Külpe nicht vor, der Film erscheint als Analogon des Traumlebens mit seinem »Mangel an Einheit«, oder besser seiner gehemmten Einheit. In diesem Fall stellt sich das Kino eher als Desorientierung dem Prinzip der lebensweltlichen Orientierung entgegen, und wir sind

---

24 Pascal Bonitzer: *Peinture et Cinéma. Décadrages*, Paris: Cahiers du Cinéma/Étoile ³1995, S. 15.
25 Ryan: *Narrative as Virtual Reality*, S. 139.
26 Oswald Külpe: *Vorlesungen über Psychologie*, hg. v. Karl Bühler, Leipzig: Hirzel 1920, S. 99.
27 Ebd., S. 98.

wieder bei dem psychoanalytischen Diskurs angelangt.[28] Beide Diskurse scheinen sich nicht nur wechselseitig auszuschließen, sondern auch den Gesamtraum der bestehenden Möglichkeiten abzudecken, d.h. eine Struktur zu bilden.

Der Widerspruch zwischen diesen beiden Arten, den Effekt von Immersion und Infiltration zu beschreiben, bilanziert eine Unschlüssigkeit über den Status der Fiktion, welche in literarischen Texten über das Kino oder in metafiktionalen Filmen noch früher zum Ausdruck kommt. Wenn die Argumentation also in dem gleich folgenden Abschnitt mit den nichtfiktionalen Texten beginnt, so folgt daraus ein gewisser Anachronismus der Darstellung. Dafür gestattet dieses Vorgehen, die beiden relevanten Kategorien der Desorientierung und Reorientierung in ihrem Entstehungsprozess und ihrer Entfaltung einzuführen, bevor sie bei der Analyse der fiktionalen Texte zum Einsatz kommen.

---

28 Ebd., S. 99.

1.2 Das Problem der »Orientierung«

VON DER GEOGRAPHISCHEN ORIENTIERUNG ZUR ORIENTIERUNG IM DENKEN

Zunächst gilt es, zu zeigen, dass die Erfahrung ästhetischer Grenzüberschreitungen im Film sich in zwei unterschiedliche Seiten aufspaltet. Diese Partialität wird nicht von der Projektionstechnik alleine, sondern von verschiedenen kulturellen, d.h. symbolischen Formungen des Imaginären begründet.[1] Oberbegriff dieser Diskurse, und somit auch das eigentliche Thema, um das sich die Sujets der Immersion und Infiltration und ihre anschauliche Realisierung im Thema der Hypnose und des künstlichen Menschen – des Golems – bilden, ist die »Orientierung« des Betrachters. Neben der Psychologie stellt schon die Philosophie des Kinozeitalters Modelle bereit, eine Ablösung des »Orientierungszentrums« vom Leib des Betrachters zu denken. Wenn also Rudolf Arnheim 1932 Film als eine Kunst definiert, welche wie ein Zauberteppich den Betrachter raumzeitlich versetzen kann – »Ich kann eben noch in Sidney gewesen sein und bin gleich darauf in Magdeburg. Ich brauche nur die entsprechenden Filmstreifen aneinander zu kleben«[2] – wenn Karl Bühlers *Sprachtheorie* 1934 »in dem Pariser Don-Quichotte-Film z.B. die Phantasmata des Helden als Strichfiguren durch das büchergefüllte Studierzimmer und über die

---

1 Das von Cornelius Castoriadis stammende Postulat eines pluralistischen »aktual Imaginären« habe ich schon an anderer Stelle zum Ausgangspunkt genommen (Castoriadis: *Gesellschaft als imaginäre Institution*, Frankfurt a.M.: Suhrkamp 1990; vgl. Matei Chihaia: *Institution und Transgression. Inszenierte Opfer in Tragödien Corneilles und Racines*, Tübingen: Gunter Narr 2002).

2 Rudolf Arnheim: *Film als Kunst* (1932), hg. v. Karl Prümm, Frankfurt a.M.: Suhrkamp 2002, S. 35.

Folianten hinwegziehen« sieht,[3] so erscheint das Kino als ein Mittel, imaginäre Reorientierungen des Zuschauerkörpers technisch zu verwirklichen. Darin vollendet sich einerseits ein Programm der Aufklärung, das sogar die magischen Reisen des Imaginären der Vernunft und einer medialen Kontrolle unterwirft. Andererseits ist gerade der gespaltene Diskurs der Orientierung, wie wir im vorigen Abschnitt gesehen haben, ein Beleg dafür, dass diese Kontrolle nicht vollständig gelingen kann. Der unvereinbare Gegensatz der Diskurse von »Reorientierung« und »Desorientierung« verrät, dass der Prozess einer Technisierung des Imaginären partiell bleiben muss. Dies gilt in besonderem Maße für die Fiktionen, die das Thema der technisch oder magisch hergestellten, sujethaften, d.h. vollständigen Immersion oder Infiltration behandeln. Die neuen Medien treten jeweils mit einem Versprechen der Vollständigkeit auf, das sich in diesen Erzählungen in partielle, intermediale Formen von Orientierung auflöst.

Die Rekonstruktion der unterschiedlichen Orientierungsdiskurse im Kinozeitalter steht also in der Perspektive ihres Zusammenhangs mit dem Thema fiktionaler Immersion (oder Infiltration). Der Zusammenhang von Orientierung und Fiktion ist selbst historisch; bis zu Ernst Cassirers Neubestimmung hat die Orientierung kaum kunsttheoretische oder ästhetische Bedeutung. Der Begriff der Orientierung erhält seine philosophische Bedeutung bekanntlich im Dialog zwischen Immanuel Kant und Moses Mendelssohn. Beide gebrauchen diesen Ausdruck, um das Ziel der Aufklärung zu veranschaulichen: Mendelssohn empfiehlt, sich in Zweifelsfällen nach dem gesunden Menschenverstand zu richten. Kant, auf dem Gebiet der Geographie bewandert, reagiert auf diese Metapher mit der kleinen Schrift *Was heißt: sich im Denken orientieren?*, wo er ausführlicher die Übertragung des Begriffs aus der Seefahrt in die Sphäre des Denkens analysiert. Neben einer Diskussion der aufgeklärten Vernunft bildet dieser Text also auch, wenn man ihn in diesem vereinfachten Kontext lesen will, einen Vorläufer der heutigen Raumtheorie.[4]

---

3   Karl Bühler: *Sprachtheorie. Die Darstellungsfunktion der Sprache* (1934), Stuttgart: Fischer ²1965, im Folgenden abgekürzt ST, S. 395.
4   Zu dieser vgl. etwa Jörg Dünne/Stephan Günzel (Hg.): *Raumtheorie. Grundlagentexte aus Philosophie und Kulturwissenschaften.* Frankfurt a.M.: Suhrkamp 2007.

Die Erkenntnis unserer Stellung im Raum bedarf, so Kant, nicht allein objektiver Erfahrungsdaten, etwa des Stands der Sterne, Sonnenauf- und Sonnenuntergang betreffend. Zusätzlich ist noch ein Gefühl der eigenen Positionierung notwendig, das der Mensch nur an seinem eigenen Körper, in der Differenz von linker und rechter Hand, erfährt. Die von Kant selbst angeführte Veranschaulichung ist die plötzliche, wunderbare Umwendung des Himmels,

> wenn in einem Tage durch ein Wunder alle Sternbilder zwar übrigens dieselbe Gestalt und eben dieselbe Stellung gegen einander behielten, nur daß die Richtung derselben, die sonst östlich war, jetzt westlich geworden wäre, so würde in der nächsten sternhellen Nacht zwar kein menschliches Auge die geringste Veränderung bemerken, und selbst der Astronom, wenn er bloß auf das was er sieht und nicht zugleich was er fühlt Acht gäbe, würde sich unvermeidlich *desorientieren*.[5]

Zu besserem Verständnis: Die gleiche Situation tritt ein, wenn ein großer Spiegel oder eine Wasserfläche das Gesichtsfeld des Betrachters umkehrt. Ebenso einfach ist es aber für diesen Betrachter sich zu reorientieren, indem er sein eigenes Ebenbild im Spiegel und die Verkehrung seiner rechten und linken Körperhälfte erkennt und die neue Konstellation zu diesem Spiegelbild und nicht zu sich selbst in Beziehung setzt. Dies untermauert den ersten Grundsatz, dass Orientierung neben objektiver Daten auch eines »subjektiven Unterscheidungsgrund[es]« bedarf.

In einem zweiten Schritt gelangt Kant durch einen Abstraktionsprozess von der geographischen zur mathematischen Orientierung in einem beliebigen Raum:

> Im Finstern orientiere ich mich in einem mir bekannten Zimmer, wenn ich nur einen einzigen Gegenstand, dessen Stelle ich im Gedächtnis habe, anfassen kann. Aber hier hilft mir offenbar nichts als das Bestimmungsvermögen der Lagen nach einem *subjektiven* Unterscheidungsgrunde: denn die Objekte, deren Stelle ich finden soll, sehe ich gar nicht; und, hätte jemand mir zum Spaße alle Gegenstände zwar in derselben Ordnung unter einander, aber links

---

5 Immanuel Kant: »Was heißt: sich im Denken orientieren?«, in: I.K.: *Werke in zwölf Bänden*, hg. v. Wilhelm Weischedel, Frankfurt a.M.: Suhrkamp 1977, Bd. 5, S. 267-283, hier S. 269.

gesetzt, was vorher rechts war, so würde ich mich in einem Zimmer, wo sonst alle Wände ganz gleich wären, gar nicht finden können. So aber orientiere ich mich bald durch das bloße Gefühl eines Unterschiedes meiner zwei Seiten, der rechten und der linken. Eben das geschieht, wenn ich zur Nachtzeit auf mir sonst bekannten Straßen, in denen ich jetzt kein Haus unterscheide, gehen und mich gehörig wenden soll.[6]

Die Beispiele, die alle aufgrund ihrer Anschaulichkeit in die geographische Orientierung zurückweisen, sollen vor allem unterstreichen, dass der Raum in mathematischer, also abstrakter Hinsicht nur durch Koordinatenachsen gegliedert werden kann, deren Konstruktion von äußeren Objekten und einem topographischen Grund unabhängig ist. »Das bloße Gefühl eines Unterschiedes meiner beiden Seiten«, das Kant hier wieder aufgreift, bietet den sicheren Anhalt, um ausgehend vom Ursprung, also dem gefühlten Mittelpunkt des Subjekts, derartige Achsen zu setzen.

Die Argumentation Kants zielt über diese Zwischenstufe hinweg auf den höchsten Abstraktionsgrad, der Orientierung im Denken, welche unter ähnlichen Bedingungen steht: Auch in der Nacht der Ideenwelt, und das ist die Antwort auf Mendelssohn, hilft nicht die vermeintlich objektive Landkarte des gesunden Menschenverstands, sondern nur die im Menschen verankerte Vernunft weiter. Insgesamt wird also die aus der Seefahrt stammende Metapher zu heuristischen Zwecken zergliedert. Um die Probleme logischer Orientierung zu veranschaulichen, zieht Kant die Bedingungen der räumlichen Orientierung heran, bei der objektive Eindrücke nicht hinreichend sind, wenn sie nicht an entsprechende Anlagen des Subjekts – konkret an das Gefühl eines Unterschieds zwischen links und rechts – angebunden werden können.

Derart begründet, wird die Metapher der »Orientierung« in einem aufklärerischen Sinn, als »Orientierung im Denken«, im 19. Jahrhundert in vielen Wissenschaften gebräuchlich. In Philosophie, Theologie, Rechts- und Sozialwissenschaften erscheinen Werke, die eine solche Orientierung bezüglich schwierigerer Fragen versprechen, sich also als Achsen zur Ausrichtung des Geistes verstehen. Durch die Popularisierung des Begriffs verliert er allerdings auch die transzendentale Zuspitzung, die Kant ihm gegeben hatte: Der Aufsatz *Was heißt: sich im*

---

6 Ebd., S. 270.

Denken orientieren? lässt keinen Zweifel daran, dass die Gründe der Koordination nicht in der enzyklopädisch erkundbaren Sache liegen, sondern im Gefühl des Subjekts für seine Lage. Die Phänomenologie kommt im 20. Jahrhundert noch einmal aus ihrer Perspektive auf die Problematik der Orientierung zurück, indem es sie wieder konsequent als Konstitution des Selbst interpretiert. Edmund Husserls Vorlesungen zur Phänomenologie, die später als »Phänomenologische Untersuchungen zur Konstitution« veröffentlicht werden, erinnern noch einmal daran, dass das Ich keinen objektiven Ort, sondern nur ein »Orientierungszentrum« im Raum einnimmt – ein »Hier«, das den »Nullpunkt« aller Grundrichtungen bildet, und das die Bedingung aller Orientierungen ist, unter welchen die Dinge dem Subjekt erscheinen. »Während das Subjekt immer, in jedem Jetzt, im Zentrum ist, im Hier, von wo aus es alle Dinge sieht und in die Welt hineinsieht, ist der objektive Ort, die Raumstelle des Ich, bzw. seines Leibes eine wechselnde«.[7] In phänomenologischer Hinsicht ist also nicht der objektive Ort des Körpers, sondern die Relation von Orientierungszentrum und Umwelt konstitutiv. Ernst Wolfgang Orth unterstreicht, dass in dieser elementaren Form der Orientierung Umwelt »eine durchaus nicht objektive oder indifferente Größe [sei]; sie konstituiert sich allererst in der Orientierung«.[8]

Für den Phänomenologen stellt die bewegte, im ständigen Fluss befindliche Form der Anschauung einen sicheren Anhaltspunkt dar: Das »Orientierungszentrum« des menschlichen Leibs ist nicht hintergehbar. Gewiss bedarf es einer »Umdeutung«, um, von den Daten des zweidimensionalen, durch die Augenbewegungen orientierten okulomotorischen Feldes ausgehend, eine dreidimensionale »Sehtiefe« zu erzeugen, und es bedarf fiktiver »Drehungen«, um in diesem Raum bewegte Gegenstände zu erfahren.[9] Grundsätzlich gilt dabei jedoch der

---

7   Edmund Husserl: *Ideen zu einer reinen Phänomenologie und phänomenologischen Philosophie, 2. Buch: Phänomenologische Untersuchungen zur Konstitution*, hg. v. Marly Biemel, Haag: Martinus Nijhof 1952, S. 159.
8   Ernst Wolfgang Orth: *Was ist und was heißt »Kultur«? Dimensionen der Kultur und Medialität der menschlichen Orientierung*, Würzburg: Königshausen & Neumann 2000, S. 35.
9   Oskar Becker: »Beiträge zur phänomenologischen Begründung der Geometrie und ihrer physikalischen Anwendungen«, *Jahrbuch für Philosophie und phänomenologische Forschung* VI (1923), S. 385-560, hier S. 455.

Vorrang jener »Stelle des orientierten Raumes, an welcher der Leib sich befindet«.[10] Die kognitive Psychologie, insbesondere in der Zeit nach dem ersten Weltkrieg, setzt einen etwas anderen Akzent, wenn sie die Orientierung nicht mehr vom Körper, sondern von der im Gehirn gebildeten »Gestalt« her bestimmt: Das Zentrum des Subjekts ist nun beständig in imaginärer Bewegung. Auch das Gefühl eines »Hier« und »Jetzt« ist keine anthropologisch gegebene Größe, sondern beugt sich kulturellen, symbolischen Formen. Das ist die Perspektive, aus der Ernst Cassirer zu Anfang des 20. Jahrhunderts auf den kleinen Aufsatz Kants zurückkommt und Roman Ingarden in seiner Literaturtheorie den Begriff des »Orientierungszentrums« wieder aufgreift.

ORIENTIERUNG ALS SYMBOLISCHE FORM

Ernst Cassirers dreibändige *Philosophie der symbolischen Formen* versucht, allgemein gesagt, kulturelle Zeichensysteme als Weisen des Weltbezugs zu erforschen. Dieses Projekt lässt sich auch vom Thema der Orientierung her rekonstruieren, welches im zweiten Band, *Das mythische Denken* (1925), näher diskutiert wird. Einer der Untertitel des Inhaltsverzeichnisses spricht direkt *Das Problem der »Orientierung«* an.[11] Cassirer setzt auch im Folgenden konsequent Anführungszeichen um diesen Ausdruck, um zu signalisieren, dass es sich um die erweiterte, übertragene Verwendung handelt – und distanziert sich damit implizit auch von dem trivialisierten Gebrauch des Kantschen Begriffs, der das 19. Jahrhundert prägt.

Die Argumentation in der *Philosophie der symbolischen Formen* unterscheidet sich ausdrücklich von der Debatte über Aufklärung in »Was heißt: sich im Denken orientieren?«. Zwar entspricht die transzendentale Herangehensweise der Fragestellung Kants. Statt um die Einheit der Vernunft geht es jetzt aber um eine Vielheit möglicher symbolischer Bezugssysteme in der Kultur. Damit sind verschiedene Orientierungsformen denkbar, zwischen denen es jeweils problematische Übergänge und Übersetzungen geben kann. Der Raum, in dem

---

10 Ebd., S. 454.
11 Ernst Cassirer: *Die Philosophie der symbolischen Formen II. Das mythische Denken* (1925), Darmstadt: Wissenschaftliche Buchgesellschaft 1954, S. XIV.

sich uns die Dinge darstellen, kann unter diesen Bedingungen nicht mehr als einfache anschauliche Gegebenheit gelten, sondern ist selbst schon der »Ertrag und das Ergebnis eines Prozesses der symbolischen Formung«.[12] Umgekehrt verwandelt sich die bloße Veranschaulichung metaphysischer Orientierung in ihren »Ursprung«, und die Analogie zwischen geographischer, geometrischer und logischer Koordination erhält die Bedeutung eines »Aufstiegs«, der vom mythischen Denken in die logische Abstraktion führt:

Das mythische Denken ergreift eine ganz bestimmte, konkret-räumliche Struktur, um nach ihr das Ganze der »Orientierung« der Welt zu vollziehen. Kant hat in einem kurzen, aber für seine Denkweise höchst bezeichnenden Aufsatz: »Was heißt: sich im Denken orientieren?« den Ursprung des Begriffs der »Orientierung« zu bestimmen und seine weitere Entwicklung zu verfolgen gesucht. [...] Von hier aus zeigt Kant, wie alle Orientierung mit einem sinnlich gefühlten Unterschied, nämlich mit dem Gefühl des Unterschieds der rechten und linken Hand beginnt, – wie sie sich sodann in die Sphäre der reinen, der mathematischen Anschauung erhebt, um zuletzt zur Orientierung im Denken überhaupt, in der reinen Vernunft aufzusteigen.[13]

Diese Umformulierung der Kantschen Argumentation gestattet es, die metaphorische Übertragung des räumlichen Begriffs auf die Sphäre des Denkens als Ausdruck eines kulturellen Prozesses zu deuten. Innerhalb des Mythos, so Cassirer, hat die Metapher der »Orientierung« absolute Gültigkeit: Der Raum nimmt innerhalb des mythischen Weltbilds auch alle metaphysischen Qualitäten in sich auf. Der sichtbare Horizont bildet jetzt auch den Anhaltspunkt alles Übersinnlichen. Die Himmelsrichtungen sind magisch belebte Wesenheiten. Noch die Ausrichtung des Betenden nach Osten zeugt von dieser Sättigung des Sichtbaren durch Übersinnliches.

Die Sprache hat die Spuren dieses Zusammenhangs noch vielfach lebendig bewahrt – wie denn der lateinische Ausdruck für das reine theoretische Betrachten und Schauen, der Ausdruck des *contemplari* etymologisch und sach-

---

12 Ernst Cassirer: *Die Philosophie der symbolischen Formen III. Phänomenologie der Erkenntnis* (1929), Darmstadt: Wissenschaftliche Buchgesellschaft 1954, S. 166-167.
13 Cassirer: *Die Philosophie der symbolischen Formen II*, S. 116.

lich auf die Idee des »Templum«, des abgesteckten Raumes, in dem der Augur seine Himmelsbeobachtungen vollzieht, zurückgeht. Und von der antiken Welt ist die gleiche theoretische wie religiöse »Orientierung« auch in das Christentum und in das System der christlich-mittelalterlichen Glaubenslehre eingedrungen. Der Grundriß und Bau des mittelalterlichen Kirchengebäudes weist die charakteristischen Züge eben jener Symbolik der Himmelsrichtungen auf, die dem mythischen Raumgefühl wesentlich ist.[14]

Die kritische Analyse der Übertragung vom geographischen auf den logischen Raum führt also zur Ausdifferenzierung unterschiedlicher Weltzugänge. Was in Kants Aufsatz ein Denkversuch war – sich der Orientierung im Denken von der anschaulichsten Form der Orientierung her zu nähern – wird in der Philosophie der symbolischen Formen als kulturgeschichtliche Realität aufgefasst. Die Übertragung vom Sinnlichen auf das Übersinnliche hat also nicht auf die Kontroverse zwischen Kant und Mendelssohn gewartet; sie vollzieht sich seit jeher, und zwar gemäß unterschiedlicher, im Lauf der Kulturgeschichte ineinander übergehender symbolischer Formen.

Die Religion ist nicht der einzige Bereich, an dem das mythische Denken und eine ursprüngliche Form von Orientierung aufbewahrt werden. Entscheidend für die Verwandlung des einheitlichen Kosmos in eine Welt von Differenzen ist die Sprache mit ihren Bedeutungsrelationen. Die Einheit des Bezeichnenden und Bezeichneten im mythologischen Kosmos wird durch sprachliche Darstellung aufgetrennt; der physiognomisch unmittelbare Ausdruck der Welt wird durch seine Übersetzung in Bedeutungsverhältnisse relativiert und damit erst erfahrbar. Aber die Sprache selbst beschränkt sich nicht auf Bedeutung, ihre spezifische Form. Sie ist auch der Ort, an dem ein Gedächtnis der »reinen Ausdruckserlebnisse« gewahrt bleibt – in Gestalt etwa der Zeigwörter, die Präsenz suggerieren. Wie der Monotheismus den von magischen Kräften durchwirkten Kosmos nur ablösen kann, indem er

---

14 Ebd., S. 125-126. Zwar wächst die monotheistische Religion über diese anfängliche Orientierung am Kosmos hinaus. Aber Cassirer betont, dass sie in vielem dem mythischen Weltbild verpflichtet bleibt: »Auch im frühen Christentum wird demgemäß an der Orientierung des Gotteshauses und des Altars nach Osten festgehalten, während der Süden als Symbol des heiligen Geistes und der Norden umgekehrt als Bild der Abkehr von Gott, der Abirrung vom Licht und vom Glauben erscheint« (ebd., S. 126).

sich an dessen Weltbild anlehnt, übernimmt die Sprache aus der mythischen Form des Weltzugangs ihre expressive Funktion:

> So zeigt uns die Sprache, wie jener seelisch-geistige Grundbestand, aus dem die mythische Anschauung erwächst, auch dann noch fortlebt, wenn das Bewußtsein längst über die Enge dieser Anschauung hinausgeschritten ist und sich zu anderen Gestaltungen durchgerungen hat. Der Quell hört nicht plötzlich und wie mit einem Schlage zu fließen auf; er wird nur in ein anderes und weiteres Strombett fortgeleitet. Denn dächten wir das ursprüngliche Quellgebiet des Mythischen völlig verdorrt und versiegt, dächten wir die reinen Ausdruckserlebnisse schlechthin ausgelöscht und in ihrer Eigenheit und Besonderheit vernichtet, so wären damit auch große und weite Gebiete der »Erfahrung« brachgelegt.[15]

Im Gegenteil: Diese expressive Funktion der Sprache ist eines der fruchtbarsten Forschungsgebiete der zu Cassirers Zeit aktuellen, psychologisch begründeten Sprachtheorie, so etwa von Karl Brugmanns und Karl Bühlers Untersuchungen zur Deixis.[16] Sprachliche Koordination bewegt sich, so versteht der Philosoph die Erkenntnisse dieser Sprachwissenschaftler, in einer mythischen Einheit aller Orientierung, die von der konkretesten räumlichen Geste bis zur abstraktesten Form des Zeigens, etwa den Demonstrativpronomina oder dem Artikel, reicht.

Das Wort

> entfaltet seine Kraft in der reinen Funktion des »Hinweisens«, aber es bleibt hierbei bestrebt, den Gegenstand, auf welchen sich der Hinweis bezieht, zuletzt

---

15 Cassirer: *Die Philosophie der symbolischen Formen III*, S. 94-95.

16 *Die Philosophie der symbolischen Formen* verweist etwa auf die »prinzipielle Übereinstimmung«, die »zwischen dem Ergebnis der allgemeinen sprachphilosophischen und sprachgeschichtlichen Analyse und Bühlers Untersuchungen besteht, die wesentlich psychologisch und biologisch orientiert sind«. (ebd., S. 128, Anmerkung 3). An dieser Stelle findet sich eine genaue Datierung der Auseinandersetzung Cassirers mit Bühler, die zwischen dem ersten und dem dritten Band der *Philosophie der symbolischen Formen* stattgefunden haben soll, also zwischen 1923 und 1929. Außerdem gibt die Anmerkung die Aufsätze an, denen der Darstellungsbegriff entnommen wird.

in irgendeiner Weise unmittelbar zu vergegenwärtigen. [...] Wo [die deiktischen] Partikeln, das »Hier« und »Dort«, die die räumliche Nähe und Entfernung vom Redenden, die Richtung vom Sprechenden zum Angesprochenen oder die entgegengesetzte Richtung bezeichnen – zuerst hervortreten, da haftet ihnen noch eine ganz sinnliche Tönung an. Sie sind aufs engste verschmolzen mit der direkten Geste des Zeigens, durch welche aus dem Kreise des unmittelbar-Wahrgenommenen ein einzelner Gegenstand herausgehoben wird. Die erste Bildung der Raumworte der Sprache, die Bildung der demonstrativen Pronomina, des Artikels usf. läßt überall noch diese primäre Einheit von Sprache und Gebärde erkennen.[17]

Die Einheit von Sprache und Gebärde, wie sie die experimentell begründete Sprachwissenschaft entdeckt, gestattet es nun, die gefühlte Unterscheidung der linken und rechten Körperhälfte, die bei Kant nur ein Analogon der Orientierung im Denken ist, im Gebiet der Kultur als einen echten, »absoluten« Ursprung aufzufassen. Denn die Sprache greift in ihrer Koordination auf den Mittelpunkt des Subjekts zurück, von dem aus es Achsen in die Welt legt. So entsteht ein gedachtes Koordinatensystem, das dem Raum seine Gestalt und Bedeutung gibt: »Das natürliche, das im gewissen Sinne ›absolute‹ Koordinatensystem für alle Darstellung von Bewegungen ist für die Sprache offenbar in dem Ort des Redenden und in dem Ort der angeredeten Person gegeben«.[18]

Der Bezug auf die Sprachwissenschaft öffnet bei Cassirer also eine neue Sicht auf das Orientierungsproblem, indem es die scharfe Trennung zwischen räumlicher und logischer Koordination zurückweist, die noch vom rationalistischen Denken her die Philosophie der Aufklärung prägte. Die Ausdrucksfunktion der Sprache verknüpft räumliche und intellektuelle Orientierung. Die Deixis dient dabei in der Argumentation Cassirers als entscheidender Kreuzungspunkt, der – in erkenntnistheoretischer Hinsicht – den Zusammenhang zwischen Anschauung und Begriff und – in kulturgeschichtlicher Hinsicht – den Übergang zwischen zwei symbolischen Formen begründet. Darüber hinaus fordert der relationale Aspekt des sprachlichen Zeigens, dass das Problem der Orientierung aus der dualistischen Alternative von

---

17 Ebd., S. 394.
18 Ernst Cassirer: *Die Philosophie der symbolischen Formen I. Die Sprache* (1923), Darmstadt: Wissenschaftliche Buchgesellschaft 1956, S. 165.

Subjekt und Objekt, die Gegenstand der Kontroverse zwischen Mendelssohn und Kant war, und aus der unmittelbaren Verknüpfung von Körper und Umwelt, bei dem die phänomenologische Relation verharrt, entlassen wird. Damit wird das Konzept der Orientierung nicht nur für die Theorie der Fiktion, sondern auch für die Medientheorie verfügbar.

SPRACHE ALS MITTEL DER ZENTRENBILDUNG

Neben den objektiven Daten der Anschauung und dem transzendental begründeten Subjekt wird bei Cassirer eine dritte Größe eingeführt: die Sprache als Werkzeug oder Medium der Weltvermittlung. Dieser Aspekt ist schon in den Beispielen Kants greifbar, wo er die Orientierung der Seefahrer am Sternenhimmel mit Hilfe von Instrumenten meint oder die mangelnde Beleuchtung einer Straße erwähnt.[19] Die geographische Orientierung ereignet sich ebenso wie die sprachliche Deixis innerhalb einer Verknüpfung von Bedeutsamkeit und objektiver Materialität, welche Ernst Wolfgang Orth zu Recht mit »einer medialen Konfiguration« vergleicht.[20] Dabei kann Cassirer an Karl Bühlers Organon-Theorie anschließen, die Sprache als formendes und geformtes Gerät auffasst.[21]

Die *Philosophie der symbolischen Formen* bietet also eine Möglichkeit, das Verhältnis von Sprache zu anderen kulturellen Zeichensystemen als mediale Konfiguration zu erklären. Als solche steht Sprache etwa in Gegensatz zur räumlichen Koordination des Menschen in einem magischen Kosmos:

> Im mythischen Denken zeigt sich eine ganz eigentümliche Raumansicht, eine Weise der Gliederung und der »Orientierung« der Welt nach räumlichen Gesichtspunkten, die von der Art, in der sich im empirischen Denken die räumliche Gliederung des Kosmos vollzieht, scharf und charakteristisch geschieden ist.[22]

---

19 In ersterem Fall können die Mess- und Beobachtungsinstrumente, in letzterem die Straßenlaternen oder Zimmerlampen als Medien gelten.
20 Orth: *Was ist und was heißt »Kultur«?*, S. 38.
21 Ernst Cassirer: *Zur Logik der Kulturwissenschaften. Fünf Studien* (1942), Darmstadt: Wissenschaftliche Buchgesellschaft ³1971, S. 67.
22 Cassirer: *Die Philosophie der symbolischen Formen I*, S. 30.

Das Problem der Koordination lässt sich im mythischen Weltbild nicht durch eine Analyse der Relation von Subjekt und Objekt lösen, vielmehr sind beide gemeinsam in einen räumlich strukturierten Kosmos eingelassen.[23] Der Horizont der Welt bildet selbst keinen objektiven Gegenstand, kein Erfahrungsdatum, sondern hat eine mit Leben und Macht erfüllte Präsenz:

Ost und West, Nord und Süd: das sind hier keine Unterschiede, die in wesentlich gleichartiger Weise der Orientierung innerhalb der empirischen Wahrnehmungswelt dienen, sondern ihnen allen wohnt je ein eigenes spezifisches Sein und eine eigene spezifische Bedeutung, ein inneres mythisches Leben inne. Wie sehr hier jede besondere Richtung nicht als ein abstrakt-ideelles Verhältnis, sondern als ein selbständiges, mit eigenem Leben begabtes »Gebilde« genommen wird – das geht u.a. daraus hervor, daß sie nicht selten den höchsten Grad konkreter Gestaltung und konkreter Verselbständigung erfährt, dessen der Mythos überhaupt fähig ist, – daß sie zum besonderen Gotte erhoben wird.[24]

Hier scheint nachträglich noch einmal Kants Position gestärkt und präzisiert: Welterfahrung alleine ist kein Richtmaß, so lange sich kein Selbstbewusstsein der Objektwelt entgegenstellt. Eben dessen ermangelt der Mensch im mythischen Denken. Zwar besitzt er das Gefühl der Differenz zwischen rechts und links, aber dieser Unterschied bleibt gefesselt an das Kraftfeld der kosmischen Ausrichtung. Umgekehrt bedeutet dies, dass der Mensch keinem Widerstand der Realität ausgesetzt wird, den er nicht auf ein Wirken des Imaginären zurückführen kann. Im magischen Denken manifestiert sich laut Cassirer die unbegrenzte Macht des Ich, für die Sigmund Freud in *Totem und Tabu* (1912/13) den Begriff der »Allmacht des Gedankens« geprägt hat.[25] Bei Cassirer jedoch gilt Magie als eine Form des Weltzugriffs, welche eine eigene Form von anschaulicher Rationalität begründet.[26]

---

23 Cassirer: *Die Philosophie der symbolischen Formen III*, S. 174-176.
24 Cassirer: *Die Philosophie der symbolischen Formen II*, S. 121.
25 Ebd., S. 188. Das Zitat stammt aus Freuds *Totem und Tabu* (1912/1913), S. 287-444 (Kap. III).
26 Paolo Rossi: »Die magische Welt: Cassirer zwischen Hegel und Freud«, in: Enno Rudolph (Hg.): *Cassirers Weg zur Philosophie der Politik*, Hamburg: Felix Meiner 1999, S. 133-147.

Die anschauliche Wirklichkeit erscheint für Cassirer als Produkt eines Aufbauprozesses, in dem die Mannigfaltigkeit der Welt gegliedert wird. Die Sprache, das ist ihre eigentliche Leistung, führt in diesen Kosmos Zentren ein, »die fortan die festen Mittelpunkte der Orientierung bilden«. Zu diesen Zentren werden die einzelnen Phänomene in Relation gesetzt, und erst aus diesem Verhältnis erhalten sie ihren Sinn.[27] Dies ist ein grundlegend neuer und folgenreicher Gedanke. Denn für Kant und Husserl ist auf unterschiedlichen Ebenen jeweils nur ein einziges Orientierungszentrum relevant, das vom menschlichen Körper bzw. der menschlichen Vernunft gebildet wird. Ohne diesen jeweiligen Mittelpunkt als Einheitsprinzip gilt das Subjekt als »desorientiert«. Die neuere Psychologie, auf die sich Cassirer beruft, entdeckt hingegen auf experimentellem Weg die Möglichkeit alternativer Orientierungszentren: »Der Bezugspunkt selbst kann verschoben werden; die Art der Beziehung kann wechseln: und jedes Mal gewinnt bei einem solchen Wechsel die Erscheinung nicht nur eine andere abstrakte Bedeutung, sondern auch einen anderen konkret-anschaulichen Sinn und Gehalt«.[28] Besonders prägnant tritt dies in den Phänomenen zutage, welche die Gestaltpsychologie als »optische Inversion« bezeichnet. Ein Beispiel wäre ein Liniengitter, das – abhängig davon, ob ich meinen Standpunkt über oder unter der Grundfläche annehme – in zwei unterschiedlichen Gestalten als parallelperspektivisch dargestellter Würfel wahrgenommen werden kann. Solche Inversionen, die auf Darstellungskonventionen und der Beweglichkeit des imaginären Standpunkts beruhen, sind weder »Urteilstäuschungen, denen wir unterliegen«, noch einfache »Vorstellungen«, sondern echte Wahrnehmungs-Erlebnisse.[29] Cassirer sieht in der Gestaltbildung eine geistige Grundfunktion; darin distanziert er sich implizit etwa von der Assoziationspsychologie, die das Sehen von Form aus der Vertrautheit mit Objekten erklärt, die reproduziert und mit den neuen Seheindrücken verglichen werden. Der »Akt der Konzentration, als ein Akt der Zentren-Bildung und Zentren-Schaffung«,[30] der den Betrachter im von mir gewählten Beispiel über bzw. unter der Grundfläche des gesehenen Würfels situiert, setzt die Koordination des Subjekts und die Dar-

---

27 Cassirer: *Die Philosophie der symbolischen Formen III*, S. 165.
28 Ebd., S. 184.
29 Ebd., S. 184-185.
30 Ebd., S. 185.

stellung der Welt in ein wechselseitiges Abhängigkeitsverhältnis. Die Darstellungsfunktion steht notwendig in Relation zu einem bestimmten Orientierungszentrum, dessen Veränderung die Welt insgesamt umkehrt.

Voraussetzung einer solchen »Umzentrierung« ist eine gestalthafte Wahrnehmung, mit welcher symbolische Formung anfängt:

> Nur innerhalb einer gegliederten Mannigfaltigkeit kann ein »Moment« für das »Ganze« eintreten, – und andrerseits bedarf das Bewußtsein, wo immer ein gestalthaftes Ganzes vorliegt, nur der Vergegenwärtigung eines seiner Momente, um an ihm und in ihm das Ganze selbst zu erfassen, um es kraft dieser Vermittlung zu »haben«. So entspricht denn auch jedem Wechsel des Bezugspunkts, jeder »Umzentrierung« in einer anschaulich-gegebenen Struktur, im allgemeinen ein Umschlag dessen, was in ihr und durch sie dargestellt wird.[31]

Dieser Gedanke, der für Cassirers Philosophie insgesamt folgenreich ist, hat eine konkrete fiktionstheoretische Anwendung. Denn einen Wechsel des Bezugspunkts vollzieht auch der Betrachter von Kunstwerken oder der Leser von Fiktionen, wenn er den eigenen Blickwinkel dem im Werk vorgegebenen annähert. Roman Ingarden wird aus einer ähnlichen Überlegung eine Theorie der Fiktion entwickeln; aber schon bei Cassirer selbst finden sich Ansätze zu einer Ästhetik der Immersion.

VON CASSIRER ZU INGARDEN: DIE GRENZEN DER LEGITIMEN IMMERSION

Die Zentren der Wahrnehmung sind keineswegs eindeutig festgelegt, etwa durch die Position unseres Leibs, sondern selbst schon Ergebnis einer psychischen Formung. Cassirer wählt ein Beispiel aus der Gemäldeoptik, um diesen Zusammenhang zu veranschaulichen. Ein- und derselbe Farbeindruck, etwa ein weißer Fleck, kann entweder auf eine vorliegende, »unveränderliche« Dingfarbe, etwa einen weißen Flusskiesel, oder auf einen Effekt der Beleuchtung, also einen durch das Laub getrichterten Sonnenstrahl, zurückgeführt werden. Das eine Mal orientiert sich der Betrachter an dem Werk als relevanten Kontext, das andere Mal tritt er gewissermaßen zurück und bildet die optische

---

31 Ebd., S. 163.

Gestalt ausgehend von dessen Umwelt. Eine derartige Differenzierung und folglich Reorientierung ist im mythischen Denken nicht möglich: Die Aufgabe des absoluten Standpunkts, den das Subjekt im Kosmos einnimmt, hätte einen völligen Orientierungsverlust zur Folge. Die Idee der »Umzentrierung« treibt auf diese Weise ihr strukturelles Gegenteil hervor: Die Reorientierung mit Hilfe der Sprache steht die Alternative von absoluter Koordination, d.h. magischer Einbettung in einen eindeutig orientierten Raum, und absoluter Desorientierung gegenüber.

Bereits Arthur Schopenhauer beschreibt das Erwachen aus einem Traum als eine »totale räumliche Desorientirung«; aber damit meint er lediglich, dass eine Operation der Reorientierung notwendig ist, d.h. »daß wir jetzt alles umgekehrt aufzufassen, nämlich was rechts vom Bette ist links, und was hinten ist nach vorne zu imaginiren, genöthigt sind«.[32] Für ihn ist dafür ein Erinnerungsbild verantwortlich, welches als trügerische Reminiszenz früherer, im Traum lebhaft erneuerter Sinneseindrücke vom Gehirn reproduziert wird. Die *Philosophie der symbolischen Formen* hingegen entwirft ein komplexeres Modell. Es gibt verschiedene Orientierungssysteme, in denen das Subjekt gleichzeitig existieren kann, und die nicht notwendig auf seine körperliche Haltung zurückzuführen sind: Nur der »Leistungsraum« des Menschen ist an das Körpergefühl gebunden, von dem auch Kant ausgegangen war. In diesem Raum ist die Koordination absolut, und jede Abweichung vom Mittelpunkt wirft das Subjekt aus seiner Bahn.[33] Die pathologischen Störungen der »Transposition«, die etwa bei Hirnverletzten beobachtet werden können, zeugen von einer solchen absoluten und unveränderlichen Verankerung im eigenen Körper.[34] Der »Darstellungsraum« hingegen beruht auf einer beweglichen Orientierung, die weitgehend vom »Leistungsraum« abgehoben ist:

Innerhalb dieses Gesamtsystems kann der Ausgangspunkt und Nullpunkt der Bestimmung frei gewählt, kann er nach Belieben verschoben werden. Die ein-

---

32 Arthur Schopenhauer: »Versuch über das Geistersehen und was damit zusammenhängt«, in: A.S.: *Parerga und Paralipomena I* (=Sämtliche Werke, 5. Band), hg. v. Arthur Hübscher, Leipzig: Brockhaus 1938, 239-329, S. 265-266.
33 Cassirer: *Die Philosophie der symbolischen Formen III*, S. 284-285.
34 Ebd., S. 313-318.

zelnen Grund- und Hauptlinien haben keinen absoluten, sondern nur relativen Wert: Sie liegen nicht ein- für allemal fest, sondern können je nach dem Gesichtspunkt der Betrachtung variieren.[35]

In diesem Darstellungsraum sind die optische Inversion, die oben an dem Beispiel des Liniengitters erläutert wurde, wie auch die imaginäre »Transposition« möglich. Eine Bestimmung der Fiktion und vor allem der Möglichkeit der Immersion kann an diese Unterscheidung anknüpfen. Bei Cassirer selbst ist dies nicht der Fall. Karl Bühler und andere jedoch fügen, wie weiter unten gezeigt werden soll, diesem Gedanken die Tradition fiktionalen Erzählens und die neue Erfahrung des Kinos ein.

Die ersten philosophischen Untersuchungen, welche explizit das Thema der fiktionalen Immersion mit dem Problem der Orientieurng in Zusammenhang bringen, stammen aus den dreißiger Jahren. Roman Ingarden, der nicht an Cassirer, sondern an Edmund Husserls Ausführungen zum »Orientierungszentrum« anknüpft, entfaltet 1930 eine Theorie der Fiktion, welche die Beweglichkeit der Orientierung, oder, besser gesagt, ihre unvollständige Verankerung zum Grundsatz hat. Der sprachlich geschaffene Raum im Roman ist laut Ingarden weder identisch mit dem Orientierungsraum noch mit einer objektiven Topographie, was sich schon darin zeigt, dass es nicht möglich ist, »aus dem dargestellten Raum in den realen sozusagen hineinzuspazieren und umgekehrt.«[36] Die Immersion erscheint dennoch als ein Prozess der kontrollierten Reorientierung, welcher den Betrachter, der in seiner Vorstellung den Raum zu einem Orientierungsraum ergänzt, in das Werk hineinzieht:

Wollen wir dann bei der Lektüre die dargestellte Welt genau so, wie sie dargestellt wird, erfassen, so müssen wir uns sozusagen in das dargestellte Orientierungszentrum fiktiv hineinversetzen und mit der betreffenden Person durch den dargestellten Raum *in fictione* wandeln. Eine gute Darstellung zwingt uns von selbst, das zu tun. Wir müssen dann das eigene Orientierungszentrum, das zu unserer wahrgenommenen Welt gehört und mit uns überall wandert, bis zu

---

35 Ebd., S. 284.
36 Roman Ingarden: *Das literarische Kunstwerk* (1930, zweite Auflage 1960), Tübingen: Max Niemeyer 1960, S. 236.

einem gewissen Grade vergessen und uns somit in eine gewisse Weltentrücktheit versetzen.[37]

Entscheidend ist die Ablösung von der festen Verankerung im eigenen Körper. Das Kunstwerk kann uns dann nicht nur einen, sondern viele und auch widersprüchliche Akte der Reorientierung abverlangen, welche in der Fiktion zugleich alle möglich werden. Gleiches gilt natürlich für die Zeit, deren Nullpunkt und Zeitperspektive durch intentionale Rückversetzung verändert werden können.[38] Konsequenterweise ist das literarische Kunstwerk für Ingarden das Musterbeispiel der Immersion, da es dem Leser nahe legt, vom eigenen Körper abzurücken und die unbestimmte fiktionale Welt von einem in der Fiktion liegenden Orientierungszentrum aus mit Ansichten zu füllen. Ergänzend bleibt die »Grenze, über die wir bei der Lektüre nie hinausgehen können«, die Realisierung der Fiktion, eine bestehende Versuchung, die sich im aufgeführten Drama steigert.[39] Hier werden manche Teile des Werks »realisiert«, die fiktionale Welt infiltriert die Wirklichkeit.

Infiltration stellt für Ingarden in dieser Sicht die illegitime Fortsetzung der legitimen Immersion dar. Da er überhaupt nicht an einer solchen Materialisierung des Kunstwerks interessiert ist, kann er sie sogar aus seiner Argumentation ausschließen. Gleiches gilt für das »kinematographische Schauspiel«, das laut Ingarden zwar stumm ist, aber zugleich vermag, die »Dinge und Geschehnisse zu einer fast wahrnehmungsmäßigen Gegebenheit zu bringen«[40] – entfernt es sich doch, aufgrund dieser Tendenz zur Infiltration, noch weiter als das aufgeführte Drama vom phänomenologischen Potential des literarischen Kunstwerks.

Hier deutet sich bereits an, was die theoretischen Diskurse und die künstlerische Praxis noch in den dreißiger Jahren trennt: Ingarden illustriert das theoretische Defizit, von dem sich der Reiz eines noch jungen Kinos abhebt. Dieser Reiz besteht offenbar darin, dass dieses Kino nicht nur als Fiktion legitime Akte der Reorientierung vom Zuschauer fordert, sondern ergänzend zu diesen Erlebnissen auch Momente der illegitimen Infiltration fördert, in denen fiktive Figuren sich

---

37 Ingarden: *Das literarische Kunstwerk*, S. 244.
38 Ebd., S. 253.
39 Ebd., S. 288.
40 Ebd., S. 349.

aus der Leinwand zu lösen scheinen. Die von Ingarden aufgestellte »Grenze«, die ästhetische Grenze des Mediums Film, wird in zahllosen Fiktionen jener Zeit lustvoll überschritten, und die Form des Kinos dringt insbesondere als Modell dieser Grenzüberschreitung in die Erzählliteratur vor.

1.3 Immersion als Reorientierung

KOGNITIONSPSYCHOLOGIE UND DAS NEUE MEDIUM

In Ingardens phänomenologischer Theorie der Fiktion, die sich am Rande auch mit der neuen Kunst des Kinos beschäftigt, findet sich zwar der Zusammenhang zwischen Orientierung und fiktionaler Immersion, aber die Rede von »schematisierten Ansichten« bezieht sich konsequent auf ein dramatisches und nicht auf ein kinematographisches Modell. Die bewegliche Orientierung des Blicks durch die Filmkamera kommt daher nicht zur Sprache. Die entsprechende Diskussion über die Teilnahme des Zuschauers am Film entfaltet sich in einem ganz anderen Fach als der Ästhetik, nämlich der Psychologie. Über die tiefere Bedeutung der Wechselwirkung von Filmtechnik und Experimentalpsychologie, wie sie aus dem Blickwinkel der Technikgeschichte erscheint, wurde viel spekuliert. Dabei hat dieser Austausch ganz praktische Gründe. Er beruht auf der experimentellen Genese des Mediums: Das Kino wird der menschlichen Kognition funktional angepasst, und im gleichen Modus – d.h. dem des Experiments – kann es zur Erforschung der Wahrnehmung dienen.

Schon vor dem Ersten Weltkrieg widmet sich die kognitive Psychologie der Technik des neuen Mediums, das durch die Abfolge partiell gleicher und partiell verschiedener Aufnahmen den Eindruck von Bewegung vor stillstehendem Hintergrund erzeugen kann. Daraus ergibt sich für Karl Marbe etwa die Frage, wie sich bei der Abfolge gleicher Bilder der Effekt des Flimmerns reduzieren lässt, um den Eindruck von »scheinbaren Bewegungen« zu erzeugen.[1] Nicht die

---

1   Karl Marbe: *Theorie der kinematographischen Projektionen*, Leipzig: Barth 1910, S. 73ff. Jörg Schweinitz weist in seinem Vorwort zu Münsterbergs *Lichtspiel* auf weitere Publikationen von Korte und Wertheimer zu diesem Thema hin (Vgl. Schweinitz: »Psychotechnik, idealistische

Grenze der Fiktion steht hier in Frage, sondern die technisch messbare Schwelle zwischen einem flimmernden und einem konstanten Bild. Auch Külpe, den ich einleitend bereits zitiert habe, interessiert sich für Wahrnehmung unter diesem Aspekt der Gestaltwahrnehmung. Mit diesem Konzept setzt sich auch eine der ersten Publikationen Karl Bühlers auseinander. *Die Gestaltwahrnehmungen* (1913) entwickelt eine Testmethode, die so genannte »Schwellenmethode«, um mit Hilfe von Versuchsreihen Übergänge zwischen verschiedenen möglichen Gestaltwahrnehmungen herauszuarbeiten.[2] Die Schwelle zwischen zwei Gestalten ergibt sich aus dem Wechsel zwischen zwei kognitiven Kontexten, ein Wechsel, auf den sich Cassirer, wie wir gesehen haben, mit dem Ausdruck der »Umzentrierung« bezieht. Die filmische Reorientierung wird zunächst nicht als spezifischer Effekt der Fiktion, sondern als Form des Mediums Film betrachtet.

Dazu trägt noch bei, dass das Kino, wie gesagt, wieder in die Wissenschaft eingespeist wird. Bekannt sind – als Folge dieser Forschung für die psychologische Praxis – die Verknüpfungen der kinematographischen Apparatur mit den Versuchsanordnungen der so genannten experimentellen Psychologie. Max Wertheimer verwendet für seine Forschungen das Tachistoskop, also einen Vorläufer des Kinos, und Adhèmar Gelb nähert diesen Apparat noch weiter an die Kinoprojektion an.[3] Die in Versuchsanordnungen erkundeten physikalischen Bedingungen des Sehens fließen auch in die ersten Poetiken des neuen Mediums ein, für welche die Frage der Fiktionalität sekundär scheint. Dies gilt etwa für die von den großen Hollywood-Studios bestellte Untersuchung des in Harvard lehrenden Hugo Münsterberg

---

Ästhetik und der Film als mental strukturierter Wahrnehmungsraum: Die Filmtheorie von Hugo Münsterberg«, in: Hugo Münsterberg: *Das Lichtspiel. Eine psychologische Studie* (1916), hg. v. Jörg Schweinitz, Wien: Synema 1996, S. 9-26, hier S. 18 und S. 131, Anm. 57-58).

2   Karl Bühler: *Die Gestaltwahrnehmungen. Experimentelle Untersuchungen zur psychologischen und ästhetischen Analyse der Raum- und Zeitanschauung*, Stuttgart: Spemann 1913, S. 54.

3   Mitchell G. Ash: *Gestalt Psychology in German Culture, 1890-1967. Holism and the Quest for Objectivity*, Cambridge/New York: Cambridge University Press 1995, S. 278.

zu diesem Thema (1916).[4] Auch wenn Walter Benjamin etwas später im Reproduktionsaufsatz metaphorisch von den »optischen Tests« schreibt, denen ein Schauspieler im Kino unterzogen werde,[5] so bezieht er sich auf Testreihen wie die Bühlersche Schwellenmethode oder die Versuche von Wertheimer oder Gelb.

Die technische Grundlagenforschung über Filmprojektion und die für die Kognitionsexperimente typische apparative Anordnung bildet ein erstes Verbindungsglied zwischen einem kognitionspsychologisch konzipierten Imaginären und der Technik des Films. Auf diese Fortsetzung der technischen Affinitäten in die frühe Poetik des Films hat Joachim Paech bereits ausführlich hingewiesen.[6]

Der Technisierungsprozess, der über die kognitive Psychologie auch das Imaginäre zu erfassen versucht, bleibt jedoch in zweierlei Hinsichten partiell: Erstens eignen sich die phantastischen Fiktionen der Literatur und des Films die Filmtechnik in einer metafiktionalen (fiktionsironischen) Geste wieder an; zweitens erscheinen auch die psychologischen Diskurse dem neuen Medium und seiner Immersionswirkung gegenüber gespalten. Mit dieser bis in die Gegenwart wirksamen Spaltung sollen sich die folgenden Kapitel des ersten Teils auseinandersetzen. Wenn ein Diskurs der »Gestalt« die Struktur des frühen Stummfilms mitbestimmt,[7] so entwickelt sich dieser Diskurs

---

4   Hugo Münsterberg: *Das Lichtspiel. Eine psychologische Studie* (1916), hg. v. Jörg Schweinitz, Wien: Synema 1996; Vgl. James Monaco: *Film verstehen*, Hamburg: Rowohlt 2000, S. 418-420.

5   Walter Benjamin: »Das Kunstwerk im Zeitalter seiner technischen Reproduzierbarkeit« (1939), in: W.B.: *Gesammelte Schriften I*, 2 Bde. (I.I und I.II) hg. v. Rolf Tiedemann/Hermann Schweppenhäuser, Frankfurt a.M.: Suhrkamp 1974, Bd. I.II, S. 471-508, hier S. 488.

6   Dieses theoretische Paradigma hat Joachim Paech an zwei frühen gestaltpsychologischen Analysen des Stroboskop-Effekts rekonstruiert, Max Wertheimers »Experimentelle Studien über das Sehen von Bewegung« (1912) und Paul Linkes »Die stroboskopische Täuschung und das Problem des Sehens von Bewegung« (1907) (Joachim Paech: »Der Bewegung einer Linie folgen. Notizen zum Bewegungsbild«, in: J.P.: *Der Bewegung einer Linie folgen... Schriften zum Film*, Berlin: Vorwerk 8 2002, S. 133-161, hier S. 152-154).

7   Vgl. etwa André Combes: »A partir de ›Metropolis‹ de F. Lang: La Gestalt de masse et ses espaces«, in: Claudine Amiard-Chevrel (Hg.): *Théâtre et*

selbst unter dem anschaulichen Eindruck des Kinos zu einer Bestimmung der Fiktion als »Reorientierung«. Von diesem Diskurs der »Reorientierung« führt kein Weg in die unheimliche »Desorientierung«, welche filmische Immersion und Infiltration für die psychoanalytischen Diskurse darstellt.

DER TONFILM GEGEN DEN SYNTAX-RIEGEL

Bei Karl Bühler, auf den Cassirer des Öfteren zu sprechen kommt, konkretisiert sich die in der *Philosophie der symbolischen Formen* angelegte Idee einer Medialität der Sprache. Als mediale Konfiguration kann die Sprache bei Bühler durch Analogien zum aktuellsten Medium, dem Kino, erhellt werden. Insofern lässt sich die *Sprachtheorie* auch als eine Theorie der kinematographischen Immersion lesen, was eine gewisse Anzahl von Beispielen und Vergleichen bei Bühler bestätigen. Sprache als Technik der Weltdarstellung wird mit dem Film verglichen, wobei feststeht, dass das neue visuelle Medium die Struktur des Imaginären technisch – etwa durch Montage – nachbilden kann. Es ist gerade die Erfahrung der fiktionalen Immersion und Infiltration, auf die Bühler insbesondere zur Veranschaulichung der »Deixis am Phantasma« zurückgreift.

Obwohl Bühlers Ideen zu einem festen Bezugspunkt der Sprachwissenschaft geworden sind, ist es sinnvoll, eine kurze Einführung vorweg zu schicken. Die *Sprachtheorie* entwirft ein Modell der Sprache als Gefüge von »Feldern«, die in etwa der Cassirerschen Unterscheidung von Darstellung und Ausdruck entsprechen. Das komplexe Sprachzeichen ist

> *Symbol* kraft seiner Zuordnung zu Gegenständen und Sachverhalten, *Symptom* (Anzeichen, Indicium) kraft seiner Abhängigkeit vom Sender, und *Signal* kraft seines Appells an den Hörer, dessen äußeres und inneres Verhalten es steuert wie andere Verkehrszeichen (ST 28).

Diese drei Funktionen des Sprachzeichens lassen sich noch weiter auf zwei Felder, das Zeigefeld und das Symbolfeld, reduzieren. Denn

---

cinéma années vingt. Une quête de la modernité, 2 Bde., Lausanne: L'Âge d'homme 1990, Bd. 2, S. 178-224. Vgl. auch Kittler: *Grammophon – Film – Typewriter*, S. 239.

sowohl die Bezüge auf den Sender als auch auf den Empfänger lassen sich als eine Form des Zeigens – sei es expressiver oder appellativer Art – deuten. Grenzt auch Bühlers Sprachtheorie, wie Cassirer, die Koordination des Subjekts von einer objektiven Dimension der Sprache ab, so dient dies erneut dazu, die Gleichrangigkeit der beiden Formen zu betonen. Das anschauliche Zeigen und Präsentieren bildet eine Form, die »genau so zum Wesen der natürlichen Sprache gehört und ihm nicht ferner steht wie die Abstraktion oder das begriffliche Erfassen der Welt« (ST XXIII). Zu ersterem tragen insbesondere die so genannten Zeigewörter bei, etwa »Ich« und »Du«, »Hier« und »Dort«, »Jetzt« und »Damals«, die nicht auf einen objektiven Kontext, sondern auf den Standpunkt des Senders – die »Ich-Origo« – oder auf den des Empfängers verweisen. Diese Ausdrücke erhalten also »ihre Bedeutungspräzisierung von Fall zu Fall im Zeigfeld der Sprache […] und in dem, was das Zeigfeld den Sinnen zu bieten vermag« (ST 90). Sei es, dass sie Nähe oder Ferne zu diesem Ursprung ausdrücken – der Wert dieser Worte bestimmt sich jedenfalls auf einem Koordinatensystem, dessen Achsen sich in der Ich-Origo kreuzen. Hingegen lassen sich die so genannten Nennwörter, etwa »Tisch« oder »Mittag«, ganz von dieser Koordination ablösen. Die reine, abstrakte Darstellung löst sich für Bühler also von der Funktion des Zeigens ab, deren Anschaulichkeit in der körperlichen Geste wurzelt, und, wie die Ausdrucksfunktion bei Cassirer, auf eine vorsprachliche Physiognomik, in letzter Konsequenz auf das mythische Denken zurückverweist.[8]

Da Bühler den antiken Vergleich der Sprache mit einem Werkzeug aufnimmt und die Sprache als »Organon«, als Gerät, bestimmt, liegt es

---

8 Und doch ist Bühler umgekehrt der Erklärung von Sprache durch Magie gegenüber bezeichnenderweise vorsichtig, »denn auch jedes ›magische‹ Denken, wie immer es im einzelnen operieren mag, vergreift sich [wie der radikale Aufklärer] am Axiom der Zeichennatur von Zeichenhaftem und antwortet mit physikalischen Kausalbetrachtungen […] an Stellen, wo der Sematologie oder einer Sematologie verwandten Gebildelehre das Wort gebührt« (ST 47). Die Definition von Sprache als »*Orientierungsgerät des Gemeinschaftslebens*« unterscheidet ihn etwa von Theodor Baader, der mit Lévy-Bruhls »magischem Denken« argumentiert (Baader: *Die identifizierende Funktion der Ich-Deixis im Indoeuropäischen. Eine ethnologisch-sprachwissenschaftliche Untersuchung*, Heidelberg: Carl Winter 1929). Hier deutet sich schon besagte Spaltung an.

nahe, auf andere Medien, wie das Kino, zurückzugreifen, um die Besonderheit der Sprache zu erklären. Der Film als konkretes technisches Medium dient also zunächst einmal zur Abgrenzung des sprachlich Darstellbaren. Wenn die Sprache für Bühler als »Darstellungsgerät«, als ein »*mediales* Gerät«, bezeichnet wird, so in bewusster Abgrenzung von den mimetischen Darstellungsweisen der Bühne oder der Malerei (ST 150-151). Es gibt in der Sprache nichts dem »Malfeld« (ST 153) Vergleichbares, auch wenn die Rhetorik der Lautmalerei (ST 195-216) oder der mimetischen Syntax (ST 191) diesen Irrtum in der Geschichte der Sprachphilosophie gefördert haben sollte. In diesem Zusammenhang kommt die *Sprachtheorie* auch auf das Kino als Kunst illusionärer Nachahmung zu sprechen. Der »Tonfilm« gilt als Fortsetzung des in der Malerei Möglichen (ST 182). Um eine mögliche Kunst der akustischen Weltdarstellung zu veranschaulichen, ist daher das Kino besser geeignet als die erstarrte Metapher der »Lautmalerei«, weil es sukzessive Prozesse, Verlaufsgestalten festhalten kann:

Die Silbengliederung als solche [müsste] ein ganz eigenartiges Malverfahren ermöglichen [...], das (wenn der Name nicht schon vergeben wäre) »Tonfilm« heißen sollte. Nicht, weil etwas Optisches hinzukommt, sondern weil kleine Tonbilder sukzessive darin abrollten. Nicht Sprachsilben natürlich, sondern echte Lautbildchen, Miniaturaufnahmen der tönenden Welt; es unterliegt für mich keinem Zweifel, daß ein darin Geübter komplexe Geschehnisse ebenso systematisch abfahren und malend wiedergeben könnte, wie heute einer, der geübt ist, einen optischen Film zu »drehen« (ST 201-202).

Die artikulierte Darstellung der audiovisuellen Welt müsste, auch wenn sie gelänge, eine spottwürdige Zirkuskunst bleiben. Aber sie kann nicht gelingen. Wo Sprache eine Verbindung mit den symbolischen Systemen der Musik oder Dichtung eingeht, verliert sie ihr Potential, da dem echten Malen ein »Syntax-Riegel« von formalen, nicht anschaulichen Regeln vorgeschoben wird und auch durch Wortschatz und Phonemunterschiede die Möglichkeiten der Abbildung stark begrenzt sind. Der »Tonfilm« gilt folglich trotz seiner scheinbaren Perfektion als ästhetisch unzureichend, weil er sich auf bloße Nachahmung beschränke und eine reine Objektivität suggeriere:

Die Dichter haben da und dort einmal in einigen Versen solche kurzen Lautfilme gedreht, und es ist ihnen gelungen, im Bereiche des Sprachlichen zu bleiben, weil sie nur bestimmte Fugen und Freiheitsgrade, die das eigentliche Kompositionsgesetz der Sprache nicht tangieren, ausnützten. Ich will ihre Kunstfertigkeit nicht in Frage stellen; aber Hand aufs Herz! Was wäre das Sturm- oder Brandungsgebrause in Schillerschen Versen für ein armseliges Nachmachen im Vergleich zu dem, was ein Kopiervirtuose hervorbringt? Ich spreche im Irrealis und fahre fort: Wenn Schiller keinen anderen Ehrgeiz gehabt hätte, als auf gleich und gleich mit solchen Kopiermeistern in Konkurrenz zu kommen (ST 203).

Die Dichter lockern also den Syntax-Riegel, um ihre kurzen »Lautfilmchen« zu drehen, aber über die Grenzen der Sprache können sie nicht hinaus. Das Beispiel enthält eine implizite Polemik gegen den Tonfilm, die in den dreißiger Jahren nicht selten ist. Auch Arnheim wendet sich beispielsweise gegen diese neue audiovisuelle Form, die den Kunstcharakter des Stummfilms zugunsten mimetischer Perfektion abbaue.[9] Bühler gelangt durch den Vergleich mit der Sprache zu einer ähnlich kritischen Einschätzung des Tonfilms. Die Leistung der Sprache als symbolische Form kann nicht ohne die logische, relationale Darstellung auskommen, die sich nach Kompositionsgesetzen wie der Syntax vollzieht. Auch wenn das Kino in diesen Ausführungen ironisch abgewertet wird, deutet sich doch die Bedeutung des Mediums für die sprachtheoretische Reflexion an. Es wird für Bühler zum Inbegriff der Ausdrucksfunktion, dem Gegenpol der Darstellungsfunktion. Aus dieser impliziten Annahme erklärt sich, dass es sein Lieblingsbeispiel für das Problem der Orientierung ist, welches sich ganz in diesem Feld des Ausdrucks, d.h. des Zeigens, abspielt.

Wie für das Symbolfeld betont Bühler allerdings auch für das so genannte »Zeigfeld«, das Feld der zum Standpunkt des Sprechers relativen Ausdrücke, wie überlegen die Sprache dem Film »kraft ihrer Zeigzeichen allgemein, kraft der Deixis am Phantasma und des anaphorischen Gebrauchs dieser Deixis im besonderen« (ST 397) sei. Gemeint ist damit nichts anderes als die Fähigkeit zur imaginären Verlagerung des Orientierungszentrums, der Ich-Origo, wie sie auch Cassirer als besondere Leistung der Sprache hervorhebt. In diesem Gebiet, und insbesondere der »Deixis am Phantasma«, kommt Bühler allerdings immer wieder auch auf das Kino zurück – als wäre dies das Paradigma der Umzentrierung. So zeichnet sich im Zeigfeld nicht nur

---

9 Arnheim: *Film als Kunst*, S. 220.

eine Affinität von »Phantasma« und optischer Phantasmagorie ab, sondern auch eine Poetik des Kinos.

Diese implizite Poetik des Kinos, wie sie sich am Rand der eigentlichen Argumentation äußert, beruht auf der Analogie von technischen und sprachlichen Verfahren. Bühler kommt in einem eigenen Exkurs auf die Filmkunst zurück, um deren »epische Tendenz« zu betonen. Dazu vergleicht er die Szenenschnitte und die daraus entstehenden »Perspektivensprüng[e]« mit dem Verfahren Homers in einer ausführlich zitierten Stelle aus dem 21. Gesang der *Odyssee*. So wie Homer den Gang der Penelope zur Schatzkammer verfolgt, begleitet auch die Kamera die Film-Figur auf ihren Weg durchs Haus, nämlich nicht kontinuierlich, sondern sprunghaft, als »ein Rundgang mit Betrachtungspausen« (ST 392). Der Vergleich mit dem Epos findet sich auch deswegen im Abschnitt über die Anapher, weil dieses Mittel des Zeigens innerhalb der Rede, etwa durch Pronomen, alle Wiederholungen abkürzen kann, die das Epos wie auch den Film auszeichnen. Das Kino verfährt für Bühler so parataktisch wie die Bibel, wenn sie sagt: »Abraham zeugete Isaak. Isaak zeugete Jakob. Jakob...« (ST 395). Denn es müsse die Figur in jeder neuen Szene, die sie betrifft, auf erkennbare Weise präsentieren. Diese Ungeschicklichkeit entsteht nun aber auch dadurch, dass das Kino, wie das Epos, den Zuschauer aus seiner realen Ich-Origo, aus dem eigenen Zeigfeld, herausreißt; die fehlende Orientierung muss dann innerhalb des Darstellungsfelds immer wieder als Reorientierung geleistet werden – daher die wiederholte Nennung des Namens. Bühler setzt auf diese Weise die sprunghaft wechselnde Koordination des Films dem konstanten Bezugsraum der Bühne entgegen.

Das Kino wird auf diese Weise zum Musterbeispiel des sprachlichen Phänomens, dass das »Ich, hier, jetzt« eines Sprechers sich nicht nur auf einen realen, sondern auch auf einen imaginären Ursprung beziehen kann – man denke nur an das sogenannte »historische Präsens«. Dieses Phänomen, das Bühler »Deixis am Phantasma« nennt, wird praktisch im gleichen Zug zu einem Modell der Fiktion. Die literaturwissenschaftliche Erzähltheorie, beginnend mit Käte Hamburger, hat dieses zu Recht heftig kritisiert.[10] Dass Bühlers Fiktionsbegriff nicht haltbar ist, soll nicht noch einmal erläutert werden; dafür scheint es aber interessant, dass er ihn aus der Erfahrung einer kinemato-

---

10 Vgl. das bald folgende Kapitel zu Hamburger.

graphischen Immersion und Infiltration – und genau genommen aus jenen phantastischen Sujets, die uns im Folgenden beschäftigen werden – entwickelt. Die Möglichkeit einer verlustlosen Übersetzung kinematographischer in sprachliche Verfahren, auf welcher der Vergleich bei Bühler beruht, ist dabei weniger produktiv als die intermediale Transkription,[11] durch welche eine Differenz und spezifische mediale Unschlüssigkeit entsteht.

DEIXIS AM PHANTASMA

Die »Deixis am Phantasma« wird dergestalt zum Modell der Fiktion, und als solches richtet es sich insbesondere nach der Form der filmischen Fiktion aus. Die doppelte Orientierung wird allerdings zunächst am Beispiel des Theaterschauspielers erläutert, dessen »ich«-Ausdrücke sich nicht auf die Person des Akteurs, sondern auf seine Rolle beziehen. So gilt das fiktionale Zeigen auf der Bühne als exemplarischer Fall von Deixis am Phantasma:

> Dieser Fall und die Situation des Schauspielers ist wichtiger für die sprachtheoretische Analyse, als man beim ersten Hören ahnen mag. Wir konnten genau hier ansetzen, um den Existenzbeweis eines Zeigfeldes der Sprache zu führen und die Funktion einer ganzen Klasse von Wörtern, der Zeigwörter, zu erläutern (ST 183).

Mit dem Ausdruck »Deixis am Phantasma« wird, um es noch einmal zu sagen, der normalsprachliche Gebrauch von Deiktika zusammengefasst, die keinem realen, sondern einem imaginären Standpunkt entsprechen. Bei einem Satz wie »Jetzt war es um ihn geschehen« zeigt das »Jetzt« laut Bühler nicht die Ich-Origo des Sprechers an, sondern soll nur die besprochene Situation recht lebhaft vor Augen stellen. Das Zeigen am Vorstellungsraum scheint ein anthropologisches Merkmal zu sein, eine kulturelle Form.[12] Das Bezugssystem wird dabei als Ganzes verlagert und »umzentriert«.

---

11 Zum Begriff der »Transkription« vgl. Ludwig Jäger/Georg Stanitzek (Hg.): *Transkribieren. Medien/Lektüre*, München: Fink 2002.

12 Zur empirischen Überprüfung dieser Unterscheidung bei Kindern vgl. Jürgen Weissenborn: »Von der ›demonstratio ad oculos‹ zur ›Deixis am Phantasma‹. Die Entwicklung der lokalen Referenz bei Kindern«, in: Achim

Dies unterscheidet – dies nur als Exkurs – das gestaltpsychologische Modell von der assoziationspsychologischen Hypothese, der zufolge einzelne »Perseverationen« des Gesehenen in einem selbst immer fest verankerten Bewusstsein, die Anknüpfungen von Gedanken, die der Fiktion des Theaters entstammen, an spätere reale Situationen ermöglichen. Anders als Bühler beschreibt etwa Prandtl die Durchdringung von fiktionaler und realer Situation:

Wir brauchen nur anzunehmen, daß nach Beendigung des primären Erlebnisses (Schauspiel im Theater) im Gehirn irgend etwas, das seinem Erleben zugrundelag, noch längere Zeit hindurch fortschwingt, während gleichzeitig andere Prozesse ablaufen, die ein anderes Erleben bedingen, welches das Bewußtsein zunächst ganz ausfüllt.[13]

Dieses hypothetische Fortschwingen wie auch das ältere kognitive Modell, das die Existenz einer Art von Orientierungs-Organ im Menschen annimmt,[14] werden durch das Modell einer imaginären Koordination ersetzt, welche die wirkliche Koordination in ihrer Gestalt insgesamt verdoppeln kann. Die Verdoppelung ist ein ungleich besser ge-

---

Eschbach (Hg.): *Karl Bühler's Theory of Language*, Amsterdam/Philadelphia: John Benjamins 1988, S. 257-276. Weissenborn weist in seiner Schlussfolgerung allerdings auch darauf hin, dass sich diese Unterscheidung nicht von Raum auf Zeit- oder Personaldeixis übertragen lässt.

13 A[ntonin] Prandtl: »Assoziationspsychologie«, in: Emil Saupe (Hg.): *Einführung in die neuere Psychologie*, Osterwieck am Harz: Zickfeldt 1928, S. 87-106, hier S. 104ff.

14 Die Hypothese des Orientierungsorgans vertritt etwa Theodor Elsenhans: *Lehrbuch der Psychologie* (1912), Tübingen: J.C.B. Mohr 1920, S. 219-220. Bühler geht hingegen wie Cassirer von der Erfahrung aus, dass die genaue Lage der Ich-Origo beim Zeigen psychologisch und kulturell variiert: Deixis stellt nicht nur ein Instrument dar, um das »Bei-Sich-Sein« eines Patienten zu ermitteln, sondern auch eine symbolische Form. Das Zentrum, das im Körper wandern und sich mit der Weltanschauung verändern kann, ist keine absolute, sondern eine mediale und kontextabhängige Größe (ST 127-132). So wird ein Christ laut Bühler mit »Hier« womöglich einfach das gesamte Diesseits meinen und ein Buddhist den Mittelpunkt des eigenen Körpers womöglich anders lokalisieren als ein Neurologe.

eigneter Anknüpfungspunkt, um die Fiktion als unmittelbare Realisierung des Imaginären zu bestimmen.

Die »Deixis am Phantasma« muss selbst jedoch noch weiter differenziert werden, und diese Differenzierung hat ihre Folgen für den Vergleich mit der Fiktion. Neben den Extremfällen von Traum und wirklicher Entrückung, bei denen das »Hier und Jetzt« sprunghaft zu etwas anderem wird, schlagen sich im alltäglichen Gebrauch der Deixis am Phantasma zwei Formen von Versetzung nieder:

> Gleichnishaft gesagt, ist es entweder so, daß Mohammed zu dem Berg geht oder der Berg zu Mohammed kommt. Wobei sich der Berg, nebenbei bemerkt, in sehr vielen Fällen des Lebens viel williger benimmt als in der Fabel. Oft kommt das Vorgestellte, besonders wenn es sich um bewegte Dinge wie Menschen handelt, zu uns, das heißt in die angegebene Wahrnehmungsordnung hinein und kann dort, wenn nicht geradezu »gesehen«, so doch lokalisiert werden (ST 134).

Im einen Fall holt der Sprecher das Abwesende in seinen eigenen Raum hinein, behält also seinen Standpunkt und füllt das imaginäre Koordinatensystem nun nicht mit realen, sondern mit imaginären Gegenständen – von Bühler genannte Beispiele sind Möbelstücke, die man geistig in einem leeren Zimmer aufstellt, oder die Stimme eines abwesenden Freundes, die aus einer bestimmten Richtung zu kommen scheint. Im anderen versetzt man sein eigenes Zeigfeld, um die abwesende Situation gewissermaßen wie ein Augenzeuge schildern zu können.

Diese Erweiterung der Deixis wird von Bühler selbst nur zum Teil entfaltet – insbesondere, weil sie letztlich die klare Aufteilung der Sprache in zwei Felder unterläuft.[15] Im gleichen Maße entfernt sich die

---

15 Eben die Geschlossenheit der Situationsvergegenwärtigung, von der nicht nur Bühler spricht (ST 133), stellt die grundsätzliche Trennung von Zeigefeld und Symbolfeld wieder in Frage: Der versetzte Standort hängt ja nicht mehr alleine mit der Ich-Origo zusammen, sondern ist Gegenstand einer sich von dieser ablösenden Darstellung. So verweist etwa Weissenborn auf das in der Sprachtheorie nur ansatzweise diskutierte »Problem der hinreichenden sprachlichen Kontextualisierung und somit situativen Dekontextualisierung deiktischer Ausdrücke« (Weissenborn: »Von der ›demonstratio ad oculos‹ zur ›Deixis am Phantasma‹«, S. 274).

Sprachtheorie hier von dem Darstellungskonzept der *Philosophie der symbolischen Formen*. Die Deixis am Phantasma kann nicht einfach als Formung der Wirklichkeit gelten: Sie koppelt eine Formung des Imaginären an eine Form von Inszenierung, die zwischen dem Anwesenden und dem Abwesenden vermittelt. Die beiden Typen der Verlagerung, die Bühler beschreibt, sind sehr besondere Fälle der »Umzentrierung«, die Cassirer erwähnt. Der erste Typus, bei dem die imaginären Figuren in den Raum des Sprechers vordringen und dort »gesehen« werden können, beschreibt eine Form der Infiltration, die seit der Phantasmagorie zu den optischen Grenzerfahrungen gehört, mit denen die neuen audiovisuellen Medien die vertraute Fiktionalität des Theaters unterlaufen. Auch der zweite Typus erinnert nicht zufällig an die Inszenierung des Kinos, bei der das Publikum in ferne Räume hineingetragen wird. Entspricht der erste Fall der kinematographischen Infiltration, so beschreibt der zweite die Form der Immersion. Der Zusammenhang mit dem Kino wird bezeichnenderweise bei dem dritten Typus expliziert, der zwischen den beiden Haupttypen angesiedelt ist.

Am offensichtlichsten wird diese unvertraute Fiktionalität, wird der Unterschied zum Theater, in einem Beispiel, das dem Kino selbst entnommen ist, und als dritter Fall gewissermaßen die Ausnahme zur Regel der zwei Haupttypen bildet. Einer der frühen Don-Quijote-Filme öffnet laut Bühler eine Art Theater im Theater, bei dem imaginäre Figuren in einen aktuellen Raum hineingeholt werden:

Ich sah in dem Pariser Don-Quichotte-Film z.B. die Phantasmata des Helden als Strichfiguren durch das büchergefüllte Studierzimmer und über die Folianten hinwegziehen. Damit erzwingt sich der Film in gewissen Grenzen das dem Drama von Natur aus eingegebene Zitieren des Berges zu Mohammed. Der Film macht zu diesem Zweck eine Basisszene zur Bühne und zitiert auf sie das Abwesende, das er gespensterhaft durchsichtig werden läßt, um es vom Erscheinungsraum (der Bühne) abzuheben; es sind Luftgebilde wie das wilde Heer und andere Gespenster und vielfach in einem bühnendisparaten Maßstab aufgenommen und eingesetzt. Sie sind mit einem Wort *das Bild im Bilde*, soweit es der Film zu bewältigen vermag (ST 395).

Während das Drama also »von Natur aus« fähig ist, das Ferne an den gegenwärtigen Raum heranzuführen und die Orientierung des Publikums im Raum des Theaters zum Rahmen der Fiktion werden zu lassen, ist das Kino nur ausnahmsweise dazu in der Lage. Der Umkehrschluss liegt nahe: So wie es für die Inszenierungsform des Dramas natürlich ist, den Berg zu Mohammed zu zitieren, so vermag es das Kino, wie auf einem Zauberteppich den Zuschauer in die ferne Welt zu versenken und darin mit einer neuen Koordination auszustatten.

Charakteristisch für das neue Medium ist jedoch vor allem die Überlagerung der beiden Fälle. Wenn ein Film den Beobachter »rasch durch ein paar überlagerte Bilder von einem zum anderen Standort« hinüberführt (ST 135), dann vollzieht sich eine Mischung aus Infiltration und Immersion, gelangt durch Überlagerung von Bildern der Berg zum Propheten, und durch Überführung an ferne Schauplätze der Prophet zum Berg.

Es gibt einen Zwischenfall zwischen Hierbleiben und Hingehen; Berg und Mohammed bleiben jeder an seinem Ort, aber Mohammed sieht den Berg von seinem Wahrnehmungsplatz aus. Dieser *dritte Hauptfall* ist meist ein labiles und unbeständiges Eingangserlebnis. Sein Erkennzeichen liegt darin, daß der Erlebende imstande ist, die Richtung, in welcher das Abwesende vom geistigen Auge gesehen wird, mit dem Finger anzugeben. [...] Sehr häufig ist, wie gesagt, dieser dritte Hauptfall nicht bei einigermaßen verwickelten und in sich abgeschlossenen Phantasieschilderungen. Das Märchenland liegt psychologisch gesprochen im Irgendwo, das mit dem Hier nicht angebbar verbunden ist. Doch kann es auch anders sein und der dritte Hauptfall fixiert bestehen bleiben (ST 135).

Der Weg von den Kinder- und Jugendmärchen zu den »raffinierteren Erzählungstechniken«, die Bühler auf der folgenden Seite andeutet, scheint genau in jener Fixierung der Unschlüssigkeit, wer nun eigentlich zu wem kommt, zu bestehen. Dabei wäre die einfachste Antwort, diesen dritten Hauptfall in den optischen Suggestionsmöglichkeiten des Kinos verwirklicht zu sehen, welches tatsächlich den Betrachter und den Berg jeweils an seinem Ort belässt und dabei paradoxerweise dennoch ermöglicht, dass ersterer den letzteren »von seinem Platz aus«, also aus dem Kinosessel, betrachtet und mit dem Finger auf ihn zeigt. Aber das Phänomen ist offensichtlich komplexer. Auf diese eigentümliche Form der Unschlüssigkeit zwischen Immersion und Infiltration wird jedenfalls noch zurückzukommen sein.

Alle drei Fälle der Deixis am Phantasma bieten als Modelle einer Reorientierung des Verhältnisses von Subjekt und Raum zugleich Schemata einer hermeneutischen Vermittlung von Sprache und visueller Imagination. Bühlers *Sprachtheorie* bildet 1934 eines der letzten Dokumente, die das filmische »Phantasma« gegen den Fiktionsvertrag des Theaters ausspielen können. Ein neuer Fiktionsvertrag schwebt – mit den »Phantasmata« von Sancho und Don Quijote – in der Luft, der etwa ab Mitte der dreißiger Jahre eine Absicherung literarischer Fiktion durch das Modell des Kinos gestattet. Umgekehrt gesagt, bezeugt Bühlers Essay in dem gleichen Maße, in dem er den Film zur Veranschaulichung seiner Argumentation in den Dienst nehmen und in sprachliche Formen der Koordination übersetzen möchte, das Störpotential kinematographischer Immersion und Infiltration, welches die klare Dichotomie durchkreuzt.

Dieses Potential ist in der gestaltpsychologischen Kinotheorie von Bühlers Zeit überall greifbar. Die Faszination des Films liegt nicht mehr einfach, wie noch für Marbe, in der Möglichkeit, Bewegung und Stillstand mit technischen Mitteln zu vereinbaren, sondern in der überraschenden Form, welches es der Fiktion, und insbesondere der Immersion gibt: Durch Kamera-Sprünge kann das Kino an verschiedene dramatische Schauplätze führen. So beschreibt es etwa Rudolf Arnheim in seinem zwei Jahre vor Bühlers *Sprachtheorie* erschienenen Essay *Film als Kunst*, wo die Versetzung von Figur und Zuschauer als kognitionspsychologisch erklärbares Verfahren erscheint. Da der Montagefilm nicht nur Sprünge von einem Schauplatz zum anderen gestattet, sondern auch einen »stetigen Wechsel« zwischen zwei Schauplätzen, erhält der Betrachter den Eindruck, sich an zwei Orten zugleich zu befinden. Insofern erscheint die durch einen Trick suggerierte Gabe der »Bilokation« für den Zuschauer als dramatische Zuspitzung der fiktionalen Immersion: »Unser Bewußtsein ist gespalten, es kann augenscheinlich in einem seelischen Akt gleichzeitig hier und dort sein«.[16] Diese Spaltung findet ihren Ausdruck in einer geradezu phantastischen ›Erzählung‹, weil die ästhetische Grenze des Kinos, welche den Film als Fiktion zu begreifen gestattet, offenbar schwer zu fassen ist. Denn die Struktur von Fiktion wird in diesem Diskurs nach dem Modell einer »ästhetischen Grenze«, dem Rahmen in der Malerei,

---

16 Münsterberg: *Das Lichtspiel*, S. 38-63.

der Rampe im Theater und dem Vorhang in beiden,[17] gedacht. Die Suche nach der ästhetischen Grenze des Kinos bringt jedoch auch die Partialität des kognitionspsychologischen Diskurses zum Vorschein.

---

17 Zu dieser Funktion des Vorhangs vgl. Victor I. Stoichita: *L'Instauration du tableau: métapeinture à l'aube des temps modernes*, Genf: Droz ²1999, S. 94.

1.4 Von der »ästhetischen Grenze« zur »filmischen Fiktion«

BÜHLERS FRÜHE ANALYSE DER FIKTION

Wo Bühler in der *Sprachtheorie* zur Veranschaulichung eines sprachlichen Zusammenhangs – der Reorientierung in der Sprache – das Kino nutzt, findet sich in seinen früheren Schriften das Beispiel der bildenden Künste. In dieser Vernachlässigung des neuen Mediums trifft sich der Sprachwissenschaftler nicht nur mit den weiter entwickelten Reflexionen Ernst Michalskis zur ästhetischen Grenze, die vom Verhältnis des Theaters zur Malerei aus entwickelt werden. In der Theorie lässt sich insgesamt – bis Mitte der dreißiger Jahre – ein Defizit an Überlegungen zum Thema der filmischen Fiktion beobachten, dem ein reiches Korpus von filmischen und literarischen Metafiktionen gegenübersteht (von denen im zweiten Teil dieses Buchs die Rede sein soll).

Die eigentlichen Überlegungen über ästhetische Grenzen vollziehen sich bei Bühler also noch in den dreißiger Jahren nicht in Bezug auf das Kino, sondern auf die Malerei. Die Formen von Immersion und Infiltration, deren Bestehen am Rand der *Sprachtheorie* einfach vorausgesetzt wird, lassen sich noch klarer im Gebiet der Gemäldeoptik herausarbeiten, mit der er sich in einem eigenen Buch auseinandersetzt, und die eines der Arbeitsgebiete der Gestaltpsychologie bildet. Bühler greift mit den beiden Hauptfällen der »Deixis am Phantasma« – ohne dies zu explizieren – auf zwei Grundsituationen der optischen Imagination zurück, auf die er viel früher, am Rande seiner Abhandlung über *Die Gestaltwahrnehmungen*, im Zusammenhang mit der Frage nach der Ermittlung von visuellen Gestalt-Schwellen stößt. Die eine ist die »fiktive Drehung« einer gegebenen Form, die wir vollziehen, um ihre Gleichheit mit einer anderen beurteilen zu können.[1] Die andere hingegen nimmt den Standpunkt des Beobachters mit in den Bildraum, so wie die im Schaffensprozess versunkenen Künstler ihre Hand nicht auf der Leinwand, sondern im von ihnen imaginierten Raum verorten:

> Der geübte Zeichner sieht schon beim Ziehen die perspektivisch verkürzten Linien in die Tiefe gehen. Und auch beim Maler wird es meist so sein, daß ihm der Pinsel in dem der Hand folgenden kontrollierenden optischen Eindruck aus der Malfläche in die Tiefe fährt und bald in der Nähe, bald in der Ferne arbeitet.[2]

Man muss optische Gestaltwahrnehmung in diesen beiden Fällen offenbar nur auf die sprachliche Vermittlung von Vorstellungsräumen übertragen, um zu den beiden Hauptfällen der »Deixis am Phantasma« zu gelangen. Dementsprechend gibt auch die Ästhetik der empirischen Gestaltpsychologie – so das Fazit Bühlers – die Frage vor, was die Einheit des Kunstwerks, die Zusammengehörigkeit seiner Teile zu einer geschlossenen Gestalt, begründet.[3] In der *Sprachtheorie* wird das gleiche Problem allerdings noch stärker im Sinn einer Darstellungsästhetik interpretiert. Bühler greift dazu auf einen Sachverhalt zurück, der schon in der *Erscheinungsweise der Farben* (1922) zum Thema wird, den wechselnden Feldwert von Farben innerhalb eines Gemäldes:

> Wenn ein Maler auf seiner Palette dreimal dasselbe Grau mischt und dreimal physisch denselben Graufleck einsetzt in ein werdendes Bild, so kann dieser Fleck dreimal (oder noch öfter) einen verschiedenen *Bildwert* im Kontexte des Gemäldes erhalten; er kann z.B. als Schatten oder Lichtreflex oder als Gegenstandsfarbe (als ein Schmutzfleck z.B. auf weißem Tischtuch) imponieren (ST 165).

Bühler meint nicht die Opposition von Lokalfarbe und Eindrucksfarbe, sondern die Stellung der Farben innerhalb eines Relationssystems (oder Felds) von dargestellten Gegenständen. Das Grau wird als

---

1 Bühler: *Die Gestaltwahrnehmungen*, S. 130.
2 Ebd., S. 131.
3 Ebd., S. 297.

Schmutzfleck entziffert in Opposition zum Weiß. Wäre es in ein Muster eingefügt, würde man es als Stickerei identifizieren, gäbe es gleich ausgerichtete Schatten, als Wirkung einer Lichtquelle. Damit kommt aber die Gemäldeoberfläche selbst, von der in den Gestaltwahrnehmungen noch die Rede war, als Feld nicht mehr in Betracht. Stattdessen wird der imaginäre Vergleichs-Raum des Dargestellten zum entscheidenden Kontext. Es handelt sich hier um genau jenes Argument, das in der *Philosophie der symbolischen Formen* aufgegriffen wird, um die Möglichkeit der »Umzentrierung« zu erläutern, welche das sprachliche Denken eröffnet. Für Bühler wird diese Reorientierung zu einem Anlass, über Kunst, und somit über Fiktion, zu reflektieren.

Mohammed, der zum Berg gehen kann, wenn der Berg nicht zu ihm kommt, ist in der Sprachtheorie einerseits das Ebenbild des Künstlers, andererseits diejenige Figur, mit der sich die Asymmetrie der beiden Hauptfälle aufheben lässt. Während bei dem einen Hauptfall der Standpunkt des Sprechers erhalten bleibt und nur der Raum dazugedacht wird, wird bei dem anderen Hauptfall, bei dem Mohammed zum Berg geht, die empirische Verankerung in der wirklichen Umgebung aufgegeben, und es bedarf einer grundsätzlichen Reorientierung. Es gibt ursprünglich – so kann man aus dieser sprichwörtlichen Formulierung folgern – nur einen ›normalen‹ Fall der Verlagerung, und zwar denjenigen, der den Standpunkt des Sprechers intakt lässt, also den Berg zu Mohammed hin versetzt. Der Schritt über den eigenen Standpunkt hinweg gelingt nur dem modifizierten Sehen des bildenden Künstlers, der durch lange Übung gelernt hat, seinen Standpunkt mit Hilfe der Einbildungskraft zu versetzen.

Was in den *Gestaltwahrnehmungen* als Normalfall gilt, und was wir in dem vorhergehenden Abschnitt als »Infiltration« bezeichnet haben, lehnt sich in der Beschreibung Bühlers stark an eine dramatische Inszenierungsform an. Die Staffelei kann als Bühne dienen, in welche Schatten und Licht wie in einen imaginären Raum hineinfallen. Umgekehrt verlagert der geübte Maler seinen Standpunkt so weit in diesen Raum hinein, dass die Gegenstände – etwa ein Fleck auf einem Tischtuch – sich mit ihrer Gegenstandsfarbe von der Beleuchtung abheben lassen. Dieser Akt der bewussten Immersion wird explizit mit der altmeisterlichen Malerei verknüpft. Erst allmählich dämmert in diesem Diskurs die mächtige Erfahrung des Kinos, welche die Ausnahme zur Regel werden lässt: Zwischen 1913, als die *Gestaltwahr-*

nehmungen erscheinen, und 1934, als die *Sprachtheorie* veröffentlicht wird, hat sich dieses Verhältnis zwischen Infiltration und Immersion signifikant verändert. Was zuvor dem Künstler vorbehalten war, ist jetzt der Normalfall, bei dem der Prophet zum Berg geht, während der andere Hauptfall, ehemals die »fiktive Drehung«, nun wie ein Wunder dargestellt wird. Diese beiden Transformationen, das Selbstverständlich-Werden einer imaginierten Verlagerung des Standpunktes und die Ersetzung der Fiktion durch das Wunderbare, lassen sich als Indizien einer neuen Art von Erfahrung interpretieren. Dabei wird schon in der *Sprachtheorie* selbst deutlich, dass diese Aufmerksamkeit, die sozusagen jeden zum Künstler macht, mit den Formen des Kinos zusammenhängt. Während die Fiktionalität der bildenden Kunst jedoch in solcher Komplexität reflektiert wird, dass sie sogar die Erfahrung des Kinos durchscheinen lässt, bietet die frühe Film-Theorie nichts Vergleichbares.

MÜNSTERBERG: DER FILM ALS PERFEKTE ILLUSION

In der frühen Filmtheorie fällt es auf, dass das Konzept für die filmische Fiktion den bildenden Künsten entlehnt wird, und dass das Kino nach diesem Modell kaum noch als Fiktion gelten kann. Es geht schon bei Hugo Münsterberg um eine Unschlüssigkeit, die nicht an das Gefühl des Unheimlichen, sondern an den spezifischen Vorstellungsraum eines optischen Mediums gebunden ist. Allerdings geht seine Untersuchung *The Photoplay* nie so weit, die Sprache zu dem in Verhältnis zu setzen, was er – in Analogie zum Trompe-l'Œil in der bildenden Kunst – als optische Illusion beschreibt. Die Spaltung des Bewusstseins entspricht einer Illusionswirkung, welche die Zuschauerimagination fesselt, so wie auch die Bewegung – als Gestalt – von seiner Wahrnehmung zu den vielen ablaufenden statischen Bildern hinzugefügt wird. Durch diese starke Beteiligung, die das Lichtspiel von allen anderen Künsten unterscheidet, wird nicht nur der Betrachter hypnotisch auf die Bühne geholt, in die Handlung hineingezogen,[4] sondern auch das Gezeigte verdoppelt:

---

4   Zum besonderen Stellenwert der Suggestion im Lichtspiel vgl. Münsterberg: *Das Lichtspiel*, S. 63-64. Wenn hier vor allem von der phantasmatischen Füllung des »Abgeschnittenen« die Rede ist, so wird natürlich auch

Ein damit eng verwandtes Argument ließe sich hinzufügen, daß nämlich die Leinwand als solche ein Objekt unserer Wahrnehmung ist und eine Anpassung des Auges und eine unabhängige Lokalisierung fordert. In einen solchen Wahrnehmungskonflikt geraten wir sogar beim Blick in den Spiegel. Stehen wir in einem Abstand von drei Fuß vor einem großen Spiegel an der Wand, so sehen wir unser Spiegelbild in der Glasscheibe drei Fuß vor unseren Augen, und wir sehen es gleichzeitig sechs Fuß von unserem Auge weg, hinter dem Glas. Beide Lokalisierungen erfassen unser Bewußtsein und erzeugen eine eigentümliche Interferenz. Wir haben gelernt, das zu ignorieren, aber es bleiben charakteristische Illusionen, die das Vorhandensein dieser Doppelung anzeigen.[5]

Dieser Effekt, der an das Gedankenexperiment von Kants Aufsatz erinnert, charakterisiert das spezifisch filmische Orientierungsproblem, ohne dass aber eine spezifisch fiktionale, spielerische Lösung dieser »Interferenz«, wie im Theater möglich wäre. So wie Bühlers Maler nur aus Übung weiß, wann er seinen Pinsel auf der (gemalten) Oberfläche des Bildes, und wann in die (imaginäre) Tiefe setzt, so muss der Betrachter des Films erst lernen, die Verdoppelung der Figuren auf dem flachen Raum der Leinwand und in dem tiefen Raum des dramatischen Schauplatzes als Form von Fiktion zu interpretieren.

Das Thema des Doppelgängers war durch den *Studenten von Prag* bereits 1913 als filmischer Trick eingesetzt worden. Dass Münsterberg also die Bewältigung der entsprechenden »Interferenz« ganz auf eine Verblüffung der Kognition und nicht auf fiktionales Spiel zurückführt, hat zur Folge, dass für ihn das Lichtspiel zwischen den widersprüchlichen Polen der erlernten Verarbeitung und der gelungenen Suggestion aufgespannt wird. Einerseits macht es den Zuschauer zum Opfer von optischen Tricks, also Regelverletzungen, andererseits aber soll der Film als eine normative Kunstgattung nach dem Modell von Malerei und Skulptur etabliert werden:

Jetzt sehen wir, warum jedes Kunstwerk seinen Rahmen, sein Postament oder seine Bühne hat. Alles dient dem Hauptzweck, das angebotene Erlebnis vom

---

die Praxis des Hypnotiseurs evoziert, die das Publikum als Versuchsperson beteiligt. Vgl. dazu auch Stefan Andriopoulos: *Besessene Körper. Hypnose, Körperschaften und die Erfindung des Kinos*, München: Fink 2000, S. 99ff.

5   Münsterberg: *Das Lichtspiel*, S. 45.

Hintergrund unseres wirklichen Lebens abzulösen. Haben wir einen gemalten Garten vor uns, so wollen wir weder die Blumen von den Beeten, noch die Früchte von den Ästen pflücken. Die Flächigkeit des Bildes macht uns klar, daß es sich hier nicht um Wirklichkeit handelt, trotz der Tatsache, daß das Format des Gemäldes sich nicht von dem der Fensterscheibe unterscheiden muß, durch die wir einen wirklichen Garten sehen. Wir kommen gar nicht auf den Gedanken, der Frau aus Marmor einen Stuhl oder einen warmen Mantel zu bringen. Das vom Bildhauer geschaffene Werk steht in einem Raum vor uns, in den wir nicht eindringen können, und weil es vollständig von der Wirklichkeit, auf die sich unser Handeln richtet, abgesondert ist, werden wir lediglich ästhetische Zuschauer. Das Lächeln des Marmormädchens gewinnt uns, als käme es von einer Lebenden, aber wir erwidern ihre Freundlichkeit nicht. So wie sie in ihrer Marmorform erscheint, so ist sie innerlich vollendet und ohne jede Beziehung zu uns oder irgendeinem anderen.[6]

Diese Mischung aus klassizistischen Objektnormen und Kantscher Ästhetik gerinnt unter dem Blick Münsterbergs zu einer charakteristischen Figur: Der Mythos von Pygmalion erscheint in seiner Umkehrung als Verwandlung des Lebens in Kunst. Die filmische Form unterscheidet sich insofern, wie eine jüngere Filmtheoretikerin, bemerkt, vom klassischen Mythos: »Pygmalion will Leben in die Kunst bringen, das Kino scheint die Kunst ins Leben gebracht zu haben«.[7] Die geistreiche Formulierung trifft die Neuheit der kinematographischen Form, welche eine magische Grenzüberschreitung zum ästhetischen Normalfall macht.

Die Konsequenz aus dieser Beobachtung scheint Münsterberg aber zu entgehen: Wenn eine solche Verwirklichung von beinahe magischer Immersion und Infiltration die neue Kunst charakterisiert, dann bedeuten die künstlerischen Thematisierungen dieses Sujets selbst

---

6 Ebd., S. 80.
7 Gertrud Koch begründet diese These mit Christian Metz und belegt sie am Beispiel von *The Purple Rose of Cairo* und *La invención de Morel* (Koch: »Pygmalion – oder die göttliche Apparatur«, S. 433). Obgleich sie nicht auf den Golem als neuzeitlichen Mythos zu sprechen kommt, sondern nur die Ersetzung der Künstler-Göttin-Kopplung durch eine anonyme Apparatur des Kinos konstatiert, trifft Koch den Unterschied: Nicht Belebung des Kunstwerks, sondern »undurchschaute Infiltrationen virtueller Welten« sind die Folge der neuen technischen Möglichkeiten.

wieder eine fiktionsironische Reflexion. Das fiktionale Spiel, das für Münsterberg im Zeichen einer konservativen Ästhetik undenkbar ist, wird von der cineastischen Avantgarde ausgerechnet in dem gespenstischen Treiben von filmischen Gespenstern, Doppelgängern und belebten Statuen wieder eingeführt, welche den Terror der Nicht-Fiktion auszudrücken scheinen. So wirkt Münsterbergs Essay, in dem der Film unter einen klassizistischen Pygmalion-Mythos subsumiert wird, beinahe altmodisch gegenüber dem gleichzeitig erscheinenden Golem-Film von Wegener und Gustav Meyrinks Golem-Roman, welche beide auf ihre Weise die Wechselwirkung von Fiktion und Technik, von fiktionaler Immersion und Infiltration schon in der spezifisch modernen Figur des Golem darstellen und reflektieren.

MICHALSKI:
VOM UNGEFORMTEN ZUM GEFORMTEN RAUM

Die Grenze zwischen Lebenswelt und Film wird erst gemäß der gestalttheoretischen Filmpoetik Arnheims, von der bereits die Rede war, als geschaffene Form, als produzierter Rahmen, gedeutet. Um 1932 gerinnen derart die allgemeinen gestalttheoretischen Ideen, die Cassirer zum Konzept der Umzentrierung, der relativen Koordination des Subjekts geäußert hatte, zu einer Theorie der Kunst. Dieses Datum, das deutlich nach den im Folgenden zu analysierenden Fiktionen liegt (*Der Golem* erscheint 1915, *Der Golem, wie er in die Welt kam* kommt 1920 ins Kino), markiert eine begriffliche Festigung in mehreren Fachgebieten: Ein gestalttheoretisches Konzept der Immersion und Infiltration setzt sich bis Mitte der dreißiger Jahre in verschiedenen Fach-Disziplinen durch. Im gleichen Jahr wie Arnheims *Film als Kunst* und zwei Jahre vor Bühlers *Sprachtheorie* veröffentlicht Ernst Michalski seine Untersuchung zur »ästhetischen Grenze«, welche den Grundbegriff einer kognitiven Kunsttheorie einführt.

Michalskis Geschichte der Trennung von Bildraum und Realraum greift nicht nur auf die Analyse der Perspektive als symbolische Form zurück, wie sie sich bei Erwin Panofsky findet, sondern auch auf die Analyse des Bilderrahmens durch Georg Simmel.[8] Der Ausschluss der

---

8   Georg Simmel: »Der Bilderrahmen. Ein ästhetischer Versuch« (1902), in: G.S.: *Gesamtausgabe Bd. 7: Aufsätze und Abhandlungen 1901-1908* (1. von 2 Bdn.), hg. v. Rüdiger Kramme/Angela Rammstaedt/Otthein Ramm-

Welt und des Betrachters ermöglichen für Simmel, wie für Münsterberg,[9] erst Distanz und somit ästhetische Erfahrung, während Michalski mit dem Phänomen der Verschleifung oder Übertretung dieser ästhetischen Grenze das bildliche Pendant zu Bühlers sprachlicher Reorientierung entdeckt. Dies wird deutlich bei seinen Bemerkungen zum Standpunkt, den die Linearperspektive voraussetzt: »Wir schauen wie von außen, wie von einem archimedischen Punkte aus, in den Raum hinein«.[10] Ein ebensolcher archimedischer Punkt, von dem aus die Welt sich imaginär aus den Angeln heben lässt, ist die Ich-Origo bei Bühler – nur dass dieser Punkt bei Michalski nicht phantasmatisch versetzt werden kann. Der Begriff der ästhetischen Grenze gestattet es, die von Münsterberg beschriebene, auf perfekte Illusion beruhende Durchdringung von Kunst und Leben auf folgende Weise zu formulieren: »Die Kunstformation«, schreibt Michalski, »kann in den Realraum übergreifen und umgekehrt kann der Realraum, gleichsam als ungeformter Rohstoff, in den Kunstraum eindringen«.[11] In dieser Formulierung werden die Grenzen des Modells deutlich, welches die bildende Kunst mit dem Trompe-l'Œil vorgibt:[12] Was Michalski beschreibt, ist bloß eine Illusion des Betrachters, der den Raum des Kunstwerks in seinen eigenen Raum übergehen sieht, ohne jedoch seinen archimedischen Punkt verlassen, ohne sich reorientieren zu müssen. Um von einer Immersion, einer Versenkung des Subjekts zu sprechen, muss hingegen auch dieser Standpunkt selbst, zumindest im Imaginären, beweglich sein – ein Gedanke, den Bühler in seinen Schriften ebenfalls vergleichsweise spät entwickelt, indem er sich vom Modell der Malerei und des Theaters ablöst.

---

stedt, Frankfurt a.M.: Suhrkamp 1995, S. 101-108; zitiert bei Ernst Michalski: *Die Bedeutung der ästhetischen Grenze für die Methode der Kunstwissenschaft*, Berlin: Deutscher Kunstverlag 1932, S. 14.

9   Michalski verweist indirekt auf ihn, ebd. S. 13.
10 Ebd., S. 80.
11 Ebd., S. 10.
12 Ebd., S. 103-104. Das Paradigma der ästhetischen Grenze außerhalb der bildenden Kunst und des »Panoptikums« bleiben für ihn »Rampe« und »Bühnenbild« (ebd., S. 108), das Modell der Übertretung oder Verschleifung die manieristische Bühnenarchitektur (ebd., S. 164). In dieser ›wechselseitigen Erhellung der Künste‹, die im 19. Jahrhundert endet, hat das Kino keinen Platz.

Der Begriff der »ästhetischen Grenze« wird also in einer Art und Weise eingeführt, welche sein Potential für eine intermediale Fiktionstheorie wieder zunichte macht. Die Meinung, dass der Realraum »ungeformt« sei, entspricht weder den bei Arnheim und Bühler relevanten gestaltpsychologischen Erkenntnissen über Raumwahrnehmung noch der philosophischen Referenz Michalskis, Cassirers *Philosophie der symbolischen Formen*. Die Überschreitung der ästhetischen Grenze müsste, genauer formuliert, als Überlagerung zweier Formen von Anschauung bestimmt werden. Dafür spricht auch, dass Michalskis These schon bei der mittelalterlichen Skulptur auf eine Bühnenmetaphorik zurückgreifen muss. Die zur Veranschaulichung herangezogenen »Bühnensoffitten«, die ihm als kulturhistorischer Vergleich der phänomenologischen Betrachtung entgegenzustehen scheinen, belegen, dass die »ästhetische Grenze« nicht so sehr geformten und ungeformten Raum als vielmehr unterschiedliche Anschauungsformen trennt.[13] Genau eine solche Formulierung findet sich bereits in einem früheren Werk Bühlers über *Die Erscheinungsweise der Farben*:

> Im Sehraum des Beschauers gibt es zwei Bestandteile, von denen nur der eine *Bildraum* heißen darf; ich möchte vorschlagen, den anderen Vorraum oder besser noch *Schauraum* zu nennen. In das Sehfeld des Beschauers geht, wie man's auch anstellen mag, immer ein Stück Wirklichkeit ein, aus dem der Bildraum ergänzend heraus-, unter Umständen auch einmal hineinwächst; die Grenzscheide zwischen beiden Möglichkeiten bildet ein fast oder vollkommen tiefenloser Bildraum, z.B. auf teppichartigen Gemälden.[14]

Abstrakte (»teppichartige«) Kunst bezeichnet also eine Nullstufe zwischen der Illusion des skulptural (sei es als wirkliche oder scheinbare Skulptur) in den Schauraum hineinragenden Trompe-l'Œil und dem sich als Erweiterung dieses Raumes öffnenden Guckkasten oder

---

13 Es geht um wolkenähnliche Gebilde am Tympanon der Kathedrale von Reims, die mit Soffitten verglichen werden, um die Wahrung eines distanzierten Bühnenraums zu beschreiben (ebd., S. 33). Dementsprechend gilt der perspektivische Kunstraum der Renaissance als »Bühnenraum« (ebd., S. 68), wobei sich Michalski der Problematik solcher kulturhistorischer Vergleiche bewusst zeigt.

14 Karl Bühler: *Die Erscheinungsweise der Farben*, Jena: Gustav Fischer 1922, S. 190.

Fensterblick. Bei all diesen Möglichkeiten wird die ästhetische Grenze als Formdifferenz greifbar; die Gestalt des Werks überlagert sich der Gestalt seiner Umgebung.

Im Kapitel zur »Gemäldeoptik« erkundet Bühler genauer die Bedingungen von »Doppelraum und Doppelbeleuchtung des Standortes und des Bildes«,[15] also die Voraussetzungen optisch vermittelter Fiktionalität. Sein Ausgangspunkt sind gestaltpsychologische Experimente, denen er entnimmt, dass die besonderen Verhältnisse der Bildbetrachtung prinzipiell in denjenigen der Wirklichkeitswahrnehmung »angelegt« sind. Auch diese kennt Rahmungen und Grenzen:

> Wenn ich vor einem geschlossenen Fenster stehe, grenzt die wahrgenommene Glasscheibe den Sehraum in einen davor und dahinter gelegenen Teil ab, und es kann sein, dass beide Teile von verschiedenen, optisch wirksamen Beleuchtungen beherrscht werden.[16]

Nicht das Fensterglas und nicht einmal die Kohärenzfläche des Fensters sind notwendig, um die scharfe Grenze zwischen beiden Räumen als Gestalt zu erfassen. Diese hängt laut Bühler von der jeweils verschiedenen »Tiefensondierung« und dem jeweiligen »Beleuchtungsmodul« ab. Der Rahmen wird, mit anderen Worten, auf Reizbedingungen zurückgeführt, die als Schwellen der Gestaltbildung verstanden werden können. Auf keiner Seite der Grenze ist Wahrnehmung ungeformt; auf keiner fehlt, so ließe sich ergänzen, eine medial und kontextuell bestimmte Koordination. Dies verdeutlicht der Vergleich mit dem Traum, der wie bei Bühlers Lehrer Külpe den Inbegriff der Formlosigkeit bildet:

> Im Sehraum des Beschauers entfaltet sich die Welt des Malers; aber nicht auf freiem Irgendwo, als wie im Traum, sondern streng reizabhängig und aus der Wirklichkeitswahrnehmung heraus.[17]

Auch wenn im Zusammenhang der Gemäldeoptik von Darstellungsproblemen die Rede ist, begleitet die Ausführungen Bühlers doch stets die Frage nach der Orientierung. Im gerade zitierten Abschnitt steht

---

15 Ebd., S. 188.
16 Ebd., S. 189.
17 Ebd., S. 190.

das »Irgendwo« des Traums dem »Hier« des räumlich gebundenen Betrachters radikal entgegen: Auch die Fiktion der Kunst stellt kein freies Irgendwo dagegen, sondern nur die alternative Koordination des Bildraums. Die Verdoppelung der ursprünglichen Orientierung des Betrachters im Schauraum ist in der künstlerischen Fiktion kein Problem. Den Beispielen zufolge ist es – wie bei dem, was man »theatralische Inszenierungsform« nennen könnte – nicht einmal nötig, den Standort zu verlagern. Für das Kino und seine Fiktionen hat dieses aus den Fensterblicken der Malerei und den Guckkästen der Bühne entwickelte Modell der »Glaswand«, das sich noch bei Münsterberg findet, aber offenbar keine spezifische Relevanz. Anders gesagt, die Herleitung der »ästhetischen Grenze« aus den klassischen Künsten erklärt die Partialität des kognitiven Fiktionsdiskurses und das daraus entstehende Defizit, welches gerade gegenüber der Fülle phantastischer Filme und Erzählungen zum Thema der Immersion hervorsticht.

HAMBURGER: DIE »FILMISCHE FIKTION«

Die Partialität der kognitivistischen Filmtheorie endet nicht, als in den dreißiger Jahren eine Theorie der kinematographischen oder »filmischen Fiktion« den noch bei Münsterberg beobachteten Mangel aufhebt und das Modell der Malerei, der Skulptur und des Theaters endlich mit dem der literarischen Erzählung ersetzt. Im Gegenteil, die neue Perspektive hat nur zur Folge, dass die Form des Kinos tendenziell an das Modell der narrativen Fiktion angeglichen wird. Noch in der Erzähltheorie der fünfziger Jahre wird der Film den literarischen Gattungen untergeordnet. Dabei wird, im Unterschied zu Bühler, der Aspekt der Konvention gegenüber der Kognition hervorgehoben. Zugleich ersetzt eine logische Grenze eine ästhetische Grenze, und die Provokation des Imaginären durch die unvertraute Form der Fiktion, welche in den Beispielen der *Sprachtheorie* noch einen Platz gefunden hat, verebbt in diesen Theorien. Das Kino gilt nun als eine weitere künstlerische Form der bürgerlichen Rationalität.

Bekanntlich wird Bühlers Konzept der »Deixis am Phantasma« von Käte Hamburger zurückgewiesen. Hamburger zieht es vor, von der Umwandlung des »Zeigefelds« in ein »Symbolfeld« zu sprechen.[18]

---

18 Käte Hamburger: *Die Logik der Dichtung* (1957), Stuttgart: Klett-Cotta 1994, S. 110.

Laut der *Logik der Dichtung* erhalten die Mittel sprachlich relativer Koordination in der Fiktion eine feste Bedeutung. Diese Theorie entfernt sich insofern von Bühlers Konzept der »Deixis am Phantasma«, als sich die Zeigwörter in der Fiktion »nicht auf eine reale Ich-Origo [...] sondern auf die fiktiven Ich-Origines der Romangestalten« beziehen, d.h. auf Bezugssysteme, die keinem zusammenhängenden »Wirklichkeitserlebnis« entsprechen und weder notwendig zeitlich noch notwendig räumlich verankert sind.[19] Damit wendet sich Hamburger kritisch gegen Bühlers Vorschlag, das Konzept der »Deixis am Phantasma« von der Alltags-Sprache unmittelbar auf die Fiktion zu übertragen. In der Fiktion, so Hamburger, verwandelt sich die imaginäre Ich-Origo selbst in eine bloße Form und Regel der Anschauung, die nun nicht mehr zum Zeigefeld der Sprache, sondern zu deren Begriffs- und Symbolfeld gehört.[20] Ein Ausdruck wie »morgen« charakterisiert ihr zufolge in einer fiktionalen Aussage nicht die imaginäre Position des Aussagesubjekts, sondern beschreibt – gemäß narrativer Konventionen – den Standpunkt der Romanfigur, bezieht sich also auf deren eigene Koordination, und nicht auf die des Verfassers oder Lesers.

Zwar gelingt es Hamburger auf diese Weise, die Differenz zwischen dem kognitivistisch erforschten Imaginären und der Fiktion zu klären. Das Kino, die »filmische Fiktion«, erscheint im Kontext dieses Fiktionsbegriffs infolgedessen jedoch als eine defizitäre Gattung. Denn die sprachliche Form der Orientierung, welche ästhetische Grenzen durch Konventionen wie das epische Präteritum sichtbar macht, muss hier vorausgesetzt werden, ohne dass sie in entsprechenden Verfahren »sichtbar« würde. Zwar provoziert das Kino beim Zuschauer eine Unschlüssigkeit, die darin liegt, dass »der Kinobesucher sich nicht, wie der Theaterbesucher und der Romanleser völlig darüber im klaren ist, was er tut und erlebt, wenn er einen Film sieht«.[21] Aber diese generische Unschlüssigkeit beschränkt sich auf die Alternative zwischen epischer und dramatischer Form, also zwei traditionellen Formen der Reorientierung. Hierin liegt der *Logik der Dichtung* zufolge die Einschränkung der neuen Kunst. Damit das, was Hamburger die »filmische Fiktion« nennt, überhaupt der literarischen Fiktion eingegliedert

---

19 Ebd., S. 110f.
20 Ebd., S. 113.
21 Ebd., S. 177.

werden kann, muss es sich auf eine konventionelle, logische Form, auf eine Form von Rationalität bringen lassen. Das unvertraute, mit der Fiktionalität im traditionellen Sinne unvereinbare, die Vorstellung einer »ästhetischen Grenze« herausfordernde Moment des frühen Kinos findet in dieser Erzähltheorie keinen Platz – nicht zuletzt, weil die mit der Transkription des neuen Mediums verbundene Unschlüssigkeit über das System literarischer Gattungen hinausgeht. Insofern kommt die Partialität dieses Diskurses erst Recht zum Vorschein, wenn er sich der filmischen Fiktion als solcher zuwendet – wie dies bei Käte Hamburger, wie schon bei Ingarden, der Fall ist.

*

Der Diskurs der »Form« setzt sich also, wie an vier Beispielen gezeigt wurde, über die kognitive Psychologie in engerem Sinne in phänomenologische und kultursemiotische Kunst- und Filmtheorie hinein fort. Die kognitive Erklärbarkeit der ästhetischen Grenze und der Diskurs der Orientierung sind bei allen bisher referierten Autoren – im Vergleich zur filmischen Fiktion selbst – nachträgliche und partielle Begründungen, deren Partialität zudem auf bestimmten Prämissen beruht. Vorausgesetzt wird, dass Immersion und Infiltration, wie in der Sprache, so auch im visuellen Imaginären eine klare, rationale Form annehmen, gemäß welcher nach jeder Umzentrierung des Subjekts auch seine Reorientierung gelingen muss. Vorausgesetzt wird dabei außerdem, dass die relevante Grenze eine kognitive Schwelle darstellt, welche wie jene zwischen flimmerndem und konstantem Bild, und nicht etwa wie die Schwelle zwischen Bewusstem und Unterbewusstem, zwischen Symbolischem und Imaginärem, zwischen rationalem Kalkül und unheimlicher Wiederkehr des mythischem Denkens beschaffen ist. Genau dieser Umstand unterscheidet den Diskurs der Gestaltpsychologie und die darin formulierte Fiktionstheorie grundsätzlich von demjenigen der Psychoanalyse. In einer Fußnote tut Bühler kurzerhand eine mögliche Desorientierung durch die phantasmatische Verdoppelung ab, da diese wieder dem Traum und nicht der gestalteten Wirklichkeitswahrnehmung entspräche:

Daß im Traume auch genau das Umgekehrte, nämlich ein Nichtloskommen von einer Situation oder ein Immerwiederzurückkehren in sie, stattfinden kann, interessiert uns hier nicht weiter (ST 396, Anm. 2).

Dasselbe Immer-Wieder-Zurückkehren an den gleichen Ort stellt Sigmund Freud schon über ein Jahrzehnt früher in den Mittelpunkt seiner Beschreibung des »Unheimlichen«. Da sich für Bühler die Rückkehr an den gleichen Ort oder das Nichtloskommen von einer Situation nicht innerhalb der Hauptfälle der »Deixis am Phantasma« erklären lässt, wird es an den unteren Rand der Buch-Seite, in die Anmerkungen, gedrängt. In diesem Detail deutet sich an, wie unvereinbar die beiden Diskurse der Gestalt- und der Tiefenpsychologie sind. Wo der eine die Differenz von Sprache und Bild und ihre Wiedereinführung in der Sprache unter dem Aspekt der Reorientierung am Phantasma behandelt, beobachtet der andere in der unheimlichen Verdoppelung eine tiefer begründete Desorientierung.

1.5 Immersion als Desorientierung

DER FILM ALS TRAUM
UND DER MANGEL AN ORIENTIERUNG

Psychoanalyse und Kognitionspsychologie – insbesondere in ihrer gestaltpsychologischen Ausprägung – entwerfen, wissensgeschichtlich betrachtet, einander ausschließende Modelle des Imaginären. Dies wird nirgends deutlicher als auf den Seiten, die Bühler im Zusammenhang seiner Schrift zur *Krise der Psychologie* (1927) über die Psychoanalyse verfasst. Diese gilt ihm durch ihre Betonung des Trieblebens als inhaltslastig und insofern hoffnungslos partikulär:

Anders: wo immer in unserem Seelenleben *Formprinzipien* als reale Mächte auftreten, da muß es aus innerer (logischer) Notwendigkeit mit dem Erklärungsbereich des reinen Stoffdenkens zu Ende sein. Man brauchte gegen *Freud* eigentlich nur den modernen Gestaltgedanken ins Feld zu stellen; die Gestaltpsychologie bildet den reinsten Gegenpol zu seiner Art des Denkens.[1]

Es handelt sich, wie Bühler scharfsinnig erkennt, bei diesem Konflikt nicht um Schulquerelen, sondern um unterschiedliche Denkarten – auch wenn die Einschränkung der Psychoanalyse auf ein »Stoffdenken« die parteiische Perspektive des Gestaltpsychologen verrät: Form steht gegen Formlosigkeit. Der Diskurs der Psychoanalyse ist trotz zahlreicher Berührungspunkte mit demjenigen der Gestalttheorie nicht vereinbar.[2] Am anschaulichen Beispiel der »Orientierung« lässt sich dieser grundsätzliche Unterschied sofort verstehen.

---

1 Karl Bühler: *Die Krise der Psychologie*, Jena: Gustav Fischer 1927, S. 178.

2 Ein interessantes Indiz dafür ist, dass beide Schulen trotz vieler genetischer und inhaltlicher Affinitäten nicht miteinander kommunizieren. Zwar finden

Insbesondere an der Frage der Orientierung und der fiktionalen Immersion zeigt sich, dass beide Herangehensweisen das Imaginäre in unterschiedlichen Wirklichkeitssegmenten und mit unterschiedlichen Subjektmodellen suchen. Auf der einen Seite steht eine relative Form von Orientierung, die alle Arten von Umzentrierung und auch die ästhetische Grenze als eine solche Verlagerung der Aufmerksamkeit, als Reizschwelle, beschreiben kann. Auf der anderen Seite findet sich die absolute Antithese zwischen der Verankerung des Ichs in der Wirklichkeit und einem Unterbewussten, das nur in Ausnahmefällen die Schwelle des Bewusstseins überschreitet. Der Traum, das Schweigen und die Widerstände des analytischen Gesprächs stellen alles andere als einen »Bildraum« dar. Sie zeichnen sich durch ihre bilder- und somit auch filmfeindliche Tendenz aus;[3] und sie bieten dementsprechend auch keine Reorientierung, sondern nur Desorientierung an. Als die filmische Fiktion, mit der gleichen Verspätung wie in der übrigen Psychologie, zum Gegenstand eines Diskurses wird, geschieht dies also unter dem genau umgekehrten Vorzeichen – dem unheimlichen Verlust der Koordination.

Dieser Gegensatz charakterisiert auch einen Zugriff der Theorie auf das Kino, welches sich offensichtlich ebenso gut dazu eignet, die Psychoanalyse zu vertiefen, wie die kognitive Psychologie zu bereichern. Einem weit verbreiteten Topos zufolge ermöglicht der Film die Darstellung von Träumen und Imaginärem besser als jede andere Kunst. So weist Otto Rank 1914 in *Der Doppelgänger* auf die »Besonderheit der Kinotechnik [hin], seelisches Geschehen bildlich zu veran-

---

sich biographische und politische Berührungspunkte, aber es kommt zu keiner rekonstruierbaren wissenschaftlichen Diskussion (vgl. Rudolf Ekstein: »Karl Bühler's ›Sprachtheorie‹ in Psychoanalytic Perspective: from monologue to dialogue to plurilogue«, in: Achim Eschbach (Hg.): *Karl Bühler's Theory of Language*, Amsterdam/Philadelphia: John Benjamins 1988, S. 3-15, und Bruno Waldvogel: *Psychoanalyse und Gestaltpsychologie. Historische und theoretische Berührungspunkte*, Stuttgart-Bad Cannstatt: Frommann Holzboog 1992, S. 24-28).

3   Zu Freuds Weigerung, an einem Film über Psychoanalyse mitzuwirken, gibt Stephen Heath eine entsprechend lautende Erklärung (»Cinema and Psychoanalysis. Parallel Histories«, in: Janet Bergstrom (Hg.): *Endless Night. Cinema and Psychoanalysis. Parallel Histories*, University of California Press 1999, S. 27-56, hier S. 26).

schaulichen«.[4] Wenn René Allendy 1926 das Kino als Darstellung des Unbewussten begrüßt, tut er dies in Polemik gegen die Inszenierungspraxis des Theaters:

> Das Kino kann das Unbewusste der Lebewesen bewundernswert ausdrücken, ihre Seelenstruktur, die so tief liegt, dass sie selbst sie nicht kennen, es kann sie auf sehr viel unmittelbarere Weise erfassen als beispielsweise das Theater, welches nur über die bewusste Analyse der Rede verfügt, abgesehen von den wenig beweglichen Bühnenbildern und den immer schwierigen Bühneneffekten. Das Kino hat, auf dem ihm eigenen Weg, diese Möglichkeit, uns den Subjektivismus der Wirklichkeit zu vermitteln [...].[5]

Der Unterschied von filmischer und theatralischer Fiktion liegt für Allendy in der Veränderlichkeit des Raums, der an die Synthese-Leistung des erlebenden Subjekts angepasst werden kann, sowie in der Perfektionierung der Illusion. Die Kunst der filmischen Fiktion liegt also nicht in der Rahmung eines gegebenen Dialogs, sondern im Abbau der mentalen Rahmen, die das bewusste Seelenleben für das Zustandekommen von Dialogen aufspannen muss. Möglichst unverstellt soll das Imaginäre des Subjekts auf die Leinwand kommen, »alles, was in seiner Seele vor sich geht, nicht nur in den klaren und bewussten Gebieten, sondern vor allem in den finsteren Untergründen des Unbewussten«.[6] Die Psychoanalyse nähert sich der filmischen

---

4   Otto Rank: *Der Doppelgänger. Eine psychoanalytische Studie* (1914), Leipzig/Wien/Zürich: Internationaler Psychoanalytischer Verlag 1925, S. 12.
5   »Le cinéma peut admirablement exprimer l'inconscient des êtres, leur psychisme si profond qu'ils l'ignorent eux-mêmes et, par là, nous le faire saisir d'une manière bien plus directe que le théâtre par exemple, lequel ne dispose que de l'analyse consciente des discours, en dehors des décors peu mobiles et des effets de scène toujours difficiles. Le cinéma a, dans la voie qui lui est propre, cette possibilité de nous donner le subjectivisme de la réalité [...]« (René Allendy: »La Valeur psychologique de l'image«, in: R.A. et al.: *L'Art cinématographique*, Paris: F. Alcan 1926, S. 75-103, hier S. 101-102).
6   »Tout ce qui se passe en son âme, non seulement dans les zones claires et conscientes mais surtout dans les bas-fonds obscurs de l'inconscient« (ebd., S. 83).

Fiktion also von einer ganz anderen Seite her als die experimentelle Psychologie oder Gestaltpsychologie: Das Kino kann nur ein partielles Licht in die Abgründe der Seele werfen, welche vielmehr das Dunkel der Vorführräume erobern. Anstatt die Fiktion als funktionierende Reorientierung zu beschreiben, feiert der Analytiker sie als Darstellung einer unsicheren, unklaren Koordination des Subjekts.

Die Kunst des Regisseurs, so Allendy, ist es, den Traum möglichst unverstellt auf die Leinwand zu bannen, wozu nichts geeigneter sei als die »image mobile« des Kinos: »Pourquoi ne ferait-on pas des films qui ne seraient qu'un rêve?«, fragt er sich.[7] Anders als die Gestaltpsychologen setzen die Psychoanalytiker die eigentlich relevante Schwelle also zwischen Wach- und Traumleben, zwischen Bewusstem und Unterbewussten an: Das Kunstwerk, und insbesondere der Film, öffnet den Weg in die Tiefen des Traums. In dieser Sphäre ist keine Reorientierung oder »Umzentrierung« möglich. Sobald sich das feste Subjektzentrum auflöst, kommt es zu einem ersatzlosen Verlust der Koordination. Das von Allendy diskutierte Filmbeispiel, Murnaus *Der letzte Mann* (1924), verwirklicht die »image mobile« einerseits durch die innovative Technik der »entfesselten Kamera«, die frei beweglich, also konkret von einem Fahrrad oder einer Seilbahn getragen, den Raum erschließt[8] – diese unstete Bewegung erschwert die Reorientierung, provoziert eine Desorientierung des Zuschauers. Dazu trägt bei, dass Murnau sogar die Kulissen an die subjektive Sicht anpasst, wenn er den Traum des Portiers darstellt – indem er etwa die vertraute Umgebung verformt. Der französische Analytiker legt besonderes Gewicht auf diesen Traum:

Bestimmte Details aus seinem vertrauten Leben, so die Hoteltüre, kehren verformt, fremdartig, bizarr wieder. Diese Art, im Traum das Begehren im Konflikt mit der drückenden Wirklichkeit wiederzugeben, passt sehr gut zu dem, was uns die psychoanalytische Untersuchung der Träume zeigt.[9]

---

7   Ebd., S. 103.
8   Claudia Heydolph: *Der Blick auf das lebende Bild. F.W. Murnaus ›Der letzte Mann‹ und die Herkunft der Bilderzählung*, Kiel: Ludwig 2004, S. 102-114.
9   »Certains détails de sa vie habituelle, comme la porte de l'hôtel, reviennent déformés, étranges, bizarres. Cette façon de rétablir, en rêve, le désir, à l'encontre de la pénible réalité, est très conforme à ce que nous montre

Die technischen Möglichkeiten des Films gestatten also eine Inszenierung von Subjektivität, die ganz an die »Allmacht des Gedankens« angepasst ist, die das Ich im magischen Denken besitzt, und die auch durch den Traum wiederhergestellt wird, der den Raum ganz um den absoluten Mittelpunkt des Subjekts wickelt. Der Film inszeniert gemäß diesem Diskurs den Traum – und damit sich selbst – als Alternative von absoluter, quasi-magischer Orientierung und völliger Desorientierung. Gerade jenes Spektrum von Umzentrierungen und Reorientierungen, die bei Bühler die filmische Fiktion charakterisieren und den Konflikt mit Hilfe imaginärer Transpositionen auflösen, werden von Allendy nicht in Betracht gezogen.

Der Unterschied zwischen der psychoanalytischen und der gestalttheoretischen Bestimmung des Imaginären kommt noch deutlicher zum Vorschein, wenn beide Diskurse auf die aktuelle Form des Films bezogen werden. Allendy entwirft in dieser Hinsicht ein klares Modell, in dem eine Bergsonsche, also kognitionspsychologisch fundierte Sicht des Imaginären von einem Freudschen Unterbewussten abgesetzt wird:

Unser Seelenleben funktioniert gleichzeitig auf verschiedenen Ebenen. Oben ist das bewusste und rationale Leben, das mit den unmittelbar vom Sehen gegebenen, objektiven Bildern arbeitet, mit den Erinnerungsbildern des gut analysierten Wirklichen, mit mentalen Bildern und sorgfältig ausgearbeiteten intellektuellen Konzepten, indem alle diese Elemente in geordneten Serien verknüpft werden bis zur erwarteten Schlussfolgerung, gemäß dem dynamischen Schema von Herrn Bergson. Sobald diese Unterscheidung nachgibt, aufgrund eines noch größeren Erschlaffens der mentalen Synthese, fallen wir in das unbewusste Leben, das Traumleben, wo die Imagination sich der Wirklichkeit so sehr überlagert, dass sie sie ganz verdeckt und vergessen lässt.[10]

---

l'étude psychanalytique des rêves« (Allendy: »La Valeur psychologique de l'image«, S. 102).

10 »Notre vie psychologique fonctionne simultanément sur différents plans. En haut est la vie consciente et rationnelle qui travaille avec les images objectives immédiates données par la vue, avec les images-souvenir de réalités bien analysées, avec les images mentales de concepts intellectuels soigneusement élaborées, associant tous ces éléments en séries ordonnées vers la conclusion attendue, selon le schéma dynamique de M. Bergson. Que cette discrimination cesse, par un relâchement encore plus grand de la synthèse mentale et nous tombons alors dans la vie inconsciente, vie du

Für Allendy repräsentiert die Freudsche Topik und insbesondere die Trennung von bewusstem Ich und unbewusstem Trieb also zugleich eine wissenschaftsgeschichtliche Differenz: Während die Kognitionspsychologie sich mit den mentalen Leistungen des bewussten Ichs beschäftigt, entdeckt die Psychoanalyse eine Art von Imagination, welche die Wirklichkeit nicht nur verarbeitet, sondern im Extremfall gänzlich fortschwemmt. Teilnahme am Film ist also als Versenkung in das unterbewusste Leben, das Traumleben, zu denken.

ZWEI PERSPEKTIVEN AUF DAS »UNHEIMLICHE«

Einer der Punkte, an denen Freud selbst mit einer »anderen« Psychologie in Dialog tritt, ist der Aufsatz über *Das Unheimliche* (1919), der von Ernst Jentschs 1906 erschienenen Artikel zu diesem Thema ausgeht.[11] Jentsch selbst beschäftigt sich, gemäß dem Namen einer der Schriftenreihen, in denen er veröffentlicht, mit »Grenzfragen des Nerven- und Seelenlebens«: Er übersetzt Lombrosos Schrift über das Verbrechen, verfasst selbst Werke über Zitterbewegungen, Musik und Nerven, über die Laune und über die Gattenwahl.[12] In einen solchen Bereich von angewandter Psychologie stößt auch die kleine Schrift über das Unheimliche vor. Freud entnimmt ihr die These, dass die Gefühlswirkung des Unheimlichen sich ganz im Unterschwelligen ansiedelt, also gerade nicht auf einer bewussten Verarbeitung (anders gesagt, auf der mentalen Synthese) eines Zusammenhangs beruht. So liegt Jentsch zufolge, den Freud explizit zitiert, eine unheimliche Wirkung vor, wenn

man den Leser im Ungewissen darüber läßt, ob er in einer bestimmten Figur eine Person oder etwa einen Automaten vor sich habe, und zwar so, daß diese Unsicherheit nicht direkt in den Brennpunkt der Aufmerksamkeit tritt, damit er

---

    rêve où l'imagination se projette sur la réalité au point de la recouvrir et de la faire oublier« (ebd., S. 77-78).

11 Sigmund Freud: »Das Unheimliche«, in: S.F.: *Studienausgabe IV: Psychologische Schriften*, hg. v. Alexander Mitscherlich, Angela Richards u. James Strachey, Frankfurt a.M.: S. Fischer 1970, S. 241-274, abgekürzt DU, hier S. 243. Vgl. Waldvogel: *Psychoanalyse und Gestaltpsychologie*, S. 29.

12 Die genannte Reihe erscheint in Wiesbaden bei J.F. Bergmann.

nicht veranlaßt werde, die Sache sofort zu untersuchen und klarzustellen, da hiedurch, wie gesagt, die besondere Gefühlswirkung leicht schwindet (DU 250-251).

Was nicht im »Brennpunkt der Aufmerksamkeit« steht, fördert die Unschlüssigkeit des Rezipienten. In gewisser Weise findet sich bei Jentsch also die gleiche Opposition wie bei Allendy: Das Unheimliche beginnt dort, wo die bewusste, klar artikulierte Arbeit der Kognition nachlässt. Aber statt einer psychoanalytischen Topik, in der obere Schichten des Bewusstseins vom Unbewussten abgehoben werden, führt Jentsch den Begriff des »Unheimlichen« für Situationen der Desorientierung ein, die nicht dem Traum vorbehalten bleiben:

Es scheint dadurch wohl zweifellos ausgedrückt werden zu sollen, dass einer, dem etwas »unheimlich« vorkommt, in der betreffenden Angelegenheit nicht recht »zu Hause«, nicht »heimisch« ist, dass ihm die Sache fremd ist oder wenigstens so erscheint, kurzum, das Wort will nahe legen, dass mit dem Eindruck der Unheimlichkeit eines Dinges oder Vorkommnisses ein Mangel an Orientierung verbunden ist.[13]

Der Psychologe kommt also auf das Problem der Orientierung zurück und entwirft eine Möglichkeit, die von den Umzentrierungen und Reorientierungen der Gestaltpsychologie grundsätzlich verschieden ist: den absoluten »Mangel an Orientierung«, die Beobachtung, die peripher zum »Brennpunkt der Aufmerksamkeit« steht, und die sich auch nicht verlagern lässt, um sich diesem anzunähern.

Mit seiner Idee der unscharfen »Aufmerksamkeit« bietet Jentsch einen ausgezeichneten Anknüpfungspunkt für Freud. Die Modifikation der ursprünglichen Idee im Aufsatz über das Unheimliche gestattet es zugleich, den Diskurs der Reorientierung von demjenigen der Desorientierung zu unterscheiden: Während die Gestalt als Oberflächenstruktur des Bewusstseins ihre Schwelle innerhalb des aktual Imaginären hat, weist die Freudsche Metapsychologie auf die Grenze zwischen diesem Bewussten und dem ins Unterbewusste Verdrängten hin.[14]

---

13 Ernst Jentsch: »Zur Psychologie des Unheimlichen«, *Psychiatrisch-Neurologische Wochenschrift* 22 (1906), S. 195-198, hier S. 195.

14 Friedrich Kittler nimmt sich mit Blick auf diese Grenze vor, zu zeigen, dass die Psychoanalyse »keine Psychologie ist, sondern es umgekehrt

Immersion und Infiltration nehmen in beiden Diskursen eine unterschiedliche Bedeutung an: Für die einen stellen sie ein kognitives Phänomen dar, das sich in der Art der Deixis am Phantasma als Reorientierung beschreiben lässt. Für die anderen hingegen bedeuten sie die Wiederkehr eines verdrängten magischen Weltbilds, durch welche das Subjekt in die Alternative von fester Koordination und totaler Desorientierung gedrängt wird.

Michel Foucaults Einschätzung, Freud sei ein Diskursbegründer, bestätigt sich gerade in Bezug auf diesen Begriff des Unheimlichen, den er zur Analyse von literarischen Fiktionen nutzt.[15] In der Theorie der erzählten Phantastik wird Freuds Aufsatz zur unumgänglichen Referenz. Aber dies ändert nichts daran, dass sein Text selbst, obwohl er auch filmtheoretische Schriften wie diejenige Allendys begründet, die Kunst des Kinos selbst nicht wahrnimmt und daher noch einmal die Verspätung der Theorie gegenüber dem Korpus der Fiktionen bestätigt, welche erzählend oder filmisch über Immersion und Infiltration reflektieren. So wie Bühler mit der »Deixis am Phantasma« ein entscheidendes Konzept einführt, um diese Werke zu analysieren, bietet das »Unheimliche« bei Freud – gerade in seiner Herleitung von E.T.A. Hoffmanns *Der Sandmann* – einen davon unabhängigen und einflussreichen Zugang zu den zwei phantastischen Themen, die mich aufgrund ihrer metafiktionalen Dimension interessieren: die Versenkung in die Fiktion (die sujethaften Immersion) und der künstliche Mensch (die sujethafte Infiltration).

DIE BELEBTE PUPPE

Der Aufsatz über das »Unheimliche« enthält unter anderem auch eine Nacherzählung des *Sandmanns* (1817) von E.T.A. Hoffmann, »dem

---

möglich macht, die Seele als ein Phantom zu beschreiben, das an den Schnittflächen von Sprache und Körper entsteht« (Kittler: »›Das Phantom unseres Ich‹ und die Literaturpsychologie: E.T.A. Hoffmann – Freud – Lacan«, in: F.K./Horst Turk (Hg.): *Urszenen. Literaturwissenschaft als Diskursanalyse und Diskurskritik*, Frankfurt a.M.: Suhrkamp 1977, S. 139-166, hier S. 139-140).

15 Michel Foucault: »Nietzsche, Freud, Marx« (1964), in: M.F.: *Dits et Ecrits*, 4 Bde., hg. v. Daniel Defert und François Ewald, Bd. 1, Paris: Gallimard, S. 564-579.

die Erzeugung unheimlicher Wirkungen so gut wie keinem anderen gelungen ist« (DU 250). In dieser Erzählung hebt Freud das Motiv der Augen eigens hervor, welche offensichtlich in einem Sujet der Immersion und Infiltration zirkulieren: Der Advokat Coppelius möchte Nathanael seine Augen stehlen, um sie auf den Herd seiner alchemistischen Experimente zu werfen. Auch die Augen, welche der italienische Optiker Coppola seinem Geschöpf, der Puppe Olimpia, eingesetzt hat, sollen, so heißt es, diejenigen Nathanaels sein. Handelt es sich bei dieser phantastischen Figur also um einen Fall von Immersion (da ein Teil von Nathanael in die Puppe versetzt wird) oder von Infiltration (da Olimpia künstlich belebt wird)? Diese Frage wäre entscheidbar, wenn das Ereignis sich einfach als eine Reorientierung des Betrachters (Nathanaels) – nach den beiden von Bühler unterschiedenen Hauptfällen – beschreiben ließe. Der Held jedoch ist durch eine Serie von Verdoppelungen und magischen Effekten desorientiert.

Die beständige Wiederkehr dieses Motivs, das Freud mit dem Thema des Doppelgängers in Verbindung bringt (DU 257-258), verändert, so die Deutung dieser Erzählung durch den Analytiker, im Lauf der Entwicklungsgeschichte des Menschen seine Funktion. Im Stadium eines primären Narzissmus dient die Wiederholung (als Verdoppelung des Phallus) einer doppelten Befriedigung; hingegen wird der Doppelgänger auf einer vom Über-Ich dominierten Entwicklungsstufe zum Schreckbild, auf das alle anstößigen Inhalte sowie alle unerfüllten Phantasmen projiziert werden (DU 259). Freud bindet die tiefenpsychologische Dynamik also an eine kultur- und individualgeschichtliche Hypothese: »Das Unheimliche des Erlebens kommt zustande, wenn *verdrängte* infantile Komplexe durch einen Eindruck wieder belebt werden oder wenn *überwundene* primitive Überzeugungen wieder bestätigt scheinen« (DU 271). Das ist der Fall mit den Kinderängsten Nathanaels vor dem Sandmann, also mit der Angst, seine Augen zu verlieren. Dieses Thema vereint sich im *Sandmann* mit der Vorstellung, dass es möglich wäre, künstliches Leben zu schaffen. Olimpia ist ein künstliches Wesen, das aufgrund seiner technisch-magischen Herkunft schon näher am Golem als an der belebten Skulptur Pygmalions steht. Die Figur Coppola ist ein Magier, dem es gelingt, die Grenze von Technik und Leben zu verwischen – und den Wunsch in Nathanael weckt, es ihm gleichzutun und sich mit Olimpia zu vereinen. Eine magische Allmacht des Subjekts, die laut Freud zu den primitiven Überzeugungen des Menschen gehört, gestattet sujethafte Überschreitungen der ästhetischen Grenze – jedoch nur um den Preis einer radikalen Desorientierung. Immersion und Infiltration lassen sich unter diesen Bedingungen kaum noch auseinander halten. Auch müsste Freuds Nacherzählung nach Hoffmann im Grunde noch einmal im Korpus phantastischer Fiktionen analysiert werden, denen der zweite Teil dieses Buchs gewidmet ist. Ich greife also vor.

Während die »Deixis am Phantasma« die Vermittlung von Sprache und Imagination im Zeichen der egozentrischen Orientierung und Reorientierung beschreibt, nähert sich Freud ihr unter dem Aspekt der narzisstischen Verirrung, von der Schattenseite des Traumas her.[16] In der Spannung von Ausdruck und Darstellung bleibt das Ich seiner Umgebung unterlegen. Die Allmacht des Gedankens im magischen Denken äußert sich beim Übergang nur noch als Mangel. Das Gefühl des Unheimlichen wird folglich an Situationen illustriert, die einem Koordinationsverlust entsprechen. Freud schildert, wie er sich in ein Bordellquartier verirrt und trotz seiner Anstrengungen, aus diesem Viertel herauszukommen, immer wieder hineingerät und dabei jedes Mal mehr Aufsehen verursacht. Ähnliches gilt für die seltsame Begegnung im Schlafwagen, bei der Freud annimmt, dass sein Doppelgänger »sich beim Verlassen des zwischen zwei Abteilen gelegenen Kabinetts in der Richtung geirrt hatte und fälschlich in mein Abteil gekommen war« (DU 270, Anm.1). Das entscheidende Hindernis liegt dabei nicht in der Außenwelt, sondern im Orientierungsvermögen des Ich. Die Schwierigkeit ist also nicht spezifisch für die unübersichtliche moderne Großstadt, sondern kann auch in einer typisch romantischen Topographie, dem Hochwald, stattfinden:

---

16 Bernhard Neuhoff setzt die Freudsche Trauma-Theorie in den Zusammenhang einer Aporie der modernen Ästhetik, für die Bild und Sprache nicht mehr im Sinn einer Reorientierung gebraucht werden kann. Es geht vielmehr um die Frage, »wie sich Ereignisse zur Sprache bringen lassen, ohne ihre Inkommensurabilität, ihr Vermögen zur Überraschung und damit ihren Ereignischarakter durch Einordnung in präformierte Wahrnehmungsmuster und Sprachsysteme zu neutralisieren« (Neuhoff: »Ritual und Trauma. Eine Konstellation der Moderne bei Benjamin, Freud und Hofmannsthal«, *Hofmannsthal-Jahrbuch zur europäischen Moderne*, Bd. 10/2002, S. 183-211, hier S. 210).

Zum Beispiel, wenn man sich im Hochwald, etwa vom Nebel überrascht, verirrt hat und nun trotz aller Bemühungen, einen markierten oder bekannten Weg zu finden, wiederholt zu der einen, durch eine bestimmte Formation gekennzeichneten Stelle zurückkommt (DU 260).

Besonders schwierig scheint es, eine entsprechende Orientierungslosigkeit in der Fiktion, in der Dichtung zu beschreiben (DU 269). Die unheimliche Wirkung lässt sich, wie der *Sandmann* zeigt, künstlerisch aufrechterhalten. Anstatt so etwas wie ein Orientierungszentrum anzubieten, betreibt der Dichter »kunstvoll und arglistig« die Desorientierung des Lesers (DU 273). Während zu Beginn des Aufsatzes die Funktion des Beispiels klar umgrenzt und funktional auf das Erleben bezogen war, streben jetzt, da Freud selbst die Spaltung in ein erzählendes und ein erlebendes Ich vollzieht, auch das erzählte Unheimliche und das erlebte Unheimliche auseinander:

Das paradox klingende Erlebnis ist, daß in der Dichtung vieles nicht unheimlich ist, was unheimlich wäre, wenn es sich im Leben ereignete, und daß in der Dichtung viele Möglichkeiten bestehen, unheimliche Wirkungen zu erzielen, die für das Leben wegfallen (DU 271-272).

Diese Formulierung greift jenen Topos aus Aristoteles' Poetik auf, der besagt, »von Dingen, die wir in Wirklichkeit nur ungern erblicken, sehen wir mit Freude möglichst genaue Abbildungen«.[17] Freud ergänzt diese These um ihr Gegenstück: In der künstlerischen Darstellung können Dinge unheimlich sein, die wir in Wirklichkeit gerne erblicken, nun auf einmal aber ganz anders wahrnehmen.

Sprache ist in dieser Hinsicht – anders als bei Bühler oder Hamburger – kein effektives Mittel der Orientierung und Rahmung. Sie bietet keinen sicheren Grund für eine Verankerung. Die Sprache, die dem Analytiker das Verhältnis von Heimlichem und Unheimlichem darstellbar macht, transportiert die primitive Überzeugung einer magischen Wirksamkeit der Worte, die sich etwa in den Affinitäten der durch ähnliche Signifikanten bezeichneten Figuren wie Coppelius und Coppola manifestiert. So beruht das Gefühl des Unheimlichen auf einer Unkenntnis des Rahmens, welcher nichts anderes als die Schwelle

---

17 Aristoteles: *Poetik*, übersetzt u. hg. v. Manfred Fuhrmann, Stuttgart: Reclam 1982, Abschnitt 4, S. 11.

vom Bewussten zum Unterbewussten, oder von der rationalen Koordination zur magischen Allmacht bzw. Ohnmacht des Ich darstellt.

Übrigens spiegelt Freuds Analyse hier, wie so oft, die Poetik des phantastischen Texts. Denn das Problem mit der Koordination findet sich im gleichen Aufsatz auch in der Inszenierung der eigenen wissenschaftlichen Erkenntnis.[18] Das Bild der topographischen Entdeckung, also die Explorationsmetaphorik, mit welcher der Aufsatz beginnt und gleichzeitig von der Ästhetik Abstand nimmt, erscheint am Ende wieder, um eine unerwartete Rückkehr in das Gebiet von »berufenen Ästhetikern« zu signalisieren: »Wir sind auf dieses Gebiet der Forschung ohne rechte Absicht geführt worden, indem wir der Versuchung nachgaben, den Widerspruch gewisser Beispiele gegen unsere Ableitung des Unheimlichen aufzuklären« (DU 274). Der Analytiker vollzieht also eine Bewegung, die von der geographischen Orientierung auf die logische, in diesem Fall die wissenschaftliche Orientierung führt. Ähnliches charakterisiert Kants Aufsatz. Aber diese Bewegung ist jetzt zu einer unheimlichen Wiederkehr geworden. Unschwer sind in der Metaphorik, mit der Freud den Gang seiner Untersuchung kommentiert, die Episoden von der Verirrung im Bordellquartier oder im Hochwald zu erkennen.[19] So wie der »Betrug« oder die zumindest

---

18 Adam Bresnick geht so weit die Rhetorik des wissenschaftlichen Diskurses und den »semiotic abyss« der Metasprache bzw. Metapsychologie für die Wirkung des Unheimlichen verantwortlich zu machen: »the repetition compulsion turns out in this case to be a reading compulsion, for as the tale shows, the aesthetic incites and depends on what amounts to a compulsion to read figuratively, an ineluctably powerful psycholinguistic drive to translate and transform the literal into the figurative« (Bresnick: »Prosopopeic Compulsion: Reading the Uncanny in Freud and Hoffmann«, *The Germanic Review* 71, 2 (1996), S. 114-132, hier S. 121).

19 An dieser Stelle, an der das Unheimliche sich so deutlich als Phänomen primärer und sekundärer Modellbildung darstellt, drängt es sich geradezu auf, die Dialektik des »Heimlich – Unheimlichen« kultursemiotisch umzuformulieren, um so auch die eigene modellierende Tätigkeit der Psychoanalyse beschreiben zu können. Und genau diese Bergung des Unheimlichen in die Sphäre bewusster Verhandlungen über Kultur vollzieht Renate Lachmann, wenn sie von der steten »Transformation des Vergessenen-Verdrängten in das Heterokulturelle, d.h. [der] Wiederkehr des Eigenen im Gewand des Fremden« spricht (Lachmann: *Erzählte Phantastik. Zur Phan-*

»versuchte Täuschung« desjenigen Autors, dessen Fiktion in der Realität beginnt, in das Wunderbare abgleiten, bringt der Weg der Erkenntnis hier negative Konnotationen mit sich.

Offensichtlich sind der Betrug und die kunstvolle und arglistige Zurückhaltung der Erzählung für Freud den »geschminkte[n] Frauen« ähnlich, die ihn aus dem gewissen Viertel fliehen lassen. Nicht nur lässt die Figur der geschminkten Prostituierten, die seit Baudelaire ein Emblem moderner Kunsttheorie darstellt, die unheimliche Unschlüssigkeit zum charakteristischen Rezeptionsmodus der Fiktion werden. Mehr noch, es zeichnet sich in der unheimlichen Wiederkehr der geographischen Desorientierung als logischer Desorientierung ein neues Verständnis von Immersion und Infiltration ab: Sie vermitteln nicht zwischen verschiedenen Ebenen der Koordination, die von einer »ästhetischen Grenze« getrennt würden, sondern zwischen möglicher und unmöglicher Orientierung. Dieser Diskurs wird nicht nur – bei Allendy – für die Analyse von Kinofilmen genutzt, sondern in späterer Filmtheorie auch zu verschiedenen Theorien der filmischen Immersion ausgearbeitet.

---

tasiegeschichte und Semantik phantastischer Texte, Frankfurt a.M.: Suhrkamp 2002, S. 81). Damit wird auch deutlich, weshalb der Text Freuds zwischen beiden Teilen des vorliegenden Buchs steht: Fiktionshäresie und Diskurs über Fiktionshäresie liegen nahe beieinander.

1.6 Zur Rezeption der Psychoanalyse in der Theorie filmischer Fiktion

METZ UND KRACAUER

Im Laufe der Zeit verfestigen sich die beiden Diskurse zur heutigen Vorstellung von Immersion, welche entweder kognitiv oder psychoanalytisch gedacht wird. Der erste Wissenschaftler, der ausführlicher auf diese Spaltung hinweist, ist vermutlich Anton Ehrenzweig mit seinem Essay *The Psycho-Analysis of Artistic Vision and Hearing* (1953). Ehrenzweig beobachtet, dass sich die Struktur des Kunstwerks nicht auf die Differenz zwischen bewussten, artikulierten Formen beschränkt, welche die Gestaltpsychologie untersucht – ebenso wichtig seien die unartikulierten, auf ein Unterbewusstes verweisenden Anteile.[1] Román Gubern nimmt diesen Gedanken in seiner Theorie des Kinos und der Massenkultur auf.[2] Auch Francesco Casetti unterscheidet in seinem differenzierten Referat neuerer Kinotheorien »la psychologie du cinéma« von »la psychanalyse du cinéma«.[3] In die erste Kategorie rechnet er die Erben von Hugo Münsterberg, die sich in den sechziger Jahren mit dem Verhältnis von Bildfrequenz und Flickereffekt wie auch mit der Raumwahrnehmung des Betrachters beschäftigen.[4] Die Kognitionspsychologie hat von vornherein einen anderen

---

1 Anton Ehrenzweig: *The Psychoanalysis of Artistic Vision and Hearing. An introduction to a theory of unconscious perception* (1953), New York: George Braziller 1965, S. 3.
2 Román Gubern: *Mensajes icónicos en la cultura de masas* (1974), Barcelona: Lumen 1988, S. 115-116.
3 Francesco Casetti: *Les Théories du cinéma depuis 1945*, aus dem Ital. v. Sophie Saffi, Paris: Nathan 1999, S. 109-122 und S. 181-196.
4 Ebd., S. 110-113.

Zugang zur Frage der Positionierung als die Psychoanalyse. Der Ursprung dieser Spaltung liegt schon am Anfang des 20. Jahrhunderts. Wenn Pascal Bonitzer sich für sein Modell der Dekadrierung (*Peinture et cinéma. Décadrages*) auf Erwin Panofskys Untersuchungen über Perspektive als symbolische Form bezieht oder Roger Odin sich in *De la fiction* mit dem *hic et nunc* der Sprechsituation im Film – also mit Fragen der Deixis – auseinandersetzt, dann gilt hier ein ganz anderer Diskurs als »Rahmen« der Fiktion als in psychoanalytisch angelegten Untersuchungen.[5]

Notwendig scheint mir zur Charakteristik des psychoanalytischen Diskurses der Hinweis auf eine Spannung zwischen zwei alternativen Rezeptionshaltungen, die Jan Campbell, von der Freudschen Bestimmung von Melancholie und Trauer ausgehend, unter anderem an Siegfried Kracauers Theorie der filmischen Immersion veranschaulicht.[6] Melancholische Identifikation mit dem verlorenen Objekt stellt den Verlust als Selbstverlust dar, während die Trauerarbeit ihn in Erinnerung und Geschichte verwandeln kann. Kracauer beschreibt laut Campbell einerseits eine melancholische Versenkung, bei welcher sich das Subjekt des Betrachters ganz mit dem Gesehenen identifiziert und sich einem Traumzustand gemäß »in alle Dinge und Wesen« auflöst, die auf der Leinwand zu sehen sind.[7] Andererseits hebt sich davon ein Zustand des Tagtraums ab, in welchem dem Betrachter von den Filmbildern eigene Erinnerungen eröffnet werden, in einem Prozess der Trauer, der die melancholische Teilnahme überwindet. Filmische Fiktion steht für Kracauer also zwischen den zwei Polen einer gelingenden Identitätsbildung im Tagtraum, der zum Gewinn einer eigenen Geschichte führt, und dem melancholischen Selbstverlust, welchen er als magischen Eintritt ins Kunstwerk schildert:

---

5   Bonitzer: *Peinture et Cinéma*, S. 79ff., Roger Odin: *De la Fiction*, Brüssel: De Boeck 2000, S. 51ff.

6   Jan Campbell: *Film and Cinema. Spectatorship. Melodrama and Mimesis*, Cambridge: Polity 2005, S. 14-17.

7   Kracauer, dessen Filmtheorie stark von Freud geprägt ist, zitiert das Zeugnis einer Filmzuschauerin, welche sagt: »In the cinema I dissolve into all things and beings« (Siegfried Kracauer: *Theory of Film: The Redemption of Physical Reality* (1960), New York/Oxford: Oxford University Press 1965, S. 159).

Also treibt er auf die Objekte zu und in sie hinein – dem chinesischen Maler der Legende vergleichbar, der sich so nach dem Frieden der von ihm erschaffenen Landschaft sehnte, daß er auf die entlegenen Berge zuwanderte, die seine Pinselstriche suggerierten, und zuletzt in ihnen verschwand, ohne je wieder gesehen zu werden.[8]

Diese Veranschaulichung ist insofern glücklich gewählt, als wir sie mit den zwei Beispielen aus Bühlers gestaltpsychologischer Fiktionstheorie kontrastieren können: Zum ersten Mohammed, der im Phantasma zum Berg geht, ohne sich dabei zu verirren, und zum zweiten der geübte Maler, der auf der Oberfläche in eine Entfernung hineinmalt, ohne sich dabei selbst zu verlieren. Der von Bühler angenommenen kontrollierten Reorientierung in der Fiktion setzt der psychoanalytische Diskurs, dem ich Kracauer zurechnen möchte, die Alternative von melancholischer Desorientierung oder fester Verankerung in einer eigenen Vorgeschichte entgegen.

Den größten Schritt hin zu einer psychoanalytischen Theorie der filmischen Immersion vollzieht Christian Metz, der den Topos vom Film als Traum auf der Grundlage der Lacanschen Psychologie theoretisch begründet und zugleich präzisiert: Die partiellen Gemeinsamkeiten mit dem Traum lassen sich derart um die Eigenheiten des Tagtraums, des Phantasmas also, ergänzen, mit dem das Betrachten von Filmen eine große Ähnlichkeit hat.[9] Auch wenn er auf einem anderen Weg als Kracauer zur Alternative von starrer Position und Desorientiertheit gelangt, so entspricht das Ergebnis der gleichen Spannung, welche m.E. den psychoanalytischen Diskurs über filmische Fiktion charakterisiert. Das Unternehmen von *Le Signifiant imaginaire* (1977) besteht darin, den Zusammenhang zwischen Kino und Psychoanalyse semiotisch zu begründen, indem der Film ausgehend von einer Lacan-

---

8 »So he drifts toward and into the objects – much like the legendary Chinese painter who, longing for the peace of the landscape he had created, moved into it, walked toward the faraway mountains suggested by his brush strokes, and disappeared into them never to be seen again« (Ebd., S. 165; Übersetzung nach Siegfried Kracauer: *Theorie des Films. Die Errettung der äußeren Wirklichkeit*, hg. Inka Mülder-Bach u.a., Frankfurt a.M.: Suhrkamp 2005, S. 265).

9 Christian Metz: *Le Signifiant imaginaire. Psychanalyse et cinéma*, Paris: Christian Bourgois 1977, S. 159.

schen Theorie des Imaginären erkundet wird. Der Tagtraum wiederholt jene Kollision zwischen realer Ohnmacht und symbolisch erweiterter und gefestigter Statur, welche für Lacan die Genese des Individuums im Kleinkindalter bestimmt. Für Lacan konstituiert sich die Identität des Kleinkinds vor seinem Spiegelbild, das ihn mit einer einheitlichen Gestalt konfrontiert.[10] Diese imaginäre Identität wird durch Christian Metz vom Spiegel auf das optische Medium des Kinos übertragen, in dem sich der bereits als Individuum konstituierte Mensch nicht mit seinem Ebenbild, sondern mit anderen Figuren, vor allem aber mit dem Kamerastandpunkt identifizieren kann.

Metz fragt also nach der Position des Betrachtersubjekts im Kino, »dem Ort, den dieses bereits konstituierte Ich besetzt, den es während der Filmvorführung besetzt«.[11] Anders als das Kleinkind vor dem Spiegel besitzt das Ich schon seine feste Position in einer kulturellen Ordnung, wenn es ins Kino geht; auch ist es selbst von der Leinwand abwesend, kann sich also nicht mit sich selbst, sondern nur mit den gesehenen Gegenständen, mit dem Blick auf diese Gegenstände identifizieren.[12] Diese Position ist ihm auf absolute Art und Weise von der Kamera und ihrer perspektivischen Erschließung des Raumes vorgegeben. Innerhalb des Kinos als »Dispositiv«, »dans un sens très topographique de ce mot«, gibt die kulturelle Praxis die Orientierung des Subjekts auf absolute Weise vor:[13]

Indem er sich mit sich selbst als Blick identifiziert, kann der Zuschauer nicht anders als sich auch mit der Kamera zu identifizieren, die vor ihm das betrachtet hat, was er gegenwärtig betrachtet, und deren *Stellung* (=Kadrierung) den Fluchtpunkt bestimmt.[14]

---

10 Jacques Lacan: »Le Stade du miroir comme formateur de la fonction du Je telle qu'elle nous est révélée dans l'expérience psychanalytique« (1936/1949), in J.L.: *Écrits I*, Paris: Seuil 1966, S. 89-97. Das erste Datum 1936 bezieht sich auf den ersten Vortrag dieser Ideen, die also zeitlich etwa in die Epoche von Bühlers *Sprachtheorie* fallen.

11 »Lieu qu'occupe ce Moi déjà constitué, qu'il occupe pendant la séance du cinéma« (Metz: *Le Signifiant imaginaire*, S. 68).

12 Ebd., S. 68.

13 Ebd., S. 70.

14 »En s'identifiant à lui-même comme regard, le spectateur ne peut faire autrement que de s'identifier aussi à la caméra, qui a regardé avant lui ce

Wir sind damit am Gegenpol der kognitionspsychologischen Modelle angelangt, die das Kino als Inbegriff des entfesselten, frei verlegbaren Subjektzentrums verstanden. Für Metz ist die Position des Ich im Kino von vornherein durch die Institution, also das Kinodispositiv (Saal, Technik, aber auch mentale Dispositive, zu denen etwa die Form perspektivischer Darstellung gehören würde), aber auch durch die Lacanschen Charakteristika des psychischen Apparats bestimmt (etwa Projektion oder Spiegelstruktur).[15] Die Orientierung wie auch die Desorientierung werden also in absoluter Weise vorgegeben.

Es ist, so lässt sich den Ausführungen von Metz entnehmen, das Kinodispositiv insgesamt, welches dem Zuschauer nur die Entscheidung überlässt zwischen der Identifikation mit der Kamera und einer originären »Hilflosigkeit« (im Original auf Deutsch).[16] Diese Ohnmacht stellt den desorientierten Zuschauer im finsteren Kinosaal auf eine ähnliche Stufe wie das motorisch eingeschränkte Kleinkind. Die Fiktionalität manifestiert sich auch hier also nicht als eine Verlagerung des Subjektzentrums oder eine Reorientierung, sondern als Spannung zwischen den festen Koordinaten einer symbolischen Ordnung und einem Zustand der Desorientierung, der den Betrachter in die Fiktion hineinzieht und auf der Leinwand allgegenwärtig macht:

Diese Gegenwart bleibt oft diffus, geographisch undifferenziert, gleichmäßig auf die ganze Oberfläche der Leinwand verteilt; oder, genauer gesagt, *schwebend*, wie das Zuhören des Psychoanalytikers, bereit, sich mit Vorliebe an das eine oder andere Motiv des Films zu knüpfen, je nach deren Kraft und nach meinem eigenen Betrachter-Phantasma, ohne dass der kinematographische Kode selbst aktiv wird, um diese Verankerung zu regeln und sie dem ganzen Publikum aufzudrängen.[17]

---

qu'il regarde à présent, et dont le *poste* (=cadrage) détermine le point de fuite« (ebd., S. 70).

15 Ebd., S. 75.
16 Ebd., S. 75.
17 »Cette présence, souvent, demeure diffuse, géographiquement indifférenciée, également distribuée sur toute la surface de l'écran; ou plus exactement *flottante*, comme l'écoute du psychanalyste, prête à s'accrocher préférentiellement à tel ou tel motif du film, selon la force de ces derniers et mon fantasme propre de spectateur, sans que le code cinématographique

Im Unterschied zum Theater und den anderen Bühnenkünsten, bei denen sich die Fiktion im gleichen Raum abspielt, in dem sich auch das Publikum befindet, und von tatsächlich gegenwärtigen Schauspielern produziert wird, gibt die Leinwand eine abwesende, vergangene Wirklichkeit wieder und nähert sich somit dem Tagtraum. Nicht nur ist das, was sich vor den Augen des Betrachters abspielt, möglicherweise fiktiv, sondern auch der Prozess des Sich-Abspielens beruht auf einer Fiktion. Denn auch die Schauspieler, das Bühnenbild und die Handlung sind nicht wirklich vorhanden.[18] Diese grundsätzliche Abwesenheit meint Metz mit seinem viel zitierten Satz: »Tout film est un film de fiction«.[19] Während das Theater sich dem Betrachter in seinem eigenen Wahrnehmungsraum darbietet, der von der Rampe als ästhetischer Grenze artikuliert wird, hebt das Dispositiv des Kinos ihn schon durch seine technischen Grundbedingungen aus den Angeln seiner Koordination und lässt die neue Schwelle zwischen einer undifferenzierten Allgegenwart und der Identifikation mit dem Blick der Kamera verlaufen. Die neue Form der Fiktion ist also an das Kinodispositiv gebunden, lässt sich letztlich auf eine Technik zurückführen – eine prägnante Vorstellung, die jedoch wiederum nur partiell der technisierten Fiktion gerecht wird.

Denn auch in dieser Generation von Theoretikern stehen sich zwei Diskurse unvermittelt gegenüber: Die Teilnahme des Betrachters am Film erscheint für einen kognitivistischen Diskurs weit eher als Form einer Reorientierung, in welcher sich die beiden von Metz beschworenen Extreme aufheben; eine neue ästhetische Grenze, die weder starre Positionierung noch völlige Kontrollverlust bedeutet, sondern eine kontrollierte Erweiterung des erreichbaren Raums. Der gleiche Vorbehalt besteht gegenüber zwei etwas späteren Theorien, die ebenfalls als Entfaltung des Kracauerschen Gedankens gelesen werden können, und die ich hier vor allem referiere, um die Nachwirkung und Aktualität dieses psychoanalytischen Film-Diskurses zu belegen.

---

    intervienne lui-même pour régler cet ancrage et l'imposer à l'assistance entière« (ebd., S. 76).
18 Ebd., S. 63.
19 Ebd.

SCHEFER UND KITTLER

In den achtziger Jahren wurde Lacans Vortrag über das Spiegelstadium wieder mit dem Gefühl des Unheimlichen in Zusammenhang gebracht, und zwar v.a. bei Jean Louis Schefer und Friedrich Kittler. Während der eine in *L'Homme ordinaire du cinéma* vom Standpunkt des Rezipienten her zu schreiben versucht, stellt der andere – komplementär dazu – Theorien und Texte als Folge von Medientechniken, und damit auch als Konkretisierung der Technik des Films dar. Beide sind sich aber im Gegensatz zu Metz darin einig, dass das Kino, anstatt das Schema der Identifikation zu wiederholen, eher in eine Krise der durch das Spiegelstadium gewonnenen Identität führt und die Ich-Funktion wieder in Frage stellt. Zunächst also zu Schefer: Obgleich sein Buch sich nicht als Filmtheorie versteht und die Konventionen des wissenschaftlichen Stils vermeidet, lassen sich in *L'Homme ordinaire du cinéma*, übersetzt etwa »Der Durchschnittsmensch des Kinos«, deutlich die Metz-Lacansche Sicht der Immersion als völlige Versenkung in den Film erkennen. Insbesondere die Idee eines Orientierungsverlusts wird zu einem Verlust des Subjektzentrums zugespitzt: Der Durchschnittsmensch, zu dessen Sprecher sich Schefer macht, erlebt im Kino ein Gefühl der »étrangeté persistante«, also des Unheimlichen.[20] Der Zuschauer wird in das bereits aufgenommene Bild hineingeworfen (»jeté dans ce qui a déjà été enregistré«) und

> sucht diesen Schwerpunkt (diesen Mittelpunkt), den er nur verloren hat, weil der Körper, der zu ihm gehörte, verschwunden ist, oder aber, als hätte er sich verflüchtigt, nichts mehr wiegt, und auch nicht auf einen Schatten verlagert ist.[21]

Das Zentrum lässt sich also nicht, wie in der Gestaltpsychologie, verlagern; es verliert sich innerhalb des Kinodispositivs. Dieses bietet nun auch nicht einen heilen, symbolisch kodierten Körper an, sondern entspricht mit seinen Schnitten und seiner Diskontinuität dem Zustand

---

20 Jean Louis Schefer: *L'Homme ordinaire du cinéma*, Paris: Cahiers du Cinéma/Gallimard 1980, S. 11.
21 »Il cherche ce point de gravité (ce centre) seulement perdu parce que le corps qui allait avec lui a disparu ou bien, comme s'il était stellarisé, ne pèse déjà plus rien, n'est pas non plus remis à une ombre« (ebd., S. 110).

des Schwebens, den Schefer mit einer ähnlichen Metapher wie Metz beschreibt: Der Schwerpunkt des Zuschauers befindet sich außerhalb seiner selbst und schwebt (»flottant«) wie ein Lichtpunkt vor der Schöpfung aller Dinge.[22] Auf diesen Zustand des unheimlichen Orientierungsverlusts legt nun Schefer (in dieser Hinsicht näher an Freud als an Lacan) alles Gewicht. Das Kino bietet keine imaginäre Gestalt an, mit der sich der Betrachter identifizieren könnte, sondern konfrontiert ihn vielmehr mit dem Abgrund seiner Ängste. Insbesondere die diskontinuierliche Sicht auf die Welt, die sich aus dem abrupten Wechsel der Einstellungen ergibt, lässt dieses Bild gebrochen und bedrohlich wirken. »Die größte Katastrophe oder die größte Verstümmelung haben [im Kino] schon stattgefunden«.[23] Daher eine gewisse Affinität des Kinos zum Verbrechen: Es lässt die Welt in uns, und es lässt uns aus der Welt verschwinden.[24] Mehr noch: Es raubt uns die Fähigkeit, über unsere Wahrnehmung zu verfügen, indem es seine Bilder an die Stelle unserer Organe setzt und unsere eigene Stellung, unseren Körper unsichtbar macht.[25] Das Kino positioniert den Betrachter an genau den Punkt, an dem sein Körper für ihn verschwindet. Das magisch gesteigerte Seh- und Erinnerungsvermögen geht mit dem Verlust der Orientierung einher.[26] Der Durchschnittsmensch, so lässt sich die Differenz zu Metz zusammenfassen, nimmt das Kinodispositiv nicht als Fiktion wahr, sondern als Erschütterung seiner imaginären Koordination durch unkoordinierte Realität. Da Schefers Argumentation auf dem Paradox beruht, dass der Betrachter genau so positioniert wird, dass er sich nicht selbst positionieren kann, ist in seinem Modell keine ästhetische Grenze denkbar. Analog zu Metz' Aussage, jeder Film stelle eine Fiktion dar, lässt sich für Schefer formulieren: Das Kino schafft keine Verdoppelung der Koordination, sondern läuft auf eine Amputation des vertrauten Körpers, die Auslöschung seiner Orientierungsachsen hinaus. Dementsprechend entstammt ein großer Teil der von ihm besprochenen Beispiele Tod Brownings *Freaks* (1932) und anderen Horrorfilmen, bei denen der Leib Gegenstand und Opfer verschiedener Angriffe wird. Ähnliche Ideen entstehen übrigens schon bei der direk-

---

22 Ebd., S. 111.
23 »La catastrophe ou la plus grande mutilation ont déjà eu lieu« (ebd.).
24 Ebd.
25 Ebd., S. 148.
26 Ebd., S. 148.

ten Aufnahme der Lacanschen Psychologie in den französischen Filmtheorien der sechziger Jahre, die sich mit der Positionierung des Subjekts im Kino beschäftigen, nur eben unter dem umgekehrten Vorzeichen einer absoluten Identifikation. Bei Jean-Pierre Oudart und Jean-Luis Baudry tritt das Konzept der »suture«, der Vernähung des Subjekts mit dem Film, seine absolute und zugleich traumatisch erlebte Positionierung in den Vordergrund.[27]

Auch Friedrich Kittler geht von Lacans Vortrag über das Spiegelstadium aus, setzt aber das Kino mit seinen Schnitten und Brüchen in Gegensatz zum stabilen Spiegelbild: »Verfilmungen zerstückeln das imaginäre Körperbild, das Menschen (im Unterschied zu Tieren) mit einem geborgten Ich ausstaffiert hat und deshalb ihre große Liebe bleibt«.[28] Daher erkennen sich die Schauspieler im Film nicht wieder, weil die »Spurensicherung [der audiovisuellen Medien] das Spiegelstadium unterläuft. Anders gesagt: die Seele selber, deren technische Umtaufe Lacans Spiegelstadium ja ist«.[29] Kittler führt die Wirkung des unheimlichen Doppelgängers, die Freud und Rank noch weitgehend in literarischen Zusammenhängen suchen, also auf die Technik des Films zurück, das unser Spiegelbild in eine Puppe verwandelt, einen subjektlosen und zergliederten Körper. Die Fiktion wird, noch bevor sie sich auf eine psychoanalytische Topik zurückführen lässt, zur Folge eines durch Medientechnik gesteuerten Imaginären: Indem das Kino in seinen zerstückelten Körperbildern die Ich-Funktion umgeht, setzt es eine deutliche Schwelle zwischen dem Ideal-Ich und der Realität auf der Leinwand.

Das eigene Interesse Kittlers gilt freilich nicht mehr der ästhetischen Grenze, sondern der Abgrenzung einzelner Medientechniken. Auch der erste Kontext der literarischen Fiktion ist nicht der Rahmen der Inszenierung, sondern die Differenz zu anderen »Speichertechniken«: »So führt gerade das Aufkommen nichtsprachlicher Speichertechniken um 1900 zu einer Ausdifferenzierung, die den Diskurs als Medium unter Medien etabliert«.[30] Ein Indiz dieser Konkurrenz ist die Verarbeitung des romantischen Doppelgängermotivs: Die Technik der

---

27 Ein gutes Referat der Konzepte der beiden Autoren findet sich bei Casetti: *Les Théories du cinéma depuis 1945*, S. 182-185.
28 Kittler: *Grammophon – Film – Typewriter*, S. 225.
29 Ebd., S. 226.
30 Ebd., S. 215.

Verfilmung selbst produziert die Doppelgänger, die ein Lieblingsmotiv des frühen phantastischen Films sind.[31] Die Literatur löst laut Kittler diese Spannung von Realem und Imaginärem, indem sie sie darstellt und kommentiert (also in eine symbolische Ordnung überführt), so wie in Freuds Veranschaulichungen des Unheimlichen bzw. seiner Nacherzählung nach Hoffmann oder in zahlreichen Geschichten um den Film. Ein Beispiel für letztere ist u.a. ein biographischer Roman über den Stummfilmstar Barbara La Marr. Die Schauspielerin erleidet beim Anblick ihrer unheimlichen Doppelgängerin auf der Leinwand eine Krise: Gerade weil die Kamera als perfekter, da beweglicher, Spiegel arbeitet, so der Kommentar, »liquidiert sie, was im psychischen Apparat einer La Marr an Selbstbildnissen gespeichert war«.[32]

Der Vorrang der Technik über die psychoanalytische Theorie nähert sich zwar an die Experimentalpsychologie an, die Kittler auch sonst viel zitiert und kommentiert. In diskursgeschichtlicher Hinsicht aber befindet sich sein Integrationsversuch, wie derjenige Schefers, eher auf Seiten Freuds. Kittler zitiert die *Studien über Hysterie*, wo der Analytiker das Abtragen des Erinnerungsbilds als Übersetzung in Worte erläutert: »Man orientiert sich nun an dem Erinnerungsbilde selbst, um die Richtung zu finden, nach welcher die Arbeit fortzusetzen ist«.[33] Wo nun die Orientierung am Bild versagt, so wie es die Medientechnik des Kinos mit sich bringt, erscheinen Doppelgänger als Indiz einer absoluten Desorientierung. Wo Schefer die Amputation des Rezipienten-Körpers diagnostiziert, da ergänzt Kittler die Diagnose um den eigentlichen Auslöser, den überschüssigen Körper auf der Leinwand, der zum Gegenstand einer extremen Identifikation wird. Gemeinsam sind allen diesen Beschreibungen der Film-Rezeption bei Metz, Schefer und Kittler zwei Dinge: Einerseits, dass die Fiktionalität in der Spannung zwischen einer starren, diktatorischen Positionierung des Subjekts und einem unheimlichen Orientierungsverlust situiert wird. Und andererseits, dass diese Spannung (und damit die Fiktionalität des Films) weitgehend aus der Technik des Films abgeleitet wird. Beides scheint mir, wie schon an mehreren Stellen angedeutet, nur

---

31 Ebd., S. 224.
32 Ebd., S. 225.
33 Sigmund Freud/Josef Breuer: »Studien über Hysterie« (1895), in: S.F.: *Gesammelte Werke, chronologisch geordnet*, Bd. 1, hg. v. Anna Freud, Frankfurt a.M.: Fischer 1978, S. 75-312, hier S. 282-283.

einen Teil der Bedeutung des Kinos für die Fiktion zu erfassen. Neben der unheimlichen Wirkung entstehen auch neue Verträge über die Konzeption bzw. Form des Mediums, auf welche die Literatur nicht weniger zurückgreifen kann als auf das technische Imaginäre und die damit befassten Diskurse. Dies zeigt sich gerade in der Gegenüberstellung mit aktuellen Theorien, welche dem Film wieder eine ästhetische Grenze zuschreiben und Immersion und Infiltration gemäß einem kognitionspsychologischen Diskurs zu verstehen suchen.

1.7 Kognitionspsychologische Analysen der Immersion

KOGNITIVE BEDINGUNGEN DER FILMISCHEN FIKTION

Die kognitive Analyse der Immersion unterscheidet sich deutlich von den Theorien des »Tagtraums«. Detailliert setzt sich etwa André Gardies mit den räumlichen Bedingungen der Kinowahrnehmung auseinander. Grundsätzlich muss die filmische Fiktion gegen eine »résistance de l'image« ankommen. Denn im Unterschied zum Theater führt der Film einen zusätzlichen Blickvektor ein, der mit der Blickrichtung des Zuschauers konkurriert. Diese wird nicht etwa aufgehoben, sondern zu einer fiktionalen Alternative in Spannung gesetzt. Die unüberbrückbare Trennung der fiktionalen und realen Seh-Hemisphären (»demiboule[s]«) durch die Leinwand bricht laut Gardies die Einheit der Blickrichtung: Während die Gesetze der Perspektive und der Fluchtpunkt das Sehen auf einer diametralen Achse in die Leinwand hineinführen, können andere Achsen gemäß der Kameraausrichtung eine »vectorisation divergente, voire contradictoire« fördern.[1] Zu dem »contrat fictionnel«, den das Kino mit der Literatur teilt, komme also zusätzlich ein medienspezifischer »contrat spectatoriel«, der die räumliche Positionierung des Betrachters regelt.[2] Dabei lässt sich der Unterschied von kinematographischer Fiktion und anderen Formen von Fiktion nicht aus der Opposition von technisch gegebener oder abwesen-

---

1 André Gardies: *L'Espace au cinéma*, Paris: Méridiens Klincksieck 1993, S. 30.
2 Ebd., S. 62-67.

der Räumlichkeit entwickeln.³ Letztlich entfaltet Gardies' Modell die Bühlerschen Untersuchungen zur Gemäldeoptik: Die beiden Seh-Hemisphären entsprechen genau der Unterscheidung von Bildraum und Schauraum in der Malerei. Der Film besitzt also eine eigene ästhetische Grenze, die sich als Konkurrenz zweier konträrer Blickvektoren beschreiben lässt.

In einer umfassenden kognitivistischen Untersuchung über die Fiktion kommt Jean-Marie Schaeffer auf die Vorstellung eines vektoriellen »Zugs« in das Kunstwerk zurück: Schaeffer differenziert die fiktionale Versenkung nach »Vektoren«, die den Rezipienten einbeziehen und die in verschiedenen Dominanzverhältnissen auf Text, Bühne, Kino und andere Medien verteilt sein können.⁴ Dazu gehören Verfahren, die für die Immersion des Rezipienten unerlässlich (notwendig) sind, und solche, die sie effektiv (hinreichend) fördern – in keinem der beiden Fälle sieht sich der Zuschauer zwanghaft der Alternative von starrer Koordination oder Desorientierung ausgeliefert, welche die psychoanalytische Tradition bis hin zu Kittler bestimmt. Diese Freiheit charakterisiert den kognitionspsychologischen Fiktionsdiskurs. Als »feintise ludique partagée« fordert das fiktive Spiel mit dem Möglichen das Einverständnis des Betrachters.⁵ Von allen Dispositiven ist das Kino dazu besonders geeignet.⁶ So ist im Film etwa der Vektor visueller Homologie wirksam. Die hierdurch geförderte »immersion« wirkt innerhalb einer fiktionalen wie auch einer nichtfiktionalen Darstellung.⁷ Gerade diese Homologie bedeutet aber, so erläutert Schaeffer an anderer Stelle, dass der Zuschauer nicht getäuscht wird, dass ihm die Kontrolle über das Gesehene auch im Zustand der Immersion erhalten bleibt. Anders als eine platonische Tradition es will, nimmt das mimetisch Dargestellte nicht die Stelle der Wirklichkeit ein. Vielmehr bedeutet der Immersionsprozess, dass die Hierarchie zwischen der Aufmerksamkeit auf die Welt und der Aufmerksam-

---

3 Vgl. die Kritik von Paech an Gardies in »Überlegungen zum Dispositiv als Theorie medialer Topik«, in: J.P.: *Der Bewegung einer Linie folgen...Schriften zum Film*, Berlin: Vorwerk 8 2002, S. 85-111, hier S. 110-111.
4 Schaeffer: *Pourquoi la fiction?*, S. 244-255.
5 Ebd., S. 247.
6 Ebd., S. 157.
7 So folgert etwa Ryan: *Narrative as Virtual Reality*, S. 92.

keit auf das Kunstwerk umgekehrt wird: Die Reizschwelle, welche die Außenwelt filtert, steigt gegenüber einer normalen Einstellung auf die Welt.[8] Im Kino nimmt der Zuschauer die Geräusche und Lichtreize seiner Umgebung immer noch wahr, aber er hat den Schwerpunkt seiner Aufmerksamkeit, sein Koordinationszentrum, in das Geschehen auf der Leinwand verlagert. Das Modell der Reorientierung wird auf diese Weise in ein Modell der Umwertung, des Hierarchiewechsels umgewandelt.

Schaeffers Fiktionstheorie erweist sich unter diesem Aspekt also auch als eine Theorie der medial gelenkten Aufmerksamkeit, und jeder Film ist schon durch seine Produktionstechnik und Rezeptionsform als Fiktion gerahmt. Anders als Metz leitet Schaeffer diese mediale Rahmung nicht von dem wenig transparenten Konzept des »Dispositivs«, sondern von wahrnehmungspsychologischen Modellen ab. Das Kino simuliert also nicht Handlung, wie das Theater, sondern Wahrnehmung mit ihren komplexen Prozessen.[9] Der Film zieht allein schon durch die Tatsache der Bewegtheit als Strom von Sinnesdaten (»flux perceptif«) den Zuschauer in die Flucht seiner Bilder hinein. Indem eine Einstellung eine Bewegung ausschneidet, legt sie dem Betrachter nahe, diese als Faktum zu behandeln, das über die Grenzen des Schnittes hinausgeht.[10] Der Rahmen der Leinwand als ästhetische Grenze des Kinos durchtrennt in dieser Hinsicht zwei Teile eines gleich gearteten, hierarchisch gegliederten Wahrnehmungsraums. Der Vektor der ereignishaften Immersion, der diese beiden Teile wieder verknüpft, ist nur die Fortsetzung des normalen Rezeptionsprozesses, in dem der Zuschauer beständig über die Ränder des Wahrgenommenen hinausschauen muss, um das Dargestellte als Gegenstand in seiner Gesamt-

---

8   Schaeffer: »Métalepse et immersion fictionnelle«, S. 332.
9   Das Theater hingegen, dem ein weiterer Vektor zugeordnet wird, konfrontiert den Betrachter nicht mit einer Simulation von Wahrgenommenem, sondern von Ereignissen und Handlungen; es entbehrt zudem der Dialektik des »champ vs. hors-champ«, die für Photographie und Film charakteristisch ist (Schaeffer: *Pourquoi la fiction?*, S. 249ff). Die Opposition von »champ« und »hors-champ« bezieht sich ausdrücklich auf Pascal Bonitzers Begriff der Kadrierung bzw. Dekadrierung, wo sich auch eine entsprechende Unterscheidung von Kino und Theater finden lässt (Bonitzer: *Peinture et Cinéma*, S. 40).
10 Schaeffer: *Pourquoi la fiction?*, S. 247-248.

heit zu erfassen. Anders als im psychoanalytischen Diskurs wird das imaginäre Zentrum des Subjekts also nicht absolut positioniert oder vernichtet, sondern kann entlang dieser Vektoren verlagert werden. Das pluralistische Gefüge von Räumen mit seinen veränderbaren Hierarchien – so Schaeffers Vorstellung von der filmischen Fiktion – steht der Idee einer kontrollierten »Umzentrierung« deutlich näher als der unheimlichen Desorientierung.

SYSTEMTHEORETISCHE MEDIENTHEORIE

In der deutschen Medientheorie sind es Niklas Luhmanns Unterscheidung von »Form« und »Medium« und die darauf basierende Bestimmung der »Intermedialität« bei Joachim Paech, die dem Diskurs der »ästhetischen Grenze« am nächsten stehen und insofern so etwas wie eine Antithese zu Kittler bilden. Für Luhmann ist die Differenz von Form und Medium systemrelativ: Da das eine eine feste, das andere eine lose Kopplung von Elementen darstellt, kann beispielsweise das Theater als Form im Medium des Films thematisiert werden – etwa bei einer Theaterverfilmung, der filmischen Darstellung einer Theateraufführung, oder einfach nur als theatralisches Spiel. Aber auch der Film selbst kann als Form wieder in das Medium Film eingeführt werden.[11] Mit Hilfe dieser Unterscheidung lassen sich der Film im Film, aber auch das Bild im Bild ausgezeichnet beschreiben. Der Grundgedanke dabei ist, dass einzelne Formen, die sich innerhalb dieses Mediums als festere Kopplung von Elementen herausbilden – z.B. die Differenz von Fiktions- und Dokumentarfilm – zugleich auch wieder als Medium für noch fester bestimmte Formen – z.B. bestimmte Genres des Fiktionsfilms – dienen können.

In der systemtheoretischen Medientheorie ist es kein Geheimnis, dass diese Amphibolie der Form – welche zugleich einen Form- und einen Medienaspekt besitzt – auf Fritz Heiders Aufsatz *Ding und Medium* (1926) und das darin eingeführte Konzept der »losen Kopplung« zurückgeht.[12] Heider beschreibt das »kinematographisch[e] Abbilden« als Entkopplung eines Handlungsablaufs zu einem räumlichen Neben-

---

11 Niklas Luhmann: *Die Kunst der Gesellschaft*, Frankfurt a.M.: Suhrkamp 1995, S. 166-167.

12 Dirk Baecker: »Vorwort«, in: Fritz Heider: *Ding und Medium* (1926), Berlin: Kadmos 2005, S. 7-22, hier S. 16-17.

einander. Es braucht »die Wand des Kinos« als Medium, um das auf der Filmspule in eine Vielheit einzelner Bilder Zerteilte wieder als Einheit eines tiefen Raumes und eines Geschehens wahrnehmbar zu machen.[13] Diese gestaltpsychologische Theorie der Technik wird bei Luhmann zu einer Theorie der Kunst ausgearbeitet, welche Medium und Form als systemabhängige, relative Größen bestimmt: Eigenschaften, welche von der Positionierung innerhalb eines bestimmten Systems abhängen, sich, mit anderen Worten gesagt, bei einer Umzentrierung reorientieren. Der systemtheoretische Beobachter hat also eine gewisse Ähnlichkeit mit dem gestaltpsychologischen Rezipienten, der vor der ästhetischen Grenze steht. Da für beide die Wand des Kinos nur eine relative Grenze darstellt, hat die Immersion keine schwerwiegenden Folgen. Sie bedeutet nur einen Wechsel im Bezugssystem, welcher Medium und Form umkodiert.

Eine explizite und sehr erhellende Analyse der Immersion, die von diesen systemtheoretischen Grund-Begriffen ausgeht, findet sich bei Joachim Paech. Paechs Erläuterungen zum Begriff der »Intermedialität«, und insbesondere seine Unterscheidung zwischen der Form- und der Medienseite technischer Medien, bildet auf dieser Seite gewissermaßen das Pendant zum Kittlerschen Integrationsversuch.[14] Paech erläutert innerhalb des Formdiskurses, wie die »ästhetische Grenze, das faux terrain« zwischen dem Zuschauerraum und dem Filmraum, imaginär überschritten werden kann: Entweder das Publikum dringt, wie in Buster Keatons *Sherlock Junior* (1924), im Traum zum Schauplatz des filmischen Geschehens vor (Immersion), oder aber die Fiktionen erobern, wie in Woody Allens *Purple Rose of Cairo* (1984), die Realität (Infiltration).[15] Paechs Beschreibung des katastrophalen »Verschwindens« der Figur durch das Hervortreten der medialen Form verweist auf eine technische Zerstörung der Illusion, wie sie auch durch Ereignisse der Immersion oder Infiltration stattfindet:

---

13 Fritz Heider: *Ding und Medium* (1926), Berlin: Kadmos 2005, S. 90-91.
14 Joachim Paech: »Intermedialität. Mediales Differenzial und transformative Figurationen«, in: Jörg Helbig (Hg.): *Intermedialität. Theorie und Praxis eines interdisziplinären Forschungsgebiets*, Berlin: Erich Schmidt, 1998, S. 14-30.
15 Joachim Paech: »Rodin, Rilke und der kinematographische Raum«, in: J.P.: *Der Bewegung einer Linie folgen...Schriften zum Film*, Berlin: Vorwerk 8 2002, S. 24-41, hier S. 33.

Es ist, als ob die »andere Seite« des Films, die von den Bildern und Tönen der filmischen Erzählung verdrängt worden ist, als deren Bedingung aber immer anwesend war, nun mit Macht und zerstörerischer Energie in die Sichtbarkeit zurückkehrt, um von ihr Besitz zu ergreifen. Zuerst nur als Störung, macht sich die »Wiederkehr des Verdrängten« (Mediums) schließlich als Zerstörung der Formen bemerkbar, die es hervorgebracht hat.[16]

Die Struktur der ästhetischen Wahrnehmung weist in einer solchen Formulierung auf die historischen Formen von gestalt- und tiefenpsychologisch strukturierter Imagination zurück. Auf der einen Seite lässt sich die Rückkehr des Mediums in die Form als Kipp-Figur in der Kognition eines Subjekts verankern. Auf der anderen Seite kehrt das verdrängte Medium mit einer radikalen »Zerstörung der Form durch die Form des Mediums« wieder.[17] Die bei Freud beschriebene unheimliche Wiederkehr des Verdrängten wird hier allerdings – deutlich anders als bei Kittler – eher als eine Art der Wiedereinführung interpretiert. Auch das Verschwinden der Form lässt keine absolute Desorientierung zurück, sondern entspricht in etwa einer gestaltpsychologischen Umzentrierung: Der Filmriss erinnert den Zuschauer an das während der Vorstellung vergessene Kino. Auch wenn dies von einem Gefühl des Unheimlichen begleitet sein kann, führt es zu keiner Desorientierung, sondern bloß zu einer Verlagerung der Koordination. Die Möglichkeit der Formlosigkeit, der absoluten Zerstückelung, ist nicht vorgesehen, die zerstörte Form fällt in die Form des Mediums wie auf ein Netz oder einen doppelten Boden.[18] Trotz dieser Tendenz scheint mir Paech anzudeuten, dass die Spaltung der beiden Diskurse und die

---

16 Joachim Paech: »Figurationen ikonischer n...Tropie«, in: J.P.: *Der Bewegung einer Linie folgen...Schriften zum Film*, Berlin: Vorwerk 8 2002, S. 112-132, hier S. 120.

17 Ebd., S. 122.

18 Die Filmwissenschaftlerin Inez Hedges greift in dem gleichen Sinn auf den Begriff des Rahmens zurück, um einerseits einen Ausbruch aus den Erwartungen an filmische Ästhetik – und hier liegt es im Englischen nahe, mit der Homonymie zu »film frame« (dem einzelnen Filmbild, aber auch der Kadrierung) zu spielen – als auch aus der Organisation von Erfahrung im Film – »the psychological or cognitive frame« – zusammenzufassen (Hedges: *Breaking the Frame. Film Language and the Experience of Limits*, Bloomington/Indianapolis: Indiana UP 1991, S. XIII).

daraus folgende Partialität selbst ästhetische Relevanz hat. Nicht zufällig entsteht dieser Eindruck aus einer starken Annäherung an die metapoetische Dimension der filmischen Fiktionen – ein Weg, den auch die nächsten Abschnitte der vorliegenden Untersuchung beschreiten.

Der kognitivistische Diskurs und der psychoanalytische Diskurs führen, das hat dieser erste Abschnitt der Arbeit gezeigt, zu einem unterschiedlichen Verständnis der filmischen Fiktion. Das gesteigerte Interesse an Immersion und Infiltration im Kinozeitalter bringt zwei unterschiedliche Vorstellungen, Reorientierung bzw. Desorientierung, hervor, um die Form des neuen Mediums zu bestimmen. Dabei ist das Defizit an theoretischer Durchdringung – die erst Mitte der dreißiger Jahre zunimmt – ebenso signifikativ wie die spätere Aufspaltung zwischen der Suche nach einer neuen »ästhetischen Grenze« und nach der unheimlichen, quasi-magischen Wirksamkeit des Kinos. Dass beide Ansätze jeweils nur einen Teil dessen erfassen, was die frühe Filmkunst und die sie begleitenden narrativen Fiktionen metapoetisch reflektieren bzw. zu einer Struktur der Unschlüssigkeit zuspitzen, bleibt im zweiten Abschnitt zu belegen. Die im Folgenden betrachteten Texte und Filme, welche Immersion und Infiltration als Sujet inszenieren, vollbringen insofern einen weitgehend selbständigen hermeneutischen Kraftakt. Sie suchen sich das Verhältnis von Technik und Fiktion als Oberflächen- und Tiefenproblem, als Reorientierung und Desorientierung, in einer intermedialen Auseinandersetzung mit den Formen des Kinos anzueignen.

Es bleibt in den nächsten Kapiteln zu zeigen, wie die Erzählung und der Film der ersten Jahrhunderthälfte auf die spezifischen Möglichkeiten und Probleme reagieren, die von der neuen Art von kinematographischer Fiktion gestellt werden. Dabei spielt die Partialität der Technisierung eine wichtigere Rolle als in den bisher betrachteten essayistischen Annäherungen. Der Film als Form der Reorientierung oder Desorientierung kann dazu dienen, das Imaginäre als Fiktion dem technischen Können und Tun eines Autors zu unterwerfen. Diese Kontrolle, die das Irrationale zu rationalisieren versucht, bleibt aber in dem Maße unvollständig, in dem mit jeder Technisierung der Fiktion eine fiktionale Inszenierung der Technik verbunden ist. In dem Maße, in dem die Fiktion einem Prozess der Rationalisierung unterliegt, legt sie auch die imaginären Aspekte der medialen Rationalität bloß.[19] Das Thema der Immersion und Infiltration künstlichen Lebens in die Lebenswelt – das sich im Motiv des Golem konkretisiert – gestattet eine metapoetische Reflexion über die filmische Fiktion, von der die späteren, einander widersprechenden Film- und Medientheorien jeweils nur einen partiellen Aspekt erfassen. In der phantastischen Literatur und im phantastischen Film jener Zeit wird absichtlich eine Unschlüssigkeit gefördert, die im wissenschaftlichen Diskus undenkbar ist. Und noch bevor das Kino zu einem Modell für das Imaginäre wird, dient es mit seinen Fiktionshäresien als Modell für eine häretische Fiktion.

---

19 Diese dichte Formulierung steht auf dem Boden von Cornelius Castoriadis' Theorie des Imaginären (Castoriadis: *Gesellschaft als imaginäre Institution*). Die folgenden Textanalysen sind jedoch hoffentlich auch ohne dieses theoretische Apriori verständlich.

2. Teil

Der Golem-Effekt

2.1 Immersion und Infiltration in der erzählten Phantastik

NARRATIV BEDINGTE UNSCHLÜSSIGKEIT UND FIKTIONSHÄRESIE

Wenn die Bedingungen der Immersion und Infiltration durch den Film verwandelt werden, so finden sich die Spuren dessen nicht nur in den im ersten Teil besprochenen Theorien: Fiktion inszeniert selbst die Versenkung in das Kunstwerk, das Heraustreten eines künstlichen Menschen und die Unschlüssigkeit zwischen beidem als einen filmischen Effekt. Und dies gilt sowohl für so weit voneinander entfernte literarische Texte wie die Erzählungen Gustav Meyrinks und Horacio Quirogas, als auch für Filme wie Paul Wegeners *Der Golem, wie er in die Welt kam*. Wird das Imaginäre mit Hilfe der Filmtechnik zu etwas technisch Machbarem, so signalisiert das im Folgenden zu analysierende Korpus die Leerstellen der Technisierung. Diese entstehen nicht erst durch die Divergenz der Diskurse von kognitiver Psychologie und Psychoanalyse, sondern manifestieren sich schon in metafiktionalen Sujets, welche die Form des Films zwischen Magie und Fiktionsironie ansiedeln. Die fiktionale Immersion verwandelt sich derart von einer vertrauten ästhetischen Erfahrung in eine sujethafte Überschreitung der ästhetischen Grenze, die zudem fließend in ihr Gegenstück, die Infiltration übergeht. Diese phantastische Unschlüssigkeit, die aus der Einführung einer unvertrauten ästhetischen Grenze – der des Kinos – in das Medium der Literatur oder aus ihrer Wiedereinführung ins Medium des Films entsteht, gehört selbst nicht in den Bereich der Technik, sondern zu deren symbolischer Besetzung in unterschiedlichen, tendenziell phantastischen Texten.

Um die Poetik der Immersion und Infiltration zu erforschen, möchte ich daher von einschlägigen Theorien der erzählten Phantastik ausgehen – auch wenn die im ersten Teil referierten Essays zwischen Fiktionsironie, kognitiver Positivität und psychoanalytischer Deutung keinen Platz für Phantastik in einem traditionellen Sinne zu lassen scheinen. Tzvetan Todorovs binnenfiktional argumentierende *Introduction à la littérature fantastique*, Marianne Wünschs daran anschließende Erläuterungen zur phantastischen Literatur der frühen Moderne und Renate Lachmanns Konzept der erzählten Phantastik als Fiktionshäresie gestatten es uns jedoch um so besser, der neuen Unschlüssigkeit, welche die ästhetische Grenze des Kinos betrifft, näher zu kommen.

Tzvetan Todorov setzt bekanntlich mit seiner strukturalen Gattungsbestimmung eine Poetik der phantastischen Literatur gegen eine Tradition themenbezogener Untersuchungen. Konstitutiv für die Struktur des Phantastischen ist eine bestimmte Spannung, in welche der Leser versetzt wird. Angesichts eines Ereignisses, das den Normen des Möglichen widerspricht, hat man die Wahl, es als Sinnestäuschung oder Irrtum transzendental aufzulösen, oder aber es als Transzendenz der Erkenntnis, als Wunder zu deuten. Der phantastische Effekt dauert nur so lange wie die Unschlüssigkeit aufrechterhalten wird, also nur so lange, bis der Text eine eindeutige Lösung anbietet.[1] Diese »incertitude« oder »hésitation« entstammen recht detailliert referierten Poetologien.[2] Todorov versucht, dieser Definition mehr literarische Spezifik zu geben, indem er die Rezeptionshaltung des Lesers unter drei bestimmte Bedingungen stellt: Er soll die fiktive Welt gleich einer »Lebenswelt« (wörtlich »un monde de personnes vivantes«) betrachten, damit die Unschlüssigkeit wirklich irritierend wirkt. Ferner soll er diese Unschlüssigkeit in einer der Figuren vorgeprägt finden, mit der er sich bei naiver Lektüre voll identifizieren kann. Schließlich soll eine »allegorische« oder »poetische« Auflösung der außergewöhnlichen Erzählung ausgeschlossen werden.[3] Gerade weil diese Definition auf ein Korpus von Erzählungen des 19. Jahrhunderts zugeschnitten ist, erfasst sie sehr gut die Poetik der Unschlüssigkeit, welche die Sujets

---

1 Tzvetan Todorov: *Introduction à la littérature fantastique*, Paris: Seuil 1970, S. 29.
2 Die Quellen, mit Hilfe derer Todorov zu dieser Unterscheidung gelangt, insbesondere Solov'ev, wurden rekonstruiert von Lachmann: *Erzählte Phantastik*, S. 89.
3 Todorov: *Introduction à la littérature fantastique*, S. 37-38.

von Immersion und Infiltration schon vor der Moderne charakterisiert. Wenn der künstliche Mensch oder das lebende Kunstwerk ein *Thema* der Romantik sind, so entspricht dem in der romantischen Literatur ein bestimmter *Stil*, mit dem Todorov die Gattung der erzählten Phantastik definieren kann, und der darin besteht, die fiktionale Welt als »Welt lebender Menschen« erscheinen zu lassen. Wird der Leser hingegen über den Rahmen der Fiktion selbst unschlüssig, so unterläuft diese generalisierte Phantastik wieder das phantastische Ereignis. Es ist genau diese letztere Problematik, welche im Kinozeitalter ausgebaut wird und die Aufmerksamkeit des Rezipienten verstärkt auf die Pluralität ästhetischer Grenzen lenkt.

In seiner sehr aufschlussreichen Erweiterung von Todorovs Modell hat Jaime Alazraki die phantastische Erzählung der Moderne auf diese »generalisierte Phantastik« zurückgeführt und mit den radikalen Neuerungen im Bereich der Poetik und der Philosophie überzeugend begründet.[4] Die Kunsttheorie der Avantgarde sowie die von Alazraki ausführlich zitierte Kultursemiotik Cassirers stellen zu Anfang des 20. Jahrhunderts die Vertrautheit mit der Welt, die vermeintliche Sicherheit der Darstellungskonventionen und Naturgesetze grundsätzlich in Frage.[5] In diesem geistesgeschichtlichen Kontext lässt sich die von Alazraki so genannte »neo-phantastische« Erzählung situieren, welche, wie etwa Franz Kafkas *Verwandlung*, nicht die Angst des Lesers durch ein unerklärliches Ereignis erzeugt, sondern ihn mit einer insgesamt unvertrauten Welt konfrontiert.[6] Der Vorzug von Alazrakis Modell liegt darin, dass es eine Dimension der Metafiktionalität betont (während für Todorov die Metafiktion zusammen mit anderen Arten von Allegorisierung den phantastischen Effekt vermindert).

Die plötzliche Unvertrautheit vermeintlich sicherer Darstellungsformen ist allerdings kein spezifisch modernes Phänomen. Bereits zu Anfang des 19. Jahrhunderts findet sich eine Reihe von Motiven, in denen Fiktion selbst emblematisch reflektiert, und das heißt allegorisiert wird: Die belebte Puppe, der sprechende und handelnde Nussknacker, der Golem gestatten eine Reflexion über die Grenzen von

---

4   Jaime Alazraki: *En busca del unicornio: Los cuentos de Julio Cortázar. Elementos para una poética de lo neofantástico*, Madrid: Gredos 1983, S. 25.
5   Ebd., S. 31-32 und S. 52-53.
6   Ebd., S. 35.

Kunstwerk und Lebenswelt. Diese Infiltration künstlichen Lebens ergänzt eine ebenso starke Motivtradition: die aktive Teilnahme des Betrachters in die Fiktion, für welche in der frühen Neuzeit der Kampf Don Quijotes mit den Puppen Maese Pedros einen wichtigen intertextuellen Bezugspunkt darstellt.

Der hier beobachtete Effekt ereignet sich *vor* dem Kinozeitalter auf der Grenzlinie zwischen erzählter Phantastik, wie im *Sandmann*, und Fiktionsironie, wie im *Don Quijote*. Immersion und Infiltration können also auf zwei sehr unterschiedliche Weisen inszeniert werden. Sie signalisieren damit jedoch auch den engen Zusammenhang zwischen dem kalkulierten Einsatz von Grenzüberschreitungen und dem darin möglichen Kontrollverlust. In der frühen Moderne lassen sich dann diskursive Strukturen beobachten, in denen die Grenzen der vertrauten Welt, wie bei Alazraki beschrieben, in Frage gestellt werden. Marianne Wünsch hat die phantastische Struktur der Erzählung auf ein okkultes Wissen zurückgeführt, welches ein solches Kalkül des Imaginären gestattet. Man sollte die Gründe der Unschlüssigkeit also nicht so sehr in der hochkulturellen Philosophie Cassirers suchen als in den Ranken esoterischer Parallelwelten. Nicht zufällig, so Wünsch, blühe die Phantastik in Epochen, in welchen ein kulturell relevantes Geheimwissen eine alternative Weltdeutung akzeptabel macht.[7] Ähnliches lässt sich von der Film-Welt behaupten, welche eine ungeahnte und sich von der empirischen Erfahrung ablösende Realität eröffnet: Anders als der Okkultismus bietet das alternative Wissen des Kinos allerdings nicht nur ein Modell der Wirklichkeit und des Subjekts, sondern auch ein Modell der Fiktion. Gerade der frühe Film – etwa die bereits diskutierten Beispiele von Méliès' *Pygmalion et Galatée* – stellt sich selbst nicht nur als eine Form technischer Kontrolle über Magie, sondern auch als selbstbewusstes Spiel mit der Grenze zwischen Kunst und Leben dar. Komplementär zu dem kontrollierten Spiel, das seine Fortsetzung in den Diskursen über die »ästhetische Grenze« findet, kommt es dabei zu Verformungen, welche in unheimliche Desorientierung münden. Das Kino erscheint also einerseits, analog zum Okkultismus, als Angebot, das Fiktive zusammen mit dem Imaginären auf eine neue technische Basis zu stellen. Anderseits bildet es aber auch eine eigene fiktionsironische Form der Distanzierung an, eine eigene »Rampe«,

---

7 Marianne Wünsch: *Die fantastische Literatur der frühen Moderne*, München: Fink 1991, S. 55-57.

welche in den Sujets, die um eine Überschreitung der ästhetischen Grenze kreisen, immer mitgedacht werden muss.

Die zweite Differenzierung von Fiktivem und Imaginärem, um die Alazrakis Modell ergänzt werden müsste, hat Renate Lachmann in ihrem Buch *Erzählte Phantastik* ausführlicher beschrieben. Denn zu der Unschlüssigkeit darüber, was das Wirkliche sei, kommt in einer historischen Perspektive auch der Zweifel über die relevante Grenze von Kunst und Leben, die relevante Form der Fiktion. Beides kann nicht als feste Gegebenheit angenommen werden, sondern unterliegt einer kulturellen Dynamik. Im Rahmen einer kultursemiotischen Fiktionstheorie greift Lachmann die von Wolfgang Iser in *Das Fiktive und das Imaginäre* gestellte Frage nach der Andersheit des Fiktiven auf. Im Unterschied zu Iser bezieht Lachmann die Fiktion aber nicht auf ein radikales Imaginäres, sondern auf die Manifestation von Ambivalenzen im System historischer Diskurse und Institutionen.[8] So geht sie mit Juri Lotman von einer Pendelbewegung zwischen Offenheit und Geschlossenheit aus, welche eine Kultur insgesamt in Bewegung hält:

Die Tendenz einer Kultur, ihr Kommunikationssystem zu vereinheitlichen, zu zentralisieren, bedeutet einen besonderen Zustand des semiotischen Systems, den Jurij Lotman als Anwachsen der inneren Monosemie bezeichnet [...]. Das bedeutet Abbau von Ambivalenz und zugleich den Versuch, die unvollständige Geordnetheit des Systems in Geordnetheit zu überführen.[9]

Die Intensivierung der homöostatischen Tendenzen ist auf übergeordnete Techniken der Kommunikationskontrolle angewiesen, wie sie etwa das System der Rhetorik oder die klare Unterscheidung von Fiktionalem und Faktualem darstellen.[10] Mit Hilfe dieses Modells lässt sich außerdem das Verhältnis hochkultureller Diskurse, wie sie für

---

8   Lachmann: *Erzählte Phantastik*, S. 79 und S. 97.
9   Ebd., S. 79.
10 Ähnlich argumentiert übrigens schon Dieter Penning: »Als eine Art homöostatischer Kraft stellt das Phantastische auf einer neuen Systemebene wieder einen Ruhezustand her« (Penning: »Die Ordnung der Unordnung. Eine Bilanz zur Theorie der Phantastik«, in: Christian W. Thomsen/Jens Malte Fischer (Hg.): *Phantastik in Literatur und Kunst*, Darmstadt: Wissenschaftliche Buchgesellschaft 1980, S. 34-51, hier S. 44).

Alazraki relevant sind, zu subkulturellen Alternativen, wie sie Wünsch ihrerseits betont, in einer Synthese zusammenfassen.

Die Krise disziplinierender Systeme – wie der Rhetorik oder der Romantradition – schafft »semiotische Lücken, ein Vakuum, in das das Andere einbrechen kann«. Aber dieses Andere beinhalte nicht nur das Fremde und Seltsame, sondern auch das Eigene, Verdrängte und Vergessene.[11] Für den phantastischen »Modus des Schreibens« ist entscheidend, dass dieses Verdrängte und Vergessene mit einem Anspruch vorgebracht wird, der die sichere Einbettung des Imaginären in die automatisierten Formen der Fiktion aufhebt. Man kann, Lachmann zufolge, »behaupten, daß die Phantastik als Fiktionshäresie operiert, indem sie mit den Regeln spielt, die eine Kultur für ihren Fiktionsdiskurs geltend macht«.[12] Es handelt sich, so wird an dieser Formulierung deutlich, um ein Spiel zweiten Grades, welches schon in den historisch je unterschiedlichen Verhandlungen über den Fiktionsvertrag einsetzt. Während bei Iser die Einstellung auf ein radikales Imaginäres die Negation der imaginativen Hervorbringungen erfordert, hat der implizite Autor bei Lachmann die Funktion, fiktionale Häresien aufrecht zu erhalten gegen ein zentralistisches Dogma, zu dem auch konventionelle Vorschriften über ästhetische Grenzen gehören.[13] Im Augenblick, in dem die Kultur des Films eine Kultur der Rhetorik ablöst, erscheinen die romantischen Motive wieder: Sie triumphieren *mit Hilfe* des neuen Mediums, das Doppelgänger und künstliche Menschen überzeugend zu produzieren vermag, und sie triumphieren zugleich *gegen* diese technische Produzierbarkeit, welche mit Magie versetzt und und von der Form und den Freiheiten des Erzählens abhängig gemacht wird. Fiktionshäresie wendet sich einerseits mit den neuen Medien gegen einen etablierten Fiktionsdiskurs und andererseits mit den Mitteln der Fiktion gegen die Tendenzen, das Imaginäre einer eindeutig bestimmten medialen Form anzugleichen.

---

11 Lachmann: *Erzählte Phantastik*, S. 80.

12 Ebd., S. 97.

13 Indem das textinterne, und nicht mehr das textexterne Normsystem als Bezugspunkt gewählt wird, überschreitet dieser Standpunkt die avantgardistischen, unmittelbar auf den gesellschaftlichen Kontext bezogenen Begriffe von »Affirmation« und »Subversion«. Vgl. dazu etwa Rosemary Jackson: *Fantasy. The literature of subversion*, London: Methuen 1981.

Als Systeme der Organisation ›nach der Rhetorik‹ können auch die im ersten Teil referierten Theorien des Imaginären gelten. Sie bieten partielle Reflexions- und Analysemodelle der Immersion und Infiltration, welche als metapoetisches Motiv bereits in der Fiktion auftauchen. Insofern ist der Weg meiner Darstellung, die von den theoretischen Diskursen über das Problem der Orientierung in der Fiktion zur Analyse von fiktionalen Texten und Filmen fortschreitet, zumindest teilweise anachronistisch. Wie solche Achsen der Reorientierung oder Desorientierung in der phantastischen Erzählung selbst aktualisiert werden, soll an einer etwas ausführlicheren Analyse von Gustav Meyrinks und Horacio Quirogas Erzählungen dargelegt werden, die in der Stummfilmzeit, weitgehend noch vor den genannten Diskursen, entstehen. Die sujethaften Überschreitungen der ästhetischen Grenze durchkreuzen hier die medienspezifischen, an die neue Form gebundenen Strategien der filmischen Fiktion, werden aber selbst auch wieder fiktionsironisch in Frage gestellt. Dabei spielt das Motiv des künstlichen Menschen, das selbstverständlich eine metapoetische Dimension besitzt, eine zentrale Rolle.

Monika Schmitz-Emans hat in mehreren Aufsätzen erläutert, wie das Thema des Automaten, der Puppe, in der Romantik zu einem Mittel literarischer Selbstreflexion wird.[14] Der Golem steht an der Kreuzung zwischen diesem Motiv und dem weit bekannteren – und klassischen – Kunstmythos von Pygmalion. Der Unterschied liegt in der Vorstellung der technisch-wissenschaftlichen Kontrolle über den fiktionalen Rahmen, welche an die Seite einer magischen Begründung der Fiktion gesetzt wird. Der Rabbi kann den Golem gewissermaßen an- und ausschalten, die Infiltration also wieder rückgängig machen, er ist dem Willen und der technischen Kontrolle seines Schöpfers unterworfen, und nicht mehr ausschließlich einer göttlichen Macht. Schmitz-Emans hat mit der »Dialektik der Aufklärung« den geistesgeschichtlichen Hintergrund dieses Themas auf prägnante Weise erläutert: Der Wunsch nach einer völligen Rationalisierung der Literatur treibt selbst die Dysfunktionen der Maschine hervor, in der sich die Irrationalität der Sprache (und des Imaginären) behauptet; und umgekehrt erschließt sich »die Magie des Wortes [...] nur im Durchgang

---

14 Monika Schmitz-Emans: »Die Poesie der Maschinen. Literarische Darstellungen von Automaten und Kunstmenschen in Zeichen ästhetischer Autoreflexion«, *Neohelicon* 24/2 (1997), S. 237-279.

durch die Mechanik des Kunst-Werks. Die Gespenster brauchen eine Maschine, um sie zu umflattern«.[15] Die Vorgeschichte dieser Dialektik führt von Mary Shelleys *Frankenstein* über die Puppe Olimpia im *Sandmann* und bis hin zum *Don Quijote* – das eine als Paradigma einer Infiltration fiktionaler Figuren in die Lebenswelt, das andere als Paradigma einer immersiven Rezeption, welches sich nicht zuletzt in der Schlacht des Helden mit den Puppen des Maese Pedro, in dem von Victor Stoichita so genannten »Quijote-Effekt« äußert.[16] Die Episode mit dem Puppenspieler, der alle seine Figuren aufgrund der übermäßigen Beteiligung Don Quijotes am Schauspiel einbüßt, ist ein erstes Beispiel dafür, wie das Wechselspiel von Kontrolle und Entgleisung zu einer Allegorie der Fiktion werden kann.[17]

DER PYGMALION- UND DER QUIJOTE-EFFEKT

Die Untersuchung eines bestimmten, von anderen Motiven klar abgegrenzten *Motivs*, sei es der belebten Statue, des künstlichen Menschen, des Doppelgängers, des Roboters oder auch des Golems, privilegiert das fertige Produkt, und führt notwendig an der Pragmatik, der produktions- und rezeptionsästhetischen Dimension des Themas vorbei, also an dem, was von Schmitz-Emans und Stoichita als *Effekt* analysiert wird. Die technisch begründete Überschreitung der Schwelle zwischen Kunst und Leben hat ihre Vorgeschichte, und darin ist das Thema der magischen Infiltration, das sich im Mythos von Pygmalion

---

15 Monika Schmitz-Emans: »Eine schöne Kunstfigur? Androiden, Puppen und Maschinen als Allegorien des literarischen Werkes«, *Arcadia* 30 (1995), S. 1-30, hier S. 28.

16 Victor I. Stoichita: »Der Quijote-Effekt. Bild und Wirklichkeit im 17. Jahrhundert unter besonderer Berücksichtigung von Murillos Œuvre«, in: Hans Körner (Hg.): *Die Trauben des Zeuxis. Formen künstlerischer Wirklichkeitsaneignung*, Hildesheim u.a.: Georg Olms 1990, S. 106-139.

17 Nicht nur in der Formulierung, sondern auch in der Sache selbst ist die Unterscheidung von Desorientierung und Reorientierung inspiriert von Wolfram Nitschs Beschreibung des Barockdramas als »dezentrierter und rezentrierter Welt« (Nitsch: »Barocke Dezentrierung. Spiel und Ernst in Lope de Vegas Dorotea«, in: Joachim Küpper/Friedrich Wolfzettel (Hg.): *Diskurse des Barock. Dezentrierte oder rezentrierte Welt?*, München: Fink 2000, S. 219-244).

ausgedrückt, vielleicht sogar noch prominenter als dasjenige der magischen Immersion, welche seine charakteristische Gestalt im von seiner Lektüre besessenen Leser, in Don Quijote, gefunden hat. Diese Themen setzen sich ja, wie wir an den Beispielen Bühlers und Münsterbergs gesehen haben, noch bis in die wissenschaftlichen Diskurse des 20. Jahrhunderts hinein fort, und nicht weniger gilt dies von den literarischen Texten, die auf die beiden Traditionen zurückgreifen. L'Ève future ist, wie Stoichita gezeigt hat, eine moderne Variante des Pygmalion-Mythos, welche die Idee eines göttlichen Eingriffs in eine technisierte Welt hinein fortsetzt.[18] Umgekehrt hält in Quirogas *El hombre artificial* eine Metaphernkette aus der Skulptur die Erinnerung an die belebte Statue wach, obgleich das Motiv der Geschichte – wie der Titel bereits sagt – in die Tradition des technisch hergestellten Menschen, in die Tradition des *Frankenstein*-Motivs gehört.[19] Erst wenn wir die Besonderheit dieser Sujets in rezeptions- und produktionsästhetischer Hinsicht klären, kann der Aufstieg des Golem-Stoffes im Kinozeitalter als eine literarisch und künstlerisch relevante Struktur beschrieben werden.

Die Gliederung des Korpus stellt sich dementsprechend schwieriger dar als bei motivgeschichtlichen Untersuchungen in traditionellem Sinne. Da Technik im Folgenden mit Schmitz-Emans als eine Allegorie der Kunst verstanden wird, kann die Differenz von technischer und künstlerischer Schöpfung nicht als relevantes Merkmal gelten – und ebenso wenig die griffige Unterscheidung von anthropomorpher und nicht-anthropomorpher Schöpfung.[20] Denn alles kann gleichermaßen zur Allegorie der Kunst oder Fiktion werden. Relevant hingegen scheint mir die Scheidelinie, welche Gertrud Koch zwischen den komplementären Phänomenen der Immersion und Infiltration zieht. Sie gestattet es, zwei Effekte der Grenzüberschreitung zu unterscheiden, die bis zum Anfang des 20. Jahrhunderts tatsächlich auch als klar unterscheidbar dargestellt werden, also eine echte differentielle Struktur bilden. Diese klare Unterscheidung wird mit dem Aufkommen des Kinos problematisch, ja, genau genommen schon mit den kinoähnlichen Phantasien Jules Vernes.

---

18 Stoichita: *L'Effet Pygmalion*, S. 264.
19 Dazu noch mehr im Folgenden (Abschnitt 2.3.1).
20 Wie sie etwa bei Breton: *A l'image de l'homme*, S. 67-68, neben vielen anderen nützlichen Gliederungen des Themas vorgeschlagen wird.

In *Le Château des Carpathes* (1892) von Jules Verne glaubt der junge Protagonist Franz an die Realität der dreidimensional vor ihn projizierten Sängerin, versinkt also derart in die Fiktion, dass er ihren Blick auf sich zu spüren meint: »Il était impossible que Franz ne fût pas vu d'elle, et, pourtant, la Stilla ne faisait pas un geste pour l'appeler...« (»Es war unmöglich, dass Franz nicht von ihr gesehen wurde, und, trotz allem, La Stilla machte keine Anstalten, ihn zu rufen...«).[21] Die Immersion des Helden wird hier mit Hilfe der freien indirekten Rede an den Leser weitergegeben. Diese rhetorische Markierung der Kunst suggeriert die Möglichkeit einer Infiltration der Kunstfigur in die Realität und schafft so eine gewisse Unschlüssigkeit darüber, wer hier eigentlich zu wem kommt.

Anders bei dem Vorbild von Vernes Roman: In *L'Ève future* (1885) von Villiers de L'Isle-Adam infiltriert das mit elektrischer Bewegung, phonographischer Stimme, skulpturaler Schönheit und menschlicher Seele ausgestattete künstliche Geschöpf Hadaly die Sphäre der übrigen Figuren, genau wie es die Statue Pygmalions mit weniger technischem als magischem Aufwand tat.[22] Beide Effekte, Immersion und Infiltration, werden also schon vor der Erfindung des Kinos durch die Brüder Lumière 1895 mit einem Modell der technischen Projektion zur Fiktionshäresie gesteigert. Charakteristisch ist für die romantische Version dieses Sujets die eindeutige Klärung der Frage, in welcher Richtung der Übergriff stattfindet. Diese Eindeutigkeit ist möglich, so lange die Orientierung an einer ästhetischen Grenze nicht auch zum Problem wird. Wenn eine historische Trennlinie zu ziehen wäre, würde sie Villiers und Verne trennen: Der eine weist auf den Pygmalion-Effekt zurück, der andere auf die Unschlüssigkeit voraus, die im Kinozeitalter zwischen diesem kunsttheoretisch wirksamen Mythos der Infiltration und seinem neuzeitlichen Gegenstück, der sujethaften Immersion, entsteht.

Der quasi-magischen Infiltration, die man mit Stoichita auch als *Pygmalion-Effekt* bezeichnen könnte, steht seit der frühen Neuzeit eine quasi-magische Immersion gegenüber, der *Quijote-Effekt*. So wie Pygmalion eine Allegorie der Kunst entwirft, bildet die Figur des Don Quijote eine allegorische Auseinandersetzung mit den Möglichkeiten

---

21 Jules Verne: »Le Château des Carpathes«, in J.V. : *Les romans du feu*, Paris: Omnibus 2002, S. 283-481, hier S. 473.
22 Stoichita: *L'Effet Pygmalion*, S. 259-266.

und Grenzen der Fiktion. Dabei ist die Unterscheidung insofern unproblematisch, als keinen Augenblick lang die vom Helden imaginär belebten Helden auch für den Leser ins Leben zu treten scheinen. Die Konflikte entstehen vielmehr durch ständige Überschreitungen der ästhetischen Grenze in eine bestimmte Richtung. Der Roman von Cervantes wird für spätere Fiktionen und Fiktionsreflexion zu einem ähnlich festen Bezugspunkt wie Pygmalion für die Kunsttheorie. Wo ersterer Infiltration veranschaulicht, vertritt letzterer allerlei Experimente mit der Immersion.

E.T.A. Hoffmanns *Sandmann* beispielsweise ahmt den *Don Quijote*, überhaupt ein wichtiges Vorbild romantischer Fiktionsironie, in einer Szene nach, deren Zusammenhang mit dem Roman von Cervantes nicht unmittelbar erkennbar ist. Dass Nathanael bei Betrachtung der Puppe Olimpia durch ein Objektiv auf einmal »wie festgezaubert im Fenster« hängt,[23] spielt auf den Streich der Magd Maritornes im ersten Teil des *Don Quijote* an, bei dem der Held schließlich an ein Lastloch gefesselt wird und geduldig auf das Ende dessen wartet, was er für einen bösen Zauber hält – »hasta que aquel mal influjo de las estrellas se pasase, o hasta que otro más sabio encantador le desencantase«.[24] Der Streich, der Don Quijote gespielt wird, bildet im Zusammenhang des Romans die dritte Variante eines metapoetischen Motivs: Nach der Maurin Zoraida, welche durch eine ähnliche Luke dem in Algier gefangenen Hauptmann Zeichen gibt, und Clara de Viedma, welche sich ihrem Geliebten am Fenster zeigt, inszeniert Maritornes auch für den fahrenden Ritter ein Fenster-Abenteuer. Dazu genügt eine Dachluke zum Heuboden des Wirtshauses, welche Don Quijote als ein Schlossfenster mit vergoldetem Gitter erscheint.[25] Durch den »Quijote-Effekt«[26] – so Stoichita – verwandelt sich die Dachluke in

---

23 E.T.A. Hoffmann: »Der Sandmann« (1816), in: E.T.A.H.: *Nachtstücke* etc. (=*Sämtliche Werke in sechs Bänden*, Bd. 3), hg. v. Hartmut Steinecke, Frankfurt a.M.: Deutscher Klassiker Verlag 1985, S. 11-49, hier S. 36.

24 Miguel de Cervantes: *Don Quijote de la Mancha*, 2 Bde., hg. v. John Jay Allen, Madrid: Cátedra 2000, Bd. 1, S. 518.

25 Ebd., S. 515-516.

26 Stoichita: »Der Quijote-Effekt«, S. 106-110. Stoichita weist auch auf die geläufige Fehldeutung dieser Stelle durch die Illustratoren seit Doré hin, die Don Quijotes gefesselte Hand außen am Gitter gefesselt zeigen, während aus dem Text doch hervorgeht, dass sie in das »agujero« hineinreicht

eine ästhetische Grenze, die sujethaft überschritten werden kann. Das »agujero« öffnet für den Helden einen Weg in das Land der Ritterromane, der die fiktionale Immersion in seine Bücher durch eine magisch-sujethafte Immersion ersetzt. Während die das Burgfräulein spielende Magd die Gefährlichkeit der Situation evoziert, beeilt sich Don Quijote, die Möglichkeit der physischen Transgression in eine ästhetische Situation und das Fenster somit in den Rahmen für seine Hand zu verwandeln, die er darin buchstäblich wie in einer Wunderkammer präsentiert:

> Tomad esa mano, digo, a quien no ha tocado otra de mujer alguna, [...]. No os la doy para que la beséis, sino para que miréis la contestura de sus nervios, la trabazón de sus músculos, la anchura y espaciosidad de sus venas; de donde sacareis qué tal debe de ser la fuerza del brazo que la mano tiene.[27]

Man werde ja sehen, erwidert die Magd, und fesselt sein Handgelenk mit einem Eselshalfter an die Stalltür, so dass nach Überschreitung der ästhetischen Grenze die Hand des Ritters nun fest im Bildraum gebannt bleiben muss. Die Immersion gelingt vollständig und dauerhaft: Don Quijote vermutet, dass ein böser »encanto« ihn am Schlossfenster festgezaubert habe. So verwandelt sich die Hand des Don Quijote aus einem Objekt der natürlichen Magie, die er wie für eine Wunderkammer zur Schau stellt, in eines der »magia artificiosa« von Maritornes' Trick und schließlich zu einem Objekt der vom Edelmann imaginierten schwarzen Magie.[28] Das sind die drei Parameter, welche die

---

und im Innern des Stalles an die Tür gebunden wird. Übrigens unterläuft das auch der Illustratorin der Allen-Ausgabe, Pilar Coomonte (S. 519). Wenn der Griff über den Rahmen als symbolische Transgression der ästhetischen Grenze in dem berühmten Selbstbildnis von Murillo wiederkehrt, so entdeckt Stoichita auch dazu einen späteren Kupferstich, der diese Verwerfung nivelliert: Es wirkt also, als ließen die Repräsentationsprinzipien einer rationalistischen Epoche den Griff über den Rahmen – oder die verdeckte Fiktion der Maritornes – zu etwas Undarstellbaren werden.

27 Cervantes: *Don Quijote*, Bd. 1, S. 517.
28 Zu diesen Formen der Magie in der spanischen Literatur des Siglo de Oro vgl. Wolfram Nitsch: »Theater der Magie – Magie des Theaters. Spuk und Zauberei im Drama Calderóns«, in: Gerhard Penzkofer/Wolfgang Matzat

Immersion auf Umwegen, d.h. die Immersion ohne Lektüre, in der frühen Neuzeit bestimmen. Don Quijote ist der emblematische Held des mit dieser ästhetischen Grenze verbundenen Sujets; alle seine Heldentaten stellen weniger Überschreitungen semantischer Grenzen als Akte ›wilder‹ Immersion dar. In Analogie zu Pygmalion wird er auf diese Weise zum Mythos, der unter anderem auch eine Frage über die Kunst beantwortet. Der Golem, der über die Kabbala hinaus Bedeutung erlangt, verfolgt im Übrigen einen ähnlichen Weg; die romantische Literatur bildet eine Art Scharnier zwischen beiden Figuren.

Visuelle Rahmen dienen auf ähnliche Weise auch innerhalb der phantastischen Erzählung der Romantik einer Reflexion über die ästhetische Grenze. Allerdings wird diese noch deutlicher als die verschiedenen Fenstertypen, von denen bei Cervantes die Rede ist, zu einer technisch hergestellten Grenze mit einer spezifisch medialen Form. Während bei Cervantes die Fiktion, und auch noch die Überschreitung ihrer Rahmung, auf dem Zusammentreffen verschiedener »ingenios« beruht, dem ingeniösen Don Quijote, der listigen Magd, der geschickten Liebenden, wird sie bei Hoffmann zu einem Konflikt zwischen Subjektivität und technischem Apparat. Coppolas Bemerkung »hab auch sköne Oke« bezieht sich, trotz aller Ich-Deixis, nicht auf seinen Körper, sondern auf die Linsen, die er verkauft: Prothesen für Augen. Der Standpunkt des Sehens lässt sich mit den künstlichen Augen, die in der phantastischen Fiktion existieren, nur scheinbar vom eigenen Standpunkt ablösen. Die Puppe hat keinen Ich-Mittelpunkt, und der Zauber, der Nathanael erfasst, wird sich nicht aufheben lassen: Er ist nicht auf Zeit gebannt, sondern steht mit der magisch bewirkten Immersion grundsätzlich im Zwiespalt zwischen dem Beseelten und dem Unbeseelten, dem Leben und dem Tod – bis hierher ganz so wie Freud es beschreibt.[29]

(Hg.): *Der Prozeß der Imagination. Magie und Empirie in der frühen Neuzeit*, Tübingen: Niemeyer 2005, S. 307-322, hier S. 309-310.

29 Sigmund Freud deutet diese Grundopposition als das »Unheimliche« und bietet die tiefenpsychologische und kulturgeschichtliche Erklärung an, die ich bereits als die Alternative von absoluter Verankerung und Desorientierung referiert habe: Das Beispiel aus Hoffmann eignet sich besonders gut dafür, weil die Puppe kein Subjektzentrum besitzt, also die imaginäre Verlagerung innerhalb des Bewusstseins unmöglich macht.

Der Held des *Sandmanns* wiederholt mit seinen Ängsten jedoch auch eine Kulturgeschichte der Wahrnehmung, die sich in drei Epochen einteilen lässt. Am Anfang steht das mythische Zeitalter in Gestalt der Ammenmärchen, es folgt die Epoche der magischen Technik, vertreten durch das Feuer und die Alchemie, und ganz am Ende findet sich jene aufgeklärte Industrie, welche in der die Illusion durchbrechenden Optik eines ihrer Embleme fand.[30] Diesen drei Stadien entsprechen verschiedene Blickwinkel, die Hoffmann im Fokus Nathanaels modelliert: das blinde Imaginäre dem ersten, das Sehen aus Froschperspektive dem zweiten, das medial unterstützte, aber auch verzerrte und entstellte Sehen aus Vogelperspektive dem dritten.[31] In dieser Geschichte der visuellen Wahrnehmung spiegelt sich auch die ästhetische Grenze des Erzählens. Die Partialität von Freuds Hoffmann-Nacherzählung besteht also darin, dass er den fiktionsironischen Aspekt ausklammert, welcher seit der frühen Neuzeit mit den Überschreitungen der ästhetischen Grenze verbunden ist.

Noch etwas anderes verdeutlicht Hoffmanns Erzählung: Während die Reflexion über *Kunst* das Thema der magischen Infiltration hervorbringt, und die Thematisierung der *Fiktion* die in Besessenheit mündende Immersion, so führt die Akzentuierung der *Technik* beides zusammen. Gewiss gab es eine immersive Seite des Pygmalion-Mythos, und auch bei Cervantes lassen sich umgekehrt manche Ansätze finden, das Thema des künstlichen Menschen mit dem der Fiktion zu verbin-

---

30 Der Wetterglashändler, der Nathanael ein »Perspektiv« (Taschenfernrohr) verkauft, bezieht sich auf den neuesten Stand der Technik. Anne Fleig hält sogar die vorgebliche Herkunft Coppelius-Coppolas aus dem Piemont für einen Hinweis auf die Region, aus der neben England um 1800 die besten Gläser kamen (Anne Fleig: »Grauenvolle Stimme. Das Lachen in E.T.A. Hoffmanns ›Der Sandmann‹«, in: Arnd Beise/Ariane Martin/Udo Roth (Hg.): *LachArten. Zur ästhetischen Repräsentation des Lachens vom späten 17. Jahrhundert bis zur Gegenwart*, Bielefeld: Aisthesis 2003, S. 113-134, hier S. 123).

31 Vgl. Gerhard R. Kaiser: *E.T.A. Hoffmann*, Stuttgart: Metzler 1988, S. 52, und zur »Überkreuzung von medienvermitteltem, optischem ›Perspektiv‹ und sprachlich vermittelter Erzählperspektive« den Beitrag der Münchner Arbeitsgruppe: »Epistemische Strukturen und Medialität«, in: Erika Fischer-Lichte u.a. (Hg.): *Wahrnehmung und Medialität*, Tübingen/Basel: Francke 2001, S. 31-50, hier S. 46-48.

den. Die literarischen Texte oder Filme jedoch, welche die Fiktionalität des Films über das Thema der Immersion und Infiltration reflektieren, betonen gerade die Überlagerung und Unschlüssigkeit zwischen beiden gegensätzlichen Sujets. In der von Bühler zitierten Pabst-Verfilmung des *Don Quijote* z.B. stellt eine Doppelbelichtung das irrationale Phantasma des Helden dar und führt die von ihm imaginierten Figuren dem Betrachter als wirkliche künstliche Schöpfungen vor (ST 395). Die neue Technik des Kinos erschüttert nicht nur die Tatsache der Fiktion, also die ästhetische Grenze, sondern auch die sichere Zuordnung von Grenzüberschreitungen zu der einen oder der anderen Seite der ästhetischen Grenze: Ob Versenkung des Betrachters wie im *Don Quijote*, ob Heraustreten des lebend gewordenen Kunstwerk wie im Pygmalion-Mythos, diese Frage entzieht sich in dem Maße einer eindeutigen Antwort, in dem die ästhetische Grenze selbst und das Fiktionsmodell des Kinos unklar bleiben. Derjenige Film, in dem diese Ambivalenz am eindringlichsten vorgeführt wird, ist Paul Wegeners *Golem*.

MEDIAL BEDINGTE UNSCHLÜSSIGKEIT: DER GOLEM-EFFEKT

Victor Stoichita hat an verschiedenen Stellen, und zuletzt in seiner sehr aufschlussreichen Interpretation des Pygmalion-Mythos, darauf hingewiesen, dass die *Metamorphosen* Ovids als literarisches Werk nicht nur die Verwandlung des menschlichen Körpers, sondern auch die Transformation von Bild zu Leben als intermediale Transposition vorführen. Für die Pygmalion-Erzählung bedeutet das, dass nicht die Götter die Belebung der Statue bewirken, sondern der Text selbst, der die Interaktion von Dichtung und Skulptur inszeniert: Die Dichtung Ovids lässt die »Magie der Worte« tätig werden, um das Elfenbein der Statue – lateinisch »ebur« – mit Hilfe einer Paranomasie zu »rubor« erröten zu lassen. Diese Röte gilt im Text als das Zeichen gelungener Belebung.[32] Dabei korrespondiert die belebte Statue mit zahlreichen Metamorphosen in die umgekehrte Richtung, welche zu Stein erstarrte Menschen schildern.[33] Während beide Arten von Sujets in den *Metamorphosen* klar voneinander getrennt sind, überlagern sie sich in dem

---

32 Stoichita: *L'Effet Pygmalion*, S. 40.
33 Ebd., S. 22.

modernen Effekt, den ich mit der Figur des Golems in Verbindung bringen möchte.

Gemeinsamkeiten und Unterschiede zu dem klassischen Kunstmythos liegen auf der Hand: Pygmalion bedient sich einer ähnlichen Form von außersprachlich wirksamer Sprachmagie, wie sie die Kabbala Gershom Scholem zufolge darstellt. Denn auch der Golem wird mit Hilfe eines Wortes belebt: »emeth« bedeutet explizit auf Hebräisch »Leben«. Das ähnlich klingende Gegenstück, welches den Golem wieder zu einer Statue zurückverwandelt, ist das Wort für Tod, »meth«.[34] Es genügt also, einen Buchstaben zu löschen, um die Infiltration wieder rückgängig zu machen. Sowohl die intermediale, performative Dimension der Schrift, als auch die komplementäre Struktur von Belebung und Erstarrung sind bereits im Pygmalion-Effekt vorgeprägt. Was die Golem-Figur auszudrücken gestattet, ist die technische Kontrolle über Immersion und Infiltration, welche diese dem Regime des An- und Ausschaltbaren unterwerfen möchte, und eine spezifisch moderne Problematik: Im Unterschied zu Galatea dient der Golem als Werkzeug. Der Golem ist ein Medium, und er entfaltet sich in einer Sphäre der Intermedialität, zwischen Skulptur und Literatur, zwischen Theater und Kino. Der Golem-Effekt beruht dem entsprechend auf der fiktional inszenierten Unschlüssigkeit über die mediale Konzeption, die Form der ästhetischen Grenze.

Die Wahl des Ausdrucks lässt sich auch mit der historischen Genese des Themas begründen. Im Unterschied zum Pygmalion-Mythos, der in Ovids *Metamorphosen* eine kanonische und klassische Quelle hat, wird die Golem-Legende in verschiedenen historischen Momenten als »mündliche Überlieferung« erfunden und dabei den jeweiligen Bedürfnissen angepasst. Die Geschichte des dienstbar-bedrohlichen Geschöpfs, die auf Passagen des Talmud und des Sefer Jezira über die Schöpfung künstlichen Lebens zurückgeht, wird erst im 18. Jahrhundert mit der Figur des Rabbi Löw von Prag in Zusammenhang gebracht. Die Verknüpfung mit dem Hof Rudolfs II., mit der Leidenschaft des Herrschers für Alchemie und Astrologie, welche die Legende in Prag situiert, kann nicht durch historische Dokumente belegt

---

34 Gershom Scholem: »Die Vorstellung vom Golem in ihren tellurischen und magischen Beziehungen«, in: G.S.: *Zur Kabbala und ihrer Symbolik* (engl. 1941), Zürich: Rhein-Verlag 1960.

werden.³⁵ Wahrscheinlich überträgt man die Legende auf die Prager Gemeinde im 18. Jahrhundert, ihrer Blütezeit, welche zugleich mit einer besonderen Verehrung des Rabbi Löw einherging. In romantischen Legendensammlungen wird der Golem zum ersten Mal konsequent in Prag angesiedelt. Aber das ist nicht die letzte Veränderung. Während die Erzählung zunächst den inneren Zusammenhalt der Gemeinde und sodann eine gemeinsame tschechisch-jüdische Identität ausdrückt, entsteht erst um die Jahrhundertwende die populäre und im 20. Jahrhundert einflussreiche Fassung, die den Golem zum Beschützer der Gemeinde gegen den Antisemitismus des Kaisers stilisiert.³⁶ Als »erfundene Tradition« einer Subkultur (im Sinne von Wünsch) steht der Golem also auch durch die Form seiner Überlieferung in Gegensatz zum stark kunsttheoretisch besetzten, hochkulturellen Pygmalion-Mythos bzw. zu den Quijote-Figuren – und kann somit nicht nur als Ausdruck okkulten Wissens, sondern auch einer neuen fiktionshäretischen Fiktion dienen.

Aus diesem Grund möchte ich die folgende Untersuchung nicht von vornherein auf das Verhältnis von Magie und Technik einschränken, so wie es sich in dem motivgeschichtlichen Paar von Golem und Roboter ausdrückt; mein Interesse gilt der medienspezifischen Art von Fiktionalität. Die Ausgangssituation des Kinos im frühen 20. Jahrhundert mit ihrer Mischung von Fiktion und Illusionismus ist auf dem Gebiet der Fiktionsreflexion äußerst produktiv.³⁷ Zu der »Dialektik der Aufklärung«, welche eine technische Kontrolle des Imaginären mit imaginären Entgleisungen kombiniert, kommt eine Form-Medium-Dialektik, indem Fiktion sich zugleich unter Bezug auf das Medium des Erzählens und auf eine Form von kinematographischer Anschaulichkeit beruft. Auch filmische Fiktionen wie Georges Méliès' *Pygmalion et Galathée* von 1898, der von Bühler paraphrasierte *Don Quijote*-Film (ST 395) und die verschiedenen Golem-Filme spielen mit der Frage, auf welches Medium, auf welche Form sich die Teilnahme des Betrachters oder das Heraustreten fiktionaler Figuren bezieht.

---

35 Hillel J. Kieval: »Pursuing the Golem of Prague: Jewish Culture and the Invention of a Tradition«, *Modern Judaism* 17/1 (Feb. 1997), S. 1-23, hier S. 6.

36 Kieval: »Pursuing the Golem of Prague«, S. 15-16.

37 Aus filmwissenschaftlicher und diskursgeschichtlicher Sicht beschreibt diese Situation Andriopoulos: *Besessene Körper*.

Die interessanteste Spur einer durch den Film bedingten Orientierungsproblematik liegt zeitlich bereits *vor* den bisher analysierten Essays, in der Literatur des ersten Viertels des 20. Jahrhunderts. Besonders interessant scheinen mir dabei Autoren wie Gustav Meyrink oder Horacio Quiroga, die sich inhaltlich auf das von Todorov beschriebene Korpus des 19. Jahrhunderts beziehen, aber zugleich von den traditionellen Gattungen phantastischer Fiktion, aus dem Rahmen der dadurch abgesicherten Fiktionalität lösen – und bei der Suche nach einer Neubestimmung der ästhetischen Grenze auf das neu erfundene Medium des Kinos stoßen. Ihr Spiel mit der Fiktion wird wiederum zu einem wichtigen Bezugspunkt für Erzähler späterer Generationen, für Jorge Luis Borges, Adolfo Bioy Casares, Felisberto Hernández und Julio Cortázar. Die Literatur des La-Plata Raums steht in dieser Hinsicht jedoch nicht alleine. Das Interesse an der medial bedingten Unschlüssigkeit prägt die lateinamerikanische Avantgarde sogar in Texten, die sich nicht explizit auf die neuen Medien beziehen.

Vicente Huidobros *Mío Cid Campeador* (1928) ist ein solches Beispiel für die Suche nach einer neuen Form der Fiktion, welche sich von der Tradition des realistischen Romans loslöst, das ich einleitend vorstellen möchte, noch bevor ich auf den berühmten Roman von Meyrink zu sprechen komme. Es handelt sich um eine Nacherzählung des spanischen Nationalepos in einer durch zahlreiche Absätze dem freien Vers angenäherten Prosa. Da ein heterodiegetischer Sprecher die epische Handlung vermittelt, fallen alle Stellen auf, an denen es möglich scheint, dass der Erzähler seinen Helden unmittelbar »anschaut«.[38] Die vormoderne Tradition dieses Verfahrens, Sprechsituation und besprochene Situation miteinander eng zu führen, die rhetorische Figur der *Metalepse*, hat Gérard Genette am Beispiel eines barocken Romans erläutert.[39] Im Kontext moderner Poetik wird diese rhetorische Figur zu einem Effekt medialer Unschlüssigkeit eingesetzt.

Schon die poetologischen Aussagen von Huidobros programmatischer »novela-film« *Cagliostro*[40] und die Manifeste, die mit dem Eti-

---

38 Vicente Huidobro: »Mío Cid Campeador« (1928), in: V.H.: *Poesía y prosa. Antología*, Madrid: Aguilar ²1967, S. 355-422, hier S. 411.
39 Gérard Genette: »D'un récit baroque«, in: G.G.: *Figures II*, Paris: Seuil 1969, S. 195-222, hier S. 215-217.
40 Dazu s. Katharina Niemeyer: »›How to make films with words‹. Sobre los comienzos de la escritura fílmica en la literatura hispanoamericana«, in:

kett des »creacionismo« versehen wurden,[41] stellen das Schöpfertum des Dichters in Gegensatz zu einer Nachahmung der Natur. Wenn sie einen zweiten, vom Menschen gezeugten Adam fordern, so arbeiten sie an einem Motiv, das eng mit der Poetik des expressionistischen Stummfilms zusammenhängt: dem Golem.[42] Auch diese Form erscheint in erster Linie als Frage nach den Dimensionen, in denen subjektive Orientierung sich verankert. Der Cid wird mit einer Skulptur verglichen; der Erzähler erblickt in ihm sein Geschöpf, welches, ganz in sich gekehrt, seinen Blick nicht erwidern kann. Die monumentale Figur wird, als »forma« aus der Erzählung herausgelöst, von dieser unterscheidbar. Der Held tritt – als visuelle Gestalt – der Geschichte – als Textgestalt – gegenüber: »Lo contemplo y contemplo su historia«.[43]

Eine ähnliches Sehen der historischen Figur ›über die Geschichte hinweg‹ wird vom Erzähler auch dem Leser als Rezeptionshaltung nahe gelegt: »Doña Urraca coge la espuela y se la pone al pie [al Cid]. Lector, en vano miras los ojos de la infanta; no verás en ellos ni el más leve temblor«.[44] Es genügt auch hier nicht, die Apostrophe an den Leser mit einer stummfilmtypischen Großaufnahme zu vergleichen, die dem Betrachter die Augen der Schauspielerin als Ausdrucksträger überdimensional präsentiert. Entscheidend scheint mir, dass die mediale Konzeption der Doña Urraca – als räumliches Bild – aus dem Kontext der szenischen Erzählung – als textueller Narration – herausfällt. Solche Übergänge von Text zu Bild werden zu einem rekurrenten Verfahren, auf das man nicht nur in der Gestaltung der Figuren, sondern auch in der des Raumes trifft: »Por fin. Aquí estoy. He vuelto a la

---

Dieter Ingenschay/Gabriele Knauer/Klaus Meyer-Minnemann (Hg.): *El pasado siglo XX. Una retrospectiva de la literatura latinoamericana*, Berlin: tranvía 2003, S. 161-177.

41 Zu dieser Namengebung vgl. Karin Hopfe: *Vicente Huidobro, der Creacionismo und das Problem der Mimesis*, Tübingen: Narr 1996, S. 68.

42 Vgl. Reiner Matzker: *Das Medium der Phänomenalität. Wahrnehmungs- und erkenntnistheoretische Aspekte der Medientheorie und Filmgeschichte*, München: Fink 1993, S. 105. Vgl. auch die häretische Schöpfungsgeschichte in Huidobros Manifest »Non serviam« (1914?/1945) in: Vicente Huidobro: *Obras completas*, hg. v. Hugo Montes, Santiago: Bello 1976, S. 715-716.

43 Huidobro: »Mío Cid Campeador«, S. 411.

44 Ebd., S. 372.

tierra, he recobrado los sentidos. Aquí sobre una página blanca. // Amanece«.[45] Die weiße Seite als Textgestalt kontrastiert mit der Dämmerung als einer optischen Figur, und der deiktische Verweis, das »aquí«, provoziert mit seiner Ambivalenz eine Unschlüssigkeit über die relevante Form der Fiktion.

Erzählen wirkt in dieser formalen Sicht gerade dann besonders filmisch, wenn die Schrift, wenn die Buchseite, in den Vordergrund tritt. Die optische Anschauungsform lässt sich nicht ohne die strukturelle Differenz zur textuellen Figur verstehen, deren Lektüre das Bild auslöschen müsste.[46] Auch dies manifestiert sich bei Huidobro: »Sangre del Cid. // Mi pluma está roja de su sangre«.[47] Damit trifft geschriebenes (erzähltes) Blut auf »geschriebenes« (gesehenes) Blut. Die fiktionshäretische Dimension dieser Passage beruht nicht auf einer von ähnlichen Lauten eingeleiteten Metamorphose, wie bei Pygmalion, sondern auf der Überschreitung einer ästhetischen Grenze, welche nicht den narrativen Konventionen des realistischen Erzählens entspricht. Wie in der Legende vom Golem scheinen die Worte und die Dinge zu interagieren, und die Möglichkeiten dieser Interaktion mit dem ungesicherten Zwischenraum von Sprache und Bild zu wachsen. Der spezifische Zusammenhang dieser Unschlüssigkeit mit der fiktionalen Form des Kinos soll gleich im folgenden Abschnitt am Beispiel von Gustav Meyrink erläutert werden.

---

45 Ebd., S. 370.
46 Zu einem ähnlichen Verfahren in *Cagliostro* vgl. Niemeyer: »»How to make films with words‹«, S. 175.
47 Huidobro: »Mío Cid Campeador«, S. 411.

2.2 Meyrink: Fiktion und Esoterik

DAS PARADOX EINER ESOTERISCHEN FIKTION

Gustav Meyrinks Roman *Der Golem* (1915)[1] wird zwischen 1915 und 1922 165000 Mal verkauft.[2] Die Reklamestrategie des Kurt Wolff Verlags orientierte sich an den Standards der Kinoproduktion und wirbt durch »eine Sturzflut von Anzeigen in den Zeitungen, knallrote, riesige Plakate an den Litfaßsäulen«.[3] Diese moderne Öffentlichkeitsarbeit ist in gewisser Weise schon in der Poetik des Romans angelegt, welcher esoterische Inhalte massenwirksam vermittelt. Meyrink beklagt sich einerseits über die »damische Reclame«, hat aber andererseits keine Berührungsängste mit den neuen Medien.[4] Als er etwas später, ungefähr ab 1920, mit Filmexposés in das neue Geschäft des Kinos einzusteigen versucht, gibt er z.B. Hinweise auf die Typen der Autos, die seine Figuren zu fahren hätten. In den Meyrinkiana der Münchner Stadtbibliothek findet sich auch folgende »Notiz: statt des Schuhgeschäftes ›Fortuna‹ kann eventuell Marke ›Salamander‹ oder sonst eine große für Reklamezwecke heranzuziehende Schuhfirma ge-

---

1 Gustav Meyrink: *Der Golem. Ein Roman*, Leipzig: Kurt Wolff 1915, im Folgenden abgekürzt GO.
2 Frans Smit: *Gustav Meyrink. Auf der Suche nach dem Übersinnlichen*, aus d. Niederl. v. Konrad Dietzfelbinger, München/Wien: Langen Müller 1988, S. 110.
3 Ebd., S. 113.
4 Gustav Meyrink: »Reservat. Polizeilich«, in: *Albert Langens Verlagskatalog 1894-1904*, München 1904. Zit. nach: Manfred Lube: »Zur Entstehungsgeschichte von Gustav Meyrinks Roman ›Der Golem‹«, *Österreich in Geschichte und Literatur* 15 (1971), S. 521-541.

wählt werden!«.⁵ Die Bedeutsamkeit von Namen und der Ernst der okkulten Botschaft seiner Werke müssen gegen solche saloppen Äußerungen gehalten werden, in denen die Freiheiten der Fiktion ausgekostet werden.

Das Verhältnis der neuen Autorrolle zum gewählten Stoff ist einerseits höchst freizügig, andererseits alles andere als souverän: Im Erzähler, der seine spirituelle Identität sucht, spiegelt sich die Suche des Autors nach einer esoterisch bedeutsamen Geschichte. Diese Suche ist in zahlreichen Dokumenten belegt. Das Golem-Projekt umfasst ursprünglich eine sehr komplexe Handlung, in der die Golemsage und die Legende vom ewigen Juden verschmelzen. Der Verleger Wolff erinnert sich daran, dass Meyrink ihm ein Romanfragment mit dem Titel *Der ewige Jude* vorlegt. In der Zeitschrift *Pan* erscheint dann ein Teil des späteren *Golem* mit einem Hinweis der Herausgeber, es handle sich um einen Auszug aus *Der Stein der Tiefe*.⁶ Diese Varianten verraten, dass Meyrink sich noch zu einem recht späten Zeitpunkt unsicher war, ob wirklich die jüdische Sage vom Golem im Zentrum seines Projekts stehen sollte, die buddhistische Geschichte vom Stein, der wie ein Stück Fett wirkt, oder aber die apokryphe christliche Legende von Ahasver. Da letztere den Gegenstand des thematisch dem Golem eng verwandten und nur wenig später veröffentlichten Romans *Das grüne Gesicht* (1916)⁷ bildet, ist es sogar möglich, dass beide Erzählungen ursprünglich ein Konglomerat bildeten. Wolff gegenüber hätte sich Meyrink dann auf diesen Text als *Der ewige Jude* bezogen, was verdeutlicht, dass der Golem erst nach Abspaltung der Ahasver-Thematik zur Hauptfigur wurde. Beide Romane heben, wenn man sie nacheinander liest, die strukturelle Ähnlichkeit der jüdischen Sage und der christlichen Legende hervor: Beide Male erscheint eine schwer zu fassende und unsterbliche Gestalt in verschiedenen historischen Zusammenhängen.

---

5 »Zwei Paar Schuhe«, Meyrinkiana VIII, 4, S. 1, zitiert nach Manfred Lube: *Gustav Meyrink. Beiträge zu seiner Biographie und Studien zu seiner Kunsttheorie*, Graz: Verlag für die Technische Universität Graz 1970, S. 99.
6 Ebd., S. 113.
7 Gustav Meyrink: *Das grüne Gesicht*, Leipzig: Kurt Wolff 1916, im Folgenden abgekürzt GG.

Verhältnismäßig früh, also 1919, wird *Der Golem* von der Kritik in die Geschichte des jüdischen Sagenkreises zum Golem eingeordnet.[8] Von der ohnehin dünnen Textbasis, welche die kabbalistische Literatur und die daraus entwickelten Sagen um Rabbi Löw bieten, bleiben bei Meyrink allerdings nur noch einige isolierte Elemente übrig. Das Golem-Motiv mischt sich außerdem synkretistisch mit Themen anderer, zu seiner Zeit relevanter Esoterik wie dem Tarot oder der Theosophie.[9] So stellt schon Gershom Scholem fest, dass Meyrinks dichterische Transposition eher auf den Effekt in der Öffentlichkeit abzielt und sich dabei weit von der Tradition der jüdischen Mystik entfernt.[10] Die Mischung mehr oder weniger geheimer Lehren über die Welt innerhalb des Romans hängt aber auch nur lose mit den esoterischen Diskursen zusammen, deren Anhänger Meyrink selbst war.[11] Während der Synkretismus das Ziel verfolgt, »die ältesten Lehrsätze zu sammeln und aus ihnen ein harmonisches und unzerstückeltes Ganzes zu machen«,[12] verhält sich der Roman zu diesem Ganzheitsstreben als dysfunktionaler Gegen-Diskurs.

Der Roman erscheint als Konglomerat, dem der Autor als Suchender gegenübersteht, ja, das er sich von anderen erklären lassen muss.[13]

---

8 Chajim Bloch: *Der Prager Golem. Von seiner »Geburt« bis zu seinem »Tod«*, Berlin: Verlag von Dr. Blochs Wochenschrift 1919, S. 11.

9 Wünsch: *Die fantastische Literatur der frühen Moderne*, S. 163-164.

10 Scholem: »Die Vorstellung vom Golem«, S. 209.

11 Dies unterstreicht etwa Wünsch: Die Variante der Golemlegende bei Meyrink wie auch zahlreiche überweltliche Figuren, die in seinen Romanen erscheinen, sind nicht »im zeitgenössischen Okkultismus gestützt« und werden erst als irdische *Zeichen* einer allgemein anerkannten okkulten Wirklichkeit, also letztlich im Modus der Allegorie, kulturell akzeptabel (Wünsch: *Die fantastische Literatur der frühen Moderne*, S. 58-59).

12 Helena Petrowna Blavatsky: Vorwort zu *Die Geheimlehre*, zitiert nach Peter Cersowsky: *Phantastische Literatur im ersten Viertel des 20. Jahrhunderts. Untersuchungen zum Strukturwandel des Genres, seinen geistesgeschichtlichen Voraussetzungen und zur Tradition der »schwarzen Romantik« insbesondere bei Gustav Meyrink, Alfred Kubin und Franz Kafka*, München: Fink 1989, S. 55.

13 In der Korrespondenz Scholems findet sich mehrmals der Hinweis auf eine Begegnung mit Meyrink, in der dieser ihn gebeten haben soll, ihm Stellen des Romans zu erklären, »die er zwar geschrieben, d.h. ihres fremden

Meyrink geht in seiner Arbeit offenbar nicht von einer Geschichte mit Teilen aus, sondern von einer Reihe von Figuren, die erst allmählich zu einer Gestalt gerinnen. Mehrere Anekdoten zur Entstehung des Romans unterstreichen die Wichtigkeit visueller Strukturen bei der Vereinfachung der Figurenkonstellation und der Intrige. Die Anekdote sagt, ein Freund hätte »eine Art Sternenkarte« entworfen und auf diese Weise Figuren, »die für Weg, Sinn und Atmosphäre des Buches bedeutungslos waren«, aussortiert. Auf diese Weise sei das Personal von 120 auf rund 30 Figuren reduziert worden.[14] Möglicherweise wird an diesem Punkt auch die Geschichte vom ewigen Juden ausgesondert. Ein anderer soll »eine Art Schachbrettmuster« auf ein Blatt Papier gezeichnet, die bereits bestehenden Figuren in Felder eingetragen und dann mit ihnen – wie mit Schachfiguren – auf dem Blatt Papier weiter gezogen sein, um mögliche Fortsetzungen der Handlung darzustellen.[15] Gemeinsam ist beiden Anekdoten, dass der Autor die Kontrolle über seine Geschichte an andere abgibt. Er scheint der eigenen Fiktion nicht mehr in souveräner Distanz gegenüberzustehen. Dieser Distanzverlust und die Strategien zu ihrer Wiedergewinnung gehen als Spannung von magischer Immersion (bzw. Infiltration) und Fiktionsironie in die Geschichte selbst ein.

Für den Zusammenhang dieser Problematik mit den modernen Reproduktionsmedien gibt es einige biographische Indizien, auf die ich bereits eingangs zu sprechen gekommen bin. Die Arbeit am Roman verläuft außerdem gleichzeitig zu einer groß angelegten Dickens-Übersetzung, die er, wie wir durch einen Brief Meyrinks wissen, in einen Parlographen diktiert und dann von einer Typographin zu Papier bringen lässt.[16] Okkultistisches Erleben und technische Aufzeichnung scheinen sich also gegen die Integrität des Autors zu verbünden, unterbrechen seine Stimme, verlagern sein Sehen. Neben der *medialen* Fremdbestimmtheit dieses Schreibens, die schon hinreichend von Kitt-

---

Klanges wegen abgeschrieben hatte, aber nicht verstand« (Gershom Scholem: *Briefe*, 3 Bde., hier Bd. 3, hg. v. Itta Shedletzky u.a., München: Beck 1999, S. 125).

14 Max Krell: *Das alles gab es einmal*, Frankfurt a.M.: Scheffler 1961, S. 28, zitiert nach Lube: *Gustav Meyrink,* S. 121-122.

15 Zitiert bei ebd., S. 122.

16 Brief Meyrinks an den Albert Langen Verlag 22.7.1914 aus den Meyrinkiana der Stadtbibliothek München, zitiert bei ebd., S. 41.

ler kommentiert wurde,[17] möchte ich allerdings die Bedeutung kinematographischer *Form* für die Poetik von Meyrinks Romanen hervorheben. Mir scheint dies die einzige Möglichkeit, das auffällige Ineinander von Spiritismus und Fiktionsironie, von magischer Immersion und ästhetischer Distanz zu beschreiben. Diese Poetik möchte ich zunächst anhand einer Analyse narrativer Verfahren und sodann in näherem Blick auf die metapoetisch relevanten Sujets des Quijote- und des Pygmalion-Effekts erläutern.

DIE NARRATIVE PROBLEMATISIERUNG DER ÄSTHETISCHEN GRENZE

Mystik und medientechnische Präzision: Eine strukturalistische Perspektive

Dass Meyrinks Phantastik sich ebenso sehr aus den neuen Medien speist wie aus den Geheimlehren der Theosophie, ist inzwischen kein Geheimnis mehr. Friedrich Kittler geht sogar so weit zu behaupten, die »verschrieene Mystik« des Romans sei nur »medientechnische Präzision«.[18] Seine These, dass der *Golem* die hirnphysiologischen Abläufe abbildet, welche Filmabläufen entsprechen, möchte ich um die Frage nach der Fiktion ergänzen: Mit der Technik des Films dringt nicht nur eine materielle Bedingung, sondern auch ein Modell der Fiktion und eine komplexe Form von Orientierung in die Literatur ein. Diese Form ist weder identisch mit den Fiktionen des Kinos, noch mit den neurophysiologischen und apparativen Gegebenheiten – den Lösungen also, die Kittler anbietet. Der Medientheoretiker hat sogar den Anfang von Meyrinks *Golem* zu einem Drehbuch umgeschrieben, um die Affinität des Romans mit der Technik des Kinos zu veranschaulichen.[19] Gerade die »Montage« der Erzählung aus wenig miteinander verbundenen Szenen scheint Kittler Recht zu geben. So beginnt der Schluss des zweiten Kapitels im *Golem*, in dem sich das Rätsel der verwechselten Hüte ansatzweise auflöst, mit dem »eine Sekunde lang« »wie eine scheußliche Maske« sichtbaren Gesicht des Trödlers – einer Art Groß-

---

17 Vgl. den Anfang des folgenden Abschnitts.
18 Kittler: »Romantik – Psychoanalyse – Film«, S. 102.
19 Kittler: *Grammophon – Film – Typewriter*, S. 243f.

aufnahme, wie sie für frühe Spielfilme charakteristisch ist.[20] Nach einem Schnitt (einer mit Gedankenstrichen gefüllten Leerzeile) folgt eine visuelle Schilderung, die an eine langsam aufgeblendete Rundkaschierung erinnert:

Ein runder leuchtender Fleck taucht vor mir auf, und im Scheine des Mond-Mondlichts erkenne ich wiederum das Fußende meines Bettes.

Auch beim Eintritt des Erzählers in die Welt des Prager Ghettos wird die Perspektive durch Torbögen und Mauerränder markiert und zugleich symbolisch negativ aufgeladen:

Da stand ich plötzlich in einem düsteren Hofe und sah durch einen rötlichen Torbogen gegenüber – jenseits der engen, schmutzigen Straße – einen jüdischen Trödler an einem Gewölbe lehnen, das an den Mauerrändern mit altem Eisengerümpel, zerbrochenen Werkzeugen, verrosteten Steigbügeln und Schlittschuhen und vielerlei anderen abgestorbenen Sachen behangen war (GO 5).

Die Plötzlichkeit des Ortswechsels lässt sich an dieser Stelle mit der filmischen Montage in Zusammenhang bringen, ebenso wie das Bild, das von einem Torbogen gerahmt wird, die entsprechenden Rahmungen und Kaschtricks von Stummfilmszenen evoziert. Diese Ähnlichkeiten legen eine Schlussfolgerung nahe: Das Imaginäre des Stummfilms bildet den Rahmen, innerhalb dessen eine okkultistische und eine technische Begründung der Fiktion miteinander vermittelbar werden.[21] So lange man vom Stummfilm als einziger Referenz ausgeht, lässt sich jedoch kaum entscheiden, ob sich das besagte Imaginäre vorrangig auf die technischen Möglichkeiten des Films, auf seine ästhetische Form oder vielmehr auf seine Poetik als kinematographische Fiktion bezieht. Erst in einem strukturalistischen, d.h. differentiellen Ansatz lassen sich die Formen sprachlicher Orientierung den Formen visueller Orientie-

---

20 Vgl. Fritz Servaes über *Der Andere* (1913): »Im Bilde erscheint riesengroß, bloß noch der Kopf [...]« (*Der Tag* vom 25.2.1913, zitiert nach Wolfgang Jacobsen: »Frühgeschichte des deutschen Films«, in: W.J. u.a. (Hg.): *Geschichte des deutschen Films*: Stuttgart: Metzler 2004, S. 13-38, hier S. 31).

21 Vgl. Andriopoulos: *Besessene Körper*, S. 108-109.

rung gegenüberstellen. Die intermediale Transkription erscheint in diesem Licht nicht als positive Übertragung, sondern als störende Negation der medialen Einheit des Texts, aus der charakteristische Ambivalenzen entstehen.

Fest steht, dass die Konstruktion des Erzählers sich nicht konventioneller sprachlicher Orientierungsstrategien (wie z.B. des epischen Präteritums[22]) bedient. An den zitierten Stellen häufen sich die emphatischen Verweise auf ein Hier und Jetzt, das nicht dasjenige des erzählenden, sondern des erlebenden Ich ist. Auch einer sprachlichen Kontrolle durch die Deixis entzieht sich das Erlebnis dieser Versenkung. Die Immersion äußert sich als Ambivalenz der Koordination, gemäß desjenigen Verfahrens, das Bühler später als »Deixis am Phantasma« zu rationalisieren sucht. Auch *Der Golem* selbst lässt den Leser lange im Unklaren über die Erfahrungsstruktur. Erst das letzte Kapitel des Romans bietet eine Erklärung für die Vieldeutigkeit des »Ich« im Lauf des Romans an:[23] Der Erzähler hat aus Versehen den Hut des Athanasius Pernath aufgesetzt, der von seinem Denken Besitz ergreift und auf diese Weise eine Art Binnenerzählung produziert. Als die beiden sich in der Gegenwart (der Rahmenerzählung) wieder begegnen und die Hüte ihre ursprünglichen Besitzer wieder finden, wird dem Erzähler deutlich, dass Pernath selbst nicht gealtert ist; er folgert daraus, dass dieser das ewige Leben erlangt hat. Innerhalb der Binnenerzählung ergreift aber des Öfteren noch eine dritte Gestalt von dem Erzähler Besitz. Auf den letzten beiden Seiten des Kapitels *I* (GO 24-25) dient das »Ich« drei unterschiedlichen Figuren als sprachliche Form: a) Dem unheimlichen Gast, der ein Buch zum Restaurieren vorbeibringt, und der sich als Golem herausstellt (»Ich trug ein fremdes, bartloses Gesicht mit hervorstehenden Backenknochen und

---

22 Die umstrittene Deutung dieser Konvention durch Käte Hamburger, von der bereits die Rede war, ändert nichts an ihrer Gültigkeit als Norm des realistischen Romans. Der ausgewogenen Schlussfolgerung Gérard Genettes, dass die von Hamburger beschriebenen Fiktionssignale zwar weder exklusiv noch obligatorisch, wohl aber charakteristisch sind, kann ich mich nur anschließen (vgl. Genette: *Fiction et diction* (1979), Paris: Seuil 2004, S. 166-167).

23 Sibylle Benninghoff-Lühl: »Stein, Zitat, Apostrophe. Figuration in Gustav Meyrinks Der Golem«, in: Gabriele Brandstetter/Sibylle Peters (Hg.): *de figura. Rhetorik – Bewegung – Gestalt*, München: Fink 2002, S. 163-175.

schaute aus schrägstehenden Augen.«), b) dem Gemmenschneider Athanasius Pernath (»Da plötzlich sitze ich wieder ohne Hut, ohne Mantel, am Tische und bin ich. Ich, ich.«) und schließlich c) dem Rahmenerzähler (»Die Stimme, die nach mir suchend in der Finsternis kreist, um mich mit dem fettigen Stein zu quälen, ist an mir vorbeigekommen und hat mich nicht gesehen«).

Die Übergänge zwischen den Figuren, die durch das gemeinsame Pronomen verdeckt werden, waren in Vorstadien des Romans noch markiert, als der Rahmenerzähler einen eigenen Namen besaß (nämlich »Eibeschütz«).[24] Die Reduktion auf ein »Ich« lässt die Stimmen und Blickwinkel hingegen ineinander übergehen. Das Präsens des Erzählens, wie auch der Umgang mit der personalen Deixis, erfüllen ihre Orientierungsfunktion nur unvollständig. So deutet der Erzähler etwa die anfangs betonte Neuheit des Gesehenen plötzlich zu etwas Altbekanntem um: »Ich wurde mir bewußt, daß ich schon seit langer Zeit in dieser Umgebung zu Hause war« (GO 5). Die temporale Reorientierung wirkt angesichts der überraschenden Aussage über das Zeitgefühl zumindest irritierend.

Die impliziten Bezüge auf die Form des Films tragen im Zusammenspiel mit diesen sprachlichen Paradoxien, die mit der besonderen Erscheinungsform des Golems verbunden sind, nicht zu einer Vereindeutigung, sondern im Gegenteil zu einer Unschlüssigkeit über die mediale Konzeption bei. Wenn der Kopf des Golems beim Bleigießen als Form aus dem Gestaltlosen erscheint, der Mann aus Lehm sich aus dem Hintergrund der Prager Architektur löst und beim Näherkommen kleiner wird, werden optische Illusionen, die auf dem Gestaltsehen beruhen, als Vision inszeniert.

Einige Aufgeregte wiederum behaupten, sie hätten ihn [den Golem] um eine Ecke auf sich zukommen sehen. Wiewohl er ihnen aber ganz deutlich entgegengeschritten, sei er dennoch, genau wie jemand, dessen Gestalt sich in weiter Ferne verliert, immer kleiner und kleiner geworden und – schließlich ganz verschwunden (GO 52).

---

24 Dieser Entwurf findet sich laut Cersowsky: *Phantastische Literatur im ersten Viertel des 20. Jahrhunderts*, S. 283, Anmerkung 126, im schwarzen Notizbuch Meyrinks.

In dieser Vision wird die Größenkonstanz, die für perspektivische Darstellung wesentlich ist, geradewegs umgekehrt: Anstatt an den Fluchtlinien entlang größer zu wirken, scheint der Golem zu schrumpfen, während er sich nähert. Das entspricht nicht nur einer psychologischen Dynamik der Subjektteilung, wie Wünsch schreibt,[25] sondern auch der Orientierungsproblematik, welche die Fiktion des Films mit sich bringt. Arnheims Filmästhetik stellt etwa fünfzehn Jahre später einen Zusammenhang her zwischen diesen Gestaltgesetzen – besonders Größenkonstanz und Formkonstanz – und den Darstellungsproblemen, die den Film als Kunst von einfach technischen Illusionseffekten unterscheidet: Die Größenkonstanz funktioniert laut Arnheim nur unter den Bedingungen eines deutlichen Raumeindrucks, etwa im Stereoskop. Bei den flachen Bildern von Fotografie und Film hingegen ergeben sich merkwürdige Verzerrungen. Stehen etwa im Film »zwei Menschen so, daß der eine doppelt so weit von der Kamera entfernt ist wie der andere, so wirkt der vordere sehr erheblich größer und breiter«.[26] Für Arnheim wäre das bei Meyrink beschriebene Phänomen des mit zunehmendem Näherkommen schrumpfenden Golem eindeutig auf die gestaltsmäßige Besonderheit des fiktionalen Filmbilds zurückzuführen, das dem Betrachter durch seine »Unwirklichkeit«, das Schwarzweiß, die Begrenzung, klare räumliche Anhaltspunkte entzieht.[27]

Die Besonderheit des Golems steht also nicht einfach in Analogie zum technischen Medium, das sich des Imaginären bemächtigt, sondern zur Form filmischer Fiktion. Häretisch ist dieser Umgang mit Fiktion insofern, als visuelle und sprachliche Orientierungsprobleme gleichermaßen die Aufmerksamkeit des Lesers beanspruchen, und die auf diese Weise erzeugte mediale Unschlüssigkeit – nie wird die ästhetische Grenze des Kinos eindeutig greifbar – trägt zum Golem-Effekt mit seiner charakteristischen Überlagerung von Immersion und Infiltration bei. Bevor ausführlicher von dieser Überlagerung die Rede sein kann, muss die Struktur der visuellen und sprachlichen Aufmerksamkeit – im Verhältnis von Roman und Kino – noch genauer erläutert werden. Das auffälligste Verfahren, das in dieser Hinsicht die Gestalt

---

25 Wünsch: *Die fantastische Literatur der frühen Moderne*, S. 239-240.
26 Arnheim: *Film als Kunst*, S. 29.
27 Ebd.

der Romane Meyrinks prägt, ist die Unterbrechung des Erzählens durch graphische Einschübe.

Kohärenzerlebnis und kategoriales Verhalten

Aus den im Folgenden abgebildeten Beispielen lassen sich schon unterschiedliche Typen dieser graphischen Unterbrechungen ableiten, welche viele von Meyrinks Erzählungen durchziehen, aber mit besonderer Insistenz die Figuren des Athanasius Pernath – des Golem – im *Golem* und des Chidher Grün – des »ewigen Juden« – in *Das grüne Gesicht* begleiten. Ansonsten sind es insbesondere die zweifelhaften, pittoresken Gestalten, die sich in parodistischer Form der Rituale der guten Gesellschaft, so des Austauschs von Visitenkarten befleißigen. Der »Impresario für Monstruositäten« Zenon Sawaniewski in *Wie Dr. Hiob Paupersum seiner Tochter rote Rosen schenkte* und »Mohammed Dareschekohs orientalisches Panoptikum, vorgeführt von Mr. Congo-Brown« werben wie Madame Gitel Schlamp für ein Geschäft, das sich schwerlich situieren lässt. Helga Abret, die auf diese Eigentümlichkeit hinweist, führt die Verstärkung der Bizarrerie durch eine exzentrische Verwendung von Typographie auf das Vorbild Oscar Wildes zurück, bei dem das Gespenst von Canterville sich durch eine Schrifttafel als einzig authentisches Schlossgespenst anpreist und der Wahrsager Septimus R. Podgers in »Lord Arthur Savile's Crime« durch eine ebenso typographisch reproduzierte Visitenkarte eingeführt wird.[28]

Die kulturelle Form, auf die hier insgesamt Bezug genommen wird, ist allerdings nicht so sehr die Visitenkarte wie das kinematographische Insert, das alle Formen von Schrift auf eine besondere Art und Weise präsentiert – und zwar als zwischen zu Sehendem intermittent erscheinendes zu Lesendes. Dieses Prinzip des Stummfilms kehrt sich im Roman geradezu um, wo die Insert-Schrift sich durch ihren graphischen Charakter von dem übrigen Text absetzt. So erscheint etwa der Name »Athanasius Pernath« zunächst »in goldenen Buchstaben vor [des Erzählers] Erinnerung«, bevor in einer Art Rückblende die Bestätigung durch das graphische Insert folgt:

---

28 Helga Abret: *Gustav Meyrink conteur*, Berlin/Frankfurt a.M.: Peter Lang 1976, S. 148-150.

Abbildung 1: Die Visitenkarte des Golem

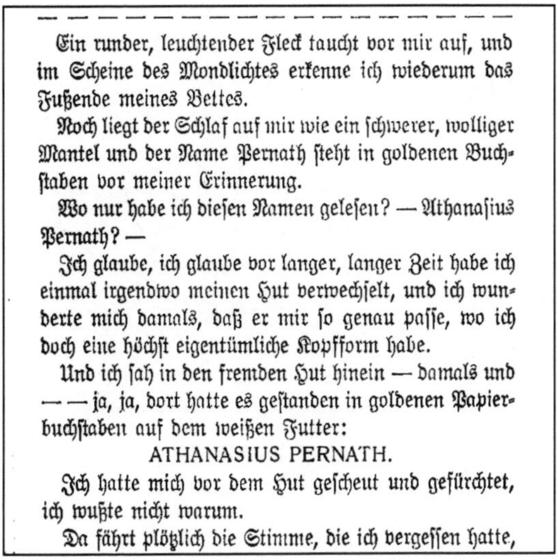

> Ein runder, leuchtender Fleck taucht vor mir auf, und im Scheine des Mondlichtes erkenne ich wiederum das Fußende meines Bettes.
>
> Noch liegt der Schlaf auf mir wie ein schwerer, wolliger Mantel und der Name Pernath steht in goldenen Buchstaben vor meiner Erinnerung.
>
> Wo nur habe ich diesen Namen gelesen? — Athanasius Pernath? —
>
> Ich glaube, ich glaube vor langer, langer Zeit habe ich einmal irgendwo meinen Hut verwechselt, und ich wunderte mich damals, daß er mir so genau passe, wo ich doch eine höchst eigentümliche Kopfform habe.
>
> Und ich sah in den fremden Hut hinein — damals und — — ja, ja, dort hatte es gestanden in goldenen Papierbuchstaben auf dem weißen Futter:
> ATHANASIUS PERNATH.
>
> Ich hatte mich vor dem Hut gescheut und gefürchtet, ich wußte nicht warum.
>
> Da fährt plötzlich die Stimme, die ich vergessen hatte,

Quelle: Meyrink, Gustav: *Der Golem*, Leipzig: Kurt Wolf 1915

Der anders – nämlich zentriert und in lateinischer Majuskel statt der Frakturschrift des übrigen Romans – gesetzte Name scheint typographisch die Schrift des Hutes nachzuahmen.[29]

---

29 Neben den eigentlichen Inserts war es üblich, Schrift als Teil des Bildes zu inszenieren, also tatsächlich das beschriebene Hutband zu zeigen. Auf diese beiden Alternativen weist Harald Pulch hin (Pulch: »type in motion. Schrift in Bewegung«, in: Hans-Edwin Friedrich/Uli Jung (Hg.): *Schrift und Bild im Film*, Bielefeld: Aisthesis 2002, S. 13-31). Im *Studenten von Prag* findet sich das genau spiegelbildliche Verfahren: Der als literarisch markierte Text, Verse von Alfred de Musset, erscheint als Insert in Frakturschrift (Susanne Orosz: »Weiße Schrift auf schwarzem Grund. Die Funktion von Zwischentiteln im Stummfilm, dargestellt aus Beispielen aus ›Der Student von Prag‹ (1913)«, in: Elfriede Ledig (Hg.): *Der Stummfilm. Konstruktion und Rekonstruktion*, München: Schaudig/Bauer/Ledig 1988, S. 135-151, hier S. 142), während die ›filmische‹ Schrift im *Golem* aus dem sie umgebenden Frakturtyp hervorsticht. Auf dem mimetischen Moment dieses Verfahrens insistiert Helga Abret, die schon eine entsprechende Stellensammlung anbietet (Abret: *Gustav Meyrink conteur*,

Und ich sah in den fremden Hut hinein – damals und – – ja, ja, dort hatte es gestanden in goldenen Papierbuchstaben auf dem weißen Futter:
ATHANASIUS PERNATH (GO 15).

Dieses ikonische Element unterbricht den Fluss des Erzählens. Es lässt sich somit in strukturellen Bezug setzen zur stummfilmtypischen Unterbrechung der Filmbewegung. Entscheidend ist dabei m.E. nicht das mimetische Moment, sondern der struktur-konstitutive Wechsel der Einstellung, der vom Leser erfordert wird. Anders als in den scheinbar »filmischen« Kadrierungen zeigt sich die Ästhetik des Kinos also in diesen Schriftzügen, die sich als Inserts oder Zwischentitel mit relevanter Graphie deuten lassen, in einer strukturellen Opposition zur durchgehenden narrativen Orientierung.[30]

Allerdings bleiben die Mimesis und das Pittoreske des Gezeigten im Vergleich zu den Darstellungsmöglichkeiten des Erzählten stark beschränkt: Die Beschreibung des malerischen Ladenschilds von Chidher Grün kontrastiert mit der schlichten, schwarz auf weiß abgedruckten Tafel im Buch. Dies bestätigt m.E. die These, dass es mehr auf die Unterbrechung des Textflusses durch ein graphisches Element ankommt als auf die eigenen (›filmischen‹) Charakteristika dieser Inserts.[31] Erst recht gilt das für die Einführung von Hauptfiguren wie Fortunat Hauberrisser, dem Helden von *Das grüne Gesicht*, der ja auch einen ganz bürgerlichen Beruf ausübt und einen – für Meyrinks Verhältnisse – durchschnittlichen Namen trägt. Es handelt sich also nicht

---

148-150). Manfred Lube, dem die Eigenheit ebenfalls auffällt, zitiert noch eine weitere Stelle mit einem Ladenschild und meint dazu, dieses würde dem Leser »wahrhaftig *zu Gesicht* gebracht« (Lube: *Gustav Meyrink*, S. 209, Anm. 14).

30 Auf den semiotisch ambivalenten Status von Texten, die zu Inserts, also in Bildeinstellung dargestellten Dokumenten – etwa Briefen oder Urkunden – oder zu Zwischentiteln mit bestimmten Schrifttypen gehören, weist Susanne Orosz hin (Orosz: »Weiße Schrift auf schwarzem Grund«, S. 135-151, hier S. 140). Diese Zwischenstellung zwischen ikonischen und symbolischen Zeichen macht sie für die Übertragung in einen narrativen Rahmen besonders geeignet.

31 Das wäre auch der Unterschied zur surrealistischen Collage, mit der Abret: *Gustav Meyrink conteur*, S. 150, dieses Verfahren vergleicht, und wo die Typographie in den Vordergrund tritt.

einfach um pittoreske Nachbildungen von Ladentafeln, Visitenkarten etc., sondern um Störelemente, welche die typographische Form der Fiktion auf ähnliche Weise unterbrechen wie es die Inserts mit dem Stummfilm tun. Auf die funktionale Dimension dieser Ähnlichkeit komme ich gleich zu sprechen.

Meyrink verhindert übrigens auch, dass sein Buch mit Vignetten als Buchschmuck erscheint und schlägt vor, die Kapitelüberschriften, »damit das Abstrakte, das in ihrer Einsilbigkeit liegt, noch besser herauskommt, – auf leere Seiten – in die Mitte – vor die betreffenden Kapitel zu setzen«.[32] Dies ist kein spezifisch fiktionales Verfahren: Insertartige Schrifttafeln spielen auch bei gestaltpsychologischen Experimenten eine Rolle. In Karl Marbes *Theorie der kinematographischen Projektion* (1910) bildet die Projektion von Wörtern (Marbes Beispiel ist »Optik«) das Testbeispiel, um die Parameter einer konstanten, flimmerfreien Wahrnehmung zu erkunden: Die entsprechende Illustration erscheint typographisch ähnlich wie die Visitenkarten bei Meyrink.[33]

Abbildung 2: Typo-/kinematographisches Insert

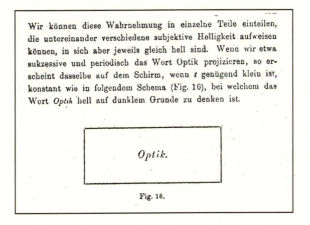

Quelle: Marbe, Karl: *Theorie der kinematographischen Projektion*, Leipzig: Barth 1910

---

32 Briefe Meyrinks an Kurt Wolff, Starnberg 10.1.1914 und 25.2.1914, beide in Yale, zitiert nach Lube: *Gustav Meyrink*, S. 129.
33 Marbe: *Theorie der kinematographischen Projektion*, S. 49, Fig. 16.

Die Textwahrnehmung erfordert in diesem Fall eine Reorientierung, um von einer ikonischen auf eine symbolische Zeichenwahrnehmung zu gelangen. Diese semiotische Differenz wird zu Anfang des 20. Jahrhunderts mit dem Diskurs der »Umzentrierung« erklärt: In dieser Differenz wird, mit anderen Worten, eine ästhetische Grenze greifbar, die zugleich der Struktur des Stummfilm-Kinos entspricht. Ernst Cassirer erzählt in einer Fußnote von einem Fall, bei dem einem Kranken,

um sein Verständnis für Schriftzeichen zu prüfen, ein Zettel vorgelegt wurde, auf dem der Namen der Firma, bei der er früher als Angestellter beschäftigt war, geschrieben stand. Der Arzt hatte den Namen dieser Firma als ›X und Y‹ angegeben, während die genaue Bezeichnung vielmehr ›X, Y und Co.‹ lauten mußte.[34]

Der Patient erkennt den Namen nicht wieder, weil ein entscheidendes graphisches Element, das Komma, fehlt. Dieses für jeden Gesunden belanglose Detail nimmt für den Kranken eine besondere Wichtigkeit an: »statt sich der Bedeutung der Schriftzeichen hinzugeben, bleibt er am Bilde als solchem haften«. Cassirer nennt – in Anschluss an Adhèmar Gelb und Kurt Goldstein – das eine »kategoriales Verhalten«, das andere hingegen »Kohärenzerlebnis«.[35] Der Übergang zwischen beidem ist bestimmten Kranken nicht möglich, während der Wechsel des Orientierungszentrums, der Übergang von einer symbolischen Form zur anderen unter normalen Umständen möglich ist.

Die Lektüre der typographischen Einsprengsel im *Golem* erfordert also – mit Cassirer gesagt – ein ständiges Umspringen, eine Reorientierung der Aufmerksamkeit vom Kohärenzerlebnis angesichts der Fiktion zum kategorialen Verhalten vor der Schrifttafel. In *Der Golem* gilt es als Schlüssel zu okkulter Erkenntnis, »Buchstaben zu empfinden, sie nicht nur mit den Augen in Büchern zu lesen« (GO 118) – das ist eine Art, das kognitive Defizit der Patienten Gelbs und Goldsteins in einen Vorzug umzuwandeln. Auf jeden Fall erklärt sich mit dieser Bemerkung nicht nur das Interesse Meyrinks für Typographie. Es wird auch deutlich, dass der Übergang vom Alltagswissen zu mystischen Kompetenzen zumindest teilweise die Form gestaltpsychologisch gerahmter Aufmerksamkeit annimmt. Die Romane Meyrinks spielen

---

34 Cassirer: *Die Philosophie der symbolischen Formen III*, S. 264, Anm. 2.
35 Ebd.

auch durch die graphische Hervorhebung der Details solcher Inschriften mit dem Kippen von der einen Einstellung in die andere. Dabei führen die Orientierungs-Angebote der Schrift zumeist in die Irre, oder zumindest in ein Zwielicht: Kategoriale Symbolik bietet keinen sicheren Anhaltspunkt für die Identität oder räumliche Verankerung der Figuren, zumal es meist Gespenster, Hochstapler und Dirnen sind, deren Karten reproduziert werden – von den polizeilichen Steckbriefen einmal abgesehen.[36] Gegen die klare Zuordnung zu kategorialem Verhalten und Kohärenzerlebnis – und der entsprechenden Reorientierung – steht die Möglichkeit der Desorientierung.

Während es bei der Offenbarung des Namens die graphische Präsenz der Buchstaben ist, die eine Unterbrechung der Bewegungsgestalt des Kinos suggeriert, so wird häufig auch ein Rahmen gesetzt, der aus der Welt des Erzählens ausschert und die Populärkultur der Schausteller aufruft, zu der auch der frühe Stummfilm gehörte: »Und bald darauf standen wir vor einem rotverhängten Schenkenfenster. ›SALON LOISITSCHEK‹. ›Heinte großes Konzehr‹ stand auf einem Pappendeckel geschrieben, dessen Rand mit verblichenen Photographien von Frauenzimmern bedeckt war« (GO 68).

Abbildung 3: Vexierbilder im Text

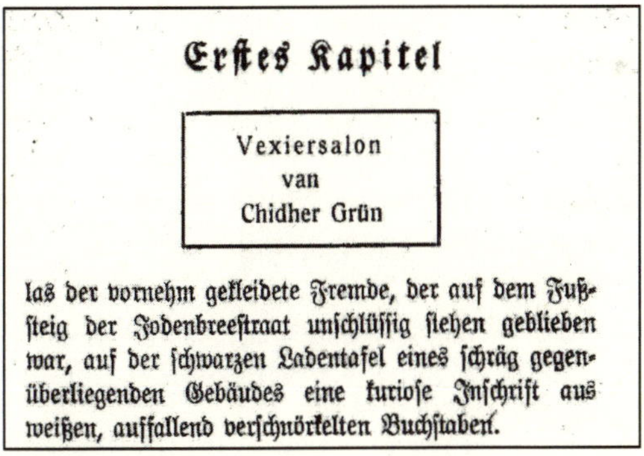
Erstes Kapitel

Vexiersalon
van
Chidher Grün

las der vornehm gekleidete Fremde, der auf dem Fuß-
steig der Jodenbreestraat unschlüssig stehen geblieben
war, auf der schwarzen Ladentafel eines schräg gegen-
überliegenden Gebäudes eine kuriose Inschrift aus
weißen, auffallend verschnörkelten Buchstaben.

Quelle: Meyrink, Gustav: *Das grüne Gesicht*, Leipzig: Kurt Wolf 1916

36 Ein solcher findet sich nicht nur in Meyrinks *Golem*, sondern auch im bekannten Stummfilm *Das Cabinet des Dr. Caligari* (1920) (vgl. Pulch: »type in motion«, S. 19).

Das grüne Gesicht, ein Jahr nach dem *Golem* erschienen, transportiert dessen Grundthemen von Prag nach Amsterdam. Der Leser findet sich bald vor dem gerahmten Schriftzug eines Ladenschilds, das die gleiche Ambivalenz von Esoterik und Massenkultur charakterisiert. Wie im Fall des *Golem* mit »Athanasius Pernath«, liegt eines der Geheimnisse des Romans im Namen Chidher Grün verborgen, der nicht nur den ewigen Juden bezeichnet, sondern auch das Programm ankündigt, das der vornehm gekleidete Fremde bis zu seiner Erleuchtung, seinem »Ergrünen« durchlaufen muss. Um diese esoterisch-prophetische Dimension noch deutlicher hervortreten zu lassen, steht im Schaufenster ein expressionistisch gestalteter Totenkopf aus Pappmaché, der, wie ein Schild wirbt, das Delphische Orakel darstellt. Dem Leser des Romans öffnet sich also, wie dem Besucher des Salons, ein Raum der optischen Täuschungen, in dem das auf männliche Phantasmen zugeschnittene Kino zwar eine zentrale Rolle spielt, dies jedoch am meisten durch den Kontrast zwischen den bewegten Bildern und den Plakaten, Schildern und Erklärungen, die den Fluss der Erzählung ähnlich unterbrechen wie Inserts. Sie können ebenso der Reorientierung des Lesers wie auch seiner Desorientierung dienen und verwirklichen auf diese Weise die Unschlüssigkeit über die ästhetische Grenze der Fiktion, die sich der Roman vom Kino aneignet.

Am häufigsten nutzt Meyrink, wie gesagt, den Rahmen der Visitenkarte, der auch im frühen Kino mangels Stimme oft zur Identifizierung und Vorstellung der Figuren dient, um eine unbekannte Figur gewissermaßen objektiv, also nicht durch die Stimme eines Erzählers einzuführen. Dies gilt etwa für den Besucher des geheimnisvollen Ladens, der zunächst eine bloße Beobachtungsfunktion hat und erst bei seinem Abschied genauer vorgestellt wird – er notiert

auf einen Block, den die Verkäuferin ihm hinhielt, seinen Namen nebst Adresse:
Fortunat Hauberrisser
Ingenieur
Hooigracht Nr. 47 (GG 18).

Ähnlich graphisch erscheint diesem Ingenieur nach einem Variétébesuch

als zartes Angebinde auf seinem Weinglas eine rosa Visitenkarte mit zwei schnäbelnden Tauben und der Aufschrift:
MADAME GITEL SCHLAMP
die ganze Nacht geöffnet [...] (GG 54).

Abbildung 4: Zur besseren Orientierung?

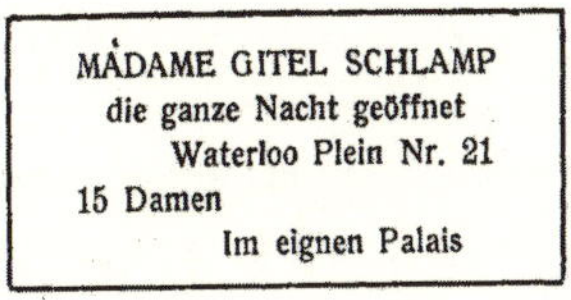

> MADAME GITEL SCHLAMP
> die ganze Nacht geöffnet
> Waterloo Plein Nr. 21
> 15 Damen
> Im eignen Palais

Quelle: Meyrink, Gustav: *Das grüne Gesicht*, Leipzig: Kurt Wolf 1916

Anders als im Stummfilm besteht aber für diese Einschübe keine funktionale Notwendigkeit; denn die Eigennamen und ihre Gewerbe ließen sich ebenso gut von der Erzählerstimme oder durch einen Figurendialog einführen. Die Visitenkarten schränken die »kategoriale« Dimension der Erzählung ein und drängen sich als optische Gestalt neben sie. Sie bieten also – mit dem Ausdruck von Gelb und Goldstein – ein Kohärenzerlebnis an, das einer begrifflichen Lektüre widerspricht. Das ist der Punkt, an dem die unseriösen Geschäftspraktiken der skurrilen Figuren und die tief bedeutsamen Identitätskrisen der zentralen Protagonisten sich berühren. Es ist ein Mittel kinematographischen Fiktionsbruchs, das der literarischen Fiktion spiritistische Würden verleiht. Nicht die perfekte Psychotechnik also, sondern eine ambivalente Mischung aus Fiktionsironie und spiritistischer Offenbarung charakterisiert die Form, welche Meyrink im Kinematographen findet und in die Poetik des Romans einzuführen versucht. Dies wird noch deutlicher, wenn wir auch die metapoetische Dimension zu strukturieren versuchen, durch welche das Kino explizit oder implizit in den beiden Romanen reflektiert wird.

METAPOETISCHE BEZÜGE AUF DAS KINO

Medium und Form

Wir haben den Gegensatz von Kohärenzerlebnis und kategorialem Verhalten mit einer kinematographischen Form der Fiktion in Zusammenhang gebracht, um eine direkte Ableitung vom Medium Film zu vermeiden. Dies geht selbstverständlich auch aus den metapoetischen Bezügen auf das Kino und ähnliche Medien hervor. Dabei scheint es wesentlich, dass diese Form nicht durch die Zuordnung zu einem Medium eindeutig bestimmt wird. Sobald klar ist, welches Medium – Malerei, Skulptur, Theater – verwendet wird, steht eine spezifische ästhetische Grenze fest, welche es gestattet, die Richtung der jeweiligen Grenzüberschreitung zu bestimmen. Theatralische Inszenierung etwa fordert die Übersetzung eines Fiktionsvertrags, der das Verhältnis des Lesers zum Text regelt, in einen spezifischen Zuschauervertrag, der das Verhältnis von Betrachter, Schauspieler und Bühnen-Raum auf verschiedenen Kommunikationsebenen prägt – und diese Form der Fiktion kann durch »theatralische Verfahren« wie das *ex persona* durchbrochen werden.[37] Auch in der Erzählliteratur kann »theatrales Erzählen« auf diesem bestehenden Rahmen aufbauen, um fiktionale Distanz zu vermitteln.[38] Bei Meyrink haben wir es aber mit nichts Vergleichbarem, also mit keinem eindeutig kinematographischen Erzählen zu tun. Das Kino nimmt insofern eine Sonderstellung ein, weil es als unvertraute Form eine Bestimmung der »ästhetischen Grenze« erschwert oder zumindest aufschiebt.

Die explizit fiktionsironische Abwertung bestimmter technischer Apparate scheint mir eine wichtige Ergänzung zur These, dass der Film sich hier in der Differenz von kategorialem Verhalten und Kohärenzerlebnis abzeichnet. Die entsprechende Passage findet sich an einer der wenigen Stellen, an welchen im Roman explizit auf die Golemsage Bezug genommen wird. Im Vergleich zum wahren Zauber

---

37 Ich verwende die Begriffe »dramatisch« und »theatralisch« hier und im Folgenden nach Wolfgang Matzat: *Dramenstruktur und Zuschauerrolle*, München: Fink 1982, S. 13-18.

38 Der Begriff stammt von Martin Huber: *Der Text als Bühne. Theatrales Erzählen um 1800*, Göttingen: Vandenhoek & Ruprecht 2003. Gemeint sind damit Verfahren, die, einem dominanten kulturellen Wahrnehmungsmodell um 1800 folgend, »mit Elementen des Theaters bei der Fiktionsbildung arbeiten und dabei den Text gewissermaßen zur Bühne machen« (ebd., S. 81). Dabei koppelt Huber das »theatrale Erzählen« an das kognitionspsychologische Modell des »Bewusstseinstheaters« (ebd., S. 184ff.). Das Konzept ist allerdings eher an aktueller Kognitionsforschung orientiert als an den hier im Vordergrund stehenden historischen Diskursen.

erscheint die kinematographische Projektionstechnik wie ein Trick, ein »Schwindel«, ein lästiger Konkurrent der wirklichen Zauberei:

> Derselbe Rabbiner [Rabbi Löw] soll einmal auch zum Kaiser auf die Burg berufen worden sein und die Schemen der Toten beschworen und sichtbar gemacht haben,« warf Prokop ein, »moderne Forscher behaupten, er habe sich dazu einer *Laterna magica* bedient.«
> »Jawohl, keine Erklärung ist abgeschmackt genug, daß sie bei den Heutigen nicht Beifall fände«, fuhr Zwakh unbeirrt fort. – »Eine *Laterna magica*!! Als ob Kaiser Rudolf, der sein ganzes Leben solchen Dingen nachging, einen so plumpen Schwindel nicht auf den ersten Blick hätte durchschauen müssen! [...] (GO 50).

Das mit einer illusionären Form der Wirklichkeitsdarstellung verbundene Trick-Kino kann nicht mehr oder besser als die *Laterna magica* ein Erlebnis magischer Versenkung oder Infiltration vermitteln. Umso mehr überrascht es, dass *Das grüne Gesicht*, Meyrinks folgender und in seiner Entstehung eng mit dem *Golem* verbundener Roman, das »Kinematographen-Theater« zur Allegorie okkulter Jenseitserfahrung stilisiert. Dieser Widerspruch bestätigt meiner Ansicht nach, dass das Kino bei Meyrink nicht als Mittel einer technischen Präzisierung des Imaginären dient, sondern im Gegenteil als Modell einer Fiktion, die durch ihre unschlüssige Form zur Metapher esoterischer Erfahrung werden kann.

Eine räumliche Engführung von billiger Illusion und wahrer Magie charakterisiert den Vexiersalon, der zu Anfang von *Das grüne Gesicht* geschildert wird. Einerseits ist es der Ort, an dem sich der ewige Jude zum ersten Mal offenbart. Andererseits handelt es sich um einen Laden, in dem optisches Spielzeug zum Gebrauch und Verkauf angeboten wird. Dies entspricht dem anrüchigen Schaustellerladen, dem typischen Ort eines nicht-narrativen »Cinema of attraction«.[39] Einige Fotos von frühen Berliner Kinos mit Inschriften wie »Das lebende Bild« oder »Abnormitäten«, die Jacobsen in seine *Frühgeschichte des deutschen Films* aufnimmt, lassen die Vorbilder des Amsterdamer

---

39 Tom Gunning: »The Cinema of Attraction: Early Film, Its Spectator, and the Avant-Garde«, in: Thomas Elsaesser (Hg.): *Early Cinema. Space, Frame, Narrative*, London: British Film Institute 1990, S. 56-62.

»Vexiersalons« erahnen.[40] Eine der Attraktionen des Salons besteht in einer Reihe von Guckkastenkinos, eine Form der Filmprojektion, die von der Erfindung der Brüder Lumière praktisch abgelöst wird, aber hier zur Charakteristik des marginalen Schaugeschäfts dient:

> Das Innere des Ladens, das der Fremde inzwischen betreten hatte, bestand aus einem durch Schränke und türkische Portieren abgeteilten Raum mit mehreren Sesseln und Taburetts in den Ecken, sowie einem runden Tisch in der Mitte, an dem zwei behäbige alte Herren, anscheinend Hamburger oder holländische Kaufleute, mit gebanntester Aufmerksamkeit beim Lichte einer elektrisch montierten Moschee-Ampel in Guckkästen – kleine kinematographische Apparate, wie das Surren verriet – stierten (GG 6).

Wie sich etwas später zeigt, enthalten die Kinetoskope keine Städteansichten, sondern pornographische Darstellungen. Auch die roboterartigen Figuren des Vexiersalons erscheinen durch einen kleinen Unfall buchstäblich als »du mécanique plaqué sur du vivant«,[41] also als komische Wiederholungen: »›Blatt, Blatt, Blatt‹ – ging es plötzlich, sich rhythmisch wiederholend, in einen krächzenden Baß über. Entweder hatte der Teufel ein Einsehen oder war ein Haar ins Grammophongetriebe geraten« (GG 10). Die technische Illusion wird hier also auf ähnliche Weise fiktionsironisch desavouiert und ins Lächerliche gezogen wie in *Der Golem*. Desillusion über eine stets für unsymbolische Fehlfunktionen anfällige Technik begleitet die esoterische Offenbarung.

Die Grundopposition von Technik und Okkultismus, die sich in *Der Golem* mit der Laterna magica andeutet, wird in *Das grüne Gesicht* also weiter ausgebaut und differenziert. Die Ablehnung der technischen Seite des Mediums erfasst aber nicht dessen ästhetische Möglichkeiten – insbesondere die davon eingeführte neue Art, den Betrachter zu orientieren, ohne dieser Orientierung eine vertraute mediale Form zu geben. Die Scheidelinie zwischen einer desillusionierenden Fiktionsironie und einer tief bedeutsamen Jenseitsvision liegt offenbar zwischen der technisch bestimmten und der ästhetisch offenen Inszenierung des Films. Für das eine steht das von Edison erfundene Kine-

---

40 Jacobsen: »Frühgeschichte des deutschen Films«, S. 23.
41 Gemäß der bekannten Formel von Henri Bergson in *Le Rire. Essai sur la signification du comique* (1900), Paris: PUF 1981, S. 29.

toskop, in dem der Betrachter über einen Guckkasten gebeugt kurze Filme entdeckt, für das andere der von den Brüdern Lumière dagegen gestellte Kinematograph, welcher als Projektion in einem abgedunkelten Raum mit der Form des Theaters konkurriert. Die ästhetische Form des Kinos, nicht seine Technik, bietet sich bei Meyrink also als Modell einer spiritistischen Dissoziation von Körper und Seele an:

Mein Zustand, wenn ich vom Leibe losgelöst bin und ihn wahrnehme wie einen automatisch meinem Geheiß gehorchenden Schatten, der am Scheinleben der Welt teilnimmt, ist so unbeschreiblich seltsam, daß ich nicht weiß, wie ich ihn dir schildern soll.

Nimm an, du säßest in einem Kinematographen-Theater, – Glück im Herzen, weil dir kurz vorher eine große Freude begegnet ist, – und sähest auf einem Film deiner eignen Gestalt zu, wie sie von Leid zu Leid eilt, am Sterbebette einer geliebten Frau zusammenbricht, von der du weißt, daß sie nicht tot ist, sondern zu Hause auf dich wartet, – hörtest du dein Bild auf der Leinwand mit deiner eignen Stimme, hervorgerufen durch eine Sprechmaschine, Schreie des Schmerzes und der Verzweiflung ausstoßen, – – würde dich dieses Schauspiel ergreifen? –

Es ist nur ein schwaches Gleichnis, das ich dir damit geben kann; ich wünsche dir, daß du es erlebst.

Dann wirst du auch wissen, so wie ich es jetzt weiß, daß es eine Möglichkeit gibt, dem Tod zu entrinnen (GG 310).

Ausgerechnet das »Kinematographen-Theater« bildet in dieser Passage das einzige (wenn auch nur »schwache«) Gleichnis für das zweite Sehen des Erleuchteten. Beschrieben wird in dieser Situation eine Doppelgänger-Erfahrung, bei welcher der Zuschauer sich selbst gleichzeitig im Publikum und auf der Leinwand wieder erkennt – also die bereits diskutierte Orientierungsproblematik. Betont wird aber nicht die medienspezifische Illusion, sondern die Distanz: Die Form der Fiktion ist als solche bedeutsam.

In einem Zwischenfazit möchte ich dies noch einmal unterstreichen: Die fiktionsironische Distanz verleiht der Kino-Immersion in der zitierten Passage ihre esoterische Bedeutung. Nicht ein bestimmtes Medium der Illusion wird hier spiritistisch besetzt, sondern die unvertraute Form der kinematographischen Fiktion, die neue ästhetische Struktur des Kinos. Dabei verkörpert das Dispositiv des Kinetoskops (bei dem der Betrachter sich auch physisch in den Apparat zu versenken, sich an ihn anzuschließen scheint) eine medial bestimmte Immersion, das Kinematographen-Theater hingegen den Gegenentwurf, in dem fiktionsironische Distanz zum allegorischen Zeichen magischer Immersion werden kann. Nicht das Kino der Attraktionen, sondern erst ein Kino der »ästhetischen Grenze« kann bei Meyrink zum Gleichnis der Seelenwanderung werden und das Paradox der esoterischen Fiktion lösen. So gilt das Zuschauen in einem »Kinematographen-Theater« als Allegorie der Jenseitsvision, während der Vexiersalon die strukturelle Position der Laterna magica besetzt – als Gleichnis eines faulen Zaubers. Wenn die Ästhetik des Kinos einer Fiktion zum Vorbild werden soll, welche *als solche* den Anspruch erhebt, Gleichnis esoterischer Wahrheiten zu sein, so muss dies offenbar im Modus medialer Unbestimmtheit geschehen. Denn wo immer die Technik eines bestimmten Apparats zur Rede kommt, wird sie als Trick desavouiert. Wir haben bereits in den vorhergehenden Abschnitten die narrativen Verfahren diskutiert, welche einer filmischen Reorientierung oder Desorientierung des Lesers dienen, indem sie eine automatisierte Form des Erzählens durchbrechen. Nun bleiben noch die Konsequenzen dieser medialen Unschlüssigkeit darzustellen.

Die Umdeutung des Quijote-Effekts

Von der magischen Immersion des Rahmenerzählers des *Golem* in seine Geschichte, von der daraus folgenden Mehrdeutigkeit des »Ich«, war bereits die Rede. Die mystische Spaltung von Astralkörper und kreatürlichem Leib bietet für dieses Problem (auf der Geschichtsebene) eine spiritistische Lösung, die im Rahmen der Theosophie und der Theorien Camille Flammarions als wissenschaftlich begründbar galt. Wünsch erinnert daran, dass Meyrink selbst auch Verfasser spiritistischer, nichtfiktionaler Werke ist (Z.B. den Essay *An der Grenze zum Jenseits*, 1923).[42] Cersowsky schlägt vor, den Gesamtroman als »hypnagogische Halluzination«, als Traum des Rahmenerzählers zu beschreiben.[43] Aber neben diesen Erklärungen finden sich immer wie-

---

42 Wünsch: *Die fantastische Literatur der frühen Moderne*, S. 84ff.
43 Auf diese Verknüpfung zur literarisch sehr wirksamen Theosophie weist auch Scholem hin, der zu Recht »eher indische als jüdische Erlösungsideen« bei Meyrink vermutet (Scholem: »Die Vorstellung vom Golem«, S. 209). Auch dies ist übrigens bei Lothars *Golem* vorgeprägt, wo nicht der

der metapoetische Sujets, welche auf den Kunstmythos von Pygmalion oder auf den Quijote-Effekt verweisen.

Der Marionettenschnitzer Vrieslander im *Golem* schafft ein hölzernes Gebilde, das sich durch Seelenübertragung in ein lebendiges Wesen verwandelt. Das erlebende Ich nimmt seinen Standpunkt ein: Dieses Ereignis wird vom erlebenden Ich so wahrgenommen, dass es mit seinen eigenen Sinnen in den Holzkopf fährt, der sein neues Orientierungszentrum bildet:

> Ich war es selber geworden und lag auf Vrieslanders Schoß und spähte umher. Meine Augen wanderten im Zimmer umher, und eine fremde Hand bewegte meinen Schädel (GO 65).

Der Gegenstand des Begehrens wird nicht nur kunstvoll belebt, so dass er die Wirklichkeit infiltriert, sondern ergreift sogar vom Betrachter Besitz, der sich in einem Prozess der magischen Immersion wiederfindet.[44] In dieser Art von optischer Versenkung liegt ein Unterschied

---

Rabbi Löw selbst, sondern der Händler und Nekromant Reb Simon das notwendige Wissen zur Herstellung des Golem aus Indien importiert (Rudolf Lothar: *Der Golem. Phantasien und Historien*, München/Leipzig: Georg Müller ²1904, S. 16). Am eingehendsten hat sich bisher Cersowsky mit den geistigen Einflüssen auf Meyrink beschäftigt und insbesondere den Einfluss des französischen Theosophen und Astronomen Camille Flammarion entdeckt, dessen Buch *L'inconnu et les problèmes psychiques, manifestations de mourants. Apparitions. Télépathie. Communications psychiques. Suggestion mentale. Vue à distance. Le monde des rêves. La divination de l'avenir* im gleichnamigen Verlag seines Bruders erscheint und von Meyrink als *Rätsel des Seelenlebens* ins Deutsche übersetzt wird (Cersowsky: *Phantastische Literatur im ersten Viertel des 20. Jahrhunderts*, S. 58-61).

44 Eine solche »künstliche« Belebung ist dem Golemmythos in seiner kabbalistischen Version fremd, wie Scholem betont. In der jüdischen Mystik wird der Stoff entweder durch das magische Wort belebt oder durch den göttlichen Atem; nur, wenn der Versuch entgleist und zu einem Konkurrenzschöpfertum und Götzendienst wird, kann der Satan selbst in die Figur schlüpfen und ihr den Anschein des Lebens verleihen (Scholem: »Die Vorstellung vom Golem«, S. 236-237). Erst das Motiv der Seelenwanderung, das eher aus der theosophischen als aus der hebräischen

zum klassischen Pygmalion-Mythos, in dem die Figur vom Künstler als eigenes Subjekt, als sein Gegenüber, belebt wird. Hier hingegen wird sie zum Doppelgänger des Betrachters, der mit einer kunstvoll gelenkten, fremdbestimmten Sicht in die Welt schaut – wie vor einer Projektion, die dem Blick die Bewegung der Kamera aufdrängt. Letztlich wird also auch ein Fall von magischer Immersion, ein Quijote-Effekt geschildert. Die Seele des Protagonisten ist in Vrieslanders Puppe gefahren und hat sie mit einem reinen Seh-Leben begabt. Das Subjekt weiß, dass es nicht der Holzkopf ist, aus dem es hinausblickt, aber dieses zweite Koordinationszentrum steht dennoch in Konkurrenz zum ersten ›Ich‹. Diese Überlagerung von Immersion und Infiltration charakterisiert die Neuartigkeit des Golem-Effekts. Ich habe bereits angedeutet, dass eine gewisse Unschlüssigkeit über die Richtung der Grenzüberschreitung mit der medialen Unschlüssigkeit zusammenhängt.

Die ästhetische Form des Kinos, das dem Betrachter ein neues optisches Orientierungszentrum – das der Kamera – anbietet, wird in dieser Passage also zum Mittel, hypnotische Übertragung darzustellen. Das Konzept einer »medialen Unschlüssigkeit« lässt sich nun zum besseren Verständnis nicht nur des narrativen Diskurses, sondern auch der von Meyrink erzählten Geschichten nutzen. Die Geschichte von der Belebung des Kunstwerks oder der Anteilnahme des Betrachters an der fiktiven Welt zieht einen guten Teil ihrer Spannung daraus, dass sie nicht auf klare ästhetische Formen Bezug nimmt, sondern auf Mischformen. Nicht zufällig steht die Offenbarung des Kinematographentheaters erst am Ende von *Das grüne Gesicht*. Das Angebot der Reorientierung wird dem Leser am Ausgang eines Initiationsprozesses gemacht, der zuvor verschiedene Arten von Desorientierung produziert. Der ästhetische Ausdruck dieser Desorientierung sind Formen, welche nicht eindeutig einem Medium zugeordnet werden kön-

---

Mystik kommt, ermöglicht bei Meyrink die vollständige Identifikation *des Betrachters selbst* mit der Puppe. In die Kabbalistik führen laut Scholem erst die deutschen Chassidim das Thema der Seelenwanderung als ein individuelles Geschehen ein, während Talmud und Midrasch »nichts von Seelenwanderung« wissen und die frühe Kabbalistik Sympathie ganz aus dem Individuum hinaus in die metaphysische Sphäre verlegt (Gershom Scholem: »Seelenwanderung und Sympathie der Seelen in der jüdischen Mystik«, *Eranos-Jahrbuch* 24 (1955), S. 55-118).

nen, und eine Unschlüssigkeit zwischen magisch gesteigerten Sujets der Immersion und Infiltration. Das beste Beispiel dafür ist das Tableau vivant, und die Art, in welcher es der Roman inszeniert.

Das Tableau vivant, die bewegte Nachstellung von Gemälden, bildet schon ein beliebtes Thema romantischer Literatur.[45] Neu bei Meyrink ist allerdings, dass das Ursprungsmedium nicht mehr eindeutig als Malerei, Bildteppich oder andere Gattung der bildenden Kunst identifiziert werden kann. Nicht in der Überschreitung einer bestimmten ästhetischen Grenze also, sondern in dieser Unbestimmtheit vollzieht sich der Golem-Effekt. Die charakteristische mediale Unschlüssigkeit ermöglicht das Oszillieren zwischen fiktionsironischer und esoterischer Inszenierung. Die Bindung an eine bestimmte fiktionsinterne Stimme fällt besonders in *Das grüne Gesicht* auf, wo eine Figur sich an die Äußerung einer anderen erinnert, die als Redezitat im Gedankenzitat wiedergegeben wird. Innerhalb dieser Rede erscheint die magische Variante des Tableau vivant nicht als erzählte Erfahrung, sondern als hyperbolische Allegorie der Illusionskunst:

Er mußte unwillkürlich lächeln, da ihm eine barocke Äußerung seines Freundes Baron Pfeill, der ihn für Nachmittag ins Café »De vergulde Turk« bestellt hatte und alles, was mit perspektivischer Malerei zusammenhing, aus tiefster Seele haßte, einfiel: »der Sündenfall hat gar nicht mit dem Apfelessen begonnen; das ist wüster Aberglaube. Mit dem Bilderaufhängen in Wohnungen hat's angefangen! Kaum hat einem der Maurer die vier Wände schön glatt gemacht, schon kommt der Teufel als ›Künstler‹ verkleidet und malt einem ›Löcher mit Fernblick‹ hinein. Von da bis zum äußersten Heulen und Zähneklappern ist dann nur noch ein Schritt und man hängt eines Tages in Orden und Frack neben Isidor dem Schönen oder sonst einem gekrönten Idioten mit Birnenschädel und Botokudenschnauze im Speisezimmer und schaut sich selber beim Essen zu« – – – (GG 12).

Die ikonoklastische Attitüde stilisiert perspektivische Gemälde zu »Löchern mit Fernblick«. Auch wenn hier nicht von Filmkunst, son-

---

45 Vgl. etwa den Kommentar zu Théophile Gautiers *Omphale, ou la tapisserie amoureuse* (1834) von Klaus Meyer-Minnemann: »Un procédé narratif qui ›produit un effet de bizzarrerie‹: la métalepse littéraire«, in: John Pier/Jean-Marie Schaeffer (Hg.): *Métalepses. Entorses au pacte de la représentation*, Paris: EHESS 2005, S. 133-150, hier S. 134ff.

dern von bildender Kunst die Rede ist: Die Vortäuschung von Tiefe und die Lebensnähe konnotieren zu Anfang des Jahrhunderts stets auch die neue Erfindung des Bioskopen, in dem überdies gerne berühmte Gemälde als »Lebende Bilder« inszeniert werden können. Der Kinofilm wird aufgrund seines Realismus oft als bessere Illusionskunst, als Vexierspiel abgewertet.[46] Und diese Tendenz findet sich auch in *Das grüne Gesicht*. Die Malerei gerät also in das gleiche Zwielicht wie die zu Anfang des Romans geschilderten Kinetoskope des Vexiersalons, die eine bloß scheinbare Tiefe, aber keine echte Transzendenz eröffnen. Die Form der Allegorie verbindet allerdings diese Täuschung mit der echten Erleuchtung, die nicht anders erzählt werden kann denn als Übergang vom flachen, zweidimensionalen, zum räumlichen Sehen. Auch die Epiphanie, das Offenbarungserlebnis, das dem Protagonisten am Ende zuteil wird, muss als eine räumliche Reorientierung, als Gewinn einer dritten Dimension, beschrieben werden.

Schuppen fielen ihm von den Augen; wie jemand, der ein ganzes Leben hindurch alles nur in Flächen wahrgenommen hat und dann mit einem Schlage eine räumliche Gestaltung sich daraus bilden sieht, konnte er lange nicht fassen, was sich begeben hatte. [...] Wie ein Januskopf konnte Hauberrisser in die jenseitige Welt und zugleich in die irdische Welt hineinblicken und ihre Einzelheiten und Dinge klar unterscheiden:
er war hüben und drüben
ein lebendiger Mensch (GG 335-336).

Die Verlagerung des Orientierungszentrums ins Kunstwerk hinein, die es gestattet, »sich selber beim Essen zu[zuschauen]«, ist insofern eine zweischneidige Angelegenheit: Einerseits fesselt diese magische Immersion das Subjekt in eine groteske Form, die an den Quijote-Effekt erinnert: Es wird dem Regime einer starren Darstellung »in Orden und Frack« unterworfen. Andererseits aber bereitet sie ein zweites Sehen vor, das an die unvertraute ästhetische Grenze des Kinos angelehnt ist und auf diese Weise den Blick in das Diesseits und Jenseits öffnen

---

46 Die Abgrenzung der filmischen Fiktion vom theatralischen Trick gehört zu den Topoi der Rede über die Entstehung des Films (vgl. Tom Gunning: »›Primitive‹ Cinema. A Frame-Up? Or The Trick's on Us«, in: Thomas Elsaesser (Hg.): *Early Cinema. Space, Frame, Narrative*, London: British Film Institute 1990, S. 95-103).

kann – und nicht nur, wie bei traditionellen, klar bestimmten ästhetischen Grenzen, in einen Kunst- und Schauraum.

Immersion und Infiltration werden also aus der Domäne der Illusionskunst in eine Epiphanie der übersinnlichen Erscheinung übersetzt, wobei mediale Unschlüssigkeit die Voraussetzung ist. Dies gilt für den ewigen Juden wie für den Golem, dessen Übertritt aus dem Jenseits ins Diesseits als Transgression einer ästhetischen Grenze dargestellt werden kann:

> Es ist wie ein Negativ, eine unsichtbare Hohlform, erkannte ich, deren Linien ich nicht erfassen kann – in die ich selber hineinschlüpfen muß, wenn ich mir ihrer Gestalt und ihres Ausdrucks im eigenen Ich bewußt werden will – –
> (GO 25)

Die Neuerung, die Meyrink der Golemsage hinzufügt, ist dieser Effekt der magischen Immersion und Infiltration. Das Spiel mit den Tarotkarten hat neben seinen okkulten Konnotationen auch die Funktion, weitere Gestalten anzubieten, in welche die Figuren des Romans schlüpfen können: so etwa den »Pagad« oder den »Gehängten« (GO 123 und 128). Erneut fällt im Unterschied zum Quijote-Effekt auf, dass die mediale Unschlüssigkeit zu einer charakteristischen Überlagerung von Infiltration und Immersion führt. Die Infiltration des künstlichen Menschen, das Lebendigwerden des Golems, geht mit der magischen Teilnahme des Erzählers einher, der vom Beobachter des Golems zum Golem selbst wird und somit den künstlichen Menschen zum Leben erweckt. Diese Dialektik des Golem-Effekts kann selbstverständlich auch von der anderen Seite, vom Pygmalion-Mythos her, rekonstruiert werden.

Die Umdeutung des Pygmalion-Effekts

Das Thema der magischen Immersion und Infiltration erscheint zu Meyrinks Zeit bekanntlich nicht nur in esoterischen Kontexten, sondern auch im Trick-Kino eines Méliès, etwa in *Les cartes vivantes* von 1905. Das Heraustreten der Spielkarte aus dem zweidimensionalen, starren Bild in eine dreidimensionale, bewegte Figur bietet eine Form an, um sich die Identifikation der Romanfiguren mit ihren entsprechenden Tarot-Karten vorzustellen. So wie im Film die vertraute Ästhetik des Tableau vivant auf irritierend neue Weise inszeniert wird, zielen auch Meyrinks Romane darauf, den Pygmalion-Effekt durch eine Vermeidung medialer Bestimmtheit umzudeuten. So erscheint in *Das grüne Gesicht* die mysteriöse Figur, die sich im Verlauf des Romans als der ewige Jude offenbaren wird, zunächst wie eine Infiltration, die sich dem Blick in einem natürlichen Rahmen präsentiert:

Durch einen dunklen, aus Warenstellagen gebildeten Gang konnte man in ein kleines Bureau mit auf die Seitengasse mündenden Milchglasfenstern hineinblicken, in dem ein prophetenhaft aussehender alter Jude im Kaftan, mit langem weißem Bart und Schläfenlocken, ein rundes seidenes Käppi auf dem Haupte und das Gesicht im Schatten unsichtbar, regungslos vor einem Pulte stand und Eintragungen in ein Hauptbuch machte (GG 6).

Der Leser wird also in einen Roman eingeführt, der sich selbst als Vexiersalon mit doppeltem Boden erweist: Auf der einen Seite die elektrische Suggestion der Pornographie, deren Konsumenten lächerlich wirken und durch einen technischen Fehler des Apparats ertappt werden, auf der anderen eine phantastische Vision, deren Rahmen die alte Kultur der Bücher und Gemälde zu bestimmen scheint. Der Protagonist Hauberrisser, von der Umgebung auf eine falsche Fährte gelenkt, schöpft gegenüber diesem zweiten doppelten Boden einen Verdacht, der nicht näher erläutert wird:

Er warf unwillkürlich einen Blick in das Bureau am Fenster, – mit verdächtiger Unbeweglichkeit stand der alte Jude vor seinem Pult, als hätte er die ganze Zeit über nichts als Eintragungen ins Hauptbuch gemacht [...] (GG 18).

Die Unbeweglichkeit des alten Propheten deutet an, dass es sich hier um ein zu Dreidimensionalität gelangtes Gemälde handelt, wahrscheinlich inspiriert von einer der Rembrandtschen Darstellungen des Apostels Paulus, der in ein Buch schreibt.[47] Anders als die kinematoskopische Illusion, die durch die Girlanden von Ansichtskarten und

---

47 Meyrink kannte zumindest die Rembrandts der Münchner Galerien (also wohl der Alten Pinakothek), die er sich ansieht, als Langen ihn einlädt, an einer Ausgabe des *Simplicissimus* zum Thema Rembrandt mitzuwirken. Der entsprechende Brief Meyrinks ist auf den 23. März 1907 datiert und findet sich in den Meyrinkiana der Stadtbibliothek München (zitiert bei Abret: *Gustav Meyrink conteur*, S. 58 und S. 91-92).

den Appell an die »Gourmands« der Erotik schon vom Schaufenster her unterlaufen wird, bleibt das Geheimnis des lebenden Bilds unangetastet: Während der Baron Pfeill seine Vorstellung vom »ewigen Juden« – irrtümlich – auf ein Ölgemälde zurückführt, kann sich Hauberrisser nicht erinnern, dergleichen gesehen zu haben. Seine Vision bleibt auf der Ebene der Geschichte unbegründet.[48] Erst vom Ende her wird deutlich, dass es sich um einen Blick ins Jenseits handelte. Alle konkreteren Hinweise auf das Medium, durch welches Chidher Grün in den Raum projiziert wird, würden diesen Effekt zerstören.

Das kinematographisch inszenierte Tableau vivant wird, wie bei Méliès, zur unbestimmten Form (zur Zwischenform von Film und Malerei), welche die spezifische Unschlüssigkeit des Golem-Effekts fördert. Hauberrisser kann sich an kein Gemälde erinnern, das als Vorlage für seine Vision gedient haben könnte. Und der Baron Pfeill meint zwar, sich an ein solches zu erinnern, findet aber in der Sammlung, wo es gehangen haben soll, nur ägyptische Kunst wieder. In seinem Traum umgibt das Gesicht zwar ein Bilderrahmen, aber es handelt sich um kein Gemälde. Dabei gibt es genügend Zeichen, die verraten, dass Phantasmagorie oder lebende Bilder, so wie sie mit dem frühen Kino verbunden sind, hier Pate standen.[49] Die Form, in welcher der ewige Jude erscheint, ist also nicht die des Ölgemäldes, sondern entspricht den lebenden Bildern, welche dessen Form in ein anderes Medium einführen. Das Tableau vivant kippt zwischen der Opazität der bildenden Kunst und der Transparenz des Lichtspiels. Dies gilt nun auch für die Erscheinung im Vexiersalon, die in der Erinnerung Hauberrissers immer mehr zu einer in der Luft schwebenden Projektion wird:

---

48 »Pfeills Erinnerung an das olivgrünschimmernde Gesicht mit der schwarzen Binde über der Stirn hatte eine greifbare Grundlage gehabt: Ein Porträt, das angeblich in Leiden hing, – aber woraus war die Traumvision, ebenfalls von einem olivgrünschimmernden Gesicht mit einer schwarzen Binde über der Stirn, die er kurz vorher im Laden des Chidher Grün gehabt hatte, entsprossen?« (GG 32).

49 Jacobsen: »Frühgeschichte des deutschen Films«, S. 19-20. Meyrink verfasst eine dramatisierte Bearbeitung seiner Erzählung »Der Mann auf der Flasche«, deren Titel lauten soll »Der Maskenball des Prinzen Daraschekoh. Phantasmagorie in zwei Bildern« (vgl. Lube: *Gustav Meyrink*, S. 84).

Die regungslose Gestalt des alten Juden vor dem Pulte nahm plötzlich in seiner Erinnerung alle Merkmale einer schattenhaften Luftspiegelung an, – schien weit eher einem Traum entsprungen zu sein als das erzene Gesicht.
Hatte der Mann tatsächlich mit den Füßen auf dem Boden gestanden? Je schärfer er sich das Bild zu vergegenwärtigen suchte, um so mehr zweifelte er, daß es der Fall gewesen war.
Er wußte mit einemmal haargenau, daß er die Schubladen des Pultes durch den Kaftan hindurch deutlich gesehen hatte (GG 62).

In den drei Absätzen werden drei Merkmale angeführt, die bestätigen sollen, dass es sich um keine wirkliche Person, sondern um eine phantastische Erscheinung handelt: Das Bild ist a) reglos, b) steht nicht fest auf dem Boden, sondern schwebt und c) ist transparent. All diese Eigenschaften wirken jedoch zusammen, um die mediale Form der Malerei, die Referenz auf das Ölgemälde, zu brechen: Auch wenn Chidher Grün nicht wirklich als Person gegenwärtig war, um Eintragungen in sein Buch zu machen, so lässt sich daraus nicht schließen, dass Hauberrisser Zeuge eines Wunders wurde. Vieles deutet vielmehr darauf hin, dass es sich bei der Gestalt um eine phantasmagorische Projektion handelt, bei der die eigens erwähnten Milchglasscheiben als neutraler Bildschirm dienen, die Schubladen des Pults hingegen die Transparenz der projizierten Figur verraten.[50] Diese Ambivalenz ist konstitutiv für die neue Art der Phantastik: Die Immersion der Hauptfigur wiegt hier offensichtlich die magische Infiltration auf, und auch der Pygmalion-Mythos wird, wie der Quijote-Effekt, mit seinem Gegenstück eng geführt.

Die metapoetische Abwertung bestimmter technischer Medien, so läßt sich abschließend feststellen, ist also nicht ein Zeichen auktorialer Unaufrichtigkeit. Wollte Meyrink damit nur seine Tricks, die Nachahmung einer filmischen Psychotechnik, vertuschen, wäre ohnehin nicht erklärlich, weshalb er selbst in seiner Rolle als Autor das Kino explizit begrüßt. Die Ablehnung des Films als technisches Medium hängt vielmehr mit der eingangs skizzierten Problematik zusammen, fiktionale Distanz mit esoterischer Bedeutsamkeit zu vermitteln. In der

---

50 Zur literaturgeschichtlichen Bedeutung dieses Mediums vgl. Terry Castle: »Phantasmagoria and the Metaphorics of Modern Reverie«, in: T.C.: *The Female Thermometer. 18th Century Culture and the Invention of the Uncanny*, Oxford: Oxford University Press 1995, S. 140-167, hier S.141-142.

Poetik von Meyrinks Romanen wird dieses Problem gelöst, indem die kinematographische Form bewusst funktionalisiert wird: Sie dient dazu, die Eindeutigkeit ästhetischer Grenzen, so wie sie den traditionellen Roman – aber eben auch ein theatrales oder filmisches Schreiben – charakterisieren, in eine Form medialer Unschlüssigkeit zu bringen, durch welche die Grenze der Fiktion selbst esoterische Bedeutsamkeit erlangt. Dies gelingt, wie gesagt, nur durch einen negativen, Ambivalenz erzeugenden Bezug auf die Form, und nicht auf das technische Medium, das sofort eine Eindeutigkeit herstellt. Der Golem-Effekt, in dem sich Immersion und Infiltration überlagern, übersetzt diese Unschlüssigkeit in ein anschauliches, metapoetisches Sujet. Auch wenn sich dieser Effekt von Motiv des Golem löst, wie bei Meyrinks Zeitgenossen Horacio Quiroga, bleibt der spezifische Zusammenhang mit der kinematographischen Form der Fiktion erhalten.

2.3 Quiroga: Kalkül und Hypnose

PHASEN EINER AUSEINANDERSETZUNG MIT DEM KINO

Neben Leopoldo Lugones muss Horacio Quiroga als einer der Begründer der phantastischen Kurzerzählung im La-Plata-Raum betrachtet werden. Allerdings ist die »Phantastik« nicht das auffälligste Charakteristikum seiner Erzählungen. Wie schon der Titel seiner ersten Sammlung, *Cuentos de amor, de locura y de muerte* (1917), suggeriert, geht es ihm um psychologische Grenzsituationen in einem allgemeineren Sinn. Die kinematographische Immersion erscheint als eine solche Grenzsituation, im Heckwasser eines Grundthemas, welches fast alle seine frühen Erzählungen mit menschlichen Protagonisten bestimmt: die Hypnose.[1] Quirogas relativ spät einsetzende Rezeption des Kinos gestattet es zugleich, sein Erzählwerk zu gliedern, wobei das Jahr 1917 einen Wendepunkt bezeichnet. Das Leitthema seiner Geschichten, die hypnotische Lähmung des Körpers und die Reorientie-

---

1 Eine ausgezeichnete Typologie dieses Themas im Kontext der hispanoamerikanischen Literatur der Jahrhundertwende bietet Carmen Luna Sellés: *La exploración de lo irracional en los escritores modernistas hispanoamericanos: literatura onírica y poetización de la realidad*, Santiago de Compostela: Universidad de Santiago de Compostela 2002. Auf ihre Einteilung von Quirogas Erzählwerk komme ich an etwas späterer Stelle zu sprechen. Zur Halluzination des Erzählers vgl. Elena Neerman/María Gracia Nuñez: »El narrador alucinado como marca textual de ambigüedad en Horacio Quiroga«, in: Sylvia Lago (Hg.): *Actas de las jornadas de homenaje a Horacio Quiroga*, Montevideo: Universidad de la República 1998, S. 135-146. Auf die besondere ästhetische Bedeutung des Kinos für die Erzählungen hat bereits Roland Berens hingewiesen (Berens: *Narrative Ästhetik bei Horacio Quiroga*, Bielefeld: Aisthesis 2002, S. 123-146).

rung (oder Desorientierung) im Phantasma, führt in diesem Jahr auf zwei Wegen zum Kino. Zum einen erscheint dieses als Metapher und in der Art eines »filmischen Schreibens« in der Erzählung *La meningitis y su sombra*, zum anderen führt Quiroga zwei zu dieser Zeit entstehende Geschichten unter dem Titel *La jangada* zu einer Drehbuchskizze zusammen. Ab dem darauf folgenden Jahr, also ab 1918, wird der Schriftsteller sodann als Kinokritiker tätig. Diese Tätigkeit findet ein erstes Echo in der Novelle *Miss Dorothy Phillips, mi esposa*, welche die Grenzen von filmischer Fiktion und realer Leidenschaft erkundet. Aber auch seine Kritiken greifen, neben zahlreichen Äußerungen zur Poetik der neuen Kunst, immer wieder auf das Thema der Hypnose zurück. In den zwanziger Jahren überträgt er dieses Motiv in drei Fiktionen auf das Kino, welches ein künstliches, schlafwandlerisches Leben zu schaffen scheint: *El espectro*, *El puritano* und *El vampiro*. In ihrem Sujet bleiben die Grundlinien der früheren Texte erkennbar: das künstliche Leben der Hypnose und das Abdriften in ein Phantasma. Wie bei Meyrink und Wegener erscheint das Kino also eingeschmolzen in die Metaphernkette des künstlichen Lebens (Pygmalion-Effekt) und der psychologischen Immersion (Quijote-Effekt) – und im Zusammenhang des Gesamtwerks erst verhältnismäßig spät. Dies ist umso auffälliger, als der künstliche Mensch, der schon Thema einer der frühen Novellen Quirogas (*El hombre artificial*, 1910) ist, ganz in romantischer Tradition und ohne Hinweise auf den Film konstruiert wird.

[1910] Der künstliche Mensch und die Hypnose

Sehr deutlich zeigt sich in den frühen Erzählungen der Einfluss von Edgar Allan Poe auf Quiroga, den Margo Glantz bereits ausführlich kommentiert hat: Die Versenkung in die Tiefe des Ich und die Begegnung mit einer erhabenen, überwältigenden Natur führen romantische Tendenzen fort.[2] Allerdings greift diese Poe-Rezeption mit Vorliebe auf ein bestimmtes Motiv zurück, das ab der ersten Prosasammlung eine für Quiroga typische Situation charakterisiert. Die Hypnose, welche körperliche Lähmung, automatische, fremdgesteuerte Bewegung mit voller oder sogar verstärkter Sinnestätigkeit verbindet, strukturiert bis in die Metaphorik hinein die Bedeutung der Erzählungen,

---

2   Margo Glantz: »Poe en Quiroga«, in: Angel Flores (Hg.): *Aproximaciones a Horacio Quiroga*, Caracas: Monte Avila 1976, S. 93-124.

noch bevor die intensive Auseinandersetzung mit dem Film ihr eine typisch moderne Richtung gibt.[3] Damit verbunden ist das Thema eines unkontrollierten Abdriftens, welches sich später in allen Geschichten über den Paraná-Fluss, wie etwa *A la deriva* (1912), findet, aber keineswegs an dieses topographische Element gebunden ist. In *Los buques suicidantes* (1906) geraten die Schiffe auf offenem Meer in eine Zone, welche die Besatzung einlullt und schlafwandlerisch in den Selbstmord treibt. Ein Augenzeuge beobachtet diese »muerte hipnótica« (CI 62) und kann sich ihr im letzten Augenblick noch entziehen. In *El almohadón de pluma[s]* (1907), vielleicht Quirogas bekanntestem Text, sieht sich die zunehmend blutarme Heldin ans Bett gefesselt. Neben der natürlichen Ursache ihres Dahinsiechens, welche sich erst nach ihrem Tod als ein im Kissen versteckter Parasit offenbart, er-

---

3 Der Protagonist von »La miel silvestre« (1911) erlebt diese Lähmung infolge seines Genusses von Waldhonig. Zu dieser »parálisis« gesellt sich eine charakteristische Schläfrigkeit, während alle seine Sinne jedoch aktiv bleiben (»Pero una invencible somnolencia comenzaba a apoderarse de él, dejándole integras sus facultades«, Quiroga: *Cuentos*, 2 Bde., hg. v. Jorge Lafforgue/Pablo Rocca, Buenos Aires: Losada 2002, hier Bd. 1, im Folgenden abgekürzt CI, S. 119). Der »mutuo sonambulismo« des im ständigen Drogenrausch lebenden Helden der Erzählung *Infierno artificial* (1913) lässt ihn »inmóvil con los ojos abiertos« (CI 168) auf seinem Diwan liegen. Zu dieser Traumstarre gesellt sich passend die »alucinación« (CI 169), so wie auch der in der Fremde dahinsiechende Familienvater aus *Los inmigrantes* (1912), schlafwandlerisch vor Hunger (»sonambulizado de hambre«), im Delirium sein schlesisches Heimatdorf wieder zu sehen meint (CI 273). Beides, Starre und Halluzination, setzt sich in nicht immer ernste Liebesgeschichten hinein fort. Beispiel für einen ironischen Gebrauch sind *Tres cartas... y un pie* (1918), wo die Unbeweglichkeit eines Fahrgasts, »a punto de creérsele paralítico«, geschildert wird (CI 308), *La muerte de Isolda* (1914), deren Hauptfigur angesichts der von ihm geliebten und verlorenen Frau nach zehn Jahren »la alucinación« einer verpassten Gelegenheit erlebt (CI 49), und *Dieta de amor* (1917), deren asketisch bis zum Hungertod lebende Protagonisten zu »dos sonámbulos de amor« werden (CI 469). In allen diesen Vergleichen und Metaphern klingt die schon in den frühen Erzählungen narrativ ausagierte Grundsituation nach. Parallel dazu findet sie in der technisch begründeten Phantastik des Mediums Film aber auch eine neue Realisierungsform.

scheint eine zweite, wunderbare Erklärung vor den weit aufgerissenen Augen der jungen Frau: Halluzinationen, welche wie in einer Phantasmagorie unklar im Raum zu schweben scheinen und dann auf den Boden des Zimmers herabsinken (CI 64). »En sus alucinaciones más porfiadas, hubo un antropoide apoyado en la alfombra sobre los dedos, que tenía fijos en ella sus ojos« (CI 65). Eine ähnliche Vision erlebt der menschliche Protagonist von *La insolación* (1908), wo aus der Perspektive seiner Hunde erzählt wird. Auch hier gibt es eine natürliche Erklärung. Ein tödlicher Sonnenstich verändert die Kognition der Hauptfigur; zugleich sinkt der Mensch unter den Bewusstseinsgrad des Tieres, welches als interner Fokalisierer dieser Szene dient, und seinen Herrn aufgrund seiner schlafwandlerischen Bewegungen als Maschine wahrnimmt: »Su patrón continuaba caminando a igual paso como un autómata, sin darse cuenta de nada« (CI 76).

Die dreigeteilte Sphäre zwischen menschlichem Bewusstsein, tierischem Bewusstsein und Automaten-Bewusstlosigkeit charakterisiert auch die Sujetstruktur von *La gallina degollada* (1909). Die bewusstlos dahinlebenden Idioten, welche ihre Schwester auf grausame Weise umbringen, stehen den Maschinen näher als den Tieren: »Zumbaban horas enteras imitando al tranvía eléctrico« – stundenlang summten sie, um so die elektrische Straßenbahn nachzuahmen (CI 51). Nicht nur das nachgeahmte, das technische Verkehrsmedium, charakterisiert hier ihren Geisteszustand, sondern auch die mechanische, unreflektierte Art der Nachahmung. Eine solche unbewusste Mimesis führt zur Katastrophe, als die Idioten beobachten, wie ein Huhn geschlachtet wird und dies dann an ihrer Schwester reproduzieren. Schon vor der Auseinandersetzung mit dem Film und unabhängig davon erscheint in Quirogas Erzählungen also die poetisch relevante Frage nach der mechanischen, bewusstlosen Nachahmung.[4] Während die bisher besprochenen Erzählungen das hypnotische Bewusstsein als ein Defizit betrachten, wird es in *El hombre artificial* (1910) umgekehrt zu einer Poetik ausgearbeitet, oder, genauer gesagt, zu einer Kunst, Automaten zu künstlichem Leben zu erwecken. Da das weltliterarische Thema des

---

4 Auch die späteren Geschichten, welche sich in der Wildnis abspielen, scheinen mir durch dieses Grundmotiv angestoßen: Vor dem Erlebnis der Hypnose werden Menschen und Tiere einander gleich. So erscheint die Lähmung etwa auch in *Anaconda* aus der Perspektive einer narkotisierten Schlange.

künstlichen Menschen die in Quirogas späteren Novellen erscheinenden kinematographisch hergestellten Phantome ankündigt, verdient diese Erzählung, eingehender untersucht zu werden.

El hombre artificial[5] erscheint unter dem Pseudonym S. Fragoso Lima in der Zeitschrift *Caras y Caretas* (Nr. 588-593, 8., 15., 22., 29. Januar sowie 5. und 12. Februar 1910), für die Quiroga regelmäßig schreibt und die später auch einen großen Teil seiner Filmkolumnen veröffentlicht.[6] Die Handlung wird linear vorgetragen: Drei von der Gesellschaft ausgestoßene und durch eine tragische Vergangenheit belastete Naturwissenschaftler vereinen sich in dieser Geschichte, um gemeinsam ein künstliches Lebewesen zu erzeugen. Donissoff, der Russe vornehmer Familie, aber revolutionärer Gesinnung, ist Spezialist für Chemie und Bakteriologie, und außerdem auch so etwas wie ein Universalgelehrter. Sivel, der italienische Chirurg, findet sich nicht aus politischen Gründen, sondern aufgrund einer privaten Katastrophe, welche ihn verunstaltet und vereinsamt hat, im argentinischen Exil wieder. Ortiz schließlich, der Gastgeber, ist Argentinier von Geburt und trägt das elektrotechnische Sachwissen bei. Schon die erste Schilderung ihres Labors, in welchem eine vom Trio zusammengesetzte Ratte zum Leben erwacht, unterstreicht die komplementäre Funktion dieser unterschiedlichen Disziplinen mit ihrer charakteristischen Apparatur, den Funken werfenden elektrischen Schaltern, dem Thermometer und den am weitesten perfektionierten Apparaten der Chemie, Anatomie und Bakteriologie (HA 343), welche eigens aus den Vereinigten Staaten bestellt werden (HA 354).

Die von diesem Prozess aufgeworfenen und in der Erzählung diskutierten Fragen sind allerdings nicht so sehr naturwissenschaftlich-technischer als philosophisch-moralischer Natur. Selbstverständlich fehlen Mengenangaben, trotz aller Bemühung um Präzision in der

---

5 Horacio Quiroga: »El hombre artificial«, in: H.C.: *Obras. Novelas y relatos*, hg. v. Jorge Lafforgue/Pablo Rocca, Buenos Aires: Losada 1998, S. 343-376, im Folgenden abgekürzt HA.

6 Der Autor hat diese frühe Novelle nie öffentlich anerkannt, aber versteckte Anspielungen in Korrespondenz lassen sie, zusammen mit einer Reihe anderer unter diesem Namen erschienener Texte, eindeutig ihm zuordnen (Jorge Lafforgue: »Notas sobre los textos«, in: Horacio Quiroga: *Obras. Novelas y relatos*, hg. v. Jorge Lafforgue/Pablo Rocca, Buenos Aires: Losada 1998, 483-498, S. 496).

Zutatenliste. Das hier erzeugte biologische Leben ist das Produkt einer Synthese, welche bei chemischen Elementen wie Kohle, Wasserstoff und Sauerstoff anfängt und mit zunehmendem Komplexitätsgewinn fortschreitet, bis die fertige Ratte mit einer Injektion belebt werden kann (HA 355). Es ist nur folgerichtig, dass die dreieinigen Wissenschaftler nicht bei der Ratte stehen bleiben, sondern gleich das allerkomplexeste Wesen, den Menschen, in Angriff nehmen. Während bei dem Tier als Kriterien des Lebens die Bewegung und die warme Körpertemperatur gemessen werden (auf den ersten Seiten belegen diese beiden Eigenschaften den Erfolg der Operation), stellt sich für den künstlichen Menschen ein neues Problem: Dieser benötigt als spezifisch anthropologisches Organ ein Bewusstsein. Das wiederum überfordert die professionellen, naturwissenschaftlichen Fähigkeiten der drei Schöpfer, die sich eingestehen müssen: »Déle usted todos los sentidos que quiera, buena transmisión de nervios, buen cerebro transformador; y por más sensaciones que tenga, no tendrá una sola percepción« (HA 456).

Kognition lässt sich also nicht einfach neurologisch erzeugen. Die Lösung, die Donissoff vorschlägt, kommt aber auch ohne die Hypothese einer Seele aus: Das Gehirn braucht sich nur an die Empfindungen zu gewöhnen, um bestimmte Wahrnehmungen voneinander zu unterscheiden.[7] Er vergleicht dies, um es dem Elektrik-Spezialisten Ortiz zu erklären, mit einem Akkumulator, dessen Speicher-Potential erst wächst, indem er aufgeladen wird (HA 357). Dieser Theorie zufolge muss der noch unbelebte Mensch möglichst starken Impulsen ausgesetzt werden, um sein Bewusstsein zu erweitern. Zu diesem Zweck wird ein Bettler entführt, mit dem künstlichen Wesen verkabelt und grausam gefoltert. Das Ergebnis übertrifft die Erwartungen Donissoffs auf schreckliche Weise: Biógeno, wie das im Labor erzeugte Geschöpf genannt wird, erwacht zu Bewusstsein, aber dieses besteht nur aus den grausigen Eindrücken der Folter. Statt ein eigenes Leben zu haben, hat der künstliche Mensch also das des Bettlers übernommen, spricht mit dessen Stimme und sieht mit dessen Augen.[8] Der Chirurg Sivel ist es, der feststellt, dass die Metapher des Akkumulators zu einem fatalen Fehler geführt hat. In Wirklichkeit wurde, wie bei

---

7 »Por vivas que sean las sensaciones, le faltará *hábito* al cerebro para percibir, primero, y para no confundir sensaciones, después« (HA 357).

8 »¡Pero la mirada era del otro! ¡La voz era del otro!« (HA 368).

einer Seelenwanderung, das Bewusstsein des Menschen auf eine Puppe übertragen.[9] Dennoch hält Donissoff an seiner Vorstellung des Akkumulators fest und stellt sich selbst als hypnotisches Medium zur Verfügung, um die überschüssige Energie von Biógeno abzuleiten. Um diesen Prozess anzuregen, muss allerdings im Gegenzug das Geschöpf selbst gefoltert werden (HA 374). Diese zweite Übertragung misslingt auf spektakuläre Weise, indem der gewaltsam sich entladende Automat durch die Stärke der Entladung Donissoff tötet und selbst wieder zu völliger Bewusstlosigkeit herabsinkt. Auch der Bettler siecht, jeglichen Gefühls beraubt, allmählich dahin und stirbt schließlich (HA 373).

Das Modell einer hypnotischen Übertragung von Sinnesreizen löst sich also ab von dem elektrischen Akkumulator-Modell, dem gemäß es Donissoff ursprünglich zu konstruieren sucht. Das katastrophale Ende unterstreicht die Grenzen naturwissenschaftlicher Erklärbarkeit und mündet insofern wieder in die bei Poe vorgegebene Tradition der phantastischen Horror-Erzählung ein.[10] Auch die Elektrizität selbst gehört noch zum vom nordamerikanischen Autor – etwa durch *The Facts in the Case of M. Valdemar* – gesetzten Paradigma.[11] Das führt uns zu einer ersten These über den historischen Zusammenhang von Kinematographie, Immersion und Infiltration. Während wir bei Meyrink versucht haben, diesen Zusammenhang in Form einer strukturalen Poetik zu formulieren, gestattet es das Werk Quirogas, eine geschichtliche Folge nachzuzeichnen. Das Modell der Seelenwanderung, der hypnotisch belebten Puppe, so wie es uns fünf Jahre später in *Der Golem* begegnet, entsteht nicht unter dem Eindruck des Kinos, sondern bereitet vielmehr seine Rezeption bei Quiroga vor: Hier öffnet sich die

---

9 »¡Hemos hecho un error, Donissoff! – clamó de nuevo Sivel, pasándose la mano por su frente angustiada –. Ese hombre no tiene vida propia. Es un maniquí; le hemos transmitido el alma del otro« (HA 368-369).

10 Kulturgeschichtlich muss das Sujet des hyperästhetischen Menschen natürlich in die Epoche des *Fin de Siècle* verortet werden; das Motiv des nervösen Geschöpfs schießt über die wissenschaftliche Programmierung seines Nervensystems hinaus (Mesa Gancedo: *Extraños semejantes*, S. 206).

11 Auf die Verknüpfung der von Donissoff entfalteten Theorie mit der älteren Tradition des Mesmerismus weist Beatriz Sarlo hin (Sarlo: *La imaginación técnica. Sueños modernos de la cultura argentina*, Buenos Aires: Nueva Visión 1997, S. 41).

Leerstelle, welche ab 1917 mit dem Film gefüllt werden wird. Die Hypnose wirkt wie ein phantastisches Medium, welches das Orientierungszentrum des Subjekts – sein Bewusstsein – auf unvorhergesehene und unerklärliche Weise überträgt und eine charakteristische Unschlüssigkeit zwischen Immersions- und Infiltrationssujet erzeugt.

Das Problem ist zunächst, dass eine räumliche Orientierung in der Art eines Subjektzentrums und eines Verständnisses von Umwelt dem künstlichen Wesen fehlt, wie Sivel bemerkt: »Si lo hacemos caminar chocará con todo, porque no tiene noción de los obstáculos« (HA 361). Gleichzeitig erfordert seine Schöpfung eine Reorientierung, welche die Normalität des phänomenologischen Orientierungszentrums in Frage stellt. Als sie einen artikulierten Ausruf des Schmerzes hören, drehen sich die Wissenschaftler instinktiv nach dem Zimmer um, in welchem der Bettler liegt – in Wirklichkeit handelt es sich aber um die ersten Worte von Biógeno, der unmittelbar vor ihnen liegt:

El primer movimiento de Donissoff, Sivel y Ortiz fue volverse vivamente hacia la puerta del cuarto en que yacía el pobre torturado: habían oído *su* voz. Era su voz; y sin embargo había salido de encima de la mesa: era él quien hablaba (HA 368).

In dieser Hinsicht wirkt *El hombre artificial* wie eine ungeschliffene Vorstudie zu *La invención de Morel*, welche die grausige Übertragung des Lebens auf Simulacren tatsächlich mit den Mitteln eines raffinierten Medienverbunds weiter ausmalt.[12] Hier deutet sich also eine Problematik der Fiktion an, für welche das Kino eine willkommene neue Formulierung anbietet. In den späteren Filmkritiken Quirogas erscheint dieses Motiv des durch Seelenübertragung zum Leben erwachenden Mechanismus dann als eine gemeinplatzartige Metapher, etwa

---

12 Wie die Figuren, die im Roman von Bioy Casares aufgenommen werden, stirbt der Spender von Biógenos Bewusstsein an einer zunehmenden Anästhesie: »El otro entre tanto, el mísero torturado, se iba extinguiendo en la vaciedad total de su organismo. Ya no veía, ni oía, ni sentía nada. Yacía tendido de espaldas, inmóvil, muerto en vida. El corazón latía cada vez más débilmente. Su respiración se apagaba, y aquel cuerpo joven, lleno de vida dos días antes, era apenas un organismo vegetal, insensible máquina que se había vaciado hasta la última gota en explosivas cargas de dolor« (HA 373).

in seinem Plädoyer für die Bedeutung des Drehbuchs aus dem Jahr 1927.[13] Der Autor gilt hier als Spender des Bewusstseins, die Filmtechnik als das künstliche Geschöpf, welches noch nicht wahrnehmungsfähig ist. Vor dem Hintergrund des 1910 beschriebenen Schöpfungsakts bekommen diese Kino-Topoi eine metapoetische Dimension. Der Film erscheint als das neue Gebiet, in welches weit ältere Probleme der Poetik übertragen werden.

Eine magische Art von Immersion und Infiltration werden aber nicht nur unter dem Aspekt der elektrischen Akkumulation von Energie und der hypnotischen Suggestion inszeniert. Das Thema des künstlichen Menschen insgesamt ruft den Pygmalion-Mythos auf, welcher in einer Serie von Metaphern und Vergleichen aus der Bildhauerei die Erzählung durchzieht. Neben der naturwissenschaftlichen und der psychologischen Erklärung der doppelten Seelenübertragung verweisen die Metaphern aus dem Feld der Bildhauerei also auf diesen kunsttheoretischen Mythos. Noch bevor von Biógenos »expresión de serenidad estatuaria« (HA 365), seiner statuengleichen Gelassenheit, die Rede ist, werden diese Eigenschaften seinen Schöpfern zugeschrieben: Sivel, dessen Gesicht vom Anblick der Folterszenen »más blanco que el mármol« geworden ist (HA 365), insbesondere aber Donissoff, dessen »belleza angelical« mit der Festigkeit des Marmors verglichen wird (HA 357) und ausdrücklich »eine Statue zu sein scheint«, wenn er sein Ohr ans Herz seines Geschöpfs legt.[14] Umgekehrt gibt es einige Indizien, welche eher an Faust und seinen Homunkulus erinnern – oder aber an die Golem-Sage. Insbesondere die klare Entscheidung, einen Mann – und nicht etwa eine künstliche Frau – zu erzeugen, unter-

---

13 »La técnica artística, del mismo modo que un grandioso taller mecánico, no cobra vida hasta que un escritor, un ingeniero no anime con la suya aquella muerta maquinaria« (»La vida en el cine« (1927), in: Horacio Quiroga: *Arte y lenguaje del cine*, hg. v. Carlos Dámaso Martínez, Buenos Aires: Losada 1996, im Folgenden abgekürzt ALC, S. 195).

14 »Donissoff, con el oído sobre el corazón del hombre, parecía una estatua« (HA 360). Auf diese metaphorische Annäherung zwischen Schöpfer und Geschöpf, die als »cosificación« auch in anderen literarischen Texten über den künstlichen Menschen erscheint, weist auch Mesa Gancedo hin: *Extraños semejantes*, S. 212, Anm. 15. In unserem Zusammenhang belegen solche Vergleiche die Komplementarität von Infiltration und Immersion.

streicht den biblischen Intertext.[15] Die Anspielungen auf Pygmalion werden also zum einen überlagert von Hinweisen auf einen Sündenfall des engelsgleichen »Genies« Donissoff, zum anderen ergänzen sie die traditionelle Thematik der Infiltration, also des zum Leben erwachenden Artefakts, um das Thema der hypnotischen Immersion, dessen eigentlicher Protagonist nicht Biógeno, sondern Donissoff, ein Don Quijote der Technik, ist. Dieser nimmt in seinem Martyrium nicht nur alle »sufrimientos acumulados« seines Geschöpfs auf (HA 376), sondern vollzieht auch die abschließende Rück-Verwandlung zur leblosen Statue mit, welche sich bereits in der zitierten Metaphorik andeutet. Die Herstellung eines künstlichen Menschen, die als Infiltration angelegt war, wendet sich also zu einer besonderen Art von Immersion. Während die hypnotische Kommunikation, welche Donissoff gemäß dem Akkumulator-Modell vorschlägt, eine kontrollierte Übertragung des Bewusstseins anstrebt, entzieht sich die tödliche Explosion von Energie seiner Kontrolle. Von den Skulptur-Metaphern bereits vorbereitet, erscheint der Schöpfer hier als Doppelgänger seines Geschöpfs. Und dies deute ich als Indiz für das Umkippen von Reorientierung (die Übertragung von Stimme und Sicht des Bettlers auf den Standpunkt des künstlichen Menschen) zu Desorientierung (der unheimlichen Übertragung zwischen Biógeno und Donissoff). *El hombre artificial* setzt also als Feuilleton-Roman eine ähnliche kunsttheoretische Bedeutung des Wechselspiels von Immersion und Infiltration an wie der *Golem* Gustav Meyrinks. Trotz der unterschiedlichen Textgattungen lässt sich ein transatlantischer Vergleich ziehen: Beide Werke entfernen sich vom eindeutigen Pygmalion-Sujet und bereiten eine neue Art von Unschlüssigkeit vor.

Schön lässt sich in dieser Phase des Werks außerdem die Anstrengung beobachten, die esoterische Subkultur der Hypnose mit technisch-rationaler Präzision zu verknüpfen – eine Verknüpfung, für welche das Kino – wie sich in späteren Schriften Quirogas zeigt – eine willkommene Formel anbietet. In der kurzen Novelle *El divino* (1910) erscheint mit einem Theodoliten, »seinen Messbändern, seinen Ebenen und Fähnchen«[16] die Begeisterung des Erzählers für präzise Entfernungsmaße, welche der Auseinandersetzung mit dem neuen Medium schon vorausgeht. Quantitäten, und insbesondere Distanzen, werden in

---

15 Ebd., S. 222.
16 »Sus cintas métricas, niveles y banderitas« (CI 527).

den folgenden Schriften immer wichtiger, und immer mit großer
Genauigkeit in Metern, Zentimetern oder Millimetern angegeben.[17]
Auch wo die Baumaße mit dem Motiv des Abdriftens, »siempre a la
deriva« (CI 438) verknüpft sind, verleiht das Kalkül den Halluzinationen eine empirische Nuance und Wahrscheinlichkeit. In *El infierno
artificial* (1913) erleben die beiden Protagonisten einen gemeinsamen
Drogenrausch als »ilusiones que acercan el porvenir a diez centímetros
del alma abierta« (CI 166), in *La muerte de Isolda* (1914) wird der
Erzähler die Entfernung zur geliebten Frau »wie ein Schlafwandler«
überwinden.[18] Das Interesse für psychologische Grenz-Erfahrungen,
für Hypnose und Halluzination paart sich mit einem Willen zu technischer Präzision, für den diese genauen Entfernungsmaße die ersten
Anzeichen sind.

Abbildung 5: »El hipnotismo al alcance de todos«

El sujeto con el cuerpo erguido, pero sin rigidez, mira
fijamente un objeto brillante que el hipnotizador mantiene á 25 centímetros de los ojos.

Quelle: *Caras y caretas*, 23.6.1906

In seinem Artikel zum Thema unterstreicht Quiroga das präzise Kalkül
der optisch herbeigeführten Hypnose: »El sujeto con el cuerpo ergui-

---

17 »a veinte metros de mí« (*La muerte de Isolda*, 1914, CI 48), »diez centímetros son suficientes« (*Tres cartas... y un pie*, 1918, CI 309), »mi canoa […] tenía tan sólo dos milímetros de espesor en toda su obra« (*En la noche*, 1919, CI 438).
18 »Me levanté entonces, atravesé las butacas como un sonámbulo« (CI 48).

do, pero sin rigidez, mira fijamente un objeto brillante que el hipnotizador mantiene a 25 centimetros de los ojos«.[19]

Ein anderes Indiz für die Tendenz zur Rationalisierung sind die physiologisch-biologischen Erklärungsversuche von *El almohadón de pluma[s]* (1907) und *La miel silvestre* (1911), aber auch von *El hombre artificial* (1910). All dies bildet die Ouvertüre zur intensiven Rezeption des Kinos, welches eine technisch-naturwissenschaftliche Begründung, vor allem aber eine ästhetische Form für die gleichen Grenz-Erfahrungen anbietet. Beatriz Sarlo und Sylvia Saítta haben die Poetik dieser »hipótesis técnico-científica« bereits genauestens erforscht: Neben den technischen Details kommen bald bestimmte Medien zum Einsatz, um als Metaphern den Erzählungen Glaubwürdigkeit zu verleihen.[20] Es geht also um Wahrscheinlichkeit als eine zentrale Forderung narrativer Poetik. Das Kino durchzieht, wie ich im Folgenden zeigen möchte, drei der prägnanten Typen von Phantastik, denen Carmen Luna Sellés die Erzählungen Quirogas zuordnet. Es stellt erstens die Bilder bereit, in denen sich die

---

19 Horacio Quiroga (alias »Licenciado Torralba«): »El hipnotismo al alcance de todos«, *Caras y caretas*, 23.6.1906.

20 Beatriz Sarlo sieht den Unterschied zu Lugones, seinem illustren Vorgänger in der rioplatensischen Kurzerzählung, eben darin, dass Quiroga die Technik in seinem Leben wie auch in seinem Werk zulässt und auf diese Weise eine rhetorisch überlegene Erzählposition verlässt: Die technische Erfindung öffnet ihm einen Weg jenseits der etablierten Traditionen einer kulturellen Elite (Sarlo: *La imaginación técnica*, S. 21-34). Sylvia Saítta geht noch weiter, indem sie zeigt, wie die moderne Technik die realistische Erzählung über sich in eine Sphäre unwahrscheinlicher Möglichkeiten hinaustreibt und umgekehrt innerhalb der phantastischen Erzählung einen Grund von Wahrscheinlichkeit und technologischer Präzision bietet. Das gesamte Gattungssystem der Kurzerzählung wird also in der Moderne durch die neuen Medien umgewandelt. Auf dieses Wechselspiel von technologischer Begründung und typisch phantastischen Themen wie Hypnose und Halluzination komme ich im folgenden Abschnitt zurück (Saítta: »Mirar con otros ojos: el cine en la literatura argentina (1900–1950)«, in: Wolfram Nitsch/Matei Chihaia/Alejandra Torres (Hg.): *Ficciones de los medios en la periferia. Técnicas de comunicación en la ficción hispanoamericana moderna*, Köln: Universitäts- und Stadtbibliothek Köln 2008, S. 111-123).

Träumereien des Filmfans von *Miss Dorothy Phillips, mi esposa* (1919) anschaulich darstellen lassen. Ein kinematographisches Schreiben gestattet aber auch, pathologische Grenz-Erfahrungen an der Schwelle von Leben und Tod zu artikulieren (wie in *La meningitis y su sombra* von 1917). Schließlich wird es zum Medium, durch das fiktionale Gestalten, Filmfiguren, sich in die empirische Realität der Geschichte infiltrieren.[21] Besonders interessant scheint mir dabei, dass die Form des Kinos dabei erstens auch fiktionsironisch und zweitens trotz des präzisen Kalküls nicht als eine funktionierende neue ästhetische Grenze, sondern unter ihrem dysfunktionalen Aspekt, mit zahlreichen Entgleisungen, in die Form des Erzählens eingeführt wird.

Luna Sellés' Typologie zeigt in Ergänzung zu Sarlo und Saítta, dass die Rationalisierung stets unvollständig bleibt, weil ausgrechnet in der Euphorie des medial Möglichen ein magisches Weltbild auf unheimliche Weise wiederkehrt. Gerade an den Stellen, an denen der Erzähler, etwa in *El hombre artificial*, präzise Zeitangaben zu setzen versucht, verliert er sich, desorientiert, im Verlauf des eigenen Texts. Dies hat im Einzelnen Daniel Mesa Gancedo in seiner ausführlichen und genauen Untersuchung dieser Geschichte nachgewiesen.[22] Die Sujets der Immersion und Infiltration, lässt sich dem hinzufügen, und die Überlagerung verschiedener Medienformen unterwandern die Konstruktion einer technisch eindeutig bestimmten ästhetischen Grenze.

Was Quiroga zunächst an den neuen Medien fasziniert, hängt eng mit der präzisen Distanz zusammen: Die Tiefenschärfe, die Aufteilung des Wahrnehmungsraums in Vordergrund und Hintergrund, welche das Verhältnis von Betrachter und Betrachtungsgegenstand relativ genau festlegen, soll hypnotische Wirkung haben. Dieses Potential bestimmt schon das fotografische Porträt des gealterten »Baumstammfischers« in *Los pescadores de vigas* (1913): Seine Hände erscheinen als »fahle, grün gemaserte Pranken, die riesengroß an seinen Handgelenken baumeln, wie in den Vordergrund einer Fotografie projiziert.«[23] Die gleiche Figur weiß als Besitzer eines für seine Tätigkeit unent-

---

21 Luna Sellés: *La exploración de lo irracional*, S. 55-57, S. 103-104 und S. 146 ff.
22 Mesa Gancedo: *Extraños semejantes*, S. 214.
23 »Sólo sus manos, lívidas zarpas veteadas de verde, que penden inmensas de las muñecas, como proyectadas en primer término de una fotografía« (CI 111).

behrlichen Fernglases (»anteojo telescopado«) genau über Entfernungen und ihre optische Überwindung Bescheid (CI 111).[24] Während sich die Form des Kinos anbietet, um die Wirkung der Hypnose, die auf einer präzisen Positionierung des Subjekts beruht, in die Literatur einzuführen, zieht die Überlagerung verschiedener ästhetischer Grenzen eine charakteristische Unschärfe oder Unschlüssigkeit nach sich. Der Unterschied von Vordergrund und Hintergrund, wie auch die Präzisierung von Entfernungen, erhalten derart eine ambivalente Funktion im von Quiroga skizzierten Drehbuchprojekt, dem ich mich im nächsten Abschnitt zuwenden möchte. Zusammen mit der Erzählung *La meningitis y su sombra* aus demselben Jahr 1917 bezeichnet dieses den Anfang einer intensiven Auseinandersetzung mit dem Kino, welche sich ab 1918 auch in regelmäßigen Filmchroniken und Kurz-Essays äußert.

[1917] Neue Begründungen des hypnotischen Weltbilds

Das Kino, schreibt Sylvia Saítta, ist das wissenschaftliche und technische Prinzip, welches die Hypothese der Fiktion stützt, indem es einem phantastischen Ereignis Wahrscheinlichkeit verleiht.[25] Dies beginnt für Quiroga noch vor den eigentlichen Kino-Erzählungen wie *El vampiro* (1927) durch den Einsatz von filmischen Formen und expliziten Film-Vergleichen in der Erzählung *La meningitis y su sombra* (1917), welche nicht zufällig kurz vor dem Anfang seiner Tätigkeit als Filmkritiker entsteht. Dabei scheint mir, dass das Kino das Problem jener »Orientierung im Phantasma« zuspitzt, welches schon im frühen Werk des Erzählers modelliert wurde. Nicht zufällig preist das erzählende Ich in *La meningitis y su sombra* seine Geschichte als eine Erfahrung an, welche alle bekannten Widersinnigkeiten des Seelenlebens, »Seelenwanderung, Spiritismus, Telepathie«, übertreffe.[26] Zu den bekannten und bereits bei Leopoldo Lugones inszenierten parapsychologischen Phänomenen kommt das Kino als Form hinzu, welche zunächst nur in Vergleichen und Metaphern erscheint.

---

24 Im Tausch gegen die Baumstämme erwirbt er ein Grammophon, ein technisches Medium, welches ihn offenbar ebenfalls fasziniert.

25 Saítta: »Mirar con otros ojos«, S. 114.

26 »Metempsicosis, espiritismos, telepatías y demás absurdos del mundo interior, no son nada en comparación de éste« (CI 133).

Der Ich-Erzähler von *La meningitis y su sombra*, der Ingenieur Carlos Durán, wird brieflich zu einem ehemaligen Mitschüler, Luis María Funes, eingeladen, dessen Tochter María Elvira an einer schweren Hirnhautentzündung leidet. Von Anfang an kreist ihr Fieberdelirium um ein einziges Thema: Ihre unsterbliche Liebe zu eben diesem Ingenieur, den sie allerdings in gesundem Zustand nur einmal zwei Minuten lang zu Gesicht bekommen hat. Die Familie bittet Durán, ihr während ihrer Krankheit Gesellschaft zu leisten und ihrem Delirium entgegenzukommen. Nachdem die junge Frau gesundet, nehmen beide normale gesellschaftliche Beziehungen zueinander auf. Während María Elvira sich an die im Fieber geleisteten Liebesschwüre nicht mehr zu erinnern scheint, fühlt sich Durán allerdings immer stärker an sie gebunden. Das Gefühl einer unerwiderten, vergeblichen Liebe und der dem Paar neckisch von den anderen verliehenen Spitzname »Die Meningitis und ihr Schatten«, treiben den Ingenieur beinahe in ein nordamerikanisches Exil. Als er María Elvira dieses Vorhaben mitteilt und ihr seine Liebe gesteht, wird sie auf einmal von der Leidenschaft ergriffen, die sich schon in halbbewusstem Zustand während ihrer Krankheit geäußert hatte. In der abschließenden Rahmen-Erzählung erscheint sie als Ehefrau an seiner Seite, während er das Manuskript ihrer Geschichte verfasst.

Das Grundthema der Erzählung, die Realisierung einer Halluzination, die Verwandlung eines Verhältnisses durch einen quasi-hypnotischen Zustand, nimmt die bereits analysierte, für Quirogas frühes Erzählwerk typische Situation auf: María Elvira ist von der Krankheit an ihr Bett gefesselt und ihr Delirium schafft eine zweite Existenz, welche auch von Durán eine »doble vida sentimental« (CI 138) fordert. Dieses Doppelleben verursacht, dass er sich seinerseits in die Frau verliebt, welche im Wachzustand jedoch nicht weiter an ihm interessiert ist. Nachdem sie im Traum zueinander gefunden haben, müssen sie auch in Wirklichkeit noch zueinander finden. Dieser grundsätzlich romantische und an die Ritterepik erinnernde »doppelte Kursus« der Geschichte[27] wird nun aber aus der Sicht des Ingenieurs auf eine ganz

---

27 Neben Edgar Allan Poe ist es vor allem Richard Wagner, der Quiroga beeinflusst. Ein Beispiel ist der Dialog von Walther und Hans Sachs in Wagners *Meistersingern*, Akt 3, Szene 2, in welchem Sachs die poetische Dimension des Wahrtraums erläutert: »Mein Freund! Das grad ist Dichters Werk/daß er sein Träumen deut und merk./ Glaubt mir, des Menschen

sachliche und nachromantische Weise dargestellt. Erstens ist er sich mit der ihn umgebendem Gesellschaft – repräsentiert insbesondere von dem behandelnden Arzt – weitgehend einig, die Hirnhautentzündung als Krankheit zu behandeln und nicht als Offenbarung einer tieferen Wahrheit. »Las proyecciones psicológicas del delirio« bleiben also ein pathologisches Symptom (CI 133). Zweitens ist die Wahrnehmungsform, die das erzählende Ich und die weibliche Hauptfigur teilen, geprägt von der populären Kunst des Kinos.

Die Präsenz des Kinos deutet sich im Appell an die Sympathie der anderen Männer an, die wie er in einen Schatten verliebt sind (CI 139) – ein Appell, der fast wörtlich in *Miss Dorothy Phillips, mi esposa* (1919) als einleitende *captatio benevolentiae* wieder aufgenommen wird.[28] Überhaupt passt die gesamte Schattenmetaphorik zum Diskurs über das frühe Kino, in welchem der Schatten und die Abdunkelung des Raums als Mittel der Versenkung in die Fiktion erscheinen.[29] Wieder äußert sich eine bemerkenswerte Mischung aus Unschärfe und Präzision in den Darstellungen des Erzählers, wenn er etwa das Bild der bettlägerigen María Elvira schildert: »Zwei Augen und dreißig

---

wahrster Wahn/wird ihm im Traume aufgetan:/all Dichtkunst und Poeterei/ist nichts als Wahrtraumdeuterei« (Wagner: »Die Meistersinger von Nürnberg«, in: R.W.: *Gesammelte Schriften und Dichtungen*, 12 Bde., Leipzig: Breitkopf und Härtel ^{5}1883 Bd. 7, S. 150-271, hier S. 235.). Aber auch die Wahnbilder und Ahnungen der beiden Liebenden im dritten Akt von *Tristan und Isolde* (1859) bilden eine tragische Ausprägung dieses Themas, das Quiroga im Kopf gehabt haben kann. Eine Anekdote erzählt, wie er auf einem Spaziergang im Urwald eine Melodie von Wagner pfeift (vermutlich, so heißt es, das Finale von *Tristan und Isolde*) und auf einmal ein Echo hört: Jemand setzt die Melodie fort, wo er immer wieder abbricht, und führt sie bis zum Ende durch. Er befreundet sich so mit einem Ingenieur aus Belgien (nach Ezéquiel Martínez Estrada: *El hermano Quiroga. Cartas de Quiroga a Martínez Estrada* (1957), hg. v. Oscar Rodríguez Ortiz, Caracas: Fundación Biblioteca Ayacucho 1995, S. 25).

28 »Yo pertenezco al grupo de pobres diablos que salen noche a noche del cinematógrafo enamorados de una estrella« (*Miss Dorothy Phillips, mi esposa*, CI 463).

29 Ein Essay von Quiroga zu diesem Thema plädiert sogar gegen die Betrachtung von Filmen bei Tageslicht: *Tema de actualidad. El amor y la sombra* (1922, ALC 312-315).

Zentimeter Arm, der Rest ein weißer Fleck«.[30] Auch wenn dies nicht unbedingt die Komposition auf der Filmleinwand darstellen muss, erscheint wenig später ein expliziter Hinweis auf das Kino, um den Blick der Frau zu charakterisieren: Sie spricht seitwärts zu ihm »ohne diesen Blick zu senken, so als wäre sie weiterhin an den Gesichtern interessiert, welche in einer *Film*abfolge vorbeigingen«.[31] Als Neologismus, aber auch als Fremdelement in der literarischen Form wird »*film*« kursiv gesetzt. Die gesamte Halluzination María Elviras wird von dieser Metapher aus rückblickend mit der Wahrnehmung einer filmischen Fiktion verglichen. Während ihr Delirium sie an Durán annäherte, trennt sie diese ästhetische Einstellung wieder von ihm. Die Versenkung in den Film tritt an die strukturelle Position der Versenkung in das halluzinatorische Phantasma.

Quiroga hat die zuletzt geschilderte Situation der Immersion etwas später in einem Essay auf komische Weise beschrieben. Thema dieses Artikels ist das Dunkel des Kinos (»la sombra«), welche besondere Bedingungen für die Aufnahme des Films schafft: »wie durch ein Vakuum übertragen sich die Gefühle und Leidenschaften von der Leinwand auf die Seele der Zuschauer«.[32] Diese Medienvergessenheit und Fiktionsvergessenheit kann zu komischen Effekten führen, wenn ein Mann einer Frau im Kino seine Liebe zu gestehen versucht und ihren Blick wie auch ihre Aufmerksamkeit nicht von der Leinwand abwenden kann. »Si usted le dice ›– ¡Te amo!‹, ella responderá agitada: ›– ¡Ya viene! ¡La va a matar!‹«.[33] Nachdem sie im Phantasma ihres Deliriums gefangen war, wirkt María Elvira – so die Bedeutung der Filmmetapher – jetzt in einer filmischen Wahrnehmungsform gefangen, einem Phantasma, das sie vom Erzähler auf Distanz hält. Erst im Medium der literarischen Fiktion, erst in der Schreibsituation, welche

---

30 »Había amado una sombra, o más bien dicho, dos ojos y treinta centímetros de brazo, pues el resto era una larga mancha blanca« (CI 143).

31 »Pero sin bajar los ojos, como si le interesaran siempre los rostros que cruzaban en sucesión de *film*, agregó un instante después de costado: [...]« (CI 145).

32 »En esa sombra sin ruido, sin voces, sin movimientos, en que los sentimientos y pasiones de la pantalla pasan como a través del vacío al alma de los espectadores« (*Tema de actualidad. El amor y la sombra*, ALC 313).

33 Ebd., ALC 314.

die fiktionsironische Nachschrift schildert, endet diese Distanz durch ein »arte literario«, welches sie als gute Ehefrau in eine wiederum präzise angegebene Nähe zu Durán bringt: »me echa los brazos al cuello y me mira, no sé si a mucho más de cinco centímetros« (CI 152). Diese ineinander eintauchenden Blicke erscheinen bereits während der Krankheit María Elviras (CI 142), und ein zweites Mal im alles entscheidenden Geständnis, erzählt als eine einfache Abfolge von Blicken, Gesten und Blickwechseln, die große Ähnlichkeit mit der Struktur der etwa gleichzeitig entstandenen Drehbuchskizze aufweist. Wenn die abschließende Maßangabe also die Realität dieser Beziehung in Gegensatz zu allen vorangegangenen Halluzinationen unterstreicht, so bereitet die filmische Situation dieses Finale bereits vor: Die Ästhetik der kinematographischen Immersion erfüllt eben eine Vermittlungsposition zwischen technischer Begründung und phantastischer Überschreitung der ästhetischen Grenze.

Angesichts des späteren Essays kann man sogar so weit gehen, das Dunkel des Kinos (»la sombra«) für die Begegnung der beiden Liebenden verantwortlich zu machen, welche beide als Schatten in die Leinwandwelt hineingezogen werden. Der Ingenieur trägt seinen Spitznamen ›der Schatten der Hirnhautentzündung‹ als treuer Begleiter der erkrankten María Elvira. Er selbst sieht seine vergebliche nächtliche Liebe (»vano amor nocturno«) nicht anders als die Liebe zu einem Schatten (»Amo, pues, una sombra«, CI 139). Das Dunkel ist das eigentliche Medium ihrer Leidenschaft, aber dieses Dunkel konnotiert nicht mehr romantische Schwellensituationen, sondern den Raum des Kinos, welches, wie der bereits zitierte Essay sagt, die »*sombra cómplice* [...] que nos enseñan los poetas« (ALC 313) technisch produzierbar macht. Dass Licht und Schatten derart als Medium der hypnotischen Immersion erscheinen, will nicht wirklich mit der Nachschrift zusammenpassen, welche den »honor del arte literario« in einer euphorisch ausgestalteten Schreibszene feiert. Es spricht aber für Quirogas Willen, sich das ästhetische Potential des Kinos für eine besondere Form von Fiktion anzueignen.

Nicht nur die Immersion, auch die Infiltration, das Thema des künstlichen Lebens, der wiederbelebten Untoten, wandelt sich bei Quiroga unter dem Eindruck der neuen optischen Medien. Noch bevor die bekannten Filmerzählungen wie *El espectro* und *El vampiro* dieser Infiltration vertraute Namen geben, erscheint sie beiläufig, als Allegorie der Fototechnik, in der Erzählung *La cámara oscura* (1920). Ich möchte schon an dieser Stelle darauf zu sprechen kommen, weil die Medienmetaphorik dieser Novelle wie eine Ergänzung von *La meningitis y su sombra* verstanden werden kann. Während technisch produzierbares Licht und Schatten in der früheren Erzählung das Medium der Immersion darstellen, liefern sie in diesem Text den Anlass einer Infiltration, die mit der Erweckung des künstlichen Menschen in *El hombre artificial* verglichen werden kann. Die doppelte Begegnung mit dem Tod wird für den Erzähler von *La cámara oscura* zu einer doppelt traumatischen Erfahrung. Zunächst muss er das Sterben eines asthmakranken Bekannten mit ansehen und sodann für dessen Ehefrau eine fotografische Porträtaufnahme des Toten herstellen. Als er etwa um Mitternacht in der Dunkelkammer, nach welcher die Erzählung benannt ist, die Platten entwickelt, erlebt er eine nervöse Krise:

Yo debía revivir al individuo ya enterrado que veía en todas partes; debía encerrarme con él, solos los dos en una apretadísima tiniebla; lo sentí surgir poco a poco ante mis ojos y entreabrir la negra boca bajo mis dedos mojados; tuve que balancearlo en la cubeta para que despertara de bajo tierra y se grabara ante mí en la otra placa sensible de mi horror (CI 709).

Erst abschließend wird die Allegorie aufgelöst, welche die Technik der Fotografie mit lichtempfindlichen Fotoplatten auf das Erleben eines empfindlichen Subjekts überträgt. Bis dahin werden die verschiedenen Phasen des Entwicklungsprozesses, die Tränkung der Platten mit bestimmten Flüssigkeiten, ihre regelmäßige Bewegung in einer Wanne, zu Momenten eines unheimlichen Auferstehungsprozesses, welcher den frisch Verstorbenen wieder vor die Augen des Erzählers bringt – aber nicht als Lebenden, sondern als Untoten (da die Fotografien erst nach seinem Tod aufgenommen wurden). Diese Infiltration vollzieht sich im Medium des Dunkels. Was sie entscheidend von dem Schöpfungsakt von *El hombre artificial* unterscheidet, ist der traumatische Entzug des Modells traditioneller Kunsttheorie, des Pygmalion-Mythos. Durch die frisch entwickelte Fotografie erscheint der Tote nicht als Skulptur, auch nicht als bewegte Statue (wie in *El burlador de Sevilla y convidado de piedra*) – er erscheint als Kadaver. Wenn die neuen Medien also der phantastischen Erzählung Wahrscheinlichkeit verleihen, eine traditionelle Qualität der Poetik, so reduzieren sie zugleich die Poetisierung künstlichen Lebens auf reine Pathologie.

Die Fotografie führt den Toten, der bereits unter der Erde liegt, in die Flüssigkeit unter den Fingern des Fotografen in der Dunkelkammer. Sie übernimmt die desorientierende Funktion der Halluzination also auf ähnliche Weise wie der Raum des Stummfilms. Aus diesem Grund ist es sinnvoll, die beiden neuen optischen Medien gemeinsam zu behandeln. Gemeinsam dringen sie in die Metaphorik Quirogas vor, gemeinsam stellen sie seine Fiktion in Frage, auf die gleiche Art und Weise eignet sich der Schriftsteller ihre jeweilige Form der Überlagerung von Immersion und Infiltration an. Dies lässt sich gut an der Drehbuchskizze *La jangada* (nach 1917) zeigen, in der zuvor literarisch realisierte Novellen – *La bofetada* (1916) und *Los mensú* (1917) – für den Film adaptiert und in eine größere Geschichte integriert werden.

Wieder, wie in *La meningitis y so sombra*, ist in *La jangada* ein Ingenieur der Handlungsträger. Um im Auftrag der Regierung die Arbeitsverhältnisse im Urwald von Misiones zu dokumentieren, heuert Orgaz mit anderen Tagelöhnern als Holzarbeiter an. Schon auf der Hinfahrt offenbart sich die menschenverachtende Mentalität des dortigen Betriebsleiters: Er ohrfeigt und demütigt einen seiner ehemaligen Arbeiter, den er schon zweimal von seinem Land verbannt hatte und der jetzt verbotenerweise Schnaps an die anderen verkauft, um sich zu rächen (Sujet von *La bofetada*). Auch Orgaz wird verbannt, nachdem er es wagt, gegen die Verhältnisse im Forstbetrieb zu protestieren, die zum Tod eines der Tagelöhner geführt haben. In der Zwischenzeit hat er aber auch schon erste zarte Gefühle für Beatriz, die Tochter des Besitzers, entwickelt. Als diese sich bei einem Spaziergang im Dschungel verirrt, findet er sie und hilft ihr, wieder zu sich zurückzugelangen. Sie selbst, die in Orgaz nur den Unruhestifter sieht, wagt es nicht, sein Gefühl zu erwidern. Die Situation im Betrieb eskaliert, als der gezüchtigte Arbeiter zurückkehrt, das Chalet des Besitzers anzündet, die Tagelöhner mit Alkohol versorgt und zur blutigen Revolte anstachelt. Beatriz, die sich vor allem vor Orgaz fürchtet, meint ihn in einem der Männer zu erkennen, die in ihr Zimmer einbrechen und sie bewusstlos schlagen. In Wirklichkeit nimmt der Ingenieur sie ihren Entführern ab, als diese zum Strand flüchten. Während sich die meisten Aufständischen in Kanus davonmachen, übernimmt der Ingenieur, der seine wahre Identität immer noch verbirgt, die Führung des Floßes, auf dem er gemeinsam mit weiteren flüchtigen Arbeitern auch die Tochter des Besitzers und ihren lächerlichen Verehrer mitnimmt. Auch der Verräter, welcher seine Rache vollzogen und den Betriebsleiter fast zu Tode gepeitscht hat, fährt mit ihnen. Anders als in *La bofetada* wird der Arbeiter aber noch durch einen Schuss verwundet, bevor er seinem Opfer den Gnadenstoß gibt. Auf dem Floß treibt diese Gruppe davon. Die zweite, auf dieses Abdriften beschränkte Hälfte des Films bleibt relativ handlungsarm und konzentriert sich auf das Missverständnis von Beatriz, welche Orgaz für den Verräter hält, und auf dessen Sympathie mit den Tagelöhnern, denen er bis zum Schluss beisteht. Die Spannung steigert sich, als der Ingenieur zusammen mit den überlebenden Meuterern festgenommen wird und erst kurz vor seiner Exekution offenbart, dass er im Auftrag der Regierung arbeitet.

Beide Teile der Geschichte, Ankunft auf dem Dampfer und Leben im Urwald einerseits, die Flucht auf dem Fluss andererseits, werden von einer Liebesgeschichte zusammengehalten, welche einige Gemeinsamkeiten mit *La meningitis y su sombra* hat. Diesmal verfolgt Quiroga allerdings ein umgekehrtes Sujet: Während die Heldin seiner Erzählung im Traum ein Idealbild des Ingenieurs sieht, wird Beatriz von Wahnbildern verfolgt, die ihr Orgaz als grausamen Verräter zeigen und sie daran hindern, seine wahre Identität und Liebe zu erkennen. Besonders zwei Szenen sind dafür interessant: Als Beatriz sich im Urwald verirrt, sieht Orgaz noch vor ihrer Ankunft ihr Bild im Tagtraum vor sich. Dieses Phantasma kehrt wieder und verschwindet. Das Drehbuch deutet hier also einen phantastischen Effekt an. Von der Vision beunruhigt, bricht der Ingenieur auf, sie zu suchen und findet die Verirrte (ALC 393-394). Diese wiederum beginnt ihm zuzulächeln, als ein Schnitt zu einer anderen irrealen Szene führt, die sich offenbar in ihrem Kopf abspielt: Orgaz, mit gewaltverzerrtem, schurkischem Gesicht, stachelt die anderen Arbeiter zum Aufstand an (ALC 394-395). Der Film nimmt an dieser Stelle ausdrücklich den Standpunkt des Phantasmas an, stellt sich in Konkurrenz zur Wirklichkeit. Diese Konkurrenz spitzt sich zu einer Doppelgänger-Situation zu, als Beatriz, die nach ihrer Entführung erwacht, in Orgaz den Mann zu erkennen meint, der sie vergewaltigen wollte: Er trägt »die gleiche Kleidung und hat die *gleiche* Wunde an der Schläfe, von der Blut herab rinnt«.[34] Mit dem blutigen Aufstand kippt die Reorientierung in eine unheimliche Desorientierung, die klare Trennung zwischen dem Phantasma und

---

34 »Igual ropa y la misma herida en la sien, de la que chorrea sangre« (ALC 401).

der Realität wird in der Situation des gemeinsamen Abdriftens verwischt: Zwar weiß der Zuschauer, dass Orgaz unschuldig ist, dennoch hält dieser länger als unbedingt notwendig das Spiel für Beatriz aufrecht und stellt sich vor ihr und den anderen als Meuterer dar. Der Film bietet also eine technische Lösung für das halluzinatorische Abdriften, indem es die andere Wirklichkeit des Traums ebenso detailgetreu darstellt wie die Realität. Beatriz, die sich in ihrem Phantasma verirrt, spiegelt ein Kino-Publikum, welches sich – laut dem bereits zitierten Essay – vollständig in die Handlung versenkt. Diese in der Drehbuchskizze realisierte Möglichkeit hat eine metapoetische Dimension, welche die Ästhetik des Kinos in der Handlung spiegelt.

Die untergeordnete Bedeutung der Filmtechnik in diesem Drehbuch hat ihr Herausgeber, Carlos Dámaso Martínez, bereits erörtert. Quiroga selbst kommentiert die Zwitterstellung seines Texts an zwei Stellen: Einmal unterstreicht er, dass es sich um eine bloße Skizze handelt, bei der nur einige Szenen und Dialoge ausgeführt sind (ALC 381). Sodann nimmt er sich an der Schnittstelle zwischen dem ersten und dem zweiten Teil vor, einfach nur noch die Handlung zu skizzieren, da der Leser sich Details nach dem vorhergehenden Nebentext vorstellen könne (ALC 397). In Wirklichkeit, so Dámaso Martínez, gelingt es ihm nicht, sich kurz zu fassen.[35] Der Erzähler muss alles ausmalen, die Skizze läuft ihm aus dem Ruder und nimmt die Ausmaße eines Kurzromans oder einer längeren Novelle an, in der Dialoge und Gesten aufeinander folgen, wie es in Quirogas handlungsintensiven Erzählungen oft der Fall ist (die letzten Seiten von *La meningitis y su sombra* nutzen eine ähnliche Weise der narrativen Vermittlung). Was sich tatsächlich ändert, ist die kontrollierte Bezeichnung von Einstellungen, für die Quiroga anfangs zwei Kürzel einführt: Der Buchstabe »T« – für »primer término« – leitet Großaufnahmen ein, bei denen die Figur in den Bild-Vordergrund tritt. »Wie in dem Vordergrund einer Fotografie« heißt es in *Los pescadores de vigas*, und diese Präzisierung der Nähe zum Betrachter bleibt auch im Drehbuchentwurf die entscheidende Charakteristik der Einstellungen.[36] Die zweite Abkür-

---

35 Carlos Dámaso Martínez: »Estudio preliminar: El cine y la literatura como una conjunción estética«, in: Horacio Quiroga: *Arte y lenguaje del cine*, S. 15-37, hier S. 28.
36 Gilt der Guckkasten als die Art von Bühne, in der die Rampe am ehesten einer dramatischen Illusion weicht, so ist die naturgetreue Wiedergabe ei-

zung, »D« – für »escenas detalladas« (ALC 375) – lässt sich weit weniger eindeutig einer bestimmten filmischen Technik zuordnen. Die damit gekennzeichneten Szenen umfassen vielmehr, wie bereits Dámaso Martínez feststellt, eine Vielzahl von cineastischen Formen.[37] Zumindest am Anfang scheint mir das Kriterium des Details weniger auf filmische Aufnahmetechnik als auf das Verhältnis des Dargestellten zur Geschichte zu zielen. Das unterstreicht noch einmal, dass es in der Produktion von Wahrscheinlichkeit ebenso sehr auf die Ästhetik wie auf die Technik ankommt. Die mit diesem Buchstaben bezeichneten Abschnitte dienen dem Lokalkolorit, sie charakterisieren also den Kontext, die Welt und Charaktere von Misiones, wo sich der Hauptteil der Handlung abspielt. Mit zunehmendem Fortschreiten der Skizze verzichtet Quiroga dann ganz auf die kinematographischen Siglen, bleibt aber in der Vorstellung eines Films. Darauf verweisen zahlreiche Schnitt- und Montageanweisungen, mit einer gewissen Vorliebe für die dramatische Schuss-Gegenschuss-Montage (z.B. der Wechsel zwischen Beatriz und einer Gruppe von Tagelöhnern auf dem Schiff, ALC 380).

Die Montage-Empfehlungen Quirogas verraten nicht nur eine gründliche Vertrautheit mit den Verfahren des Stummfilms, sondern legen auch seinen Sinn für künstlerische Effekte bloß. Auch in dieser Hinsicht bietet der Film eine Poetik und Metasprache der Komposition, die das schon im vorherigen Werk Verwirklichte zu artikulieren und mitzuteilen gestattet – so wie es Poe in *The Philosophy of Composition* (1846) vorgemacht hatte. Poes rationale Analyse seiner eigenen Poetik bietet auch eines der Vorbilder für den *Decálogo del perfecto cuentista* (1927).[38] In der Drehbuchskizze erscheint die filmische

---

nes Zimmers im Kino nur eine unvollkommene Stufe der Illusion. Übertroffen wird sie noch durch die Suggestionsmacht einer leinwandtypischen Großaufnahme, in der das Gesicht zum Spiegel der Seelenbewegung wird – dem Markenzeichen der von Quiroga geschätzten *Universal*-Produktionen. So verteidigt er die »Blue Bird« Studios (Universal) und ihren Star Dorothy Phillips gegen die nordamerikanische Kritik am »exceso de figuras en primer plan« (*Dorothy Phillips y William Stowell*, 1920, ALC 160).

37 Martínez: »Estudio preliminar«, S. 28.
38 Wo nicht nur Poe als Vorbild genannt, sondern auch die rationale Komposition der Erzählung vom ersten bis zum letzten Satz gefordert wird.

Montage nicht nur als ein Mittel, um Phantasma und Realität zueinander in eine gleichberechtigte Relation zu stellen, sondern darüber hinaus als eine Rationalisierung und Steigerung künstlerischer Verfahren. Mehrere seiner Erzählungen, so *La muerte de Isolda* (1914) und *La llama* (1915) kreisen bereits um den hypnotischen Effekt des Finales aus Richard Wagners *Tristan und Isolde* (1859). Im filmischen Entwurf spricht Quiroga an einer Stelle von einem »momento cuya tirantez dramática exija un derivativo, o para sacar más efecto de acción, cortándola y recogiéndola (tipo final de Tristán e Isolda)« (ALC 391). Diese Regieanweisung rationalisiert also eine Wirkung, die dem Erzähler aus der hochkulturellen Kompositionstechnik vertraut ist.

Zur kinematographischen Reproduktion dieses Effekts muss aber noch eine Steigerung kommen, die Quiroga in seinen Essays unterstreicht; der Film übertrifft das Opernschauspiel, indem dessen Kompositionen bewegt und belebt werden. Die Polemik gegen die starren »posas estatuarias« am Ende von Einstellungen, die langsam abgeblendet werden (in einem Feuilleton vom 8. Mai 1920, ALC 120) erinnert daran, dass die Projektion des Films mit der Tradition der lebenden Bilder wetteifert. Der gesamte zweite Teil des Drehbuchentwurfs von *La jangada* wirkt inspiriert von einem typischen Tableau vivant, das nun aber nicht mehr bildhauerisch, sondern filmisch belebt wird. Die Figurengruppe von alten und jungen, kranken und sterbenden Menschen verweist unmissverständlich auf Géricaults *Das Floß der Medusa* (1819), welches Quiroga im Louvre gesehen haben muss und das – wie etwa der Schwur der Horatier – ein beliebtes Thema von lebenden Bildern darstellte.[39] Belebt wird diese Situation nun aber nicht mehr von dramatischer Mimik oder Gestik, sondern von der filmischen Darstellung des Abdriftens, der Bewegung auf dem Fluss mit seinen Wirbeln und Gefahren, welchen die Drehbuchskizze von Anfang an eine wichtige Rolle einräumt.[40] Die Sogkraft des Wassers bildet, wie in den Erzählungen, nicht nur eine Garantie für die Dramatik der Situation, sondern auch eine Metapher der Immersion.

---

39 Liliane Louvel: »Nuances du pictural«, *Poétique* 126 (2001), S. 175-189, hier S. 180.

40 »Peripecias, casi ahogo doble (tal vez complicación con otro peligro: raya, remolino) (esto sería lo ideal. Por el aspecto de tales remolinos de un metro de hondura)« (ALC 407).

Das Modell der Skulptur, welche noch in *El hombre artificial* (1910) die metapoetische Dimension der Schöpfung künstlichen Lebens lieferte, ist nun endgültig der Produktion mit Hilfe filmischer Schnitte und Montagen gewichen. Diese Metasprache ändert nichts an den prinzipiell romantischen Inhalten: Die Darstellung des Flusses als anti-theatralische »Errettung der äußeren Wirklichkeit«, wie in Kracauers Filmtheorie postuliert, ist zugleich die Erneuerung bereits vertrauter Formeln der Immersion und Infiltration.[41] Neu ist, dass die lebendige Fiktion nicht mehr zum Pygmalion-Mythos als Kunstmythos in Bezug gesetzt wird, sondern zur ästhetischen Form des Kinos.

[1919] Die partielle Rationalisierung des Kinos

Die in den Regieanweisungen des Drehbuchs angedeutete Rationalisierung äußert sich noch deutlicher in den filmkritischen Schriften und Feuilleton-Essays Quirogas. Sandra Contreras hat kürzlich darauf hingewiesen, dass diese Schriften (zusammen mit dem Brief an Benito Lynch in der Zeitschrift *Nosotros*), und nicht der *Decálogo del perfecto cuentista*, die eigentliche Poetik Quirogas bildeten. Seine Kommentare zur filmischen Fiktion seien zugleich die Grundlegung eines literarischen Realismus, welcher den Übergang vom subjektiven, emotionalen Stil der frühen Erzählungen zu einem stärker objektiven Modus des Erzählens charakterisiere.[42] Diese Spannung innerhalb von Quirogas Werk lässt sich wohl insgesamt auf die Auseinandersetzung mit dem Kino zurückführen. Das Interesse für Objektivität und Wahrheit erklärt das Interesse für die Form der Fiktion, welche das Kino anbietet. Und die Ästhetik des Kinos bildet zugleich die Vermittlungsform, in welcher sich die sentimentalisch-spiritistische Tendenz des Frühwerks und der Naturalismus des späteren Werks verknüpfen. Sogar der *Decálogo* inspiriert sich, meine ich, aus einer Form von Anweisungen für *Drehbuch*autoren, welche die zehn Gebote nachahmt: Roberto Guidis bescheidener betitelte, aber inhaltlich ähnliche Ab-

---

41 Vgl. Kracauer: *Theory of Film*, S. 273.

42 Sandra Contreras: »En torno a la definición del pudor artístico. Quiroga, 1916-1917«, in: Gloria Chicote/Miguel Dalmaroni (Hg.): *El vendaval de lo nuevo. Literatura y cultura en la Argentina moderna entre España y América Latina (1880-1930)*, Rosario: Beatriz Viterbo 2007, S. 173-195, hier S. 176-182.

handlung *Unas cuantas advertencias de interés para los autores noveles.*[43] Es scheint äußerst wahrscheinlich, dass Quiroga, der selbst für gute Kinoautoren plädierte, diese Publikation kannte. Die in Regeln formulierte Technik des Erzählens orientiert sich am rationalen Funktionieren der kinematographischen Projektion und setzt das Imaginäre eines künstlichen, kontrolliert erzeugten Lebens fort. Die von Contreras herausgearbeitete realistische Tendenz der filmkritischen Schriften widerspricht also nicht der Begeisterung des jungen Quiroga für Hypnose und Spiritismus: Vielmehr bildet die Kinofiktion eine Form, um von einem Realismus der »Illusion« zu einer sujethaft-phantastischen Immersion und Infiltration zu gelangen.

Der Diskurs feiert also einerseits Lebensnähe und Wahrheit, untersucht andererseits mit großer Neugier die neuen, noch nicht verfestigten Bedingungen der Fiktion, mit welcher besondere Effekte von Immersion und Infiltration erzeugt werden: ein künstliches Leben, das nicht auf ein Wunder, sondern auf eine beherrschte, in Regeln fassbare Technik angewiesen ist. Das Kino verspricht für Quiroga die Befriedigung eines erwachsenen Begehrens nach einer Wahrheit der Fiktion, für welche das Theater enttäuschend wirkt. Während die Bühne nur Kulissen aus Papier, »lienzos movibles de papel« bieten könne, stellen die bewegten Bilder einen unmittelbaren Ausdruck des begehrten Lebens dar. Die Homonymie von »papel«, das mit den Kulissen zugleich auch die Rolle bezeichnet, ist das Indiz für die unumgehbare Fiktionalität der dramatischen Inszenierung.[44] »El material *vivo* del cine« wird nicht nur zur Weisheit der Schulbücher in Gegensatz gebracht (ALC 283) und damit zum Ausgangspunkt eines eigenen didaktischen Konzepts, sondern auch zur Praxis des Unterrichts an den Kunstschulen, der am starren Modell stattfindet (ALC 46). Die Ablösung von der unbewegten Skulptur, die Bewegtheit an sich, genügen jedoch nicht als Kriterium filmischer Qualität. Auch wenn sich das Kino von den statuarischen Posen des Theaterschauspielers absetzt, bringt es eine neue

---

43 Roberto Guidi: *Como se escribe una obra para el cinematógrafo*, Buenos Aires: Ariel 1918, S. 14-15.

44 »Está constreñido [el teatro] por su carácter de ficción, a fingirlo todo: desde los personajes, que casi nunca son del aspecto, estatura y edad exigidos, hasta el ambiente en que se mueven, que no es ni por asomo tal ambiente, sino otro de papel pintado« (*Los escritores en el cine*, 1927, ALC 356-357).

Gefahr mit sich: die misslingende Suggestion künstlichen Lebens. Der schlechte Film präsentiert seine Figuren als gehende, mechanische Puppen (»muñecos mecánicos«, ALC 129; »muñecos ambulantes«, ALC 297). Das Thema des künstlichen Menschen erneuert sich in diesen kritischen Beobachtungen über einen bestimmten filmischen Schauspielstil, bei dem die Figuren »wie Automaten gehen« und eine völlig reglose Mimik zur Schau stellen.[45] Diese unheimlichen Erscheinungen bezeichnen nicht nur einen schlechten Filmstil, sondern auch die Konsequenz von Quirogas Umgang mit dem Kino: einer Annäherung, die zwischen der rationalen Analyse seiner technischen und ästhetischen Bedingungen und der Feier sujethafter, quasi magischer Immersion und Infiltration schwankt.

Auf der einen Seite findet sich also eine Analyse, welche die Technik der Aufnahme und Wiedergabe des Kinos als Formen fiktionaler Reorientierung darlegt. So heißt es von dem besonders virtuosen Spiel Francis Macdonalds etwa, dass es nicht nur auf alle abwesenden Umstände der Fiktion verzichten kann, sondern auch über die Umgebung des Filmstudios hinwegzusehen imstande sein muss: Denn der Schauspieler agiert nicht vor einem Publikum, sondern nur einen Meter von der Filmmaschinerie entfernt und von einem gleißenden Licht geblendet.[46] Die Besonderheit der Kommunikationssituation im Kino wird rational durch die optischen Gesetze begründet, die der Aufmerksamkeit des Zuschauers, aber auch dem Spiel der Akteure eine bestimmte Gestalt, eine Perspektive, vorgeben. Die reine Seelenäußerung steht unter der scharfen Beobachtung eines Publikums, welches, anders als im Theater, seine Aufmerksamkeit immer auf die von der Kamera fokussierte Szene konzentriert.[47] Die Zwischentitel stellen in die-

---

45 »Caminar como un autómata, y, en resumen, por contraste en el exceso de gesticulación del principio, no expresar nada« (*Desafiando la suerte*, 1920, ALC 127).

46 »Toda esa ficción se ejecuta mirando la pared de un estudio ante las máquinas a un metro y enceguecido de luz« (ALC 106).

47 »Con la brevedad del escenario en que leyes ópticas, inexorables, les constriñen a moverse. En la gran amplitud de los escenarios de teatro, las miradas de los espectadores divagan, y con ellos la atención se distrae; lo que no sucede en la pantalla, donde todas las figuras, por hallarse muy vecinas unas de otras, son vistas y juzgadas a la vez« (*Los filmes de color*, 1920, ALC 87).

sem Zusammenhang insofern einen großen Fortschritt dar, als sie sich in den Dienst einer deiktischen Reorientierung stellen: »Permitía morigerar no poco los gestos y ademanes a que recurría la mímica para decir que aquí, allí, arriba, abajo, dentro de nuestro corazón, pasa algo«.[48] Diese Konzentration auf die Deixis ist kein Einzelfall. Auch in rezeptionsästhetischer Perspektive wird die subjektive Aufnahme des Films von Quiroga auf eine Art und Weise analysiert, die große Ähnlichkeit mit dem Diskurs der kognitiven Psychologie hat. Beispielsweise insistiert er auf dem »Vibrieren des Lichts auf der Leinwand«, welches an mehreren Stellen als Ursache des lebendigen Eindrucks genannt wird.[49] Bereits Luna Sellés weist auf die Gemeinsamkeiten zur Filmtheorie Hugo Münsterbergs hin, der seinerseits von der Wundtschen Psychologie geprägt war.[50] Die Rationalisierung des Phantasmas führt also zu einem Diskurs der Reorientierung; auf der Ebene dieses Diskurses begegnet sich der argentinisch-uruguayische Autor mit den Experimental- und Gestaltpsychologen. Die bisher referierten Äußerungen zur Form der filmischen Fiktion entsprechen aber nur einem Teilaspekt der Essays.

Auf der anderen Seite nämlich findet sich eine Feier der unheimlichen, desorientierenden Immersion und Infiltration, welche sich von Wortspielen und Metaphern bis zu ausführlichen Erörterungen erstreckt und die weitgehend natürlich ebenfalls Topoi der frühen Kinokritik aufgreift. Unzweifelhaft äußert sich darin aber auch das persönliche Interesse Quirogas an der »Suggestionskraft« des Kinos, welches ihm eine technische Ermöglichungsstruktur für das hypnotische »zweite Gesicht, der offensichtlichen Halluzination, des Trugbilds, welches sich in einer Ecke der Leinwand materialisiert«, bietet.[51] In der Frühzeit des Kinos, so fährt das gleiche Feuilleton aus dem Jahr 1922 fort, räumten die Dramen, die auf die gespenstischen Erscheinungen des

---

48 *Los escritores en el cine*, 1927, ALC 355-357.
49 *Miss Dorothy Phillips, mi esposa* (1919, CI 464-465) und wieder aufgenommen im Feuilleton *Los grandes artistas del cine*, 1922, ALC 341.
50 Luna Sellés: *La exploración de lo irracional*, S. 162. Allerdings erinnert auch sie daran, dass es keine Indizien einer Wundt- oder Münsterberg-Lektüre bei Quiroga gibt.
51 »El cine, en efecto, posee esta gran fuerza de sugestión: la de la doble vista, de la alucinación flagrante, del ensueño materializado en un rincón de la pantalla« (*Las alucinaciones de »Honrarás a tu madre«*, 1922, ALC 219).

bösen Gewissens aufgebaut waren, diesen phantastischen Visionen weiten Raum ein. Aber, so kann man hinzufügen, auch in Quirogas eigenem Entwurf, *La jangada*, erscheinen solche filmisch realisierten Halluzinationen, um eine neuartige Konkurrenz des Phantasmas mit der Realität anzukündigen. Auffällig gerne nehmen sich sodann seine Kritiken der Momente an, in denen das Kino zu einer sujethaften Überschreitung der ästhetischen Grenze anregt. Das kann bedeuten, dass die Fiktion zur Offenbarung einer tieferen Wahrheit dient, wie wir es schon bei Meyrink beobachtet haben (»y esa caída fuera de toda ficción nos transporta un instante a la verdad misma«, *La caída de Alice Lake*, 1922, ALC 230). Oder die Figuren laufen so lebendig, so gegenwärtig über die elektrische Leinwand, dass sie uns mit ihren Lippen oder Händen berühren zu können scheinen.[52] In beiden Fällen ist das Kino Ursache eines unheimlichen Orientierungsverlusts, welcher es schwierig macht, zu unterscheiden, ob eine Immersion oder eine Infiltration geschildert wird.

Abbildung 6: »Los estrenos cinematográficos«

Quelle: *Caras y caretas*, 6.12.1919

---

52 »Corren por la eléctrica pantalla, tan vivas, tan del momento, que por poco que extendieran los labios o las manos, alcanzarían a tocarnos« (*Cine de ultratumba*, 1922, ALC 310).

Quiroga bleibt auch als Filmkritiker fasziniert von den phantastischen Phänomenen, die er in seinen Fiktionen darstellt. Oder, anders gesagt, diese werden unter dem Eindruck des Films nur partiell rationalisiert. Dass seine Essays von Karikaturen begleitet werden, welche die hypnotische Wirkung der Großaufnahme auf den Autor distanziert und mit einem gewissen Amüsement darstellen, unterstreicht die ambivalente Position des Autors (und, nebenbei, mit dem linearen Stil, der das Gesicht der Schauspielerin überborden lässt, die Differenz der ästhetischen Grenze, die die Leinwand darstellt, zu den Rahmen der bildenden Kunst).

In seinem relativ späten Essay *Teatro y cine* (1927) äußert sich diese Ambivalenz besonders deutlich. Einerseits unterstreicht Quiroga den Kunstcharakter des Films, dessen ästhetische Grenze in noch höherem Maße undurchdringlich ist, als diejenige des Theaters. Im Theater spricht doch immer der Schauspieler, der für sein Rollen-Spiel von den gegenwärtigen Zuschauern geschätzt werden, sich in der Interaktion auszeichnen will (»luce su papel«, ALC 188). Die unterbrochene Kommunikationssituation entlastet also von Interaktion, von kommunikativen Appellen, und gestattet dadurch eine besondere Art von Schauspielkunst:

En el semblante de tal señora que pasea solitaria por su cuarto, entregada a sus reflexiones, podrá seguirse, en halos breves y fugitivos, el proceso de sus sentimientos, por ser el rostro de una persona a solas un espejo sumamente sobrio del alma (*Teatro y cine*, 1927, ALC 187-188).

Obwohl hier die filmische Fiktion charakterisiert werden soll, nutzt Quiroga andererseits aber einen Modus der szenischen Nacherzählung, welcher ihn selbst als unsichtbaren Augenzeugen im Zimmer der Figur situiert. Der Ausdruck »señora« lässt offen, ob es die Psyche der Rolle oder der Schauspielerin ist, die sich hier auf ihrem Gesicht malt. So scheint die Präsenz der Figur über der fiktionalen Spaltung der Kommunikationssituation zu stehen. Die technische Undurchdringlichkeit der Grenze zwischen dem aufgenommenen Raum und dem Projektionsraum wird zur Herausforderung, die wie im vorliegenden Beispiel durch die Rhetorik der Erzählung oder – wie an anderen Stellen – durch Halluzination oder phantastische Sujets überwunden werden soll.

Die Rationalisierung der Filmeffekte gelingt in den Essays mehr oder weniger gut. Euphorisch kommentiert Quiroga die Leistung der Großaufnahme, welche auch in der Praxis von *La jangada* sein bevorzugtes Stilmittel darstellt. Die Entlastung von theatralischer Interaktion und dramatischer Handlung bewährt sich besonders in jenen Filmszenen, die den detaillierten Übergang verschiedener Seelenregungen in ein virtuoses mimisches Solo übersetzen (*El caso Francis Macdonald*, 1920, ALC 106). Gerade die Großaufnahme, in der Lilian Gish als weibliche Rolle der Meisterschaft Francis Macdonalds gleichkommt, so Quiroga, gestatte eine Aufhebung der Distanz zwischen Darsteller und dargestellter Figur. Wie der Artikel über den »Ausdruck um des Ausdrucks willen« selbst darlegt (*La expresión por la expresión*, 1922, ALC 234-245), zeigt der Film in Extremfällen sogar eine »reine« Mimik oder »reine« Seelenregung, die aus ihrem Handlungs- und Fiktionszusammenhang herausragen (*La pendiente de Griffith. »Puro Corazón«*, 1922, ALC 309). Obgleich, wie Deleuze unter Bezug auf Balázs schreibt, der Ausdruck der Bewegung, frei »de toutes coordonnées spatio-temporelles«, aus einer räumlichen Verankerung hinausstrebt,[53] führt die Großaufnahme für Quiroga nicht zu einer Desorientierung des Zuschauers. Der »gran plan« auf das Gesicht ersetzt in einem guten Film vielmehr die theatralischen Dialoge (*La dirección en el cine*, 1928, ALC 199), das »habla[r] con los ojos« gestattet dem Film eine wortlose Artikulation.[54] Daher bleibt das Gesicht auch in der Großaufnahme der Gegenstand einer ästhetischen Bewunderung, in die sich von Anfang an harmlose Schwärmerei mischt. Der Film gestattet es, einen glücklichen Augenblick der Nähe dauern zu lassen, eine hübsche Passantin 45 Minuten wie durch die Scheibe einer Straßenbahn (»vidrio de por medio«) zu betrachten, in einem genau bestimmten, unabänderlichen Abstand zwischen unseren Wimpern und den ihren (»a la distancia que media entre nuestras pestañas y la extremidad de las de ella«, *Variedades*, 1919, ALC 43-44). Die Nähe zur in Großaufnahme dargestellten Frau, von der schon dieser frühe Artikel schwärmt, bleibt jedoch nicht unvermittelt. Als Signale der

---

[53] Gilles Deleuze: *Cinéma I. L'Image-mouvement*, Paris: Minuit 1983, S. 136. Damit wird die Großaufnahme für Deleuze zum Inbegriff der »image-affection« (ebd., S. 125ff.).

[54] *Griffith y las miradas expresivas*, 1920, ALC 67, und *Punto de vista*, 1922, ALC 214.

ästhetischen Grenze werden die vorgeschriebene Entfernung (allerdings nicht mit den üblichen präzisen Maßangaben[55]) und die Glasscheibe genannt, welche der durchsichtigen Wand, dem »parete di vetro«[56] als ästhetischer Grenze eine moderne Gestalt gibt: Der bewegliche Fenster-Rahmen der Straßenbahn ersetzt die Bühne des Theaters.[57] Mit der Angabe eines solchen Rahmens der Fiktion bleibt die Reorientierung unproblematisch.

Weniger einfach ist die Rationalisierung, wenn das aktuelle Leben auf der Leinwand mit der Existenz des Filmschauspielers konkurriert. Dieser unheimliche Aspekt steht im Zeichen einer Desorientierung, einer Überwindung der Ordnung der Fiktion durch eine unvertraute andere Form. So enthalten schon die Filmkritiken Ansätze, die Transgression der neuen ästhetischen Grenze zu phantastischer Fiktionshäresie auszugestalten. Die sich auf den Gesichtern und im Ausdruck der Schauspieler zeigende Leidenschaft soll für Quiroga im Idealfall nicht als künstliches Zeichen, sondern als das Affektleben selbst aufgenommen werden: »Lo que la máquina registró como accidental metraje de film fue su pasión misma«.[58] Aber gerade die akzidentellen Schnitte

---

55 Diese findet sich dafür in einer Variante dieser Situation, wo der Filmstar »hasta diez centímetros de los ojos del hombre amado« erscheint (*Un ángel hambriento*, 1920, ALC 94).

56 Der Ausdruck stammt von Leonardo; Michalski zitiert ihn, um die Ähnlichkeit des perspektivischen Illusionsraums mit einer Guckkastenbühne zu unterstreichen (Michalski: *Die Bedeutung der ästhetischen Grenze*, S. 68-69). Die »Außenarchitektur mit gleichsam gläserner Fassade« (ebd., S. 80), auf die auch Woody Allen rekurriert, um die ästhetische Grenze darzustellen, wird dem Bewegungs-Bild des Films aber gerade nicht mehr gerecht.

57 Der Flirt in der Straßenbahn bildet den Gegenstand von *Tres cartas... y un pie* (1918). Das Verkehrsmedium als Ort träumerischer Erfindung ist aber ein älteres Thema, das sich etwa in *La novela del tranvía* (1882) von Manuel Gutiérrez Nájera findet (vgl. Sellés: *La exploración de lo irracional*, S. 41).

58 *Cine de ultratumba*, 1922, ALC 311. Das Spiel des Filmschauspielers unterscheidet sich darin von demjenigen des Bühnenakteurs, dass es sich unmittelbar vor der Maschine äußern kann, und nicht etwa durch den Dialog mit einem Publikum verzögert und auf Distanz gebracht wird: So heißt es etwa lobend von Lilian Gish, »la actriz está haciendo gala de la

und der Verzicht auf Spiel können nicht nur als Reproduktion des Lebens, sondern auch als Fesselung im Material gelten und somit den Tod bedeuten. Diese Ambivalenz verfolgt etwa der kurze Artikel *Cine de ultratumba* (1922). Ein Schauspielerpaar, von deren Leinwandexistenz es heißt »Viven realmente en ese instante«, stirbt auf absurde Art und Weise (ALC 310). Sie überlebt ihre Blinddarmentzündung nicht, er tötet sich »accidentalmente« mit einem Revolver auf seinem Hotelzimmer. Die oft gezogene Analogie von Waffe und Kamera wird noch einmal durch die Verwandtschaft der Ausdrücke »accidental metraje« und »accidentalmente« gestützt. Dementsprechend unterliegt auch der Tod einem Regime der industriellen Reproduzierbarkeit, zumindest für das Publikum, das im realen, vierundzwanzig Stunden dauernden Sterben William Stowells seine hundert rascheren Leinwandtode verwirklicht sieht (*William S. Stowell*, 1920, ALC 69). Die Technik produziert das Phantasma der immer möglichen Auferstehung: *La resurrección de Dorothy Phillips* lautet ein Titel von 1920 (ALC 151). Aber das vom Medium des Films geschaffene Leben kann sich in einem unheimlichen Effekt als bloßes Gespenst herausstellen. Anders als die romantischen *Mémoires d'outre-tombe* expliziert *Cine de ultratumba* die technisch-materiellen Bedingungen dieses ewigen Fortlebens. Der Essay spricht von den »cajas de metal«, deren tatsächliche Entfernung die Schauspieler nicht davon abhalten kann, sich zu treffen. Die »cajas de cinc« verweisen dabei nicht nur auf den Sarg, in dem die verstorbenen Schauspieler ruhen, sondern auch auf die Filmrollen, in denen ihre Schatten schlummern (über die Paronomasie »cinc«/»cine« wird diese Doppeldeutigkeit noch unterstützt). Dass sie »a través de la caja, de la tierra« doch zueinander dringen können, behebt zwar die Vergänglichkeit der Körper, nicht aber die Diskontinuität der Filmrollen.

Mit dem »metraje de film«, auf dem sich der Augenblick der intensiven, unsterblichen Erlebnisse befindet, wird die lineare Zeit des Projektionsprozesses und damit die technische Präzision in Erinnerung gerufen, welche ihnen eine typisch moderne Wahrscheinlichkeit verleiht. Polemisch kommt Quiroga noch öfter auf diese Quantifizierung zu sprechen, die von jedem Film verlangt, eineinhalb Kilometer Rolle

---

movilidad muy grande de sus facciones, encaminada directamente a ser registrada en la máquina« (ALC 245). Zur Kehrseite dieser unmittelbaren Registrierung des Gefühls vgl. den folgenden Abschnitt.

irgendwie zu füllen, und sei es mit Trivialitäten: »Para el cine no hay más que una extensión, determinada en milimetros, a la que debe ajustarse el drama o comedia« (ALC 102). Die angestrebte Rationalisierung der Fiktion gelingt nie vollständig. So verweist das »espectral«, das ihre Existenz charakterisiert und der bereits 1921, also ein Jahr vor *Cine de ultratumba* veröffentlichten Erzählung *El espectro* den Titel gibt, nicht nur darauf, dass sie technische Artefakte sind, sondern auch auf ihre gespenstische Unvollkommenheit.[59] Die Simulacren sind gebunden an die Form der Projektion, durch welche sie zwar immer wieder, aber immer nur temporär und mit festen Einstellungen belebt werden können. Hier finden wir also die gleiche Engführung von Kalkül und unheimlicher Transgression wieder, die den Autor schon im Kontext der Hypnose faszinierte und jetzt im Kino wiedergefunden wird. An dieser Engführung setzen auch die Erzählungen Quirogas an, die sujethafte Vorstöße in ein Jenseits des Films verfolgen.

Die »espectros« rufen in den Essays Quirogas zwei widersprüchliche Konnotationen auf: Als optische Projektion sind sie wissenschaftlich-experimentell erfassbare Gestalten – »alucinaciones fotográficas«, »espectros científicos« –, und rufen doch zugleich die parapsychologischen, halluzinatorischen Sujets auf, welche das Frühwerk bestimmen.[60] Es kommt offensichtlich auf die Partialität an. Die kalkulierbare Technisierung dieser irrationalen Thematik gelingt nur unvollständig: So beobachtet Quiroga, wie Befriedigung angesichts der Filmgespenster in unheimliche Desorientierung umkippt. Der Zuschauer, der vom Tod des wirklichen Schauspielers erfahren hat, sieht ihn mit einem Gefühl der Beklemmung (»angustia«) auf der Leinwand wiederkehren. Gleiches gilt für den Schatten des großen Schauspielers Stowell, der sich auch nach dessen Tod auf der Leinwand weiterlebt.

---

59 Da Ibsens »Espectros« (*Gespensteren*) an anderer Stelle als Beispiel für große dramatische Kunst zitiert werden, enthält dieser Ausdruck sicher auch diese hochkulturelle Konnotation (vgl. ALC 336).

60 ALC 70. Zur Ambivalenz von Spiritismus und Medienspezifik am Beispiel von Quirogas Erzählung *El retrato* vgl. Kirsten Kramer: »Spektrale Epiphanie und Kontingenz. Erscheinungsformen und Funktionen der Photographie in der phantastischen Literatur Horacio Quirogas«, in: Christoph Hoch/Philipp Jeserich (Hg.): *EgoLogie. Subjektivität und Medien in der Spätmoderne (1880-1940)*, Frankfurt a.M. u.a.: Peter Lang 2005, S. 71-103.

Die Projektionen auf der Leinwand ermangeln – wie Cassirer sagen würde – der Sprache als Mittel der symbolischen Reorientierung – und damit einer vollständigen Verankerung der ästhetischen Grenze. Daher die Kritik an allzu großem Blutvergießen im Stummfilm, das durch den »stummen und gespenstischen Charakter der Figuren« schnell die Grenze zum Horror überschreitet (*Un convencionalismo amable*, 1922, ALC 255). Die primäre Bedeutung von »espectro« als Gespenst wird an solchen Stellen als sujethafte Infiltration aktualisiert, anstatt die fiktionale Immersion der Kinos nur fiktionsironisch als neue ästhetische Grenze zu würdigen.

Die unvollständige Rationalisierung durch das Kino, welche die Überschreitung der ästhetischen Grenze teils als neue Form der Fiktion (in Form einer fiktionsironischen Reorientierung) und teils als traumatisches Sujet (in Form einer unheimlichen Desorientierung) definiert, lässt sich auch in den Erzählungen Quirogas verfolgen. Und dies scheint mir nicht nur chronologisch relevant, sondern vor allem für eine Typologie des Phantasmas. So fällt es auf, dass die Euphorie über die neuen Mittel phantasmatischen Erlebens, wie sie sich um etwa 1919 in Zusammenhang mit der Großaufnahme äußert, ihre Entsprechung in der um die gleiche Zeit veröffentlichten Novelle *Miss Dorothy Phillips, mi esposa* (1919) findet. Zwei Jahre später eröffnet *El espectro* (1921) die Reihe von Erzählungen, in denen eine unheimliche Desorientierung das Thema der fiktionalen Immersion und Infiltration, welche bei *Miss Dorothy Phillips* noch im Vordergrund standen, zu einem phantastischen Sujet steigert.

MISS DOROTHY PHILLIPS MI ESPOSA: ILLUSION UND INSZENIERUNG

Es bleibt nicht bei den begeisterten Metaphern der Kinobesprechungen: Die Belebung des Schattens, des herbeiphantasierten weiblichen Filmstars, wird von Quiroga zum ersten Mal in *Miss Dorothy Phillips, mi esposa* (1919) und dann immer wieder, parallel zu den ab 1919 entstehenden Kritiken, narrativ verwirklicht. Dabei vermeidet die erste dieser Erzählungen noch die sujethaft-phantastische Überschreitung der ästhetischen Grenze und führt lediglich zu einer fiktionsironischen Reflexion über die Übergänge zwischen Realität, Literatur und Film.

Der Erzähler dieser tagebuchartigen, aber undatierten Aufzeichnungen, ein Argentinier namens Guillermo Grant, beschreibt sich selbst als in einen Filmstar verliebten Regierungsbeamten: Einerseits gliedert er sich in die Gruppe von durchschnittlichen Kinobesuchern ein, andererseits unterstreicht er seine »sensibilidad un poco anormal« (CI 465) für die Augen der Schauspielerinnen – dem Inbegriff der Schönheit. Er möchte seinen Traum verwirklichen und seine bevorzugte Leinwandliebe, Dorothy Phillips, heiraten. Um sie zu überzeugen, fingiert er eine neue Identität: Er gibt sich als reicher Südamerikaner aus und veröffentlicht zu diesem Zweck ein einziges Exemplar einer umfangreichen Illustrierten, die sich nichts anderem als dem Starkult widmet und nicht weniger als acht Foto-Porträts seiner Angebeteten enthält. Die Publikation scheint ihren Zweck als Eintrittskarte in die Kinowelt zu erfüllen, jedenfalls bringt sie ihn in die Nähe des Filmstars, in ein Studio und sogar in eine filmähnliche Großaufnahmesituation (CI 482-483), in welcher er ihr seine Liebe gestehen kann – und eine freundlich-ironische Abfuhr erhält. Auch mit den Kollegen des Filmgeschäfts kommt es zum Zerwürfnis, als Grant ihnen leicht angetrunken – und immer noch in der Rolle des reichen Südamerikaners – ihre Geldgier vorwirft. Die Situation wendet sich allerdings wieder zu seinen Gunsten: Zerknirscht und niedergeschlagen gesteht der Argentinier Dorothy bei einem letzten Rendezvous, dass er in Wirklichkeit nur ein armer Teufel ist und entdeckt so nicht nur, dass sie es bereits wusste, sondern auch, dass sie seine Gefühle erwidert. Als er dies seinem Freund, dem Filmproduzenten Burns mitteilt, erfährt er, dass von Anfang an niemand sich von seiner erfundenen Identität täuschen ließ. Allerdings öffnet sich ihm im Filmgeschäft als Schauspieler an der Seite von Dorothy Phillips eine mögliche Karriere. Als erstes sollten sie, empfiehlt der Produzent, ihre Geschichte verfilmen. Nach diesem glücklichen Ende folgt eine kurze Nachschrift, in welcher der Erzähler gesteht, dass seine Geschichte nur ein Traum war, und sich in einer Widmung bei Dorothy Phillips entschuldigt.

Durch das abschließende Geständnis erweist sich der Erzähler, gegen den man bereits wegen seiner falschen Identität moralische Vorbehalte hegen durfte, endgültig als unzuverlässiger Erzähler: Die ganze Geschichte kann als der Wunschtraum eines Bürokraten gelten, der bereits zwei Verlobungen gelöst hat und seine Liebe phantasmatisch vor der Kinoleinwand auslebt.

Diese Unzuverlässigkeit gehört aber zu einer parodistischen Intention.[61] Parodiert wird die Schwärmerei für ein Phantasma, welche schon innerhalb der Erzählung durchkreuzt wird von fiktionsironischen Hinweisen auf die Aufnahmetechnik der Studios, die wirtschaftlichen Aspekte der Filmproduktion und die postkolonialen Distributionsbedingungen.[62] So vollzieht sich Grants soziale Integration in Hollywood auf zwei Ebenen, einerseits in seiner inszenierten Verehrung für den Filmstar, andererseits in seiner Beteiligung als Geldgeber für zu produzierende Filme. Parodiert wird aber auch ein mit der Theorie der bildenden Künste verbundener Mythos von Männern, »die sich in ein Porträt verliebt haben«.[63] Der Pygmalion-Effekt erscheint hier am Rande der Erzählung als vertraute Formel aus einer bildenden Kunst, welche durch die lebendige, vibrierende Präsenz der Figur auf der Filmleinwand weit übertroffen wird.

Diese Übermacht des Kinos bedroht nun aber nicht nur die Malerei, sondern auch die Rhetorik. Grant findet, dem Kino vollkommen verfallen, bei seiner Brautschau in Hollywood nie ganz aus der Betrachterrolle heraus. Zwar erfindet und inszeniert er sich selbst mit Hilfe seiner Veröffentlichung als südamerikanischen Magnaten, aber die Wahrheit des Kinos setzt sich gegen diese Simulation durch. Während das Theater Grants keinen der von ihm bewunderten Stars täuschen konnte, unterliegt er selbst der mächtigen Suggestion des Kinos. Die ganze Welt erweist sich für ihn als ein Filmschauplatz, und jede Liebesgeschichte als ein noch ungeschriebenes Drehbuch.[64] Der Vergleich mit einer Filmsituation, welcher in *La meningitis y su sombra* (1917) noch vereinzelt erscheint, wird hier fast zu einem wiederkehrenden »running gag«: Der Erzähler entdeckt überall in Hollywood Anklänge an die von ihm gesehenen Filme. Besonders die Begegnun-

---

61 Lee Williams: »Hollywood as Imaginary in the Work of Horacio Quiroga and Ramón Gómez de la Serna«, *West Virginia University Philological Papers* 53 (2006), S. 48-55.

62 Jason Borge: *Latin American Writers and the Rise of Hollywood Cinema*, New York/London: Routledge 2008, S. 24.

63 »Hay hombres que se han enamorado de un retrato« (CI 465).

64 Dem ruinierten Grant rät sein Hollywood-Freund Burns: »Ponga en orden el ›film‹ que ha hecho con Dolly; tal cual, reforzando la escena del ›bar‹. El final ya lo tienen pronto. Le daré la sugestión de otras escenas, y propóngaselo a la Blue Bird« (CI 463).

gen mit dem Filmstar wirken für ihn alle irgendwie filmisch: Genau wie in einem Film (»como en un *film*«) wartet ein Wagen auf der Straße, während Dorothy Phillips auf einer Steinbank sitzt – nur dass diesmal, anders als im gesehenen Streifen, Grant selbst, und nicht ihr gewöhnlicher Filmpartner auf sie zugeht. »Y Stowell... Pero no; era yo mismo quien me acercaba, no Stowell« (CI 482). Der Erzähler sieht sich in der gleichen Position wie der Filmschauspieler und wähnt sich eine Zeit lang in einer besonders suggestiven Filmvorführung. Eine reale Situation wird als Inszenierung wahrgenommen, und zwar als eine immersive, besonders realistische Inszenierung. Grant stilisiert die Nähe zur geliebten Frau sogar bewusst zu einer Filmsituation, in der sie beide nur Schauspieler sind: »Estamos haciendo un *film* – le dije –. Continuémoslo« (CI 483). Die filmische Qualität wird an dieser Stelle mit dem Übergang von einem Panoramaschuss auf die Szenerie – »de una ojeada, abarqué el paisaje crepuscular« (CI 483) – zu einer Großaufnahme, in der sich die Blicke der beiden aus nächster Nähe begegnen: »Ella me miró, me miró...« (CI 483). In dem Maße, in dem der Argentinier die Wirklichkeit als Fiktion wahrnimmt, wird es schwierig, die wahren Gefühle von Dorothy Phillips zu durchschauen. Als er seinen Freund Burns danach fragt, zieht dieser sich ironisch aus der Stilisierung der Liebesgeschichte zurück: »Grant: usted haría un buen film; pero no poniéndome a mí de director de escena« (CI 485). Auch als alle ihr Spiel schließlich aufdecken, kann Grant sich nur freuen, an einem »*film*« mit seinem Star mitgewirkt zu haben. Beide sind sich einig, dass ihre Liebesgeschichte nichts anderes ist (CI 489). Es gibt keine Wahrheit hinter der Inszenierung, keinen Menschen hinter der Filmfigur. Sein Erfolg bei Dorothy Phillips fügt ihn als »sudamericano« – ihr letztes Kosewort –, also als stereotypisierten Latin Lover, in die Welt von Hollywood ein. Er entkommt bis zum Schluss nicht der ihm vom Kino vorgegebenen Perspektive des sich in die Leinwand versenkenden Zuschauers, da er nicht zum Zentrum der Produktion, sondern in eine lateinamerikanische Zone der Rezeption gehört.[65]

---

65 Bestätigung erhält damit nicht nur das Begehren Grants, sondern auch seine Tendenz, sich selbst einer »autoethnographic expression« zu unterziehen, wie Jason Borge mit einem Begriff von Mary Louise Pratt feststellt: Das zu einer kolonisierten Kultur gehörige Subjekt beschreibt sich in einem Diskurs, der ihn selbst außerhalb oder an der Peripherie der Kultur

Auch die Begegnung mit der kruden Realität von Hollywood kann er nicht anders als filmisch erleben. Wo dieser Filmfan nicht einer Inszenierung immersiv beiwohnt, muss er selbst eine fiktionale Immersion imaginieren.

Angesichts dieser Metaphernkette, welche die filmische Rhetorik des Erzählers selbst in Frage stellt, wirkt die Nachschrift wie ein notwendiger Rahmen, in dem das filmische Sehen als ein phantasmatisches Sehen relativiert wird. Die Liebesgeschichte war also weder Realität noch Kino, sondern entspringt einer häretischen Fiktion, die frei zwischen beidem schwebt und vom Schreiben des Autors beherrscht wird. Diese Rahmung, welche Grant als unzuverlässigen Erzähler erscheinen lässt, versucht, das Inszenierungspotential der Literatur mit einer radikalen fiktionsironischen Geste noch einmal über das des Kinos zu stellen. Diese Geste hat Quiroga bereits in *La meningitis y su sombra* geübt, wo eine Nachschrift den »honor del arte literario« feiert. Der Autor von *Miss Dorothy Phillips, mi esposa* – jene fiktionale Instanz, die sich als der Erfinder von Grant ausgibt, die sich bei Dorothy Phillips entschuldigt und deren Name unter der Publikation steht – beruft sich nun nicht auf die simulatorische Inszenierung, wie sie Grant vollführt, sondern auf die eigene, selbstbewusste Fiktion.

Zu diesem starken Selbstbewusstsein passt die Rahmung: Das Porträt des Autors auf der Titelseite, der Untertitel »Novela inédita y original de Horacio Quiroga« und die als Autograph gedruckte Unterschrift unter der Erzählung – eine Konvention der Zeitschrift, welche sich auch in allen anderen Nummern findet, und der Erklärung der Verlagsrechte (»Es prohibida la reproducción«) Gewicht verleiht.[66] Im Gegensatz zur theatralischen Inszenierung, die dem ›Erzähler‹ Guillermo Grant zur Last gelegt wird, nimmt der ›Autor‹ für sich in Anspruch, nicht nur das Funktionieren des Films, sondern in dessen Heckwasser auch die Produktions- und Distributionsbedingungen seines Schreibens bloßzulegen. Und dies ist für Quiroga, den wirklichen Autor, tatsächlich der Fall. Sein Schreiben gedeiht im Medium der faszinierten Berichterstattung der kommerziellen Illustrierten: *El Hogar* und *Caras y Caretas*, welche seine frühen Filmkritiken veröffentli-

---

situiert, und der vom kolonialen Zentrum geprägt wurde (Borge: *Latin American Writers and the Rise of Hollywood Cinema*, S. 24).

66 Horacio Quiroga: »Miss Dorothy Phillips, mi esposa«, *La novela del día* 12 (14.2.1919), S. 280.

chen, sind eben solche illustrierte Zeitschriften wie diejenige, die Grant herauszugeben versucht.[67] Klarsichtig werden sie im Zusammenhang internationaler Filmvermarktung situiert. Die Nachschrift, welche dem Leser Auskunft über den Autor gibt, ist ein Akt expliziter Reorientierung.

Im Rahmen dieser literarischen Inszenierung wird Schwärmerei als bewusst herbeigeführter und vom Rezipienten mitgetragener Effekt wieder aufgewertet. Quiroga inszeniert sogar seine Autorrolle als literarisches Artefakt, das zwischen Realität und Phantasma oszilliert. Dass er als Rezipient, als Verfasser von Filmkritiken, seine Artikel mit »El Esposo de D.Ph.« unterschreibt, dient diesem Spiel. Ich halte die Wahl eines Pseudonyms für mehr denn eine Strategie, um den anerkannten Autor von Fiktionen »Quiroga« nicht mit dilettantischen Kritiken zu beflecken.[68] Im Gegenteil ironisiert die Wahl ausgerechnet dieses Pseudonyms die schwärmerische Haltung, welche als legitime Wirkung der filmischen Fiktion verteidigt werden soll. Zur ironischen Scheinsolidarisierung mit dem Filmbetrachter gehört eine typographische Besonderheit, welche ich in Zusammenhang mit Meyrink ausführlicher kommentiert habe: Die mimetischen Einsprengsel, welche wie kinematographische Inserts den Fluss des Erzählens unterbrechen. Weniger ausgeprägt als bei Meyrink, aber dennoch mit einer deutlich verfremdenden Intention, erscheint die Aufzählung von Grants Lieblingsschauspielerinnen im Druckbild tatsächlich als eingerückte Liste:

Fijo el cuadro definitivamente en esta forma decreciente:

---

67 Ab Mai 1919 nimmt das Kino als »teatro del silencio« eine wichtige Stelle in der illustrierten Zeitschrift *Caras y Caretas* ein: Fast regelmäßig erscheint ein großes kommentiertes Porträt einer Schauspielerin (eine Ausnahme bildet Douglas Fairbanks am 2.8.1919); den Anfang bilden May Allison (3.5.1919) und Dorothy Dalton (17.5.1919). Es findet sich zwar darunter keine der in *Miss Dorothy Phillips, mi esposa* neben der Titelheldin als mögliche Ehefrauen erwogenen Stars (Marion Davies, Brownie Vernon, Edith Roberts, Wanda Hawley, Miriam Cooper, Mildred Harris, Grace Cunard, Alice Lake); aber es ist das Prinzip der Serie, das Quiroga übernimmt.

68 Vgl. dagegen Ana Maria de Costa Toscano: *El discurso autobiográfico en la escritura de Horacio Quiroga*, Valladolid: Universitas Castellae 2002, S. 31-34.

Dorothy Phillips
Miriam Cooper
Brownie Vernon
Grace Cunard (CI 264).

Damit stellt der Autor den Leser vor die Alternative von Kohärenzerlebnis und kategorialem Verhalten[69]: eine Disjunktion, welche für den Eindruck des Stummfilms typisch ist und ihn in die Position des Zuschauers treibt. Diese Solidarisierung und die daraus entstehende Fiktionsironie wird von den Lesern geschätzt und bildet eine Art Markenzeichen des Autors im Rahmen des »imperio de los sentimientos«, der populären Zeitschriften.[70] Der Grad an Fiktionsreflexion dieser Zeitschriften, zu denen auch *La novela del día* gehörte, sollte nicht unterschätzt werden. Eine der frühen Kinokolumnen Quirogas, die noch im gleichen Jahr erscheint wie *Miss Dorothy Phillips, mi esposa*, begleitet eine interessante Karikatur, die ich bereits angesprochen habe: Der Autor figuriert in der Illustrierten nicht mehr als Schriftsteller, der inszeniert, sondern als von einem übergroßen, tränenfeuchten Augenpaar hypnotisierter Rezipient, der sich für »El Esposo de D.[orothy] Ph.[illips]«, also für den Mann des bewunderten Filmstars hält. Im gleichen Sinn signiert Quiroga einen Artikel über Hypnose als »Licenciado Torralba« – eben der Figur, die laut *Don Quijote* von einem Zauber durch die Lüfte getragen wird,[71] so wie die Phantasmen der neuen Technik das Orientierungszentrum des Zuschauers in einen fiktiven Raum hineinziehen.[72] Der spanischsprachige Schriftsteller, Erbe des Cervantes, kann sich den Stummfilm aneignen, um Magie oder Hypnose mit fiktionaler Form zu ersetzen.

---

69 Zur Erläuterung dieser Begriffe verweise ich erneut auf den gleichnamigen Abschnitt des vorliegenden Buchs, S. 138ff.
70 Beatriz Sarlo: *El imperio de los sentimientos. Narraciones de circulación periódica en la Argentina (1917-1927)*, Buenos Aires: Norma 2000.
71 Cervantes: *Don Quijote*, Bd. 2, S. 333.
72 Bereits 1906 bestellt *Caras y Caretas* bei Quiroga einen Artikel zum Thema »El hipnotismo al alcance de todos«, der am 23.6.1906 unter dem Pseudonym »Licenciado Torralba« erscheint; Mit Hilfe eines Briefs belegt Pérez Martín die Autorschaft Quirogas (Norma Pérez Martín: *Testimonio autobiográfico de Horacio Quiroga. Cartas y diario de viaje*, Buenos Aires: Corregidor 1997, S. 174).

Die Rationalisierung des Phantasmas bleibt aber, wie gesagt, auch in Bezug auf die Form des Kinos unvollständig. Das bedeutet, dass die fiktionale Reorientierung in traumatische Desorientierung umkippen, die neu eroberte ästhetische Grenze zum Anlass von sujethaften Grenzüberschreitungen werden kann. Während *Miss Dorothy Phillips, mi esposa* die Möglichkeiten des neuen, filmischen Fiktionsmodells lustvoll – als gelingende Immersion – inszeniert, weisen die späteren Erzählungen zum Film auf die unheilvollen Folgen einer Erschütterung des Betrachterstandpunkts: Die hypnotische Wirkung des Kinos führt zur Durchbrechung der ästhetischen Grenze und somit zu einem phantastischen Sujet.

EL ESPECTRO: DESORIENTIERUNG ALS DOPPELTE UNSCHLÜSSIGKEIT

Kino als Form der Immersion /Infiltration

Während *Miss Dorothy Phillips, mi esposa* (1919) auf ein klares Verhältnis von Illusion und Inszenierung zuläuft, führen die drei Erzählungen *El espectro* (1921), *El puritano* (1926) und *El vampiro* (1927), die alle die kinematographische Projektion zum Gegenstand einer Schauergeschichte machen, eine phantastische Unschlüssigkeit angesichts des neuen Mediums ein – wobei noch deutlicher als bei *Miss Dorothy Phillips* die Überschreitung der ästhetischen Grenze im Vordergrund steht. Immersion der Zuschauer in den Film und Infiltration der Filmgestalten in die Realität wird zu einem narrativen Ereignis ausgebaut und zugleich zum Gegenstand einer spezifischen Unschlüssigkeit. Für diese Texte gilt Roland Berens' These: »Das phantastische Element besteht [...] darin, daß das virtuelle Bild eine Umwandlung zu einer realen Handlungsfigur erfährt (oder umgekehrt)«.[73] *El espectro*, im Folgenden stellvertretend für die Gruppe der drei Erzählungen analysiert, stilisiert den Innenraum zweier Kinos, des »Grand Splendid de Santa Fe« (in Buenos Aires) und des »Metropole« in New York, zum Schauplatz möglicher Grenzüberschreitungen. Dem eigentlichen Sujet geht eine Dreiecksgeschichte unter Schauspielern voraus: Guillermo Grant – ein Held gleichen

---

73 Berens: *Narrative Ästhetik bei Horacio Quiroga*, S. 131.

Namens wie der Protagonist von *Miss Dorothy Phillips* [74]– liebt Enid – vermutlich die nur mit Vornamen bezeichnete Enid Bennett[75] – und wird nach dem Grippe-Tod ihres Mannes ihr fester Begleiter. Bei einem gemeinsamen Kinobesuch mit der neuen Geliebten fühlt sich Grant von der Präsenz seines verstorbenen Vorgängers Duncan Wyoming auf der Leinwand bedroht, der im betreffenden Film auf unheimliche Weise lebensecht wirkt. Um dieses gespenstische Dreiecksverhältnis zu beenden und sich von der Bedrohung des Untoten zu befreien, der von der Leinwand herab- und auf die beiden zuzuschweben scheint, nimmt Grant eine Pistole mit in eine Filmvorführung und zielt auf das Bild seines Rivalen. Anstatt diesen zu beseitigen, tötet die Kugel aber den Zuschauer selbst – Grant stellt sich schon am Anfang seiner Erzählung als Gespenst vor – und lässt ihn zusammen mit der bald darauf ebenfalls sterbenden Enid in einer Filmwelt auferstehen, in der sie beide nur noch als Gespenster existieren. Allerdings befinden sie sich dabei nicht auf der Leinwand, sondern im Zuschauerraum, durchleben also ihre Rezipientenrolle als untotes Publikum immer wieder. Mit jeder Vorführung eines weiteren posthumen Films des Schauspielers, der den vielsagenden Titel »Más allá de lo que se ve« (»Weiter als man sehen kann«) trägt, und in verschiedenen Kinos suchen sie nach einem Weg zurück in die Realität, suchen Wyoming, der ihnen aus dieser Situation heraushelfen könnte.

Das Thema des vom Film eingeholten, in der Fiktion versinkenden Liebespaars, welches in *Miss Dorothy Phillips* nur die fiktionsironische Inszenierung eines Phantasmas war, wird also zwei Jahre später, in *El espectro*, als phantastisches Ereignis erzählt. Dabei verliert die fiktionale Rahmung, die metapoetische Dimension, nicht an Komplexität: Zwar unterzeichnet Quiroga diesmal mit seinem eigenen

---

74 Vgl. Ebd., S. 129.
75 Enid Bennett wird als Star in *Caras y Caretas* vom 21.6.1919 porträtiert, und zwar als »rubia; de ojos dulcemente azules, sonrosadas mejillas, pequeña statura y soltera [...] sabe fascinar leones y públicos, con la mirada de sus dulces ojos, donde la inteligencia y la energía toman el brillo azul del acero empavonado.« Vgl. die ebenfalls auf die blauen Augen zulaufende Charakterisierung der Figur Enid in *El espectro*: »Sus ojos, sobre todo, fueron únicos; y jamás terciopelo de mirada tuvo un marco de pestañas como los ojos de Enid; terciopelo azul, húmedo y reposado, como la felicidad que sollozaba en ellos« (CI 588).

Namen, aber der Titel *El espectro* ist zugleich der eines Films mit Enid Bennett, der Anfang 1920 tatsächlich in den Kinos von Buenos Aires, und unter anderem im Grand Splendid, in der Av. Santa Fe, vorgeführt wird.[76] Der Autor stützt seine Erfindung also auf die Realität dieser Filmvorführungen und nähert sich ein weiteres Mal dem Genre der Hintergrundgeschichten und Starporträts an. Im Vergleich mit dem klaren Bezugspunkt, den der gleichnamige Film darstellt, wirkt die literarische Form, und insbesondere die Erzählerrolle, allerdings unterbestimmt. Gerade diese Unterbestimmtheit unterdrückt die Möglichkeiten einer rationalen Reorientierung, und dies wiederum fördert die Unschlüssigkeit darüber, ob es sich bei den ästhetischen Grenzüberschreitungen um Immersionserlebnisse oder Infiltrationsereignisse handelt, mit anderen Worten, ob das Publikum zur Fiktion oder die fiktiven Gestalten in den Zuschauerraum kommen.

Die Hintergründe dieser Desorientierung deuten sich bereits in den essayistischen Schriften Quirogas an, welche in der Poetik des Kinos eben nur teilweise die Rationalisierung eines magischen Weltbilds suchen. Lee Williams hat überzeugend herausgearbeitet, wie diese Essays als »›inter-genre‹ style of writing« die Thematik von *El espectro* vorbereiten und selbst nur teilweise dichtungstheoretische Bloßlegung von Verfahren, teilweise aber auch Fragmente phantastischer Erzählung enthalten.[77] Ein Beispiel für diese Partialität, welches mir besonders wichtig scheint, sind die wiederkehrenden intertextuellen Bezüge auf Edgar Allan Poes Erzählung *Life in Death (The Oval Portrait)* (1842/1845), die in *El vampiro* durch die Formel »›la vida misma‹« (TC 721) zitiert wird. In den Filmkritiken wird diese Mischung von Immersion und Infiltration zu einer zentralen Charakteristik der Filmschauspieler erhoben: »Viven, hasta donde es posible en una ficción, la vida misma« (ALC 188).[78] An diesem Topos zeigt sich, wie Quiroga Themen der literarischen Romantik – wie Vampirismus und Doppelgänger – nutzt, um die beiden Seiten des Kinos, technische For-

---

76 Dies belegen die regelmäßigen Ankündigungen in der Zeitung *La Nación*.
77 Lee Williams: »Film Criticism and/or Narrative? Horacio Quiroga's Early Embrace of Cinema«, *Studies in Hispanic cinemas* 1/3 (2005), S. 181-197.
78 Die Formulierung zitiert Edgar Allan Poe: »Life in Death (The Oval Portrait)« (1842/1845), in: E.A.P.: *Collected Works*, 3 Bde., hg. v. Thomas O. Mabbott, Cambridge, Mass./London: Belknap of Harvard University Press 1978, Bd. 2, S. 659-667, hier S. 666: »›This is indeed *Life* itself!‹«.

mung des Imaginären und fiktionale Rahmung des Phantasmas gegeneinander zu stellen.[79] Die Verhandlung der Grenze von Leben und Tod anhand der aus Poe übernommenen Opposition von Kunst und Natur wird in eine Formdifferenz von Erzählung und Kino übersetzt. Dabei entdeckt Quiroga mit dem »biógrafo« jene Form, die einerseits noch für das eine, die Überschreitung der Grenzen der Natur, andererseits aber auch schon für das andere, nämlich die Überschreitung ästhetischer Grenzen (ein »frame break«[80]), in Anspruch genommen werden kann. In beidem dient das Kino als *Medium*, das Gespenster sujethaft herbeizitieren, sich aber auch als *Form* der Fiktion vor die gespenstischen Bilder stellen und sie wieder verschwinden lassen kann.

Am Kino wird der Eindruck einer »intensidad carnal de la vida misma« (ALC 310) also einerseits als Zeichen perfekter Form gelobt. Andererseits steht es im Zusammenhang der Erzählung für eine Reihe von Immersions- und Infiltrationserlebnissen, welche nicht einfach zu beschreiben sind. Immer wieder stellt sich also die Frage nach der ästhetischen Grenze, immer wieder wird der Leser, gemeinsam mit dem Erzähler, unschlüssig darüber, ob das erzählte Ereignis eher der Immersion oder der Infiltration zuzuordnen sei. Es fehlt im Vergleich mit *Miss Dorothy Phillips* an Signalen, welche die Ordnung der Fiktion durch eine ironische Distanzierung vom Film wieder herstellen würden. Stattdessen bleibt eine doppelte Unschlüssigkeit, a) darüber, mit Hilfe welcher medialen Form die Grenze von Kino und Leben zu ziehen ist und b) über die Frage, ob sich das Sujet eher in die Tradition des Pygmalion- oder des Quijote-Effekts einordnen lässt, d.h. ob wir es mit einer Infiltration oder einer Immersion zu tun haben. So bedeutet wohl in *El espectro* die Fokussierung von Enids Blick eine Versenkung in die Kino-Illusion, wie sie schon der Grant von *Miss Dorothy Phillips* seinem Filmstar gegenüber erlebt: »la mirada de Enid era la vida misma, y presto entre el terciopelo húmedo de sus ojos y los míos no medió sino la dicha convulsiva de adorarnos« (CI 591). Wenn die Namensgleichheit wirklich als Identität mit der früheren Figur zu

---

79 Am Beispiel des Vampirismus lässt sich diese Aneignung romantischer Motive gut in den unterschiedlichen *El vampiro* betitelten Erzählungen nachvollziehen. Bekanntlich heißt so auch die spektrale Projektion eines Filmstars, die den Erfinder der entsprechenden Maschine allmählich aussaugt (vgl. Glantz: »Poe en Quiroga«, S. 108).
80 So bezeichnet es Williams: »Film Criticism and/or Narrative?«.

deuten ist,[81] dann hat Guillermo Grant sich inzwischen zwar in die Welt von Hollywood integriert, aber seine quijoteske Empfindlichkeit für die Ästhetik des Kinos ist unverändert geblieben. Die deskriptive Großaufnahme des Frauenblicks, die als Zitat der filmischen Dimension zugleich das Sujet der Schauergeschichte aufruft, spiegelt sich in der Großaufnahme des binnenfiktional nacherzählten Films, in dem Duncan Wyoming »enorme y con el rostro más blanco que a la hora de morir« (CI 591) auftritt.

Die starke Opposition von Leben und Tod, die den Rahmen der Leinwand zur Grenze von Diesseits und Jenseits stilisiert, wird dann tatsächlich durch zwei Transgressionen herausgefordert. Zunächst signalisiert der Verstorbene seinem Rivalen von der Leinwand herab, dass er ihn sieht und seine Vereinigung mit Enid als Ehebruch wahrnimmt. Sodann löst sich, in einer anderen Filmvorführung, sein Bild sogar von der Leinwand ab, um bedrohlich auf die beiden zuzuschweben. Diese beiden Überschreitungen der ästhetischen Grenze, deren erste als extreme, beinahe pathologische Form fiktionaler Immersion, deren zweite als phantastisch-sujethafte Überlagerung analysiert werden kann, bilden eine Klimax zunehmender Desorientierung, welche im gespenstischen Nachleben des Erzählers und seiner Geliebten münden. Auf diese beiden Passagen und auf die zweite Art von Unschlüssigkeit werde ich in den folgenden beiden Abschnitten näher eingehen. Bezeichnenderweise lässt sich gerade im zweiten Fall nicht sicher entscheiden, ob ein Effekt der Immersion oder der Infiltration für die Grenzüberschreitung verantwortlich ist. In dieser Unschlüssigkeit sehe ich ein Analogon zu Meyrinks erzählter Phantastik, zum Golem-Effekt.

---

81 So etwa Laura Lorena Utrera: »Horacio Quiroga: lo estético, lo narrativo y lo visual«, in: Analía Costa (Hg.): *Actas del I° Congreso Regional del Instituto Internacional de Literatura Iberoamericana* 2005 (Digitale Publikation: http://www.geocities.com/aularama/ponencias/rstz/utrera.htm). Aber auch diese Identität ist im Zeichen des Kinos destabilisiert, wo ein Schauspieler gleichen Namens verschiedene Rollen verkörpern kann, für die metonymisch dieser Star-Eigenname gebraucht wird.

Fiktionsironie und pathologische Immersion

Wyoming erscheint in der ersten dieser Überschreitungen der ästhetischen Grenze wie belebt und erwidert den Blick der entsetzten Ehebrecher. Die Interaktion durchbricht das filmkonstitutive Prinzip einer radikalen zeiträumlichen Trennung von Publikum und Filmhandlung. Zu Recht unterscheidet Elsa Krieger Gambarini drei medial gebundene Kodes in *El espectro*: Dem Erzähler steht nicht nur auf dramatischer Ebene Wyomings »actuación«, sein dramatisches Spiel gegenüber, sondern auch seine Interaktion als Schauspieler *ex persona*. Letzteres lässt sich aber für das Kino, anders als für das Theater, nicht anders vorstellen als in der Magie der Immersion: Statt eines Abbildes sieht Grant nun den Schauspieler selbst auf der Leinwand vor sich. Von diesem Zauber führt kein Weg in die Fiktion zurück, wie ebenfalls schon Krieger Gambarini andeutet: Grant hat, im Unterschied zum normalen Publikum, nicht mehr die Mittel, die Medialität des von ihm gesehenen Films wahrzunehmen.[82] Mit dem veränderten Rahmen kippt die perfekte Illusion in eine phantastische Überschreitung der ästhetischen Grenze. Dabei kommt es, wie ich mit einer Formel von Joachim Paech sagen möchte, zur »Zerstörung der Form durch die Form des Mediums«.[83] Als Wyoming von seinem Sofa aufsteht, und auf den Vordergrund zugeht – »Enid y yo lo vimos levantarse, avanzar hacia nosotros desde el fondo de la escena, llegar al monstruoso primer plano...« (CI 594) –, unterbricht ein blendender Blitz die Projektion, der Film verbrennt, die beiden Lebenden erstarren vor Schreck in ihren Sesseln.

Diese Szene, in welcher der durch Vordergrund und Hintergrund strukturierte, klar geformte Raum der Fiktion auf einmal durch die Gestalt des Mediums, der weißen Leinwand überdeckt und somit zerstört wird, bestätigt die ästhetische Grenze. Der Kinoraum setzt sich gegen die perfekte Illusion des fiktiven Raums durch, die nur so lange aufrecht hält, wie der Projektionsapparat funktioniert. So verweist die Erzählung auf die »physikalischen Prinzipien«, welche den Tanz der Gespenster auf der Leinwand als »fría magia«, als kalte Magie erklären können (CI 593). Das Thema der Immersion erscheint zunächst

---

82 Elsa Krieger Gambarini: »Un cambio de código y su descodificación en ›El espectro‹ de Horacio Quiroga«, *INTI, Revista de literatura hispánica* 20 (otoño de 1984), S. 29-40, hier S. 33.

83 Paech: »Figurationen ikonischer n...Tropie«, S. 122.

mit einer fiktionsironischen Tendenz, welche zur phantastisch-unheimlichen Lesart insgesamt in Spannung steht. Schon der Titel von *El espectro* bildet eine solche Brechung. Unter diesem Titel wird, wie schon gesagt, in Buenos Aires – und noch dazu in den von Quiroga genannten Kinos – ein Film ausgestrahlt, dessen Hauptdarstellerin Enid Bennett ist: *The Haunted Bedroom* (1919). Auch für den realen Film gibt es übrigens einen alternativen Titel: *The Ghost of the Whispering Oaks*, ganz abgesehen von der Verkürzung im Spanischen. Thema dieses Paramount-Streifens ist aber die Enthüllung einer vermeintlichen Geistererscheinung als Betrug. Bennett spielt eine Journalistin, die sich zunächst einschüchtern lässt, dann aber beherzt das sehr lebendige Gespenst identifiziert. Wenn Quiroga seine eigene Geschichte dagegensetzt, so verschiebt sich die Frage nach der Grenze von Natürlichem und Übernatürlichem: Reflektiert wird jetzt über die Grenze von Kino und Lebenswelt, welche die Orientierung in der Fiktion erschwert. Beruht der Trick des Betrügers im Film *El espectro* auf einer einfachen, theatralischen Illusion (mit Hilfe eines Bettlakens wird ein gespenst gemimt), so vertieft die Erzählung *El espectro* die Fiktionsproblematik: Eine starke ästhetische Grenze führt zu wirklichen Grenzüberschreitungen. Die neue Art von Phantastik, so das Zwischenfazit, ist mit Fiktionsironie nicht unvereinbar. Der Grund dafür, dass der Übergang von Fiktionshäresie und Fiktionsironie bei Quiroga wie bei Meyrink ein fließender ist, liegt auf der Hand: Beides beruht auf unterschiedlich stark markierten Ambivalenzen des medialen Rahmens.

Das Sujet der ersten Grenzüberschreitung, die Quiroga erzählt, hat außerdem große Ähnlichkeit mit einer Sequenz aus Paul Wegeners *Golem*-Film von 1920, ohne dass ein unmittelbarer Austausch nachweisbar wäre: Die in Babelsberg produzierten Filme werden in Buenos Aires erst ein bis zwei Jahre nach ihrem Erscheinen ausgestrahlt, und Quirogas Erzählungen wurden ihrerseits in Europa noch nicht gelesen.[84] Es handelt sich also um eine simultane und jeweils selbständige Auseinandersetzung mit dem Zusammenhang von Technik, Magie und

---

84 1920 steht also gerade erst *Der Galeerensträfling* von 1919 auf dem Programm. In *La Nación* vom 8. Mai wird für das Grand Splendid-Kino der Film *El galeote* »por el actor atleta Paul Wegener, film de la serie de grandes producciones de Alemania« angekündigt.

Fiktion.[85] In Wegeners Film wird Immersion ebenfalls als Beinahe-Ereignis thematisiert: Bei einer magischen Vorführung im Palast des Kaisers zu Prag, die große Ähnlichkeit mit einer Filmvorführung hat, kommt eine der Figuren aus dem Hintergrund in den Vordergrund der Projektion und bringt die ästhetische Grenze der Palastmauer mit einer Art Explosion zum Einsturz.[86] Das magische Einbrechen der Fiktion spiegelt die Schöpfung des Golems, der als künstlich belebte Lehmfigur die Realität infiltriert. Diese Szene, auf die ein späteres Kapitel noch ausführlicher zu sprechen kommt, scheint mir die Gegentendenz zur Rationalisierung der ästhetischen Grenze auszudrücken: Wie in *El espectro* wird die Form des Films von der gespenstischen Welt eingeholt, die sie ursprünglich ablöst. Die Spiegelung des Films im Film lenkt zwar einerseits die Aufmerksamkeit auf die Form der Fiktion, provoziert dann aber auch eine charakteristische Unschlüssigkeit über die mediale Konzeption dieser Form.

Der expressionistische Stummfilm, insbesondere Wienes *Cabinet des Dr. Caligari*, thematisiert gerne die Hypnose, die das Kino technisch vollführen kann.[87] Eine geradezu pathologische Suggestibilität verbindet auch bei Quiroga die Schauspielerin und den Erzähler: »Como [...] sonámbulos«, so verfolgen er und seine Geliebte den Film auf der Leinwand, der »alucinación en blanco y negro« (CI 593).[88]

---

85 Ein Beispiel für den Nutzen der Vorgehensweise, die Gumbrecht in *In 1926* vorführt.

86 Mercedes Clarasó: »Horacio Quiroga y el cine«, *Revista Iberoamericana* 108-109 (julio-diciembre de 1979), S. 613-622, hier S. 614, vergleicht ein Verfahren aus der Erzählung *El regreso de Anaconda* (1925) mit der »superposición fotográfica«, und zieht Wegeners *Golem* als Beispiel aus dem Film hinzu; auf die konkrete Stelle komme ich in späterem Zusammenhang noch zurück. Wenn dies bei Clarasó nicht als Beleg für eine Wegener-Rezeption gemeint ist, so zeigt es zumindest eine Vertrautheit mit den Trick-Verfahren des Films. Die Stelle lautet bei Quiroga: »Vio de pronto ante sus ojos la selva natal en un viviente panorama, pero invertida: y transparentándose sobre ella, la cara sonriente del mensú« (*El regreso de Anaconda*, 1925, CI 660). Trotz dieser im Nachhinein hergestellten Assoziation finde ich bei Quiroga keine Belege für eine Rezeption Wegeners.

87 Vgl. Andriopoulos: *Besessene Körper*, S. 99ff.

88 Vgl. die bereits zweimal erwähnte Zeichnung von [Alejandro] Sirio zu Quirogas Rubrik »Los estrenos cinematográficos«, *Caras y caretas*,

Während die Negation des Theaters für den Autor ein Spiel mit der Illusion ermöglicht, das sich an die Tricks des Films anlehnt und etwa die regelmäßige Veröffentlichung von Schauspielerinnen-Porträts ausnutzt, um ›echt‹ zu wirken, öffnet sich für den Erzähler von *El espectro* eine gespenstische Jenseitsvision, die sich nicht mehr an eine bestimmte ästhetische Grenze anlehnen kann.

Was in den ersten Begegnungen mit dem Kino Ausdruck einer naiven oder krankhaften Einstellung zur Fiktion war, kehrt jetzt, wo niemand mehr sich zu täuschen meint, in unheimlichen Erlebnissen wieder. Quirogas Erzählung bezieht sich auf eine pathologische, neurotische Erfahrung der Immersion, welche allerdings aus dem pathologischen Diskurs gelöst und zu einer phantastischen Überschreitung der ästhetischen Grenze stilisiert wird. In der Polizeichronik von *La Prensa* zur Zeit der ersten Kinoprojektion in Buenos Aires wird – in einer bunten Serie von Morden, Selbstmorden und Betrügereien – der Sprung eines Mannes erzählt, der aus dem Kino in den Tod führt:

Tentativa de suicidio en el Odeón. – La platea, los palcos y el paraiso del teatro Odeon estaban anoche ocupados por numeroso público, que asistía a la exposición del cinematógrafo Edison. En un asiento de primera fila del paraíso se hallaba el sujeto Juan Muñoz, quien segun referencias de personas que le conocen, hace tiempo que está atacado de la manía del suicidio. Empezó la exhibición de los sorprendientes cuadros movibles. Un tren de pasajeros con su locomotora a la cabeza, que avanzaba silbando y despidiendo de su chimenea espesos panachos de humo, apareció en el escenario. La ilusión era completa. Parecía realmente que aquel tren iba a arollarlo todo. Que extrañas ideas surgirían en aquel momento en el cerebro enfermo de Muñoz a medida que el convoy se aproximaba, es algo que no podríamos explicarlo; pero es lo cierto, que el infelíz neurótico, que había ido al teatro a distraerse, determinó arrojarse *a la*

6.12.1919. Die strukturelle Affinität von Kinematographie und Hypnose im frühen 20. Jhdt. rekonstruiert Andriopoulos unter anderem am *Cabinet des Doktor Caligari*; dabei bringt er die weit aufgerissenen Augen mit der Nosographie des Somnambulismus in Zusammenhang (Andriopoulos: *Besessene Körper*, S. 102-103). Wie viele andere seiner Zeit sah Quiroga im *Cabinet des Dr. Caligari* (1919) den paradigmatischen Repräsentanten des expressionistischen deutschen Kinos, das er für sein theatralisches Dekor kritisiert (*La vida en el cine*, 1927, ALC 194). Zu seiner Rezeption des *Caligari* vgl. Dámaso Martínez: »Estudio preliminar«, S. 24.

vía y se tiró desde el paraíso, yendo á [sic] caer en uno de los pasadizos de la platea. El tren de ilusión no llegó hasta él como se comprende, pero Muñoz realizó en parte su trágico proyecto pues recibió en la caída lesiones internas de tal gravedad que probablemente le producirán la muerte. Las autoridades de la Comisaría 3ª que intervinieron en el acto, dispusieron el envío del suicida al hospital San Roque. Allí lo reconoció el médico de policía Dr. Berra, diagnosticando un desenlace fatal. Muñoz no dejaba carta alguna en que explicara su resolución de matarse, pero ha manifestado que lo hacía por disgustos de familia.[89]

Es ist wahrscheinlich einer der ersten Filme der Brüder Lumière, *Die Ankunft eines Zuges in La Ciotat*, der den Selbstmord eines Zuschauers auslöst.[90] Dieser moderne Don Quijote, wiederholt als Neurotiker bezeichnet, wird allerdings aus der normalen Zuschauergemeinschaft ausgegrenzt, die offensichtlich mit dem neuen Imaginären umgehen kann: Alle außer ihm verstehen es, die Darstellung des Zuges zu genießen, ohne sich völlig in den Film zu versenken. Daher handelt es sich bei dem »como se comprende« um einen Schlüsselsatz: Jedem außer dem »Neurotiker« ist klar, dass ein gefilmter Zug, trotz aller Illusion, niemals die Leinwand verlassen kann. Der Sturz des jungen Mannes lässt sich mit Hilfe der Topographie, die der Kinosaal vom klassischen Theater übernommen hat, genau situieren: Die erhöhten Logen des »paradis« oder »paraíso« schweben über dem »parquet« oder der »platea«. Auch der Vergleich mit der Malerei (»cuadros movibles«, wörtlich »bewegte Gemälde« oder eben Tableaux vivants) dient dazu, das Kino auf vertraute ästhetische Grenzen zurückzuführen – in diesem Fall dem Unterschied von Bildraum und Betrachtungsraum. Mit dem fehlenden Brief, dem Mangel einer schriftlich fixierten Botschaft, belegt das frühe Kino sein Desorientie-

---

89 *La Prensa*, 11.8.1896, S. 6. Den Hinweis auf diese Nachricht verdanke ich übrigens Mauro A. Fernández »Fénix«: *Historia de la magia y del ilusionismo en la Argentina (desde su orígenes hasta el siglo XIX inclusive)*, Buenos Aires: Servicio 1996, S. 384-386.

90 *La Prensa* vom 19.7.1896 schreibt in einer Besprechung der neuen Attraktion: »Entre las vistas mejores recordaremos [...] ›El interior de una estación de Ferrocarril‹« (zit. nach *Breve antología de los pioneros de aquellos tiempos del biógrafo*, Museo Municipal del cine, Buenos Aires, septiembre de 1980, S. 9).

rungspotential für einen Betrachter, der im Sinn des Don Quijote-Effekts zum Opfer der Fiktion wird.

Diese eindeutige, neurotische Immersion gilt allerdings weder für *El espectro* noch für Wegeners *Golem*, und sie kann die entsprechenden Effekte kaum erklären. In den zwanziger Jahren hatte sich das Kino schon als eigenständige fiktionale Form im Gegensatz zu den Formen des Theaters und der Malerei etabliert. Die neurotische Versenkung in das Bild hebt sich also nicht gegen diese traditionellen Grenzen ab, sondern stellt die neue Grenze in Frage. Eine Reorientierung mit Hilfe der Leinwand als ästhetischer Grenze wird in Quirogas Erzählung tatsächlich stark eingeschränkt. Der Vergleich des Kinos mit einem theatralischen oder musealen Raum kommt schon in den Essays des Erzählers nicht mehr in Frage – statt dessen befindet man sich, wie gesagt, in einem Dunkel und einer Leere, in der nicht nur der vereinzelte Selbstmörder, sondern viele Zuschauer die Bilder der Leinwand als einzige Wirklichkeit wahrnehmen. Die ästhetische Grenze der Film-Leinwand lässt sich nicht mehr in Analogie zur Bühne oder zu einem Gemälde verstehen. Innerhalb dreier Jahrzehnte hat sich eine Form entwickelt, in der sich der Sprecher die filmische Fiktion als narrativen Modus aneignen und damit das Thema der Hypnose rationalisieren kann – aber die gleiche Entwicklung erhält eine phantastische Tendenz, welche die ästhetische Grenze selbst, die Verankerung des Rezipienten im Schauraum radikal erschüttert. Auf die technische Rationalisierung der ästhetischen Grenze antwortet einerseits die fiktionsironische Reflexion über die Form des Mediums, andererseits das phantastische Sujet.

Infiltration oder Immersion?

In der zweiten, fatalen Grenzüberschreitung von *El espectro* kommt es zu einer sujethaften Infiltration des toten Schauspielers, der als in der Luft schwebendes Gespenst in den Kinoraum vordringt: »Yo lo vi adelantarse, crecer, llegar al borde mismo de la pantalla, sin apartar la mirada de la mía. Lo vi desprenderse, venir hacia nosotros en el haz de luz; venir en el aire por sobre las cabezas de la platea, alzándose, llegar hasta nosotros con la cabeza vendada« (CI 595). Hier erscheint die Formdifferenz von phantasmagorischer und kinematographischer Projektion als Ermöglichungsstruktur eines quasi-magischen Sujets: Während die Kinoleinwand eine starre ästhetische Grenze bildet, gehört es zur Form der Phantasmagorie, dass die Gespenster auf bloße Luft projiziert werden, also auch über die Köpfe des Publikums hinwegstreifen können. Die vom Film überwundene Form der Phantasmagorie kehrt in einer Kinovorführung wieder, ohne dass es dafür eine technische Erklärung gäbe. Der rational kalkulierbare Effekt der täuschend genauen und vibrierenden Filmprojektion kippt damit in eine unerklärliche und im Raum des Kinos unvorstellbare Wirkung.

Ebenso wenig lässt sich in einem euklidischen Raum erklären, wie die gegen die Leinwand abgefeuerte Kugel sich gegen die Zuschauer kehrt und ihren Tod herbeiführt. Die Erzählung kann die Verankerung des erlebenden Ich in einem Raum nicht verbürgen, verfügt über kein imaginäres Zeigfeld; die Phantasmagorie durchkreuzt die Deixis am Phantasma:

> Desde el instante en que Wyoming se había incorporado en el diván, dirigí el cañón del revolver a su cabeza. Lo recuerdo con toda nitidez. Y era yo quien había recibido la bala en la sien. Estoy completamente seguro de que *quise* dirigir el arma contra Duncan. Solamente que, creyendo apuntar al asesino, en realidad apuntaba contra mí mismo (CI 595).

Vom »mundo visible« geraten der Erzähler und Enid folglich in eine unsichtbare Welt, in der sie nur als Gespenster »en la niebla invisible de lo incorpóreo« existieren – eine Welt, die eben so flach und abgeschnitten vom Zuschauerraum ist, wie es der Film, Quirogas Essays zufolge, sein sollte (CI 596).

Das Sujetpotential des Kinoraums beruht zwar immer noch auf dessen Ähnlichkeit mit einem Theater und auf der möglichen Analogie von Leinwand und Vorhang: »La cortina que separa la vida de la muerte no se ha descorrido únicamente en su favor, y el camino está entreabierto«. Aber spezifisch modern ist dabei, dass das Kino ein gespenstisches Niemandsland einführt, in dem die Protagonisten gefangen sind. »Zwischen dem Nichts, das aufgelöst hat, was Wyoming war, und seiner elektrischen Auferstehung bleibt ein Leerraum«.[91] Die »eléctrica resurrección« bietet einen »sitio privilegiado de acecho«, eine Stellung, in der nun Grant und Enid ihrerseits auf der Lauer liegen, um wieder zum Leben vorzudringen. Die Möglichkeit »como por

---

91 »Entre la Nada que ha disuelto lo que fué Wyoming, y su eléctrica resurrección, queda un espacio vacío« (CI 596).

una fisura« – wie durch einen Riss – die Grenze zur Sichtbarkeit zu überschreiten, hängt also von der erneuten Interaktion über die ästhetische Grenze hinweg ab. Alle diese Raumangaben fordern einerseits, dass man sie von einem dramatischen Modell ablöst, also die bereits referierte filmische Deutung des Kinos als flachen, leeren Gefühlsraum ernst nimmt; andererseits erinnern sie – z.B. über die »cortina«, den Vorhang – auch an die theatralische Dimension des Kinos. Der Unterschied ist allerdings, dass die ästhetische Grenze nicht mehr eindeutig medial bestimmt ist. In welche Richtung das Sujet führt, ob in die Fiktion hinein oder in die Lebenswelt hinaus, bleibt aufgrund dieser Unbestimmtheit zweifelhaft.

Hat eine Grenzüberschreitung die Protagonisten der Erzählung über die ästhetische Grenze durch eine extreme Steigerung der kinotypischen Versenkung in den Film geführt (Immersion), so kann eine andere Grenzüberschreitung sie wieder hinausführen (Infiltration). Die Möglichkeit der umgekehrten Sujetbewegung drängt sich in *El espectro* einerseits durch die filmischen Qualitäten auf, die der Erzähler Enids Gesichtszügen zuschreibt, und die nicht weniger eine perfekte Illusion des Lebens suggerieren als Duncan Wyomings bleicher Leinwandschatten. Aber gerade die mediale Unschlüssigkeit über das Kino erschwert eine gerichtete Bewegung: Reorientierung kippt in Desorientierung, wofür bereits die von ihrer Bahn abgelenkte Pistolenkugel ein Indiz ist. Unter diesen Bedingungen lässt sich die Unterscheidung von Immersion und Infiltration nicht mehr eindeutig treffen.

Zugleich unterstreichen die Bezüge auf das Kino, das dessen industrielle Reproduzierbarkeit den Orientierungsverlust verstärkt. Die Delokalisierung des Schauspiels, die den Film von einer bestimmten Zeit und einem bestimmten Aufführungsort löst, erschwert es den Gespenstern, den Weg aus dem Jenseits ins Leben zu finden. Die allnächtliche Wiederholung in vielen verschiedenen Kinos macht es wahrscheinlich, dass man den richtigen Augenblick verpasst. Auch die Unzuverlässigkeit der Filmtitel, die durch die Filmindustrie einer auktorialen Kontrolle entzogen wurden, bietet Grund zur Beunruhigung:

Sólo nos inquieta la posibilidad de que *Más allá de lo que se ve* se estrene bajo otro nombre, como es costumbre en esta ciudad. Para evitarlo, no perdemos un estreno. Noche a noche entramos a las diez en punto en el Grand Splendid, donde nos instalamos en un palco vacío o ya ocupado, indiferentemente (CI 596).

Das Kino, zunächst als Ermöglichungsstruktur phantasmatischer Versenkung eingeführt, wird nach dem Tod der Protagonisten, unter seinem traumatischen Aspekt, zu einem Raum der Unschärfe. Man weiß darüber zwar, dass regelmäßig zu einem bestimmten Zeitpunkt (»a las diez en punto«) eine Projektion stattfindet, aber nicht, was genau projiziert wird. Der Saal nimmt außerdem für den Blick des toten Erzählers die Qualitäten an, die er den Filmbildern als »espectros fotográficos« und »ironía de la luz« (CI 593) zuschreibt. Für die Gespenster ist es gleichgültig, ob die von ihnen ausgesuchten Plätze besetzt sind oder nicht. Denn als Betrachter haben sie keine eigene räumliche Ausdehnung; Ihre präzise zeiträumliche Orientierung ist nicht mehr an ein »hier und jetzt«, gebunden, und die vom Subjekt geleerte zeiträumliche Situation wird auch nicht von objektiven Qualitäten gefüllt. Das Kino bleibt also im Unterschied zum Theater ein leerer, uninteressanter Raum mit einem belanglosen Publikum (gleichgültig, ob es da ist oder nicht), seine Programmierung wird unvorhersehbar und unzuverlässig.

Die Titel der beiden letzten Filme von Wyoming bilden Metaphern für die ästhetische Grenze der neuen Kunst: *El páramo* ebenso wie *Más allá de lo que se ve* stellen für das Publikum nur eine »ficción novelesca« dar (TC 548).[92] Für den Erzähler jedoch beschreiben sie schon ein filmisches *en abyme*, bei dem, zugleich mit dem Rahmen der Leinwand, die Grenze zum Jenseits überschreitbar wird. Diese Diskrepanz, die bei der Übertragung von filmischer Fiktion in narrative Fiktion entsteht, bildet nicht nur ein Modell für die phantastische Erzählung, sondern belegt auch die Tragweite der Orientierungsproblematik, die das Zeitalter technischer Reproduzierbarkeit aufwirft. Quiroga formuliert dieses Prinzip mit den Worten seines Erzählers Grant: »Más fácil nos sería ver a nuestro lado a un muerto que deja la tumba para acompañarnos, que percibir el más leve cambio en el rastro lívido de un *film*« (CI 593). Das gespenstische Leben der Figuren auf der Leinwand wird in den Sujets von Immersion und Infiltration einerseits spielerisch und gewissermaßen fiktionsironisch thematisiert, andererseits bleiben in diesem Sujet die spiritistischen Obsessionen Quirogas

---

92 Das Motiv des »más allá« findet sich, außer in dem Artikel *Cine de ultratumba*, auch als Filmtitel »Más allá de lo que se ve« in der Erzählung *El espectro* (CI 596) und, natürlich, als Titel der Sammlung von 1935, in der die beiden Kinofiktionen *El vampiro* und *El puritano* enthalten sind.

auf unheimliche Art gegenwärtig. Die Ambivalenzen einer unvertrauten ästhetischen Grenze manifestieren sich auf ähnliche Weise im Kinofilm selbst und insbesondere in den *Golem*-Filmen Paul Wegeners.

Abbildung 7 und 8: Der erste Golem *als Artefakt /* Der Golem, wie er in die Welt kam: *Ahasverus-Szene*

Quellen: Schönemann, Heide: *Paul Wegener. Frühe Moderne im Film*, Stuttgart/London: Axel Menges 2003; Wegener, Paul: *Der Golem, wie er in die Welt kam* (1920), DVD, 15.3.2004 (Transit und UFA/-Universum)

2.4 Wegener: Form und Magie

DIE POLITISCHE ORIENTIERUNG DES PHANTASTISCHEN FILMS

Schon der Untertitel von Siegfried Kracauers *From Caligari to Hitler* (1947), »A Psychological History of the German Film«, ordnet das Buch in die Geschichte tiefenpsychologischer Filmdiskurse ein. Das Kino der Weimarer Republik verrät dem Blick des Analytikers laut Kracauer eine zunehmend irrationale Mentalität, welche bereits auf die spätere nationalsozialistische Diktatur vorausdeutet. Anders als traditionelle Formen der Fiktion, deren Autoren nur für sich selbst sprechen, entstehen Filme laut Kracauer unter Zusammenwirken einer großen Menge von Technikern, Regisseuren, Akteuren, aus deren Tätigkeit sich eine Tendenz der Massenseele entnehmen lasse. Nicht nur kollektive Ängste, sondern auch gemeinsame Mentalitäten fänden im Kino einen Ausdruck. Die filmische Fiktion verrate dem Historiker also eine allgemeine Disposition noch deutlicher als andere Dokumente. Und im phantastischen Kino der zwanziger Jahre, insbesondere in Robert Wienes *Cabinet des Dr. Caligari* (1920), erkennt Kracauer die Faszination eines magischen Weltbilds, welche in vielem Freuds Beschreibung unheimlicher Desorientiertheit entspricht.[1] Die Filmfigur Dr. Caligari hat einige Anklänge an den italienisierenden Jahrmarktsdoktor in Hoffmanns *Sandmann*; er übt seine Macht nun aber hypnotisch aus, indem er seine willfährigen Opfer, die selbst keine Marionetten sind, ohne eigenes Bewusstsein handeln lässt. Aber nicht dieses Sujet alleine ist politisch suspekt. Es ist der Rahmen der Filmerzählung, der laut Kracauer eine irrationale und tyrannenfreundliche Botschaft ent-

---

1 Bär hat dies unter dem Aspekt des Doppelgängermotivs bereits ausführlich besprochen (*Das Motiv des Doppelgängers als Spaltungsphantasie in der Literatur und im deutschen Stummfilm*, S. 531-541).

hält. Das Thema der Hypnose könnte aus einer kritischen Perspektive dargestellt werden – wie dies etwa in Thomas Manns Novelle *Mario und der Zauberer* (1930) der Fall ist.[2] Bei Wiene jedoch zeigt eine letzte Peripetie, dass der Erzähler, der Caligari denunziert, selbst Insasse einer Irrenanstalt ist. Durch diese Lösung wird, so Kracauer, der Betrachter im Ungewissen gelassen, das Kino erscheint aufgrund der unzuverlässigen Erzählstrategie geradezu als Komplize Caligaris: Es schildert nicht die Wirklichkeit, sondern irrwitzige und überwältigende Phantasmen. In unseren Begriffen gesagt, betreibt das Kino eine Desorientierung des Zuschauers. Das Gegenstück zu dieser Funktion des Rahmens – und eine mögliche Alternative zur Interpretation Kracauers – wäre eine Reflexion über seine eigene ästhetische Grenze, durch welche der Film eine Form der medialen Reorientierung gegen die magisch-hypnotische Desorientierung stellen würde.

Dass *From Caligari to Hitler* sich für die eine und gegen die andere Interpretation entscheidet, verdankt sich einem bestimmten Diskurs zur Ästhetik des Kinos, den Kracauer in seinem Essay *Theory of Film* (1960) expliziert hat. Dort unterscheidet er die phantastische Tendenz im Kino von seiner eigentlich innovativen Leistung, der »Errettung der äußeren Wirklichkeit«. Der Film kann die einfache, äußere Wirklichkeit erschließen, während es der Bühne des Theaters nicht gelingt. Die expressionistische Stilisierung des Alltags in Filmen wie *Dr. Caligari* oder *Der Golem* entspringt zwar der gleichen Affinität des Mediums zur unhierarchischen Darstellung der Realität, führt aber durch seine phantastischen Elemente wieder von diesem realistischen Kunstverständnis weg. Hier trifft ihn die gleiche Kritik, die Kracauer dem Historienfilm gegenüber äußert: Anstatt sich im Raumzeit-Kontinuum der »everyday life« zu verankern, fordert er eine »complete immersion« in ein anderes Universum.[3] So erscheint das Problem der sujethaften Immersion hier eindeutig mit demjenigen der Desorientierung gekoppelt: Der Golemstoff, der in einem historisch gezeichneten Prag angesiedelt ist, zieht gewissermaßen beide Vorwürfe auf sich, indem er den Zuschauer in eine vergangene und magische Welt entführt.

Das Kracauersche Referat der Filmhandlung von Paul Wegeners *Der Golem, wie er in die Welt kam* (1920) in *From Caligari to Hitler*

---

2   Vgl. Arno Meteling: *Monster. Zu Körperlichkeit und Medialität im modernen Horrorfilm*, Bielefeld: transcript 2006, S. 112.
3   Kracauer: *Theory of Film*, S. 77-78 und S. 81.

unterstreicht zunächst einmal die Situierung in einem Kaiserreich, das der Realität der Weimarer Republik radikal entgegengesetzt ist. Als zentraler Konflikt erscheint nicht die Auseinandersetzung des Rabbi Löw mit seinem nach kabbalistischer Gelehrsamkeit erschaffenen Diener, dem Golem, sondern die Order des Kaisers, welche die Juden aus dem Prager Ghetto vertreiben möchte. Die Gestalt des Golems ist nur ein Werkzeug, um zusammen mit einer filmähnlichen Vorführung über die Wanderungen und Leiden des jüdischen Volkes der Willkür des Kaisers zu begegnen und das Ghetto zu verteidigen. Die Herrschaftsstruktur, die laut Kracauer auf Hitler vorausweist, erscheint hier also nicht als Hypnose, so wie in *Dr. Caligari*, sondern als Rückfall in das durch die Revolution überwundene politische System, welches zahlreiche Pogrome mit zu verantworten hat. Der Rabbi ist für Kracauer ein Wissenschaftler, der Sterne beobachtet und mit Hilfe seiner Forschungsergebnisse einen politischen Erfolg erringt. Aber diese positive Darstellung bleibt nicht uneingeschränkt. Kracauer weist selbst auf die »half-truths«, die Halbwahrheiten, hin, welche das revolutionäre Sujet neutralisieren.[4] Den Film durchziehen tatsächlich viele Elemente eines volkstümlichen Aberglaubens. Dazu gehört etwa die aus der Handlung herausfallende Sequenz mit der schwarzen Katze, welche über die Dächer des Ghettos läuft, aber auch der von Löw veranstaltete Hokuspokus: Das entscheidende Wort erfährt er nicht aus der Kabbala, sondern von einem mit Hilfe »faustischer Magie« beschworenen Dämon.[5]

Zur irrationalen Tendenz kommt noch eine christlich-konservative Botschaft, welche von strukturalistischen Analysen des Sujets unterstrichen wurde. Der Golem, welcher als »Held« im Sinne Juri Lotmans die unüberwindliche Grenze von Leben und Tod überschreitet,[6] versucht zum Schluss des Films, auch das Tor des Ghettos zu sprengen. Immer noch unter dem Bann des im Palast des Kaisers gespürten Ro-

---

4 Siegfried Kracauer: *From Caligari to Hitler. A Psychological History of the German Film* (1947), Princeton: Princeton University Press 2004, S. 113.

5 Alexander Wöll: »Der Golem: Kommt der erste künstliche Mensch und Roboter aus Prag?«, in: Marek Nekula/Walter Koschmal/Joachim Rogall (Hg.): *Deutsche und Tschechen. Geschichte – Kultur – Politik*, München: Beck 2001, S. 235-245, hier S. 244.

6 Vgl. Lotman: *Die Struktur literarischer Texte*, S. 338.

senduftes, der bei ihm eine elementare sinnliche Regung ausgelöst hat, missachtet er die Trennlinie zwischen Juden und Christen, so wie es vor ihm, und in der umgekehrten Richtung, der Junker Florian getan hatte, um die Tochter des Rabbi Löw zu verführen. Während der Golem selbst den ersten Vorstoß abwehrt und den Junker umbringt, ist es ein blondes Kind, welches draußen auf dem Feld mit anderen kleinen Christenmenschen spielt, das den Mann aus Lehm zunächst mit seiner Gabe, einem Apfel, besänftigt, und ihm dann spielerisch das Papier aus der Brust nimmt, welches ihn temporär belebt hat. Der Golem, welcher insofern als zweiter Adam gilt, findet im kindlichen Erlöser seinen Anti-Typus, und damit wird die gesamte Handlung nach dem Schema christlicher Typologie lesbar. Der Mann aus Lehm wiederholt den Sündenfall durch seine erotische Leidenschaft für die Tochter des Rabbi, seine Eifersucht und den Mord an seinem Rivalen. In dem Kind lässt sich unschwer der Erlöser aus der Madonnenstatue wieder erkennen, welche an der Brücke über der ganzen Szene wacht.[7] Der Aufstand des Golems wirft zudem einen finsteren Schatten auf den Widerstand der Juden. Er erinnert, zu einem Sündenfall stilisiert, noch einmal an den dämonischen Ursprung des Geheimwortes. Insofern führt die Desorientierung – wie auch Kracauer meint – dialektisch in ihr Gegenteil, die politische Erstarrung in einem konservativen, im Extremfall sogar antisemitischen Standpunkt.

Es ist auffällig, dass die christliche Struktur von Sündenfall und Erlösung die Topologie der Kabbala ersetzt, welche noch bei Meyrink (wenn auch mit anderer Esoterik vermischt) den Horizont der Golemsage bildete. Einige Interpreten gehen sogar so weit, in Kracauerscher Tradition das Sujet als Ausdruck der Angst vor dem Fremden zu interpretieren, konkret als Angst vor dem Zustrom von Juden aus dem Osten nach Berlin. Eine gewisse antisemitische Tendenz des Films äußere sich in der Schluss-Szene insbesondere im sich von selbst schließenden Tor. Die Kamera, und damit der Blickwinkel des Zuschauers, bleiben mit den Christen vor diesem verschlossenen Tor stehen, aus dem alles Unheil gekommen zu sein scheint.[8] In dieser Ka-

---

7 Wöll: »Der Golem«, S. 244.
8 Anton Kaes: »Film in der Weimarer Republik«, in: Wolfgang Jacobsen u.a. (Hg.): *Geschichte des deutschen Films*: Stuttgart: Metzler 2004, S. 39-98, hier S. 50.

meraführung verrate sich der eigentliche Standpunkt des Films, der nicht dauerhaft Partei für das Ghetto ergreift.

Mit anderen Worten gesagt: Das Kino nimmt den Zuschauer für eine Zeitlang mit in die andere Welt der Juden, um ihn dann wieder an seinen Ursprungsort zurückzutragen. Auch wenn die dargestellte Welt also im Zeichen einer von Blitzen und Rauch geförderten Verwirrung steht, klärt sich die ›richtige‹ Orientierung mit dem Ende des Sujets. Wie bei Kracauer ist hier nicht die fiktionale Reorientierung, sondern die politisch irrationale Koordination das dialektische Gegenstück der Desorientierung. Die Orientierungsproblematik erscheint in diesen Deutungen unter ihrem kultursemiotischen Aspekt, indem auch die Thematik der Immersion dem Gegensatz von Ost und West, von Orient und Okzident unterworfen wird. Und dies ist in gewissem Maße legitim: Der für seine Verkörperung von »Orientalen« im Stummfilm berühmte Paul Wegener reflektiert diese Grundopposition auch in der Vorführung, die Rabbi Löw vor dem Kaiser gibt, und bei welcher die Karawane durch die Wüste deutlich von den Zuschauern getrennt bleibt.[9] Auf die Ästhetik dieser Szene wird aber noch zurückzukommen sein. Sie wirft jedenfalls die Frage auf, ob im »Golem-Effekt« nicht doch, über eine fiktionsironische Reflexion medialer Form, auch Modelle der Reorientierung wirksam werden.

MEDIALE DESORIENTIERUNG UND FIKTIONSIRONIE

Kracauers Voraussetzung war, dass der phantastische Effekt das eigentlich Filmische, die technische Modernität des Mediums, leugnet.[10] Auch wenn man Kracauers Ansicht über den fotografischen Ursprung des Films nicht teilt, bleiben das magische Weltbild und die technische Sicht zwei unvereinbare Herangehensweisen an die Illusion des Films. Die Belebung der Bilder kann entweder durch Hypnose oder mit Hilfe eines Apparats gelingen, und das eine schließt das andere aus. Die Medientheorie hat diese Alternative aus der Kultursemiotik übernommen

---

9 Wolfgang Kabatek: *Imagerie des Anderen im Weimarer Kino*, Bielefeld: transcript 2003, S. 17-18.

10 Christoph Houswitschka: »Burned to Light: The Reception of F.W. Murnau's ›Nosferatu‹ (1922) in E. Elias Merhige's ›Shadow of the Vampire‹«, in: Oliver Jahraus/Stefan Neuhaus (Hg.): *Der phantastische Film*, Würzburg: Königshausen & Neumann 2005, S. 61-81, hier S. 73.

und Strukturen der Herrschaft als Strukturen der Identitätskonstituierung interpretiert. Geblieben ist dabei die Vorstellung einer konstitutiven Unaufrichtigkeit, mit welcher das Kino seine materiellen Bedingungen unter romantischen Sujets verbirgt. Was auf den ersten Blick als eine irrationale Stilisierung der Wirklichkeit erscheint, bietet in Wirklichkeit eine präzise Einstellung und Reflexion über die Techniken des Stummfilms.

Der Konflikt zwischen der unsymbolischen Materialität der Technik und den kulturellen Besetzungen des Films führt für Kittler zu einer Erschütterung des imaginären Selbstbilds. Das Unwohlsein gegenüber den sprachlosen, schattenhaften und doch bewegten Doppelgängern der Schauspieler, welche ein Leben ohne Bewusstsein führen, findet sich sowohl im Thema der Hypnose (*Dr. Caligari*, *Dr. Mabuse*), als auch in demjenigen der belebten Puppen (*Der Golem*, *Das Wachsfigurenkabinett*, *Metropolis*) und – kombiniert mit der Technik der Großaufnahme –, in einer Übergangsform von der Erfahrung des zerstückelten Körpers zu derjenigen einer imaginären Einheit – in den selbständig werdenden Gliedmaßen von *Orlacs Hände*. Der Stummfilm entspricht darin laut Kittler dem von Jacques Lacan beschriebenen Spiegelstadium, in dem das Ich seine Identität auf die Einheit eines Bildes baut, ohne sich symbolisch, also etwa durch Sprache, ihrer vergewissern zu können.[11]

Das Problem der Desorientierung erscheint aus dieser Perspektive noch radikaler als bei Kracauer: Die kultursemiotische Interpretation stellt fest, dass der Film trotz aller Bewegung in einem erstarrten Weltbild mündet. Für Kittler hingegen endet die Desorientierung nicht bei der dargestellten Wirklichkeit, sondern stellt auch die Identität des Betrachters in Frage. So wird etwa das Entsetzen des Stummfilmstars Barbara la Marr verständlich, die sich von ihrem Leinwand-Ebenbild vernichtet fühlt: »Gerade weil die Kamera als perfekter Spiegel arbeitet, liquidiert sie, was im psychischen Apparat einer La Marr an Selbstbildnissen gespeichert war«.[12] Das Filmbild unterbreitet nie das Angebot einer funktionierenden festen Verankerung des Subjekts, sondern löscht im Gegenteil bestehende Koordinationen auf – ebenso radikal wie die Hypnose oder der Traum. Noch weniger als Kracauer

---

11 Hier verweise ich zurück auf das ausführliche Referat im ersten Teil der Arbeit.

12 Kittler: *Grammophon – Film – Typewriter*, S. 225.

geht Kittler daher auf die Frage ein, weshalb Fiktionsironie im Stummfilm unter anderen Bedingungen steht als in der romantischen Literatur, mit dem er seit Lotte Eisner immer wieder verglichen wird.[13]

Die Kamera als perfekten Spiegel zu verstehen, heißt die ästhetische Grenze des Kinos zu vernachlässigen. Wo jedoch ein technisches Medium ist, ist auch eine mediale Form, welche Ansatzpunkt einer funktionierenden Reorientierung sein kann. Eine erste Relativierung der Kittlerschen Position bietet etwa Stefan Andriopoulos, indem er die mediologisch ermittelte Identitätsproblematik auf kulturelle Diskurse zurückführt. So verknüpft er den kinematographischen Körperverlust des Zuschauers mit juristischen Theorien der Person und Körperschaft, die sich etwa gleichzeitig mit dem Kino entwickeln.[14] Das juristische Konzept, das vom Kino aufgesogen wird und etwa in den *Mabuse*-Filmen zirkuliert, verrät auch den Reiz der Übergangsform, der partiellen Motivierung einer Gattung, bei der die technische Neuerung bestehende Fiktionsverträge immer wieder in Frage stellt. Die Form filmischer Fiktion sucht nicht nur in der Rechtsprechung Stützen, sie muss sich einerseits in Absetzung von der theatralischen Inszenierung, andererseits auch komplementär zum Bereich von Trick, Besessenheit und Hypnose entwickeln, den Andriopoulos rekonstruiert. Auf den ersten Blick ist die magisch erzeugte Bewegung also eine Verdeckung der technisch, mit den Mitteln des Films erzeugten Bewegung, und eine radikale Desorientierung setzt sich gegen mögliche Reorientierungen durch. Fiktionsironie (und somit eine ästhetische Reorientierung des Zuschauers) bleibt aber immer dann aktuell, wenn sich filmische Wahrnehmungsform fiktionshäretisch gegen das Theater und seine Inszenierungskonventionen konstituiert.

Diese Dialektik bestimmt übrigens auch Paul Wegeners Biographie und Filmtheorie. Der Schöpfer des *Golem* arbeitet zunächst einmal als Bühnenakteur und feiert am Deutschen Theater in Berlin in klassischen Rollen beachtliche Erfolge. Schon in einem Aufsatz von 1916, in Anschluss an seinen ersten *Golem*-Film, setzt Wegener die Kunst des Films in Analogie zur Geschichte technischer Erfindungen, um seine Neuheit im Vergleich zu anderen mimetischen Gattungen zu unterstreichen:

---

13 Lotte H. Eisner: *Die dämonische Leinwand*, Frankfurt a.M.: Kommunales Kino 1975.
14 Andriopoulos: *Besessene Körper*, S. 119-123.

Wenn eine neue Technik aufkommt, so pflegt sie zunächst an Vorhandenes anzuknüpfen [...]. Das Kino gerierte sich als Pantomime, Drama oder illustrierter Roman.[15]

Insbesondere lasse sich im »verlogenen, kitschigen, sentimentalen Gesellschaftsfil[m]« eine Reminiszenz an den illustrierten Roman und das Theater erkennen.[16] Das Sujet des *Golem* ermöglicht für Wegener hingegen schon in seiner ersten, verschollenen Fassung, wie er selbst schreibt, die Umsetzung des Programms »des rein Filmmäßigen«. Dazu gehört eine signifikante Reduktion der Zwischentitel[17] und eine bessere Nutzung der technischen Möglichkeiten des Films:

Die Möglichkeit des ständigen Standpunktwechsels für den Beschauer, die zahllosen Tricks durch Bildteilung, Spiegelung und so fort, kurz: die Technik des Films muß bedeutsam werden für die Wahl des Inhalts. [...] Hier [im *Golem*] ist alles aufs Bild gestellt, auf ein Ineinanderfließen einer Phantasiewelt vergangener Jahrhunderte mit gegenwärtigem Leben.[18]

Die Filmästhetik muss sich den Illusionsmöglichkeiten des optischen Mediums anpassen. Diese Position ist weit entfernt von der Flucht in vergangene Phantasiewelten, die Kracauer den Filmen der Weimarer Republik vorhält. Das »Ineinanderfließen« von Vergangenem und Ge-

---

15 Paul Wegener: »Die künstlerischen Möglichkeiten des Films« (1916), in: Kai Möller (Hg.): *Paul Wegener. Sein Leben und seine Rollen. Ein Buch von ihm und über ihn*, Hamburg: Rowohlt 1954, S. 102-113, hier S. 104.
16 Ebd., S. 109.
17 Vgl. Elfriede Ledig: *Paul Wegeners Golem-Filme im Kontext fantastischer Literatur*, München: Schaudig/Bauer/Ledig 1989, S. 172.
18 Wegener: »Die künstlerischen Möglichkeiten des Films«, S. 111. Der Koautor Hans Heinz Ewers unterstreicht die paradigmatische Bedeutung dieser Verdoppelung im *Studenten von Prag* für die Poetik des Stummfilms: »Es war das erstemal, daß ein Kameramann, Guido Seeber, den Gedanken in die Tat umsetzte, denselben Spieler auf demselben Bilde gegen sich selbst spielen zu lassen, ein Trick, der dann Tausende von Malen nachgemacht wurde« (Ewers: »Geleitwort zu ›Der Student von Prag‹« (1930), in: Fritz Güttinger (Hg.): *Kein Tag ohne Kino. Schriftsteller über den Stummfilm*, Frankfurt a.M.: Deutsches Filmmuseum 1984, S. 25-30, hier S. 29).

genwärtigem gibt vielmehr romantischen Phantasien, wie Kittler gezeigt hat, eine mediale, technisch bestimmte Realität. Auf einen solchen romantischen Stoff, den Doppelgänger, greift Wegener schon in seinem ersten, gemeinsam mit Stellan Rye und Hans Heinz Ewers verwirklichten Filmprojekt, *Der Student von Prag* (1913), zurück.[19] In Wegeners Rückblick lassen sich drei Momente unterscheiden, welche mir drei Dimensionen der Reflexion über die Orientierung im Stummfilm zu entsprechen scheinen:

> Als ich vor drei Jahren das erste Mal zum Film ging, tat ich es, weil ich eine Idee zu haben glaubte, die mit keinem anderen Kunstmittel ausgeführt werden konnte. Ich erinnerte mich an Scherzphotographien, wo ein Mann mit sich selber Skat spielte oder ein Bruder Studiosus mit sich selbst die Klinge kreuzte. Ich wußte, daß dies durch Teilung der Bildfläche gemacht werden konnte, und sagte mir, das muß doch auch im Film gehen, und hier wäre doch die Möglichkeit gegeben, E.Th.A. Hoffmanns Phantasien des Doppelgängers oder Spiegelbildes in Wirklichkeit zu zeigen und damit Wirkungen zu erzielen, die in keiner anderen Kunst zu erreichen wären.[20]

Der Gegensatz von romantischem Sujet – das wäre die erste Dimension – und technischer Realisierung – die als eine zweite Dimension eingeführt wird – löst sich in einer Synthese, welche nichts anderes als ein neuer, die Technisierung als Spielraum[21] ausnutzender Fiktionsvertrag ist: Der Film erscheint als »Kunstmittel«, das Kino als »Kunst«, welche den anderen Künsten in dieser Hinsicht überlegen ist.

Wegener beschränkt sich also nicht nur auf die Feststellung, dass der Filmtrick der romantischen Phantasie eine unheimliche Wirklichkeit verleiht, sondern reflektiert diese »Wirkungen« bereits als Poetik von Fiktion. Wie später Kracauer verweist er auf die Schärfe des Ka-

---

19 Aber auch darüber hinaus spielen seine Filme mit einer neoromantischen Märchenwelt und Exotik, in deren Zusammenhang auch die Golem-Filme gesehen werden können (Heide Schönemann: *Paul Wegener. Frühe Moderne im Film*, Stuttgart/London: Axel Menges 2003, S. 14ff.).

20 Wegener: »Die künstlerischen Möglichkeiten des Films«, S. 110.

21 Mit dieser Formulierung greife ich voraus auf den Zusammenhang von Medium und Spiel, welchen Wolfram Nitsch erläutert in »Die Insel der Reproduktionen. Medium und Spiel in Bioy Casares' Erzählung *La invención de Morel*«, *Iberoromania* 60 (2004), S. 102-117.

meraobjektivs, welche dem menschlichen Auge überlegen sei. Aber anders als Kracauer interessiert ihn nicht das realistische Potential der Technik, sondern das neue Fiktionsmodell, welches in einem häufig wiederholten Topos fordert: »Der eigentliche Dichter des Films muß die Kamera sein«.[22] Das optische Instrument legt den Rahmen der Fiktion so fest wie jede andere ästhetische Grenze. Aber anders als das Theater benötigt der Film, der sich von der sprachlichen Koordination emanzipieren will, ein weitgehend visuelles Modell der Reorientierung. Die Schwierigkeiten, die filmische Fiktion aus den Formen des Films zu begründen, haben in der Gestalt des Golem ihren Ausdruck gefunden.

Umgekehrt endet die Faszination der stummen Figur im Sprechfilm: Als Julien Duvivier 1936 versucht, den *Golem* in einem gleichnamigen Streifen wiederzubeleben, scheitert seine großangelegte, Schauspieler aus ganz Europa vereinende Produktion – laut der damaligen Kritik – an dem Ziel, die phantastische Dimension der Handlung glaubwürdig zu vermitteln.[23] In diesem Film wirkt der Mann aus Lehm wie ein merkwürdiges Relikt der Zeit, in der alle Figuren des Kinos sprachlos waren; er verursacht nicht Furcht, sondern Heiterkeit. Eben das metafilmische Potential, das der Golem im Stummfilm besitzt, geht ihm mit der technischen Erneuerung der Tonspur verloren. Nur in der literarischen Fiktion erinnert die Überlagerung von Immersion und Infiltration weiterhin regelmäßig an die kinematographischen Wurzeln des Golem-Effekts.

STRUKTURELLE EIGENSCHAFTEN DER FILMISCHEN FIKTION

Die bewegte Figur vs. die unbewegte Statue

Mit seinen Golemfilmen verfolgt Wegener von Anfang an nicht nur die technische Verwirklichung eines romantischen Phantasmas, sondern auch eine Reflexion über filmische Fiktion. Im ersten *Golem* von 1914 steht der Kontrast zwischen Statue und magisch belebter Figur im Vordergrund. Plötzlich zu Leben erwachende Statuen gehören

---

22 Wegener: »Die künstlerischen Möglichkeiten des Films«, S. 110-111.
23 Eric Bonnefille: *Julien Duvivier, le mal aimant du cinéma français. Tome 1, 1896-1940*, Paris: L'Harmattan 2002, S. 204-205.

durch den Pygmalion-Mythos schon seit langem zum Bestand der
Bühnentechnik. Der Stoptrick gestattet im Film allerdings eine viel
glaubwürdigere Behandlung dieses Themas. Der Schauspieler braucht
die Statue nun nicht mehr als erstarrtes Tableau vivant zu spielen,
bevor er aus seiner Starre hervorbricht, er kann einfach – während die
Kamera angehalten ist – an die Position einer echten, ihm ähnlichen
Statue treten. Auf diese Weise wird die Metamorphose durch eine
technisch verdeckte Substitution simuliert. Der Golem bildet also
keine einfache Fortsetzung des Pygmalion-Mythos, sondern sein auf
die Kunst des Films bezogenes modernes Gegenstück – und dies ist
eine global wirksame Problematik, für die sich auch im La-Plata-Raum
Belege finden. Die Figur des Golems verknüpft die beiden außeror-
dentlichen Verfahren des Kinos, welche z.B. von Vicente Veras früher
Einführung in die Kinotechnik zu allererst als Tricks genannt werden:
Die Belebung starrer Körper und die Verwandlung eines amorphen
Lehmklumpens, der zu einer Statue wird.[24] Der Golemstoff gestattet es
Wegener, diese Illusionseffekte zu reflektieren und auf diese Weise ein
Modell der Fiktion zu formen.

Im Golem-Effekt verschwimmen aber auch die Grenzen zwischen
der Infiltration (Pygmalion-Effekt) und der fiktionalen Immersion
(Quijote-Effekt) des Betrachters. Denn die Affinität zwischen dem
Golem und der Fiktion des Stummfilms beschränkt sich nicht darauf,
dass die Lehmfigur selbst nicht sprechen kann und durch Schrift belebt
wird – das aus stummen Bildern und erklärender Schrift zusammengesetzte Surrogat-Kino kritisiert Wegener ja gerade. Der Golem mit
seinen starren Zügen und seinen ruckartigen Bewegungen illustriert
vielmehr das Ideal filmischen Schauspiels, welches im Essay von 1916
beschrieben wird. So unterscheidet sich der Filmschauspieler vom
Theaterakteur laut Wegener durch seine ruhigen Bewegungen, durch
»Ruhe, Transparenz und Einfachheit der Mimik«. Die technischen
Bedingungen dieses Spiels liegen im »Mikroskop-Effekt«, der sich aus
der Vergrößerung und Schärfe des Objektivs, der grellen Beleuchtung

---

24 »En las proyecciones cinematográficas se presentan a veces hechos cuya
realización parece imposible. Se ve, por ejemplo, que cuerpos inertes se
animan y ejecutan actos como si tuvieran vida propia. He aquí una masa
informe de barro que se mudaba por sí misma sin que nadie la toque y se
convierte en estatua« (Vicente Veras: *La fotografía y el cinematógrafo*,
Madrid: Calpe 1923, S. 87).

und dem Mangel an farbigen Übergängen ergibt, sowie im Schnitt, der Gesten unterbricht.[25] Diese Glaubwürdigkeit zielt jedoch eher auf eine bessere Immersion des Zuschauers, als auf eine phantastische Grenzüberschreitung.

Auch ohne des ersten *Golem* vor Augen zu haben, wird deutlich, was Wegener an diesem Thema gereizt haben muss. Heide Schönemann, welche die weniger bekannten Golemfilme analysiert, unterstreicht, dass sich schon in ihnen, über das Doppelgänger- und Spiegelmotiv, nicht nur eine neoromantische, sondern auch eine fiktionsironische Auseinandersetzung mit der Form des Kinos findet.[26] Im zweiten Golemfilm, *Der Golem und die Tänzerin* (1917), gibt er dem Sujet sogar eine komische Note. Und die Fiktionsironie geht so weit, dass die Figuren an der Kinokasse gezeigt werden. Es ist nicht schwierig, sich vorzustellen, dass die Komik neben dieser expliziten *mise en abyme* insbesondere aus einem formalen Kontrast entsteht. Die fließenden Bewegungen der Tänzerin begegnen den abgehackten, roboterartigen Bewegungen des Golems; dieser Kontrast verfremdet die Grundeigenschaft des neuen Mediums, das bewegte Bilder in aneinander montierten Schnitten zeigt.[27] Die Szenenfotos bezeugen diese Kontrastwirkung, indem sie graue, die hieratisch gerade Gestalt auch farblich von der weissen Schlangenlinie der Tänzerin abheben.

---

25 Wegener: »Die künstlerischen Möglichkeiten des Films«, S. 107. Der Vergleich des neuen Mediums mit dem alten optischen Dispositiv hat dabei die gleiche Komplexität wie derjenige mit dem Fluggerät. Wie bei diesem wird nicht ein einzelner Aspekt zum Ausgangspunkt der Metapher, sondern eine Technik dient als metaphora continuata oder Allegorie der anderen. Nach dem Vergleich des Kinos mit der Aviatik folgt eine ganze Isotopie mit dem »in der Luft« der traditionslosen neuen Technik und dem leichten Film, der »wie ein Blitz um die Welt« eilt (ebd., S. 104). Im Fall des Mikroskops geht es nicht nur um die Vergrößerung, sondern auch um die kontrastreiche, künstlich exzessiv beleuchtete Präsentation des Präparats als Ergebnis von Schnitten.

26 Schönemann: *Paul Wegener*, S. 14-19.

27 Wegeners Äußerungen zu diesem Thema stehen nicht alleine. Zur Vertiefung des Verhältnisses von Bewegung und Kino kann hier wieder auf Deleuze, *Cinema I. L'Image-mouvement*, verwiesen werden.

Abbildung 9: Der Golem und die Tänzerin

Quelle: Schönemann, Heide: *Paul Wegener. Frühe Moderne im Film*, Stuttgart/London: Axel Menges 2003

Schließlich wird auch *Der Golem, wie er in die Welt kam* (1920) für Paul Wegener zur Gelegenheit, die spezifische Fiktionalität des Kinos durch den Golem-Stoff zu thematisieren. Dabei bezieht er sich in einer metafilmischen Reflexion auf die technischen Möglichkeiten des neuen Mediums. Seine Lehmgestalt erwacht auf die gleiche Weise zum Leben wie ein Roboter oder eine Filmprojektion: mit einem einzigen Handgriff. Es genügt, an dem Stern zu drehen, der die Papierrolle in seiner Brust festhält und der ähnlich wie ein Schalter funktioniert. Diese Geste des Drehens wird insbesondere durch die Großaufnahme auf die erlösende Kinderhand in der Schluss-Szene betont. Die Figur gestattet also eine fiktionsironische Reflexion auf die Technik des Kinos, wie sie schon der bereits zitierte zeitgenössische Kritiker vollzieht: »Wie der Golem ein automatisches, nicht ein beseeltes Wesen ist, so läuft auch der klassische Film mit der stummen Figur – seelisch leer«.[28]

Der Rabbi beherrscht außerdem auch die alte Kunst des Schattenspiels, die er am Kaiserhof zusammen mit seiner neuen Erfindung vorführt. Das Motiv der doppelten Vorführung des Rabbi vor dem Kaiser (E. 301-309 nach Ledigs Zählung) übernimmt Wegener vermutlich von Meyrink.[29] Er zeigt einerseits das Wesen aus Lehm, das er, wie auf dem Zwischentitel zu lesen, geschaffen hat: »Er ist mein Diener und mein Geschöpf, Golem genannt. Mehr darf ich nicht sagen«.[30] Zu diesem Mythos kommt andererseits eine Art Phantasmagorie hinzu: Der Rabbi zeigt dem Hof auf einer Palastwand die Geschichte des jüdischen Volkes in bewegten Bildern, Bildern von der Wanderung eines Volks durch eine Wüste, die den Exodus darstellen sollen.[31] Dabei erinnert schon die Form des Zackenkaschs, der für den Stummfilm, besonders aber für den Wegenerschen Stil, typisch ist,[32] mehr an eine Kinoprojektion als ein belebtes Fresko. Gleiches gilt für den dargestellten Raum, der die dem Theater unzugänglichen Dimensionen der großen Ferne und großen Nähe durchschreitet, also aus der Tiefe von großen Landschaftsbildern bis zur Großaufnahme einer bärtigen Figur vordringt, welche ein Zwischentitel benennt: »Ahasverus war es, der ewige Jude!«.[33] So wird die Möglichkeit, ein Bildnis aus Lehm mit Le-

---

28 Eduard Korrodi: »Golem – Wegener – Poelzig« (1921), in: Fritz Güttinger (Hg.): *Kein Tag ohne Kino. Schriftsteller über den Stummfilm*, Frankfurt a.M.: Deutsches Filmmuseum 1984, S. 323-326, hier S. 323.
29 GO 50. An dieser bereits im entsprechenden Kapitel zitierten und kommentierten Stelle heißt es, der Rabbi hätte mit Hilfe einer Laterna magica die Geister der Toten vor den Kaiser gebracht.
30 *Der Golem wie er in die Welt kam. Eine Geschichte in fünf Kapiteln* von Paul Wegener, Berlin: August Serl 1921, S. 46 (zitiert nach Ledig: *Paul Wegeners Golem-Filme*, S. 118). Den Wortlaut der Zwischentitel nicht nach den erhaltenen Filmkopien, sondern nach dem von Wegener 1921 veröffentlichten Roman zum Film zu zitieren, liegt angesichts der zahlreichen Varianten der rekonstruierten Filmtitel nahe (vgl. ebd., S. 69ff.).
31 Auf weitere biblische Konnotationen weist Ledig hin (ebd., S. 211, hin.
32 Schönemann: *Paul Wegener*, S. 87.
33 Vgl. etwa Wegener: *Der Golem wie er in die Welt kam*, S. 50 (zitiert nach Ledig: *Paul Wegeners Golem-Filme*, S. 120). Roger Manvell meint dennoch, in dieser Gestalt Moses erkennen zu können (Manvell: *Masterworks*

ben zu begaben, einerseits in belebten, bewegten Schatten gespiegelt. In dem Maße, in dem das stumme Zeigen des Films für die Suggestionsmacht des Rabbi transzendentale Kategorien vorgibt, muss es andererseits von der Magie, die es ermöglicht, verdeckt bleiben.

Siegfried Kracauer hat diese Szene in den Mittelpunkt seines Kommentars gestellt, was gewiss ihrer Funktion in der Dramaturgie des Films entspricht: Hier begegnen sich die Welt des Kaisers und des Rabbi, was im Zusammenhang der Argumentation von *Von Caligari zu Hitler* natürlich besondere politische Relevanz hat:

The Hapsburg emperor issues an order that the Jews are to be expelled from their ghetto, a dream-like maze of crooked streets and stooped houses. To soothe the emperor's mind, Rabbi Loew, by means of magic, conjures up a procession of biblical figures – among them Ahasuerus, who proceeds to trespass on the domain of reality, starting to destroy the imperial palace. The emperor, panic-stricken, agrees to withdraw his order of expulsion if the rabbi will avert the danger; thereupon the latter directs the Golem, his servant, to prevent the walls and ceilings from coming down. The Golem obeys with the automatic promptness of a robot. Here reason avails itself of brute force as a tool to liberate the oppressed. But instead of following up to this motif, the film concentrates upon the Golem's emancipation from his master, and becomes increasingly entangled in half-truths.[34]

Die skeptische Haltung Kracauers gegenüber dem phantastischen Kino der Weimarer Republik, welches gerade nicht die unspektakuläre Realität, die »äußere Wirklichkeit«, in den Blick nimmt, manifestiert sich auch in diesen bereits diskutierten Zeilen zu Wegeners Film. Gelobt wird die Tätigkeit des Golems, insoweit er sich als revolutionäres und realistisches Prinzip erweist, welches die Lebenssituation der Juden zu verbessern hilft und die Gespenster, die mit Hilfe der Magie erzeugt werden, aus der Wirklichkeit heraushält. Ahasverus strebt danach, »to trespass on the domain of reality«, der Golem, obgleich selbst künstliches Geschöpf, dient zunächst zur Verteidigung der ästhetischen Grenze. Doch dann kippt die Situation, die vernünftige Lenkung durch den Meister gibt einer Emanzipationsgeschichte nach, bei der sich die tech-

---

of the German Cinema, London: Lorrimer Publishing 1973, S. 41), was den Inserts widerspricht.

34 Kracauer: *From Caligari to Hitler*, S. 112-113.

nische Fiktion verselbständigt und nun gewissermaßen das tut, was das vor dem Kaiser projizierte Phantom schon androhte: Die magisch-technisch fingierte Person dringt gewaltsam in die Lebenswelt des Menschen ein.

Neben diese politische Lektüre des Übergriffs auf die »domain of reality« möchte ich eine Interpretation setzen, die nicht von der Technik, sondern von der Formseite des Mediums ausgeht. Kracauer betrachtet die Phantastik des Weimarer Kinos als Eigenheit der neuen, in diesem Kino vorgeführten Fiktionen. Eben die Erscheinung des »Ahasverus« lässt sich aber auch, wie oben gezeigt, als metapoetischer Kommentar zur Fiktionalität des Films lesen. Die Trennlinie zum »domain of reality« wäre dann so etwas wie eine ästhetische Grenze, welche der Golem zuerst zu verteidigen hilft und dann selbst sujethaft durchbricht. Der gesamte Film beinhaltet in dieser Hinsicht eine Geschichte über gelingende Reorientierung und Desorientierung in der Fiktion. Dieses fiktionshäretische Sujet entwickelt sich in konstantem Gegensatz zur heilsgeschichtlich-typologischen Struktur, welche Wegener der Sage als verbindlicher Erzählung gibt. Wie zwei Jahre später in der illusionistischen Vorführung von *Dr. Mabuse, der Spieler*, unterstreicht die Grenze der Leinwand, welche von den projizierten Figuren überschritten wird, zwar auch eine Trennlinie zwischen Okzident und Orient.[35] Neben dieser konservativen Erzählung von den unverrückbaren Grenzen zwischen Ost und West steht aber die Geschichte einer möglichen, spielerischen Überschreitung des medial-fiktionalen Rahmens.

Noch deutlicher als bei Meyrink wird die Schriftproblematik der Kabbala zur neuen Form von ästhetischen Grenzen in Zusammenhang gesetzt: Die Schrift wird dem gleichen Belebungsprozess unterworfen wie die Skulptur, den bewegten Bildern entsprechen die fließenden Lettern, welche aus dem Mund des Dämons Astaroth strömen. Erst diese schattenhaft in den Rauch projizierten Buchstaben, und nicht schon die unverrückbaren Wälzer des Rabbi ermöglichen die Schöpfung eines künstlichen Menschen. Die strukturelle Opposition Bewegung – Stillstand stellt also auch die Darstellung der Magie unter die Bedingung einer Formdifferenz von Film und Skulptur.

---

35 Kabatek: *Imagerie des Anderen im Weimarer Kino*, S. 17-18.

Solide Formen vs. flache Schatten

Beruht die erste strukturelle Opposition auf dem Gegensatz des Films zur Skulptur, so verweist die zweite auf den Ursprungsmythos der Malerei, welche aus einer an die Wand projizierten Silhouette entstanden sein soll. Die Geburt des Golems wird mit diesem Mythos kontrastiert, indem seine Gestalt nicht nur vor den an die Wand gemalten Entwürfen, sondern auch vor dem sich auf der gleichen Wand abzeichnenden Schatten des Rabbi Löw geformt wird.[36] Der stumme Diener aus Lehm ist eine solide Figur, die gerade in der intermittenten Szenenfolge, in denen seine Produktion dargestellt wird, mit dem Schatten seines Schöpfers kontrastiert. So materiell wie der Golem wirkt auch die Konstruktion des Bühnenbilds, das sich von der traditionellen, aus gemalten Kulissen bestehenden Theaterarchitektur unterscheidet.

Hans Poelzig, der Architekt, verwendete für das Dekor eine Holzkonstruktion und eine von ihm selbst weiterentwickelte, besonders tragfähige Draht-Mörtel-Verbindung.[37] Die Materialität des Golems spiegelt sich also in der realistischen, massiven Bauweise des Bühnenbilds. Im *Golem* kommen außerdem noch weitere Techniken zum Ausdruck, die mit der Erfahrung des Kinos zusammenhängen. Die dramatischen Licht-und-Schatten-Spiele, welche den gesamten Film durchziehen, bilden eine Nullstufe kinematographischer Fiktion – wurden doch die stummen, schwarz-weißen Figuren auf der Leinwand oft als »Schatten« beschrieben.[38] Von diesen Schatten, etwa der Silhouette des Rabbi in der Schöpfungsszene, setzt sich der dreidimensionale, materiell dichte Leib des Golems ab und verleiht dem Topos vom künstlichen Leben der Filmfiguren, der Möglichkeit der Infiltration, ein neues Gewicht.

In noch höherem Maße verwirklicht sich diese zweite Opposition in der ›Filmvorführung‹, die ich schon unter dem ersten Aspekt kom-

---

36 Zur kunstgeschichtlichen Bedeutung und Nachwirkung dieses Mythos bis in die Stummfilmzeit s. Victor I. Stoichita: *A Short History of the Shadow*, London: Reaktion Books 1997. Über die Schatten in Wegeners Werken findet sich eine interessante Studie bei Schönemann: *Paul Wegener*, S. 20-23.

37 Harro Segeberg: *Das Kino der Weimarer Republik im Kontext der Künste*, München: Fink 2000, S. 196.

38 Stoichita: *A Short History of the Shadow*, S. 149-152.

mentiert habe. Auch hier profiliert sich die Gestalt des Golems mit ihrer soliden Materialität vor der in Rauch und Blitzen aufscheinenden Phantasmagorie. Die Verknüpfung der Golemsage mit der Ahasveruslegende findet sich übrigens schon bei Meyrink vorgeprägt, ebenso die Differenzierung zwischen einer schwachen Form von Illusion und echter Magie. Die phantasmagorische Vorführung mit Hilfe einer »Laterna magica« wird bei Meyrink von echter Zauberei unterschieden (GO 50). Wegener gibt dieser Differenz eine populäre und auf die Technik des neuen Mediums bezogene Gestalt: Auf der einen Seite steht die Figur des Golem als dreidimensionales Filmbild, auf der anderen Seite eine illusionistische Vorführung in einem filmischen Rahmen, welche fiktionsironisch an die Kinosituation erinnert. Die magische Öffnung des Schloss-Saals (Innenraum) auf eine Wüstenszene (Außenraum) ahmt die »résistance de l'image«, das Auseinanderstreben von Blick- und Kameravektor nach, welches für kinematographische Projektion typisch ist. Die Voraussetzung dafür ist allerdings, dass die Anschauungsform das Medium des Films verdeckt, welcher die Möglichkeit der Doppelbelichtung und damit einer Illusion in der Illusion öffnet. Elfriede Ledig beschreibt treffend diese »metafilmische« Situation:

Die Doppelbelichtung von E. 301 impliziert sowohl eine Raumerweiterung als auch eine Raumüberlagerung. Das Filmbild zeigt eine Raumüberlagerung insofern, als die Rückwand des Schloßsaales durch die Doppelbelichtung »wegfällt« und durch die Totale des Filmbildes sowie die explizite Gliederung des Vorder-, Mittel- und Hintergrundes eine Perspektivierung erreicht wird. Andererseits handelt es sich um eine Raum-Überlagerung: Der jenseitige Raum befindet sich im diesseitigen Raum, wie am durchschimmernden »gotischen« Dekor der Rückwand des Schloßsaales im Filmbild erkennbar ist [...].[39]

Beispielhaft wird in dieser Beschreibung die neue Art von Unschlüssigkeit geschildert, in welcher der Golem-Effekt besteht. Während die »Raumerweiterung« sujethafte Immersion suggeriert, weist die »Raumüberlagerung« auf die drohende Infiltration. Das Verfahren der Doppelbelichtung ermöglicht dabei die Darstellung einer kinematographischen Betrachtungsform: Die Wand wird zur ästhetischen Grenze. So lange Magie das Bild beherrscht, bleibt die Medienseite hinter

---

39 Ledig: *Paul Wegeners Golem-Filme*, S. 209.

der wunderbaren Form verborgen. Hingegen drängt sich der »Film im Film« auf, sobald sich das Wunder der Kontrolle des Rabbi entzieht, als eine Figur den Blick des Publikums erwidert, sich aus der Leinwand lösen und in den Zuschauerraum eindringen will. Ausgerechnet angesichts von Ahasverus, dem ewig leidenden Juden, fällt dem Hofnarren ein Scherz ein, der den ganzen Hof – gegen das explizite Rede- und Lachverbot des Rabbi – belustigt. In diesem Augenblick fixiert der Schatten sein Publikum und geht wütend darauf zu. In dem Augenblick, als er durch die Wand zu treten scheint, erbebt die Wand von einer Explosion, und die Form verschwindet hinter der Form des Mediums Lichtspiel, das in Gestalt des Blitzes vor der Wand sichtbar wird.

Die entsprechende Passage in der von Wegener nachgereichten »Geschichte« zum Film lautet folgendermaßen:

Der Magier stand, gegen die Wand gelehnt, die Hände wie in einem Dreieck vor der Stirn und murmelte Gebete. Dann hob er die Arme. Eine Flamme schoß hervor und dichter Rauch, und es ging ein leichter Schrei durch den Saal. Manch Pärlein ließ sich vor Schrecken los. Jetzt trat der Rabbi von der Wand zurück, reckte den Arm hoch, als ob er die Mauer zerreißen wollte, und siehe, da schwand die Wand, und man sah im grellen Sonnenschein die Wüste liegen und zahloses Volk mit Kindern und Greisen und Kamelen und Maultieren wimmelte ferne vorüber, gebeugt und ermüdet vom Wandern im Wüstenstaub. Und ganz nahe und größer als Lebende standen die Erzväter und blickten sorgend auf den Zug der Ihren. Als sie verschwunden waren, kam als letzter ein Greis herangestolpert, mit kahlem Haupt und zerrissenem Bart, der schaute mit irren Augen um sich. Ahasverus war es, der ewige Jude! Es schien, als trete er in den Saal hinein. Er war so groß, daß sein Haupt bis zum Gebälk der Decke reichte.
Alles starrte auf den verwilderten Greis. Der blickte um sich, als suchte er zu ergründen, wo er wohl sei. Der Rabbi lag am Boden, die Hände vor dem Gesicht, immer betend. Er schien von allem, was die anderen sahen, selber nichts zu sehen. Es ward unheimlich im Saal ob der Erscheinung, und man sah zum Rabbi hinüber und wollte ihm zurufen, doch wagte keiner, die Stimme zu erheben.[40]

---

40 Paul Wegener: Der Golem wie er in die Welt kam. Eine Geschichte in fünf Kapiteln, Berlin: August Scherl 1921, S. 49-50.

Paul Wegener findet selbst offenbar keine Worte für die kinematographische Dimension dieser Ereignisse, für eine spezifisch filmische Form der fiktionalen Reorientierung. Er schildert die Situation zunächst ganz wie eine theatralische Aufführung auf einer Guckkastenbühne, bei der die Wand als vierte Wand nur schwinden muss, um eine perfekte Illusion zu erzeugen. Erst mit dem Erscheinen des desorientierten Greises, der um sich blickt, »als suchte er zu ergründen, wo er wohl sei«, wird die vertraute Situation unheimlich. Reorientierung kippt in Desorientierung. Auf Geschichtsebene hat Ledig den Angriff des Ahasverus als »umgekehrte Grenzüberschreitung« beschrieben, also als Übergriff des handlungsmächtig werdenden Außenraums auf den Innenraum, der diesen zerstört.[41] In Bezug auf die ästhetische Grenze hingegen ereignet sich durch die »tendenzerfüllte Attacke auf den Beschauer«[42] ein Hervortreten der medialen Form von Orientierung. Joachim Paech hat mit einem ähnlichen Modell erläutert, wie die »ästhetische Grenze, das faux terrain«, zwischen dem Zuschauerraum und dem Filmraum phantasmatisch überschritten werden kann: Entweder das Publikum dringt, wie in Buster Keatons *Sherlock Junior* (1924) im Traum zum Schauplatz des filmischen Geschehens vor, oder aber die Fiktionen erobern, wie in Woody Allens *Purple Rose of Cairo* (1984), die Realität.[43] Paechs Beschreibung des katastrophalen »Verschwindens« der Figur durch das Hervortreten des medialen Rahmens passt genau den Zusammenbruch des Palastes durch den Vorstoß der Ahasver-Figur:

---

41 Ledig: *Paul Wegeners Golem-Filme*, S. 169 und 213. Es liegt nahe, in Bezug auf das Sujet mit Lotman von einer nicht-sujethaften Transgression zu sprechen, welche die Raumaufteilung insgesamt beeinträchtigt. Lotman gibt als Beispiel ebenfalls ein phantastisch-magisches Sujet, nämlich die Eroberung eines Gutes durch Dämonen (Juri Lotman: »Zur Metasprache typologischer Kultur-Beschreibungen«, in: J.L.: *Aufsätze zur Theorie und Methodologie der Literatur und Kultur*, übers. u. hg. v. Karl Eimermacher, Kronberg/Ts.: Scriptor 1974, S. 338-377, hier S. 359ff.).

42 Michalski hat bei dieser Formulierung für das »aktive Heraustreten des Kunstwerks« wohl nicht Wegeners Film im Kopf, und dennoch trifft sie genau die Geste der Ahasverus-Figur (Michalski: *Die Bedeutung der ästhetischen Grenze*, S. 13).

43 Paech: »Rodin, Rilke und der kinematographische Raum«, S. 33.

Es ist, als ob die »andere Seite« des Films, die von den Bildern und Tönen der filmischen Erzählung verdrängt worden ist, als deren Bedingung aber immer anwesend war, nun mit Macht und zerstörerischer Energie in die Sichtbarkeit zurückkehrt, um von ihr Besitz zu ergreifen. Zuerst nur als Störung, macht sich die »Wiederkehr des Verdrängten« (Mediums) schließlich als Zerstörung der Formen bemerkbar, die es hervorgebracht hat.[44]

Die Struktur der ästhetischen Wahrnehmung weist in einer solchen Formulierung auf die historischen Formen von gestalt- und tiefenpsychologisch strukturierter Imagination zurück. Auf der einen Seite lässt sich die Rückkehr des Mediums in die Form als Kipp-Figur in der Kognition eines Subjekts verankern, für das Ahasverus' Wüste wieder zum Palast wird. Andererseits kehrt das verdrängte Medium mit einer radikalen »Zerstörung der Form durch die Form des Mediums« wieder.[45] Der Zusammenbruch des Palasts und damit die Auflösung perspektivischer Fluchtlinien entsprechen einer Desorientierung. Damit wird aber auch die Form der Projektion sichtbar, und diese kann der Betrachter wieder zum Ansatzpunkt einer fiktionsironischen Reorientierung nehmen: Die Magie, welche das Medium verdeckt, und daher von Kracauer kritisiert wird, entgleist. Diese Entgleisung legt die Form des Mediums bloß.

Die Form des Mediums als Form der Fiktion

Eine dritte strukturelle Opposition betrifft die Funktion der Mimesis, von welcher sich der Film – im Gegensatz zum Theater – leicht ablösen kann. Wegener stößt wahrscheinlich auf diese Möglichkeit, indem er die künstlerische Form des neuen Mediums in der Abstraktion sucht. Diese Suche nimmt in seiner Filmpoetik einen gestaltpsychologischen Diskurs zu Hilfe. Das Kino soll, wie Wegener in einem frühen Essay schreibt, zu einem Experiment mit der Gestaltwahrnehmung des Publikums werden:

Sie alle haben schon Films gesehen, in denen plötzlich eine Linie kommt, sich krümmt, verändert. Es entstehen eventuell aus ihr Gesichter, und die Linie verschwindet wieder. Dieser Eindruck war mir höchst bemerkenswert. Er wird

---

44 Paech: »Figurationen ikonischer n...Tropie«, S. 120.
45 Ebd., S. 122.

immer nur als Zwischenspiel gezeigt, und man hat noch niemals die ungeheuren Möglichkeiten dieser Technik bedacht. Ich könnte mir eine Filmkunst denken, die – ähnlich wie die Musik – in Tönen, in Rhythmen arbeitet. In beweglichen Flächen, auf denen sich die Geschehnisse abspielen, teils noch mit der Natur verknüpft, teils bereits jenseits von realen Linien und Formen.[46]

Die gestaltpsychologischen Experimente zu dieser bewegten Linie – einem Topos moderner Kunsttheorie[47] – finden sich etwa bei Karl Bühler. In Bühlers Experimentreihen geht es etwa darum, die Krümmung eines Kreissegments bei immer größer werdendem Radius zu erkennen. Es gibt eine Schwelle, nach der Geradheit und Krümmung nicht mehr unterschieden werden können, die so genannte »Geradheitsschwelle«.[48]

Dieser Diskurs legt eine neue Sicht auf den Film und seine so genannten »expressionistischen« Elemente nahe. Die zahlreichen Sternformen in *Der Golem* werden aus dieser Perspektive beispielsweise nicht nur als Symbole eingesetzt, um die jüdische Religion (durch den Davidsstern) und die schwarze Magie (durch das Pentagramm) zu bezeichnen, sondern stehen im Dienst einer Erfahrung von strukturierenden Form-Erfahrungen, welche sich den Figuren überlagern. Besonders aussagekräftig ist in dieser Hinsicht die Szene, in welcher ein weißer Davidsstern vor schwarzem Grund allmählich vom Gesicht des Golems überblendet wird, wobei dessen Züge als Ausdruck dieser abstrakten Form erscheinen.[49] In *Der Stern der Erlösung* (1921) des Philosophen Franz Rosenzweig finden wir zur etwa gleichen Zeit die gestalttheoretische Erklärung des Davidsterns als Gesicht, genauer als Antlitz Gottes – ohne den geringsten Austausch zwischen dieser Schrift und dem Kino Wegeners annehmen zu können.[50] Nicht auf ein

---

46 Wegener: »Die künstlerischen Möglichkeiten des Films«, S. 111.
47 Als solcher bringt ihn wiederum Paech mit dem filmischen Bewegungsbild in Zusammenhang; vgl. Paechs Aufsatz »Der Bewegung einer Linie folgen...«, besonders S. 145-161.
48 Bühler: *Die Gestaltwahrnehmungen*, S. 100ff.
49 Es handelt sich um das Titelbild des vorliegenden Buchs. Zur ikonographischen Tradition dieses Motivs vgl. Schönemann: *Paul Wegener*, S. 94-95.
50 Ich beziehe mich hier auf die Vignette zu Teil III »Die Gestalt oder die ewige Überwelt« (Franz Rosenzweig: *Der Stern der Erlösung* (1921), hg. v. Reinhold Mayer, Haag: Martinus Nijhoff 1976, S. 293) und auf die spä-

einzelnes Werk, sondern auf das damals aktuelle und auch bei Cassirer ausgedrückte Interesse an der Gestaltwahrnehmung beziehen sich beide Zeitgenossen. Der fünfzackige Stern schließlich, den der Golem in der Brust trägt und von dem sein Leben abhängt, ist eine solche klare Form, die sich in einem realen Ding mit der Funktion eines Schalters oder Stöpsels verwirklicht. Die Existenz des Golems spannt sich auf zwischen der Verwirrung von Schatten und Rauch, aus welcher er durch Magie entsteht, und diesen Linien, welche sich sogar in der Fachwerkarchitektur des Ghettos und in der Gotik des Kaisersaals wieder finden.[51] So beschreibt die Zeichnung der Häuserfassaden vage Fragmente eines Davidssterns. Es bleibt allerdings dem Betrachter überlassen, diese Grundform darin zu erkennen. Und auch das magische Instrument des Rabbi, das riesenbrezelartige Pentagramm, löst sich in der Beschwörungsszene nur allmählich aus dem Rauch und bleibt auch in der Großaufnahme Gegenstand dramatischer perspektivischer Verformung. Diese Dreiecke und Zacken charakterisieren ein Prinzip der Form, welches sich gegen die Formlosigkeit und Desorientierung durchsetzt. Diese ästhetische Gestalt, Ansatzpunkt einer kinematographischen Reorientierung, bleibt weitgehend das Eigentum der Juden.

Für diese ästhetische Dimension der Gestalt gibt es zahlreiche Belege. Eine sternartige Schwelle wird bei der Annäherung des »Ahasverus« an das Publikum der Projektion überschritten. Es handelt sich, wie schon gesagt, um die Form des Zackenkaschs, welche für den Film spezifisch ist. In der besagten Episode werden mit Hilfe dieses Rahmens zwei unterschiedliche Rezeptionsperspektiven ineinander montiert: Die Form der Figuren bildet also keine Einheit, sondern oszilliert zwischen kinematographisch-distanzierter und dramatisch-sujethafter Immersion. Was als »mise en abyme« des Kinoraums in

---

tere Erklärung, die die Gestalt als Erkenntnisziel bestimmt: »Ja dem Stern der Erlösung selber, wie er uns nun endlich als Gestalt aufging, werden wir wiedererkennen im göttlichen Angesicht« (ebd., S. 465). Die Einordnung von Rosenzweig in eine gestalttheoretische Tradition verdanke ich Annette Simonis: *Gestalttheorie von Goethe bis Benjamin. Diskursgeschichte einer deutschen Denkfigur*, Köln/Weimar/Wien: Böhlau 2001, S. 129 und S. 150.

51 Zur Sternform in der Architektur des Filmbühnenbilds vgl. Schönemann: *Paul Wegener*, S. 87.

einer kinematographischen Perspektive als magische Projektion erscheinen muss, wird angesichts der Großaufnahme, in einer filmischen Perspektive, zur projizierten Magie. Im Formaspekt des Angriffs wiederholt sich die Dialektik, welche schon bei der Schöpfung des Golem zum Einsatz kam: Angesichts der drohenden Implosion des Raumes setzt der Rabbi – mit Hilfe seines Dieners – die gute Gestalt durch. Der Golem hält die einstürzende Decke an einem Punkt auf, der zum Scheitelpunkt eines Winkels wird. Das lebende Bild der Geretteten wirkt so nicht nur wie ein antikes Giebelfeld-Relief, sondern auch wie eine Wiederholung der Zackenform. Der Schnitt zum Zimmer der Tochter des Rabbi verdeutlicht eine zusätzliche Entsprechung: Das durch den gebrochenen Balken entstandene Dreieck geht über in ein anderes »triangle of escape«, das durch die Bettwäsche um den Kopf der jungen Frau gebildet wird.[52] In der späteren Filmtheorie ist diese Charakteristik eines »expressionistischen Stils« bereits mit dem Problem der Orientierung in Zusammenhang gebracht worden. Gilles Deleuze deutet die gebrochene Form als eine Struktur ästhetischer Wahrnehmung, die zu der mit »Desorientierung« gemeinten Bodenlosigkeit, dem »sans-fond«, gehört: Eine

gebrochene Linie, die keine Kontur formt, durch die sich Form und Grund unterscheiden würden, sondern fährt im Zickzack zwischen den Dingen hindurch, die es entweder in ein Bodenloses mitreißt, wo sie sich selbst verliert, oder sie in einen Wirbel der Formlosigkeit zieht [...].

Dieser Dialektik von Gestalt und Gestaltverlust entspricht die Lebensintensität des Unbelebten und eine »violente géometrie perspectiviste«, in der Diagonalen und spitze Winkel die rechtwinklige und parallele Entfaltung des Raumes durchbrechen.[53] Dass dies eine partikuläre Deutung ist, und dass die Gestalt des Dreiecks als Gestalt auch die Möglichkeit fiktionsironischer Reorientierung öffnet, habe ich zu zeigen versucht.

---

52 Manvell: *Masterworks of the German Cinema*, S. 42.
53 »ligne brisée qui ne forme aucun contour où se distingueraient la forme et le fond, mais passe en zigzag entre les choses, tantôt les entraînant dans un sans-fond où elle se perd elle-même, tantôt les faisant tournoyer dans un sans-forme [...]« (Deleuze: *Cinéma I. L'Image-mouvement*, S. 76-77).

Wie schwer es fällt, auch durch sujethafte Überschreitungen die ästhetische Grenze des Kinos als eigenständige Form sichtbar zu machen, zeigt sich gerade in einem neueren Hollywood-Film wie Woody Allens *Purple Rose of Cairo* (1984). Der Leinwandheld, der zu seiner Zuschauerin herabsteigt, benötigt dazu die Bühnenrampe. Da er sich vollplastisch und in Farbe von seiner ursprünglichen Umgebung abhebt, wirkt er nicht anders als ein Theaterschauspieler, der aus seiner Rolle fällt. Die weibliche Figur hingegen, die ihm nicht aus dem Film in die Wirklichkeit folgen kann, drückt sich das Gesicht wie an einer Mattscheibe platt – und spielt so die Form des Guckkastens (wenn nicht gar des Fernsehers) mit seinem »parete di vetro« – seiner imaginären vierten gläsernen Wand – in die Kinoprojektion hinein, in der eine ganz andere ästhetische Grenze aktuell sein müsste.

Abbildung 10: Die Leinwand als Glaswand

Quelle: Allen, Woody: *Purple Rose of Cairo* (1984), DVD, 25.10.2004 (MGM)

In beiden Fällen kommt das Medium nicht zur Darstellung, obwohl seine Formseite schon gestört, der Fortgang der Filmhandlung unterbrochen ist; stattdessen dringt die Form anderer Medien ein. Diesem Problem, der Kontamination des Films durch frühere Künste, widmet sich ein Großteil von Wegeners Essays. Woody Allens Film ist ein später Nachklang der medialen Unschlüssigkeit, welche mit dem Golem-Effekt einhergeht.

Wegeners *Golem* belegt also, bei allem Horror, die Suche nach einem neuen Umgang mit der ästhetischen Grenze. Es ist die Suche nach einer solchen Grenze, welche dem Medium des Kinos entspricht, welche zur Figur des Golems und zu sujethaften Immersionen und Infiltrationen führt. Die konservative Botschaft des Aberglaubens und die Faszination der technischen Produzierbarkeit, welche die einflussreichen Deutungen von Kracauer und Kittler hervorheben, müssen also ergänzt werden um die im Golem konkretisierte Form der Reorientierung, welche eine Reflexion auf die Pluralität und Problematik ästhetischer Grenzen ausdrückt. Insbesondere die phantastische Unschlüssigkeit der Orientierung, die ich bei Meyrink und Quiroga beschrieben habe, steht in engem Zusammenhang mit dieser Suche nach einer filmischen Form der Fiktion. In der Analyse von *Der Golem* ist die Alternative von Desorientierung und Reorientierung besonders relevant, weil sie über die Rezeption des Films als »Horrorfilm« oder »expressionistischer Kunstfilm« entscheidet. Dass in Zusammenhang mit der Desorientierung auch eine gewisse Ambivalenz von Immersion und Infiltration (der zweiten bei Quiroga analysierten Art von Unschlüssigkeit) entsteht, lässt sich schwieriger nachweisen als in den bisher betrachteten literarischen Texten, weil die Figur des Golem, das Vordringen eines künstlichen Menschen in die Lebenswelt, alle Aufmerksamkeit auf das Sujet der Infiltration lenkt. Die eingehend analysierte Szene des magischen Schattenspiels vor dem Kaiser entspricht jedoch sehr deutlich dieser Unschlüssigkeit, da das Vordringen des projizierten Ahasver gegen das Publikum in einer Form gezeigt wird, welche den Ausschnitt des Kamerabildes mit den Rändern der Projektion übereinstimmen und schließlich den Projektionsraum zusammenbrechen lässt. So bleibt es unentscheidbar, ob die Figur wirklich aus der Mauer herausgetreten ist oder nur ein verzaubertes Publikum in die fiktive Welt hineingezogen hat. Für den *Golem* insgesamt gilt diese Unschlüssigkeit in geringerem Maße als für die übrigen hier analysierten Erzählungen. Indem die Bewegung, die Dreidimensionalität und die Konkretisation abstrakter Formen auf Geschichtsebene die Bedingungen einer spezifisch filmischen Belebung des künstlichen Menschen abstecken, bleibt die Infiltration das vorrangige Sujet. Wenn literarische Texte hingegen eine gewisse Unschlüssigkeit von Immersion und Infiltration erzeugen können, so liegt das nicht nur daran, dass sie sich fiktionsironisch und fiktionshäretisch auf die Form der Versenkung beziehen, die das Kino anbietet, sondern dass sie auch die Mittel haben, sich wieder von dieser Form zu entfernen. Während sich in Quirogas Erzählwerk eine zunehmende Annäherung an die Möglichkeiten des Films beobachten lässt, so gehen seine Nachfolger in der rioplatensischen Literatur den umgekehrten Weg.

2.5 Borges: Der neue Fiktionsvertrag

ORIENTIERUNG UND DESORIENTIERUNG IN DEN FRÜHEN ESSAYS

Introspektion und Magie

Im Kontext unterschiedlicher »poéticas fundacionales«, die in Argentinien zu Anfang des 20. Jahrhunderts eine gaucheske, eine nativistische, eine reformistische oder schließlich eine ästhetizistische Literatur fordern, zeichnet sich die Poetik des jungen Jorge Luis Borges durch den Bezug auf die Peripherie der Großstadt aus.[1] Diese »modernidad periférica«, wie Beatriz Sarlo sagt, unterstreicht die Zugehörigkeit des Autors zur Kultur des La-Plata-Raums, welche sich, anders als die europäischen und nordamerikanischen Modernisierungszentren, aus einer Schwellensituation heraus entfaltet.[2] Anschaulich wird diese Schwelle nicht nur im Raum der Peripherie, welche zwischen Großstadt und Pampa liegt, und in der komplexen Identität des Einwanderers, sondern auch in den psychologischen Grenzsituationen und Ambivalenzen um welche sich Borges' späteres Erzählwerk konstituiert. Graciela Ricci spricht von einem »cuestionamiento muy rioplatense alrededor del eje identidad/alteridad«.[3] Das Interesse für das Thema Reorientie-

---

1 Insbesondere, wie Eduardo Romano vor diesem Hintergrund unterstreicht, durch die Rezeption moderner Kinematographie, in der die Differenzen der unterschiedlichen »poéticas fundacionales« verwischt würden (Eduardo Romano: *Literatura/Cine Argentino sobre la(s) frontera(s)*, Buenos Aires: Catálogos 1991, S. Xff.).
2 Beatriz Sarlo: *Una modernidad periférica. Buenos Aires 1920 y 1930*, Buenos Aires: Nueva Visión 1988.
3 Graciela N. Ricci: *Las redes invisibles del lenguaje: la lengua en y a través de Borges*, Sevilla: Alfar 2002, S. 79.

rung oder Desorientierung erklärt sich aus der Brisanz dieser Frage nach der Identität. Für Borges wird die Schwelle der städtischen Peripherie – seit dem 19. Jahrhundert eine relevante kulturelle Grenze argentinischer Selbstmodellierung – zum anschaulichen Bild neuer ästhetischer Grenzen: In dem Gedicht »La guitarra« entspringt in einem Hinterhof der Vorstadt ein Panorama der Pampa aus den Saiten einer Gitarre. Das traditionelle Instrument wird derart zum modernen audiovisuellen Medium.[4] In diesem Zusammenhang findet sich auch eine explizite Auseinandersetzung mit psychologischen Diskursen der Orientierung, welche das Thema der magisch-sujethaften Immersion und der Infiltration in seinen Erzählungen zu erhellen helfen. Zu der künstlerisch-pragmatischen Auseinandersetzung mit der ästhetischen Grenze des Films, die wir bei Meyrink, Quiroga und Wegener beobachten konnten, kommt ab den dreißiger Jahren also auch die explizite Suche nach einem neuen, wissenschaftlich fundierten Fiktionsvertrag.

Das Nachwort zum relativ späten Erzähl- und Gedichtband *El hacedor* (1960), der um Spiegel und Doppelgänger kreist, endet mit einer allegorischen Bestimmung der Fiktion als Selbstporträt:

Un hombre se propone la tarea de dibujar el mundo. A lo largo de los años puebla un espacio con imágenes de provincias, de reinos, de montañas, de bahías, de naves, de islas, de peces, de habitaciones, de instrumentos, de astros, de caballos y de personas. Poco antes de morir, descubre que ese paciente laberinto de líneas traza la imagen de su cara.[5]

Wie im Text *Borges y yo*, der im gleichen Band abgedruckt ist, spielt dieses Ende mit der Ambivalenz fiktionaler Deixis und mit der ästhetischen Grenze, welche in einem Doppelgängereffekt hintergangen

---

4 Matei Chihaia: »¿Qué pincel podrá pintarlas? – Variantes modernas de la pampa sublime«, in: Wolfram Nitsch/Matei Chihaia/Alejandra Torres (Hg.): *Ficciones de los medios en la periferia. Técnicas de comunicación en la ficción hispanoamericana moderna*, Köln: Universitäts- und Stadtbibliothek Köln 2008, S. 51-72, hier S. 19-20.

5 Jorge Luis Borges: »Epílogo« (1960), in: J.L.B.: *El hacedor*, Buenos Aires: Emecé 1960, S. 109.

wird.[6] Borges' Text beschreibt zwei unterschiedliche Hinsichten auf die Grenze zwischen Darstellungsraum und dargestelltem Raum: Der Erzähler vermag etwas zu vermitteln, das der Maler selbst noch nicht sieht. Während der bildende Künstler im Rahmen seiner perspektivischen Darstellung von unterschiedlichen »imágenes« gefangen ist, vermag der Sprecher oder Autor die einheitliche Gestalt, die »imagen« zu erkennen, in der alle Linien und Dinge zur Identität des Malers verschmelzen. Die Erzählung nutzt ihren Vorteil als propositionale Form gegenüber der graphischen Darstellung, die nur Impulse, nicht aber auch die Gestalten, die tatsächlich wahrgenommen werden, vermitteln kann.[7] Zahlreiche Texte von Borges nähern sich der ästhetischen Grenze derart auf dem Weg einer kognitiv-psychologischen Introspektion.

Obgleich die Introspektion, die Selbstbeobachtung, in der Literatur eine große Tradition hat, gewinnt sie einen besonderen wissenschaftlichen Status in der Psychologie der Jahrhundertwende. Der junge Borges zählt eines der Handbücher, die auf experimenteller Introspektion aufbauen, Gustav Spillers *The Mind of Man* (1902), zu seinen prägen-

---

6 Zum Doppelgängermotiv bei Borges vgl. Víctor Bravo: *El orden y la paradoja. Jorge Luis Borges y el pensamiento de la modernidad*, Rosario: Beatriz Viterbo 2004, S. 153-163.

7 Lugones' Erzählung *Un fenómeno inexplicable* nutzt bereits zu Anfang des Jahrhunderts diesen Effekt für seine Schluss-Pointe. Der Erzähler kann als Zeichner nur eine Umriss-Linie bieten, als Erzähler jedoch auch die Gestalt benennen, zu der sich diese zusammensetzt: der phantastische Effekt bezeugt sich darin, dass aus dem Schattenriss, wie bei einem gestaltpsychologischen Wahrnehmungsexperiment, für die beiden Versuchspersonen die gleiche Gestalt, die eines Affen, erscheint. Die Situation wird insoweit einer experimentellen Anordnung angeglichen, dass der Erzähler sogar die Marke seines Bleistifts – »un lápiz Hardmuth azul« – angibt. Wenn er zunächst meint, mit der materiellen Identität von Schattenriss und Profil-Linie – »la identidad del perfil entre la cara y su sombra« – der Vorstellung einer Ich-Spaltung widersprechen zu können, muss er einsehen, dass die Linie trotz der materiellen »coincidencia« sich zur Gestalt eines Affenprofils zusammensetzt (Lugones: »Un fenómeno inexplicable«, in: L.L.: *Las fuerzas extrañas*, Buenos Aires: Arnoldo Moen y hermano 1906, S. 49-62, hier S. 61-62).

den Lektüren.⁸ Bei Spiller finden sich eine Fülle von Denkaufgaben, welche das Problem der Orientierung, so wie es etwas später und systematischer auch bei Cassirer reflektiert wird, veranschaulichen. Darunter gibt es auch das Phänomen der imaginären Form, die sich in einem Zustand zwischen Wachen und Traum aus verschiedenen wahrgenommenen Gegenständen zusammensetzt. Das menschliche Gehirn, so Spiller, ist künstlerisch tätig wie ein Bildhauer, und kann auf diese Weise verschiedene Gestalten aus verschiedenen Sinneseindrücken formen.⁹ Einen noch radikaleren Wechsel des Orientierungszentrums, das Umkippen einer kategorialen Einstellung in ein graphisches Kohärenzerlebnis, beschreibt eine kurze Erinnerung des Autors. Ich zitiere die Passage ausführlich, um sie mit der bei Borges erzählten Geschichte vergleichen zu können:

One fine day, about 3 p.m., I was engaged writing. As the paper showed fine patches which I usually connect with after-images, I began to open and shut my eyes repeatedly with my glance fixed on the patches. Then, almost without warning, I saw on the paper the field outside the window, the trees close by, and the sky: everything in such complete detail as to form and colour that the sight unnerved me for the moment. This was unfortunate, as my observations were thus cut short. Such cases certainly suggest that *observation and recollection are theoretically photographic.*¹⁰

Wie bei Borges entdeckt der Beobachter etwas auf dem Papier, das er nicht willentlich dahin gesetzt hat. Offenbar kehrt ein früherer Blick aus dem Fenster beim Schreiben als gestochen scharfes, farbechtes Nachbild wieder. Das weiße Papier wird zur Projektionsfläche für eine Vision, die Spiller selbst als »fotografisch« bezeichnet und welche die bis dahin aufmerksam verfolgte Tätigkeit des Schreibens und der Beobachtung verdeckt. Gemeinsam ist beiden Erzählungen die Peripetie, der überraschende Umschwung, der aus der Weltdarstellung ein Selbstporträt bzw. aus dem Text ein Bild werden lässt. Der Unter-

---

8   Jorge Luis Borges: »Notas«, in: J.L.B.: *Discusión* (1932), Buenos Aires: Emecé 1957, S. 163-181, hier S. 165. Gustav Spiller: *The Mind of Man. A text-book of psychology*, London: Swan Sonnenschein 1902, S. 34-37, erläutert die Methode der experimentellen Introspektion.
9   Ebd., S. 431 und 434.
10 Ebd., S. 211.

schied liegt allerdings darin, dass Spiller einen Prozess der Reorientierung beschreibt, also die Differenz von kategorialem Verhalten in ein anschauliches Kohärenzerlebnis kognitionspsychologisch analysieren kann. Bei Borges hingegen bleibt unklar, ob diese Wiedererkennung nicht doch dem Rückfall in eine magische Form der Allmachtsphantasie zu verdanken ist: Die Begegnung mit dem Doppelgänger bedeutet eine unheimliche Desorientierung. In dem Maße wie die Fiktion sich als eine Spiegelung darstellt, verliert der Künstler die Distanz zu seinem Werk. Mit Bühlers *Gemäldeoptik* gesagt: Die kontrollierte Arbeit »am Phantasma«, bei der er einen künstlichen Standpunkt im Bildraum entwirft, kippt um in eine Wiederkehr des Schaurams, in dem das Ich selbst nicht mehr als Subjekt, sondern als Objekt, als Doppelgänger, erscheint. Während das Ziel der psychologischen Introspektion Orientierung sein muss, beschreibt der Erzähler einen Prozess der Desorientierung.

Diese Desorientierung betrifft nicht nur den Künstler selbst, sondern auch den Betrachter bzw. Rezipienten. Das oben zitierte Nachwort soll den Leser in Borges' Werk einführen, die Geschichte des Malers wird vom Autor selbst als Textmetapher entschlüsselt. Sie trägt also eine metapoetische Botschaft über den Umgang mit Fiktionen in sich: Auch die kontrollierte Verlagerung des Standpunkts in die fiktionale Welt kann eine magische Desorientierung, den Verlust eines eindeutigen Zentrums zur Folge haben. Dieser unheimlichen Verschiebung des Brennpunkts der Aufmerksamkeit hat Borges im bekannten Schluss von *Magias parciales del Quijote* ihre logische Form gegeben. Das Sehen von Bedeutungen, das Beschreiben von optischen Gestalten, durchbricht nicht nur eine ästhetische Grenze, sondern aktualisiert auch eine Form von Fiktion in Ergänzung des Quijote-Effekts: »Si los caracteres de una ficción pueden ser lectores o espectadores, nosotros, sus lectores o espectadores, podemos ser ficticios«.[11] Diese Umkehrung der sujethaften Immersion in ein Infiltrations-Erlebnis bringt die Unschlüssigkeit über die Richtung der Grenzüberschreitung, den Golem-Effekt, auf eine klare Formel. Auf diese Weise kann besagter Effekt zum Kern eines neuen, der intermedialen Herausforderung des Kinos angemessenen Fiktionsvertrags werden.

---

11 Jorge Luis Borges: »Magias parciales del Quijote« (1949), in: J.L.B.: *Otras inquisiciones* (1952), Buenos Aires: Emecé 1960, S. 65-69, hier S. 69.

Es gibt zahlreiche Indizien eines intertextuellen Zusammenhangs zwischen diesem Fiktionsvertrag und den im ersten Teil der vorliegenden Arbeit entfalteten Diskursen über Orientierung und Immersion. Obwohl nicht klar ist, ob er seine psychoanalytische Bedeutung kannte, verwendet Borges den Ausdruck »Unheimlichkeit« auf deutsch in einem ähnlichen Kontext, der kafkaesken Verwirrung der Identität (im Essay über *Tausendundeine Nacht* in *Historia de la eternidad*).[12] Der junge Borges beschäftigt sich zugleich intensiv mit einer kognitiven Psychologie, die sich nicht mit der Psychoanalyse vereinbaren lässt.[13] So gibt es bei ihm, anders als bei Quiroga, durch die Auseinandersetzung mit dem Modell der Introspektion explizite Bezüge auf die gegenläufigen Diskurse der Orientierung, welche ab den dreißiger Jahren eine Erklärung der kinematographischen Immersion anbieten.[14] Die intensive Erneuerung der literarischen Fiktion vollzieht sich in Borges' Essayistik wie auch in seinen Erzählungen mit Blick auf die kinematographische Fiktion, aber auch auf die sie begleitenden Theorien der Kognition. Beides möchte ich in den beiden folgenden Abschnitten vertiefen.

---

12 Jorge Luis Borges: »Los traductores de las *1001 noches*« (1935), in: J.L.B.: *Historia de la eternidad*, Buenos Aires: Emecé 1953, S. 99-134, hier S. 133. Auf die Parallelen zu Freud und den deutschen Wortlaut weist Adelheid Hanke-Schaefer hin (Hanke-Schaefer: *Totenklage um Deutschland. Das Echo deutscher Stimmen im Werk von Jorge Luis Borges*, Berlin: tranvía 2007, S. 38).

13 Spiller: *The Mind of Man*, S. 84, sagt, nicht einmal auf Freud bezogen, sondern gegen Herbart gewandt, in unmissverständlicher Schärfe: »We may dismiss the idea of an ›unconscious mind‹ as unjustifiable«.

14 In späteren autobiographischen Äußerungen erklärt Borges, dass er die Psychologie Carl Gustav Jungs derjenigen Freuds vorzieht (vgl. Ricci: *Las redes invisibles del lenguaje*, S. 188-189). Graciela Ricci zitiert auch eine Stelle aus Jung, in der die unheimliche Begegnung mit dem Doppelgänger beschrieben wird (*Las redes invisibles del lenguaje*, S. 189, Anm. 28). Die von ihr überzeugend nachgewiesene Rezeption von Texten des *Eranos*-Jahrbuchs findet aber erst Mitte der vierziger Jahre statt, also einige Zeit *nach* den meisten hier betrachteten Essays und Fiktionen.

Das Kino als Modell

Auf die Bedeutung des Kinos für Borges' Poetik wurde bereits des Öfteren hingewiesen.[15] In seinen Filmkritiken zeichnet sich allerdings auch ab, dass das Kino sich zu einer vertrauten und funktionierenden Form der Fiktion entwickelt. In den Filmbesprechungen manifestiert sich die geläufige Vorstellung einer ästhetischen Grenze des Kinos beispielsweise im Topos vom imaginären Reisen: »Entrar a un cinematógrafo de la calle Lavalle y encontrarme (no sin sorpresa) en el Golfo de Bengala o en Wabash Avenue me parece muy preferible a entrar en ese mismo cinematógrafo y encontrarme (no sin sorpresa) en la calle Lavalle«.[16] Das Kino, welches den Zuschauer nicht reisen lässt, ist die unbeliebte Ausnahme. Die erwartbare Reorientierung gemäß der spezifischen Ästhetik des neuen Mediums bietet innerhalb der Essays nicht mehr viele Anlässe, um mediale Unschlüssigkeit aus dem Zusammenstoß von Literatur und Film herzuleiten.

Die Problematik der Orientierung bleibt jedoch auch bei Borges an die ästhetische Herausforderung des Menschen durch die visuellen Medien gebunden. Wie in Spillers Erlebnis das fotografische Nachbild die Tätigkeit des Schreibenden überwältigt und verunsichert, erscheinen visuelle Erfahrungen der Avantgarde an die Formseite neuer optischer Medien gebunden. Die »Ästhetik des Prismas«, die in den frühen Manifesten Borges' der »Ästhetik des Spiegels« entgegengesetzt

---

15 So etwa von Romano: *Literatura/Cine Argentino sobre la(s) frontera(s)*, S. XIII-XIX, und von Kai Hoffmann: »Ein Erzähler im Kinozeitalter. Filmisches Schreiben im Erzählwerk von Jorge Luis Borges«, in: Uta Felten/Isabel Maurer Queipo (Hg.): *Intermedialität in Hispanoamerika. Brüche und Zwischenräume*, Tübingen: Stauffenburg 2007 (Siegener Forschungen zur romanischen Literatur- und Medienwissenschaft 19), S. 151-161; vgl. auch die Anthologien von Cozarinsky (*Borges y el cinematógrafo*) und von Hanns Zischler: *Borges im Kino*, Reinbek: Rowohlt 1999.

16 Jorge Luis Borges: »›La fuga‹ (1937)«, in: Edgardo Cozarinsky (Hg.): *Borges y el cinematógrafo*, Barcelona: Emecé 2002, S. 51-53, hier S. 51; vgl. z.B. die schon zitierte Stelle aus Arnheim: *Film als Kunst*, S. 35, und die von mir ausführlicher kommentierten Beispiele der Deixis am Phantasma aus Bühlers *Sprachtheorie*.

wird,[17] ist ein auf diese Formseite gestütztes Argument. Der Bezug auf das Prisma als mit der Filmprojektion verbundenes technisches Element bietet zugleich einen Schlüssel für die Operationen, die als poetisch gelten können: Zerlegung, Brechung und Bündelung. Die Orientierungszentren erscheinen nicht in ihrer phänomenologischen Einheit interessant, sondern werden vervielfältigt oder miteinander verschmolzen. Dieses Phänomen hat in den Essays vor allem eine fiktionsironische Bedeutung, welche auch den Umgang mit dem Kino charakterisiert.

Das Kino ist als Form der Fiktion für Borges nicht anders kodiert als die Literatur. Diese grundsätzliche Literarisierung des Kinos, seine Transkription in eine bestimmte Form der Fiktion möchte ich exemplarisch an einem Detail zeigen. Doppelgänger erscheinen in Borges' frühen Essays auch in Zusammenhang mit der Synchronisation. Der »doblaje« belegt für Borges die Möglichkeiten des neuen Mediums, Identitäten aus ihrer Verankerung zu reißen und Standpunkte zu vervielfältigen. Von den »monstruos que combinan las ilustres facciones de Greta Garbo con la voz de Aldonza Lorenzo« ist es nur ein kleiner Schritt zur Substitution der Schauspielerin insgesamt. In einer Fußnote heißt es: »Ya que hay usurpación de voces ¿por qué no también de fi-

---

17 »Existen dos estéticas: la estética pasiva de los espejos y la estética activa de los prismas. Guiado por la primera, el arte se transforma en una copia de la objetividad del medio ambiente o de la historia psíquica del individuo. Guiado por la segunda, el arte se redime, hace del mundo su instrumento, y forja —más allá de las cárceles espaciales y temporales— su visión personal« (»Manifiesto del Ultra«, Borges: *Textos recobrados 1919-1929*, hg. v. Sara Luisa del Carril, Buenos Aires: Emecé 2002, S. 86-87, hier S. 86). Borges nimmt diese Formulierung, die er gemeinsam mit anderen Ultraisten unterzeichnet, in einem weiteren Manifest, *Anatomía de mi Ultra* (1921), wieder auf, wo er die Spiegel rehabilitiert und dem Impressionismus, im Gegensatz zum Expressionismus, zuordnet: »En el primero, el individuo se abandona al ambiente; en el segundo, el ambiente es el instrumento del individuo. [...] Solo hay, pues, dos estéticas: la estética pasiva de los espejos y la estética activa de los prismas. Ambas pueden existir juntas« (»Anatomía de mi Ultra«, ebd. S. 95). Der Zusammenhang zwischen einer phantasmatischen Verlagerung des Subjektzentrums (»individuo«) und optischen Medien deutet sich an dieser Stelle – wenn auch nur vage – an.

guras? ¿Cuándo será perfecto el sistema? ¿Cuándo veremos directamente a Juana González en el papel de Greta Garbo, en el papel de la Reina Cristina de Suecia?«.[18] Mit dem Thema »Verkörperung« bringt der Autor die theatrale Inszenierung ins Kino zurück: Der Star wird selbst nicht mehr, wie bei Quiroga, als illusionäre Präsenz, sondern als verkörperbare Rolle verstanden. Durch die Wahl des Namens »Aldonza Lorenzo« – alias Dulcinea – schafft Borges dabei erneut eine Verbindung zu einem Schlüsseltext neuzeitlicher Immersions-Reflexion, dem *Don Quijote*. Und »Juana González« heißt die Schauspielerin aus einer Theatertruppe, die in Claríns Erzählung *La ronca* (1893) aufgrund ihrer chronischen Heiserkeit erfolglos bleibt – und daher als hispanophone Synchronspielerin der für ihre raue Stimme bekannten Garbo in Frage kommt. Durch diese intertextuellen Bezüge überlagert sich die Form der Literatur den Doppelgängern des Kinos. Auch die »unheimliche« Wirkung der Synchronisation ist eine ästhetische Form, die fiktionsironisch wieder aufgehoben werden kann.

Wie der Essay *El arte narrativo y la magia* (1932) feststellt, kann das Kino sogar zum Vorbild einer neuen Art von Kurzerzählung werden. Anders als die realistische »novela de caracteres« beruhen Film *und* kürzere Prosa nicht auf vermeintlich »wahrscheinlichen« Motivationen:

> En la novela de continuas vicisitudes, esa motivación es improcedente, y lo mismo en el relato de breves páginas y en la infinita novela espectacular que compone Hollywood con los plateados *ídola* de Joan Crawford y que las ciudades releen. Un orden muy diverso los rige, lúcido y atávico. La primitiva claridad de la magia.[19]

Die technisch vervielfältigten Trugbilder der Schauspielerin verweisen laut Borges auf die primitive Magie, das wirksame Handeln am Stellvertreter; aber diese Aussage ist schon ironisch gebrochen. Gemein-

---

18 Jorge Luis Borges: »Sobre el doblaje« (erscheint 1945 in der Zeitschrift *Sur*, Nr. 128, wird aber später dem Essayband *Discusión* in einer Neuauflage dessen eingegliedert; auf *Sur* bezieht sich etwa Cozarinsky: *Borges y el cinematógrafo*, S. 68-70), in: J.L.B.: *Discusión*, S. 177-179, hier S. 178, Anm. 1.

19 Jorge Luis Borges: »El arte narrativo y la magia« (1932), in: J.L.B.: *Discusión*, S. 81-92, hier S. 88.

sam ist dem Film und der kurzen Erzählung ihre Tendenz zur symbolischen Formung der Wirklichkeit. Erstens muss alles sinnvoll und harmonisch zusammenhängen (während die Ereignisse in der Wirklichkeit doch eher von Unordnung und Zufall beherrscht würden), und zweitens muss an die Macht des Wortes geglaubt werden, welches die Dinge notwendig herbeiführt (als Beispiel führt Borges G.K. Chesterton an, in dessen Roman einige Verse die Lösung des Kriminalfalls enthalten).[20] Die Form des industriell produzierten Schauspiels und der kurzen Fiktion zeugen gleichermaßen von einer unvollständigen Verarbeitung von »Magie«. Aber »Magie« ist in Borges' Essay nicht mehr unheimlich, sondern nur noch Metapher für eine neue »Ordnung« der Fiktion: Das Kino wird als symbolische Form verstanden. Diese distanzierte Haltung, die ihn an Cassirer annähert, übernimmt Borges aus zeitgleichen psychologisch-philosophischen Diskursen. Auf diese eigenständige Auseinandersetzung mit der Orientierung sollte ausführlicher eingegangen werden.

Mauthners relative »Orientierung«

Zur gleichen Zeit, als Quiroga sich auf feuilletonistische Weise mit dem Kino beschäftigt, übt sich Borges als Kritiker philosophischer Schriften. Aus dem Jahr 1928 stammt seine Auseinandersetzung mit einem anthropologischen Werk des Grafen Alfred Korzybski, das er nur aus zweiter Hand kennt, das ihm aber Anlass bietet, einige eigene Gedanken über die Kategorien von Zeit und Raum zu entfalten. In *The Manhood of Humanity* (1920) projiziert Korzybski die Welt der Lebewesen auf ein dreidimensionales Koordinatensystem: Während die Pflanzen sich entlang einer Linie, also in einer einzigen dieser Dimensionen entfalten, können sich Tiere immerhin in einer Oberfläche bewegen. Nur dem Menschen steht es zu, alle drei Dimensionen zu füllen, und zwar in einer von ihm selbst bestimmten zeitlichen Folge. Die Reife der Menschheit zeigt sich darin, dass diese sich auf ihre anthropologische Besonderheit besinnt und von dem imperialistischen Kampf um Räume zu einer Vertiefung und Intensivierung der eigenen Geschichte übergeht. Borges bestreitet allerdings die Originalität dieser Anthropologie. Schon bei Schopenhauer finde sich der Hinweis auf das mangelnde Zeitgefühl der Tiere. Fritz Mauthners *Wörterbuch der*

---

20 Ebd., S. 89-90.

Philosophie, welches er mit seinem deutschen Titel und präziser Angabe (Bd. III, S. 436) zitiert, bestätigt dies in einem Hinweis auf die neuere kognitive Psychologie:

»Parece«, escribe, »que los animales no tienen sino oscuros presentimientos de la sucesión temporal y de la duración. En cambio, el hombre, cuando es además un psicólogo de la nueva escuela, puede diferenciar en el tiempo dos impresiones que sólo estén separados por 1/500 de segundo«.[21]

Mauthners ironische Formulierung verweist auf die Grenzen der Orientierung in chronologischer Hinsicht, welche als Schwelle der Kognition experimentell ermittelt werden kann. Es handelt sich dabei – so muss in unserem Zusammenhang gesagt werden – um eine Feststellung, die eng mit der Technik des Kinos verbunden ist. Damit die einzelnen im Film projizierten Bilder nicht in Form eines flimmernden Bildes, sondern als flimmerfreie Gestalt wahrgenommen werden, genügen schon etwa fünfzig Bilder pro Sekunde, die also nur jeweils für 1/50 Sekunde auf die Leinwand geworfen werden. Als Beispiel der messbaren Zeit in praktischer Hinsicht verweist Mauthner auf den Fotografen, der, die Uhr in der Hand, voraus wissen kann »wann die Platte lang genug dem Sonnenlicht exponiert war«.[22]

Borges argumentiert, wie Mauthner, zunächst nicht medienanthropologisch, sondern metaphysisch. Den Einfluss von Mauthners Sprachkritik auf Borges hat Silvia Dapía in einer eigenen Studie nach-

---

21 Jorge Luis Borges: »La penúltima versión de la realidad« (1928), in: J.L.B.: *Discusión*, S. 39-44, hier S. 41-42. Auf Deutsch lautet die Stelle: »Es scheint, daß die Tiere von dem Zeitverlaufe und der Zeitdauer, die uns so wohlbekannte Vorstellungen sind, höchstens dunkle Ahnungen haben. Der Mensch kann, wenn er dazu ein Psychologe der neuen Schule ist, noch zwei Eindrücke als in der Zeit verschieden wahrnehmen, die nur durch 1/500 einer Sekunde getrennt sind« (Fritz Mauthner: *Wörterbuch der Philosophie. Neue Beiträge zu einer Kritik der Sprache* (1910), Leipzig: Meiner 1923, S. 436-437). Die gleiche, treu übersetzte Passage, wird ein zweites Mal zitiert in der Sammlung von Rezensionen, die Borges, »Notas« betitelt, in der gleichen Sammlung veröffentlicht.
22 Mauthner: *Wörterbuch der Philosophie*, S. 438.

gewiesen;²³ wie weit dieser Einfluss im Detail geht, wird an diesem kurzen Essay deutlich. Denn die Lehre der drei Dimensionen, so wie sie hier referiert wird, entstammt nicht nur Korzybskis Werk, sondern findet sich im Artikel »Zeit« des *Philosophischen Wörterbuchs*.²⁴ Mit anderen Worten: Die Kritik an Korzybski ist mehr oder weniger Vorwand eines Mauthner-Kommentars. In dem Maße, in dem dieser sich von Zeit und Raum als Formen der Anschauung distanziert, reduziert er sie auf Mittel der Orientierung – als gerichtete Bewegung, die auf das Maß des lebendigen Menschen, d.h. beispielsweise »die Bewegung seines Armes« zur gerichteten Erkundung des Raumes zurückgeht: »Die drei Dimensionen sind nichts, wenn sie nicht menschliche Richtungen oder Orientierungen sind. (*Orient* selbst eine Dimension oder Richtung)«.²⁵

Diese pragmatische Grundlegung wiederum hat aber nur eine anthropologische, und keine metaphysische Bedeutung. So erläutert der Artikel »Raum« einen Zusammenhang von Orientierung und Sprache, der klar von Cassirer geprägt ist: »Die Frage, ob der Raum [...] wirklich drei Dimensionen habe, läßt sich mit Worten gar nicht beantworten«. Denn, und hier setzt die Mauthnersche Sprachkritik ein, die drei Ordinaten gehören nicht dem Raum selbst zu, sondern der Sprache, »dem diskursiven Denken, das gelernt hat, mit diesem Minimum von Ortsbestimmungen im Raume auszukommen«.²⁶ Wie Bühler nach ihm ausführlich erläutern wird, hängt diese sprachliche Realität zwar nicht mit der natürlichen Orientierung, aber sehr wohl mit der egozentrischen Verankerung des menschlichen Subjekts in der Wirklichkeit zusammen: »Dieses Ordinatensystem des Raums, das sich für jedermann in seinem eigenen Kopfe kreuzt (und *nicht* in einem mathematischen Punkt), ist ebenso subjektiv wie es beweglich ist«.²⁷ Während der Mensch durch seine Bewegung den ihn umgebenden Raum beständig neu schöpft, drängt er ihm die Form seiner Orientierung,

---

23 Silvia Dapía: *Die Rezeption der Sprachkritik Fritz Mauthners im Werk von Jorge Luis Borges*, Wien: Böhlau 1993.
24 Die einzige Dimension der Pflanzen findet sich in Mauthner: *Wörterbuch der Philosophie*, S. 443-444; die zwei Dimensionen S. 441.
25 Ebd., S. 441 und 492.
26 Ebd., S. 10.
27 Ebd., S. 10.

etwa den Unterschied von links und rechts auf.[28] Diese Form ist also ebenso wenig natürlich wie das Zeitgefühl, die Situierung in einem Zeitpunkt oder das Messen der Zeit am Pulsschlag.[29]

Es ist nur ein Schritt von dieser relativen Orientierung zu phantastischen Erzählungen wie *El milagro secreto*, die vom *Wörterbuch der Philosophie* inspiriert sein könnten: Die »phantastische Hypothese« Karl Ernst v. Baers, für die Mauthner geradezu schwärmt, stellt einen solchen Frequenzwechsel der menschlichen Wahrnehmung vor, der einer Weltanschauung in Zeitlupe oder in Zeitraffung entspricht.[30] Das also ist das philosophische Problem, von dem ausgehend Borges die kategoriale Bedeutung des Raums bei Kant zurückweist, da offenbar auch eine nicht-räumliche, bloß zeitliche Anschauung denkbar wäre.

El espacio es un incidente en el tiempo y no una forma universal de intuición, como impuso Kant. Hay enteras provincias del Ser que no lo requieren; las de la olfacción y audición. Spencer, en su punitivo examen de los razonamientos de los metafísicos (*Principios de psicología*, parte séptima, capítulo cuarto), ha razonado bien esa independencia y la fortifica así, a los muchos renglones, con esta reducción al absurdo: »Quien pensare que el olor y el sonido tienen por forma de intuición el espacio, fácilmente se convencerá de su error con sólo buscar el costado izquierdo o derecho de un sonido o con tratar de imaginarse un olor al revés«.[31]

---

28 Ebd., S. 16.
29 In dieser Hinsicht geht Mauthner in eine ganz andere Richtung als Bühler oder auch Cassirer; Sprache ist für ihn kein Werkzeug zur Erkundung der Wirklichkeit, sondern unvorhersehbarer Gebrauch. Ihr Formaspekt fällt für ihn ebensowenig ins Gewicht wie die Formen der Erkenntnis. Auf diesen Grundzug der Sprachkritik hat Silvia Dapía hingewiesen (*Die Rezeption der Sprachkritik Fritz Mauthners im Werk von Jorge Luis Borges*, S. 28).
30 Mauthner: *Wörterbuch der Philosophie*, S. 462.
31 Borges: »La penúltima versión de la realidad«, S. 43-44. Vgl. Herbert Spencer: *The Principles of Psychology*, Faksimile der Ausgabe von 1899, Osnabrück: Otto Zeller 1966, Bd. 2, S. 354, Anmerkung: »Whoever thinks that sound and odour have Space for their form of intuition, may convince himself of the contrary by trying to find the right and left sides of a sound, or to imagine an odour turned the other way upwards.« Eine weniger radikale Kritik an Kant findet sich noch in einer anderen der Lektüren des jungen Borges, bei Spiller, *The Mind of Man*, S. 345. Für Spiller haftet der

Das Beispiel Spencers, welches Borges gegen den Raum als ästhetische Kategorie der Anschauung anführt, richtet sich in Wirklichkeit gegen eine bestimmte, nämlich die orientierte Form des Raumes; er formuliert es noch radikaler als Mauthner, der zwar genau die gleiche Anmerkung zitiert, aber dem Raum eine symbolische Verbindlichkeit, in der Sprache wie in den Lokalzeichen des Körpers, zugesteht.[32] Für Spencer bleibt die Bindung des Raumes an den Körper ein bloß negatives Indiz: Könnte der Mensch seinen Körper wegdenken, bliebe nichts übrig, um sich im Raum zu verankern.[33]

Borges nimmt diese Kritik der Orientierung zum Ausgangspunkt einer »phantastischen Hypothese« (wie Mauthner sagen würde).[34] In

---

Raum als Eigenschaft bestimmten Sinneseindrücken, etwa Gesehenem oder Ertastetem, aber auch Gehörtem an. Spencer gehört trotz mangelnder empirischer Absicherung jedoch zu den unbestrittenen philosophischen Autoritäten im Argentinien der Jahrhundertwende. Darüber beklagt sich etwa der Wundt-Schüler Felix Krueger, der versucht, die deutsche experimentelle Psychologie an der UBA einzuführen (zitiert bei Cecilia Taiana: »Conceptual Resistance in the Disciplines of the Mind: The Leipzig-Buenos Aires Connection at the Beginning of the 20th Century«, *History of Psychology* 8/4 (2005), S. 383-402, hier S. 386).

32 »Spencer fordert die Zweifler auf, einmal die rechte und die linke Seite eines Tons herauszufinden« (Mauthner: *Wörterbuch der Philosophie*, S. 467; vgl. S.14).

33 »Could he suppress his own body in thought (which he cannot), the consciousness of Space would disappear, because there would be nothing left to yield relativity of position« (Spencer: *The Principles of Psychology*, S. 355).

34 Die ausdrückliche Abwendung von Kant wird auch durch das spätere Interesse am Peirceschen Konzept der »abducción« nicht wieder zurückgenommen, das Ivan Almeidas umfangreicher Aufsatz damit in Zusammenhang bringt (Ivan Almeida: »Conjeturas y mapas. Kant, Peirce, Borges y las geografías del pensamiento«, *Variaciones Borges* 5 (1998), S. 7-37). Das Orientierungskonzept des jungen Borges ist weder von Kant noch von Peirce bestimmt, sondern von Mauthners und Spencers Relativismus. Ein Grundproblem der Sekundärliteratur zu Borges scheint mir, dass der Neokantianismus Cassirers unmittelbar auf die Kantsche Lehre von Raum und Zeit als Form zurückgeführt werden, was die Mauthnersche Kritik daran nivelliert. So auch bei Víctor Bravo, der Kants Kategorien der Anschauung

einer Welt, die nur aus Klang- und Geruchserlebnissen besteht, so meint er, könnte die Menschheit des Raumes als Kategorie entbehren. Die Radikalität dieser Hypothese stellt sich also einer Anthropologie entgegen, für die Raum das dominante Bezugssystem, und Zeit lediglich eine Funktion innerhalb der räumlich dreidimensional festgelegten Achsen ist. Statt dessen schlägt Borges vor, die Zeit als eigentliche Dimension des Seins aufzufassen, und räumliche Bestimmungen als akzidentelle Eigenschaften eines Augenblicks: »La relación espacial – más arriba, izquierda, derecha – es una especificación como tantas otras, no una continuidad«.[35] Mit dieser Hypothese öffnet sich einerseits die Möglichkeit einer imaginären Verlagerung dieses Standpunkts, der nur eine akzessorische, von vornherein an die Imagination gebundene Qualität ist. Andererseits deutet der Essay bereits an, wie die Unterdrückung eines verbindlichen Bezugssystems eine Desorientierung zur Folge haben kann. Durch die Übertragung metaphysischer Realität auf anthropologisches Erleben wird Orientierung durch Borges also radikaler in Frage gestellt als durch die von Mauthner ironisch zitierte experimentelle Psychologie.

Diese Überlegungen werden nun auch auf die Form des Films übertragen. Gewiss sind diese Stellungnahmen zunächst insbesondere philosophischer Natur und – wie schon gesagt – weit entfernt von einer pragmatischen Kinoreflexion, so wie sie bei Horacio Quiroga stattfindet. Gerade die Diskussion des Idealismus jedoch, und insbesondere der Realexistenz der Ideen, wird von Borges selbst in einem Essay des gleichen Bandes in metaphorischen Zusammenhang mit der Ästhetik des Kinos gebracht (*Historia de la eternidad*, 1936).

En el libro tercero de las *Enéadas*, leemos que la materia es irreal: es una mera y hueca pasividad que recibe las formas universales como las recibiría un espejo; éstas la agitan y la pueblan sin alterarla. Su plenitud es precisamente la

---

an Cassirers Beobachtung angleicht, dass die Sprache des Raums zur Erfüllung ihrer logischen Funktion bedarf, also um Anschauung in Vorstellung zu verwandeln (Bravo: *El orden y la paradoja*, S. 99 und S. 181). Der wiederholte explizite Bezug auf Mauthner spricht gegen eine solche Deutung.

35 Borges: »La penúltima versión de la realidad«, S. 43.

de un espejo, que simula estar lleno y está vacío; es un fantasma que ni siquiera desaparece, porque no tiene ni la capacidad de cesar.[36]

Nur wenig später wird dieser mit Gespenstern gefüllte Spiegel mit der doppelten Präsenz der Schauspielerin im Hollywoodfilm verglichen:

> Miriam Hopkins está hecha de Miriam Hopkins, no de los principios nitrogenados o minerales, hidratos de carbono, alcaloides y grasas neutras, que forman la sustancia transitoria de ese fino espectro de plata o esencia inteligible de Hollywood.[37]

Entscheidend sei nicht sie Materialität der Filmtechnik, das Gespenst aus der Silberschicht – sondern das Wesen der Schauspielerin, die sich selbst verkörpere. Die bei Meyrink oder Quiroga entfalteten Topoi bezüglich einer Ewigkeit des Kinos werden von Borges explizit zurückgewiesen.[38] Sein Interesse geht auch hier eher von einer theoretischen Problematisierung der ästhetischen Grenze aus, welche die Kategorien der Kognition in Frage stellt. Die Erzählungen leiten, mit anderen Worten, aus der »phantastischen Hypothese« eine Unschlüssigkeit über die sujethafte Immersion und Infiltration ab, welche auch Borges' auf das Kino bezogene »Medienphantastik« charakterisiert.[39]

---

36 Jorge Luis Borges: »Historia de la eternidad«, in: J.L.B.: *Historia de la eternidad*, Buenos Aires: Emecé 1953, S. 11-42, hier S. 17.
37 Ebd., S. 18.
38 »No basta con el disco gramofónico de Berliner o con el perspicuo cinematógrafo, meras imágenes de imágenes, ídolos de otras ídolos. La eternidad es una más copiosa invención« (ebd., S. 36).
39 Ausführlicher zur »Medienphantastik« bei Borges vgl. Jörg Dünne: »Borges und die Heterotopien des Enzyklopädischen. Mediale Räume in der phantastischen Literatur«, in: Clemens Ruthner/Ursula Reber/Markus May (Hg.): *Nach Todorov*. Tübingen: Francke 2006, S. 189-208.

VON DER PHANTASTISCHEN HYPOTHESE ZUR ERZÄHLTEN FIKTION

Funktionierende Orientierung und Reorientierung

El acercamiento a Almotásim, eine kurze Skizze aus den dreißiger Jahren, beschreibt die Suche eines Studenten nach einer Lichtquelle, deren Widerschein er auf dem Gesicht eines Kriminellen entdeckt hat. Aus diesem Widerschein schließt der Protagonist auf die Existenz eines Projektionspunktes. Dieses ist allerdings nicht ein Apparat, sondern ein Mensch. »*En algún punto de la tierra hay un hombre de quien procede esa claridad; en algún punto de la tierra está el hombre que es igual a esa claridad*«.[40] Dieses ausstrahlende Licht stellt die Form des Mediums Film in den Vordergrund. Gleichzeitig kommt es offensichtlich nicht auf die apparative Funktion dieses Lichts an, sondern auf die davon allegorisch in die Fiktion eingeführte Orientierung, welche alle medial bestimmten ästhetischen Grenzen, vor allem aber die realistische Verankerung der Erzählerrede in einem »Ich, Hier und Jetzt« in Frage stellt.

Jorge Luis Borges' Erzählungen bieten geradezu eine Matrix dieser Unschlüssigkeit, insofern als sie die Möglichkeiten der Immersions- und Infiltrationssujets systematisch ausloten. Dass ein solcher systematischer, geradezu strukturalistischer Umgang mit dem Thema möglich ist, zeigt das Ende der romantischen Tradition und den Übergang zu einer neuen Form von Fiktionshäresie an. Die Unschlüssigkeit zwischen Immersion und Infiltration, die schon in Quirogas *Espectro* beschrieben wurde, steht in dieser Systematik neben deutlichen Auflösungen, die entweder ganz auf die Versenkung in eine künstliche Welt oder dem Vordringen fiktiver Figuren in die Lebenswelt bestehen. Eine Reihe von Erzählungen aus seinen *Ficciones* bedient sich teilweise oder ganz einer Taktik der Reorientierung, deren Funktionieren den Leser überrascht. Dabei stößt das Kalkül dieses Spiels mit der ästhetischen Grenze aber immer auch in das unvertraute Terrain der Desorientierung, wo Immersion und Infiltration sich überlagern.

---

40 Jorge Luis Borges: »El acercamiento a Almotásim«, in: J.L.B.: *Historia de la eternidad*, Buenos Aires: Emecé 1953, S. 135-144, hier S. 140. Vgl. *El Acomodador* (1946) von Felisberto Hernández: Die Augen des Erzählers strahlen dort selbst ein seltsames Leuchten aus.

In *El jardín de senderos que se bifurcan*, einer sehr komplexen Erzählung, besteht die für den Ich-Erzähler vorrangige Sujetschicht aus einem Akt der kognitiven Umzentrierung: Das Ereignis, welches aus einer szenischen Perspektive den Mord am Sinologen Stephen Albert bedeutet, lässt sich in einer panoramischen Sicht, im Medium der Tageszeitungen, als kodierte Botschaft eines Spions verstehen. Die Schnittstelle zwischen diesen beiden Koordinatensystemen bildet der Eigenname »Albert«, der zugleich den Gelehrten und einen militärisch relevanten Stützpunkt bezeichnet.[41] Zugleich aber entstehen beide Orientierungssysteme aus verschiedenen symbolischen Verhaltensweisen, so wie sie Cassirer am Beispiel der Visitenkarte beschreibt: Der Mord, als Kohärenzerlebnis erzählt, hat darüber hinaus auch kategoriale Bedeutung. Es liegt besonders nahe, den Cassirerschen Begriff der Orientierung an dieser Erzählung zu erproben, weil eine quasi-magische Bedeutsamkeit in der Begegnung des chinesischen Spions mit dem Forscher liegt, der sich ausgerechnet dem berühmten Vorfahren dieses Spions, Autor eines Buches und eines Labyrinths, widmet. Diese Bedeutsamkeit steht in Konkurrenz zum strategischen Kalkül des Mordes. Während letzteres auf eine funktionierende Reorientierung vertraut, deutet sich in ersterem – mit dem vom illustren Vorfahren entworfenen Labyrinth – die Möglichkeit einer unheimlichen Desorientierung an.

Eine ähnliche komplexe Spannungsstruktur zwischen detektivischer Orientierung und unheimlicher Desorientierung hat *La muerte y la brújula*. Unter dem kriminalistischen Sujet dieser Erzählung, welches auf einer ähnlichen Ambivalenz aufgebaut ist, deutet sich eine unheimliche, labyrinthische Struktur der Wirklichkeit an, in welcher verschiedene Koordinationszentren miteinander verschmelzen. Ein Fiebertraum des Kriminellen geht aus von dem Satz »Alle Wege führen nach Rom«: »yo sentía que el mundo es un laberinto del cual era imposible huir, pues todos los caminos, aunque fingieran ir al norte o al sur, iban realmente a Roma, que era la quinta de Triste-le-Roy« (FI 155). Der Name des Gangsters selbst, bei dem Vor- und Nachname sich jeweils spiegeln und große Ähnlichkeit zu demjenigen des Kommissars aufweisen, bildet eine Doppelgängerstruktur um das Wortfeld

---

41 Jorge Luis Borges: *Ficciones*, Buenos Aires: Emecé 1956, im Folgenden abgekürzt als FI, S. 97-111.

»Rot«.[42] Neben dem Sujet, welches die (dysfunktionale) Orientierung Lönnrots und die (funktionierende) Orientierung Scharlachs miteinander kontrastiert, sind also auch in dieser Erzählung Indizien eingestreut, welche auf eine magische Desorientierung hinweisen.

Neben solchen Erzählungen, die eine Spannung zwischen funktionierender Reorientierung und Desorientierung aufbauen, finden sich aber auch Sujets, die ausschließlich auf einer Verlagerung des Erzählerstandpunkts gegenüber der Fiktion beruhen. Auf die Bedeutung der Deixis in der phantastischen Fiktion hat am Beispiel späterer Erzählungen Jean-Pierre Mourey hingewiesen; die deiktische Dimension des Texts wird manipuliert, um unmögliche Perspektiven auf die Fiktion zu verwirklichen.[43] Insbesondere im Fall der personalen Verankerung lässt sich gerade in den frühen Texten die Dramaturgie der Erzählung auf eine Anagnorisis hin zuspitzen. Das beste Beispiel dafür bildet *La forma de la espada*: Ein Mann erzählt die Geschichte eines Verrats aus der Perspektive des Verratenen. Zum Schluss bekennt er, in Wirklichkeit der Verräter zu sein. Dieses Verfahren unterstreicht grundsätzlich die Unsicherheit, die aus der phantasmatischen Verlagerung des Koordinationszentrums entsteht: Die egozentrische Deixis gestattet es prinzipiell auch, einen anderen Standpunkt zu wählen – das ist der Fall, den Bühler als Deixis am Phantasma beschreibt.[44] Daher bedarf es eines außersprachlichen Zeichens der Identität: Einer auf bestimmte Art geformten Narbe, mit welcher der Verräter gezeichnet wurde. Der Hinweis auf diese Narbe verweist intertextuell auf klassische Formen der Anagnorisis, etwa im Odysseus- oder Ödipus-Mythos.[45] Die Re-

---

42 John Hillis Miller: »La figura en ›La muerte y la brújula‹ de Borges: Red Scharlach como hermeneuta«, in: Lisa Block de Behar (Hg.): *Diseminario. La desconstrucción, otro descubrimiento de América*, Montevideo: xyz 1987, S. 163-173, hier S. 165.

43 Jean-Pierre Mourey: *Borges. Vérité et univers fictionnels*, Bruxelles: Pierre Madarga 1988, S. 143ff.

44 Víctor Bravo leitet den »desplazamiento« in dieser Erzählung von einem nietzscheanischen Perspektivismus ab, was gewiss auch einen geistesgeschichtlichen Horizont darstellt; diese Verlagerung betrifft nicht nur die Qualitäten des Objekts, sondern auch den Standpunkt des Betrachters in Frage (Bravo: *El orden y la paradoja*, S. 123).

45 Vgl. Terence Cave: *Recognitions. A Study in Poetics*, Oxford: Clarendon 1988; die Narbe des Odysseus wird hier schon in der Einleitung diskutiert.

orientierung mit Hilfe dieses Identitätszeichens offenbart folglich nicht nur den Schuldigen, sondern auch die Fiktionalität der Erzählung.

Anders als bei Bühler, für den eine phantasmatische Verlagerung des Standpunkts ein alltägliches Verfahren und Grundlage jeder Fiktion ist, wird die so begründete Art des Erzählens für Borges allerdings als Regelbruch, als Fiktionshäresie inszeniert. Sie hat den Beigeschmack des Inhumanen, der Täuschung und nicht zuletzt der in der Puppen-Metaphorik repräsentierten illegitimen Infiltration. Der Verräter nimmt in der bereits besprochenen Erzählung die Hinrichtung des von ihm verratenen Freundes nur als Tod einer Puppe wahr: »vió fusilar un maniquí por unos borrachos« (FI 135). Ähnlich verhält es sich mit *Tres versiones de Judas*, wo körperliche Erkennungszeichen fehlen und die dreimaligen Reorientierungen nur auf imaginären Variationen beruhen. Auch hier wird die fiktionale Verlagerung in ihrem Funktionieren mit einem Verrat assoziiert. Allerdings bleibt die Identität des Sprechers unproblematisch.[46] Aus der funktionalen Reorientierung führt die Vervielfachung der Bezugssysteme, also der radikale Perspektivismus, wie ihn das avantgardistische Programm einer »prismatischen« Dichtung fordert, in eine dysfunktionale Zersetzung der ästhetischen Grenze.[47]

Verschmelzung und Vervielfachung der medialen Rahmen

Die Konsequenzen der »phantastischen Hypothese«, der willkürlichen Ablehnung des Raumes als Kontinuum der Koordination, hat Borges in seinen *Ficciones* genüsslich ausgebreitet – am deutlichsten in *Tlön, Uqbar, Orbis Tertius*, wo mit der räumlichen Orientierung der eindeu-

---

46 Dass er seine Identität bis zum Schluss der Erzählung im Hintergrund belässt, wirkt selbst allerdings rätselhaft. Gehört dieser Erzähler zu den »heresiólogos«, die sich an den exzentrischen Gelehrten erinnern, oder nimmt er sich durch diesen abschließenden Hinweis auf diese Gruppe selbst davon aus? In jedem Fall ist er selbst ein Gelehrter mit starken Leidenschaften, die stilistischen Niederschlag finden (FI 169-176).

47 Der komplexen und problematischen Erzählsituation, der die narrative Zuverlässigkeit zum Opfer fällt, steht auch in späteren Erzählungen eine Gruppe gegenüber, die wie *El Aleph* einen einzigen Erzähler haben, dem sich eine Fülle von Perspektiven eröffnet (Mourey: *Borges*, S. 101).

tige Objektbezug verloren geht. Zeit schafft Differenz, produziert Verwirrung: In verschiedenen Augenblicken gesehene Dinge sind bestenfalls Doppelgänger, sie können nicht ein- und dasselbe Wesen haben. Die Welt formt folglich keinen zusammenhängenden Raum. »El mundo para ellos no es un concurso de objetos en el espacio; es una serie heterogénea de actos independientes. Es sucesivo, temporal, no espacial« (FI 20). Dass die sprachliche Entsprechung einer solchen Zeitwirklichkeit eine ganz adjektivische Welt darstellt, in der auch der Mond durch eine Kombination von Eigenschaften wie »aéreo-claro sobre oscuro-redondo« bezeichnet werden muss, lehnt sich, wie Silvia Dapía beobachtet hat, an einen Aspekt der Mauthnerschen Sprachkritik an (FI 21).[48] Überdies wird die Lehre von der adjektivischen und der substantivischen Welt in jenem Artikel über die »Zeit« angesprochen, den wir bereits kommentiert haben.[49] Ein ähnliches Phänomen beschreibt *Funes el memorioso*, dessen Hauptfigur die Welt nicht als zeiträumliches Kontinuum wahrnimmt, sondern als Fülle von sich in jedem Augenblick radikal verändernden Dingen. Funes hat nicht nur Schwierigkeiten mit Gattungsbegriffen, denen einzelne Vorkommnisse untergeordnet werden müssen, sondern auch mit überzeitlich bestimmten Identitäten: Ihn stört es, dass der Hund von Vierzehn nach Drei (im Profil) den gleichen Namen tragen soll wie der Hund von Viertel nach Drei (von vorn betrachtet) (FI 125). Dieser radikale zeiträumliche Perspektivismus erschwert die Reorientierung: Jeder Augenblick beansprucht, absoluter Ursprung einer einmaligen Koordination zu sein. Konsequenterweise nimmt Funes sein Spiegelbild als unabhängigen Doppelgänger wahr: »Su propia cara en el espejo, sus propias manos, lo sorprendían cada vez« (ebd.). Auch wenn die Ästhetik des Kinos hier nicht explizit wird, hat sich sich doch durch die Form des Schnitts und die Präzision unzähliger Details dem Gedächtnisdiskurs eingeprägt: »Era el solitario y lúcido espectador de un mundo multiforme, instantáneo y casi intolerablemente preciso« (FI 126). Diese Vervielfachung bildet aber nur die erste Variante der Desorientierung, deren

---

48 Vgl. Dapía: *Die Rezeption der Sprachkritik Fritz Mauthners im Werk von Jorge Luis Borges*, S. 69-71.

49 »Ich habe einmal die Lösung des eigentlichen Zeitproblems zu erraten versucht und bin davon ausgegangen, daß die Zeit nicht eine Form der Anschauung sei, sondern eine Bedingung der adjektivischen Wirklichkeitswelt« (Mauthner: *Wörterbuch der Philosophie*, S. 437).

strukturelle Möglichkeiten mit einer gewissen Systematik durchgespielt werden. Das Komplement dazu bildet die sujethafte Versenkung in der Fiktion.

Schon in der früheren Sammlung *Historia universal de la infamia* (1935) beruhen einige Erzählungen auf der phantastischen Umformung der Immersion.[50] Insbesondere die Folge der beiden in *Etcétera* aufeinander folgenden Texte *El brujo postergado* und *El espejo de tinta* entspricht den beiden Hauptfällen, die Bühler ungefähr zur gleichen Zeit an Mohammed und dem Berg veranschaulicht. In der ersten, den spanischen Legenden des Don Juan Manuel entnommenen Geschichte, wird der Prophet zum Berg geschickt, ohne dass dieses Phantasma für den Leser als solches erkennbar ist. Der Diakon vollführt seinen Aufstieg von Toledo nach Rom in Begleitung des Magiers, ohne dass ihm – oder dem Leser – signalisiert würde, dass es sich bloß um einen Traum handelt. In Wirklichkeit haben beide nämlich die Zauberküche nie verlassen. Im unmittelbar darauf folgenden Text, *El espejo de tinta*, wird die metafiktionale Dimension dieser realisierten Phantasmen durch die Einlagerung des Zauberers als Binnenerzähler angedeutet. Nicht nur lässt er also ›den Berg zum Propheten kommen‹, indem er die Welt in die mit Tinte gefüllte Handfläche des Tyrannen projiziert, sondern er vermittelt sie auch dem fiktiven Zuhörer durch seine Erzählkunst. Es handelt sich also um den Komplementärfall der Deixis am Phantasma, in welcher das Subjekt seinen eigenen Standpunkt nicht verlässt und der ferne Raum in seine Nähe geholt wird. Diese Sicherheit in der egozentrischen Orientierung endet allerdings mit dem Erscheinen eines maskierten Doppelgängers, dessen Hinrichtung auch den Tod des Tyrannen bedeutet.

Wie in Gustav Meyrinks Erzählung, die Borges bekannt war, dient die Laterna magica in *El espejo de tinta* als schlechter Trick, von welchem sich die wirkliche Magie absetzt. Und wie in Wegeners *Golem* erscheint die magische Projektion in einem Medium, welches nicht das Kino ist, aber aufgrund vieler Gemeinsamkeiten als fiktions-

---

50 Selbstverständlich bildet nicht Bühler den Bezugspunkt von Borges sondern eine Psychologie, welche sich den imaginären Standpunktverlagerungen auf dem Weg der Introspektion nähert (z.B. Spiller: *The Mind of Man*, S. 37). Dennoch erklären die Kategorien der Deixis am Phantasma die Interaktion von Sprache und Imaginären in den hier betrachteten Texten.

ironische Anspielung auf dieses gelten kann.[51] Auch in diesem Fall werden die Bilder dennoch – ein Wildpferd und eine Herde von Pferden am Rand der Wüste – nicht der theatralischen Inszenierungstradition, sondern der neuen Filmkunst entnommen, welche Bewegung in großen Landschaften und Massenszenen zeigen kann. Es sind außerdem nicht zufällig »cosas imposibles a describir«, welche in der tintengefüllten Handfläche vorgeführt werden: Die Magie erinnert an die Darstellungs-Möglichkeiten, die das Kino der Literatur voraushat.

Die Wahl des magischen Mediums erleichtert es dabei, die Erzählung als Allegorie der fiktionalen Immersion zu lesen. Der Spiegel aus Tinte ist eine flüssige Projektionsfläche: Er ermöglicht eine buchstäbliche Versenkung des Betrachters, welche ihm verhängnisvoll wird. Der Tyrann erkennt sich in einer verschleierten Figur wieder, welche zur Hinrichtung geführt wird. In *El espejo de tinta* besetzt damit der Zusammenhang von Flüssigkeit und Immersion, der sich schon bei Quiroga andeutet,[52] die Position der Doppelgänger produzierenden Desorientierung um, die ursprünglich vom Medium Kino eingenommen wird. Bei Bioy Casares und Felisberto Hernández, von denen in einem eigenen Kapitel die Rede sein soll, bestätigt sich diese Tendenz.

Mit der fatalen Vorführung baut Borges eine charakteristische Unschlüssigkeit ein: Unklar ist, ob es sich hier um ein Sujet der Immersion oder Infiltration handelt. Der Zauberer befiehlt dem Tyrannen nämlich, der Inszenierung seines Todes weiter zuzusehen (»que continuara mirando la ceremonia de su muerte«). Durch den Doppelsinn von »ceremonia« – welches Wort einerseits das Hinrichtungsritual, andererseits das magische Ritual der Vorführung meint –, also mit Hilfe eines rhetorischen Verfahrens wird die ästhetische Grenze überspielt. In der darauf folgenden Erzählung seines Todes bricht die Differenz endgültig zusammen: Die Vorführung wird zur performativen Ausführung der Exekution.

---

51 Vgl. Hoffmann 2007.
52 Im rekurrenten Motiv des Abdriftens, aber auch der Entwicklungsflüssigkeit von *La cámara oscura*.

Estaba poseído por el espejo: ni siquiera trató de alzar los ojos o de volcar la tinta. Cuando la espada se abatió en la visión sobre la cabeza culpable, gimió con una voz que no me apiadó, y rodó al suelo, muerto.[53]

Das Subjekt des letzten Hauptsatzes wird nicht genauer spezifiziert: Ahmt die Beschreibung ekphrastisch das im Tintenspiegel Gezeigte nach, oder meint sie den Tod des Tyrannen? Sprachliche Ambivalenz ist der Träger der phantastischen Versenkung in die filmische Fiktion. So kann der abschließende Satz, in dem ein allmächtig vergebender oder strafender Gott gelobt wird, als Erinnerung an den Leser verstanden werden. Auch dieser befindet sich gegenüber der Erzählung, die in seinen Händen liegt, in einer ähnlichen Lage wie der Herrscher. Die Möglichkeit einer sujethaften Immersion, welche zugleich als Infiltration gelesen werden kann, wird also, wie es der Essay *Magias parciales del Quijote* beschreibt, für eine neue Form des phantastischen Erzählens konstitutiv.

Um noch einmal zusammenzufassen: Die beiden unmittelbar aufeinander folgenden und in einem kleinen Zyklus von Texten verbundenen Erzählungen *El brujo postergado* und *El espejo de tinta* verwirklichen die beiden Varianten der phantasmatischen Reorientierung, Verlagerung des Subjektzentrums hin zum Objekt oder Verlagerung des gemeinten Objektraums in das Koordinatensystem des Sprechers. In beiden Fällen wird das Phantasma als magische Projektion realisiert. Im Fall des teleportierten Diakons bleibt die Differenz von Bildraum und Schauraum für den Leser – wie für den Diakon – sehr lange verdeckt. Im Fall des Tyrannen ist es umgekehrt die Überschneidung von Bildraum und Schauraum im Schicksal des Betrachters, die dem Leser erst abschließend vorgeführt wird. Hier nähert sprachliche Referenzvielfalt das Koordinatensystem des Sprechers – welcher der Zauberer ist – an dasjenige »en la visión« an, wo die Hinrichtung stattfindet, so dass der Herrscher im einen und sein Doppelgänger im anderen mit dem gleichen Ausdruck, »muerto«, narrativ zu Tode gebracht werden können. In beiden Fällen schafft die Überlagerung von Immersion und Infiltration eine bewegliche, zwischen Reorientierung und Desorientierung oszillierende ästhetische Grenze.

---

53 Jorge Luis Borges: *Historia universal de la infamia*, Buenos Aires: Alianza/Emecé 1971, S. 131.

Die Kehrseite dieser Versenkung, deren Möglichkeiten Borges in seinen Fiktionen gewissermaßen kombinatorisch durchspielt, ist nicht der Tod des wirklichen Subjekts, sondern seine Verwandlung in ein Gespenst, seine Angleichung an die Welt der Projektionen, der »fantasmas«. Dies gilt nicht nur für *Las ruinas circulares* des etwas späteren Erzählbandes *Ficciones*, sondern auch für den im gleichen Band enthaltenen Text *El jardín de senderos que se bifurcan*. Stephen Albert, der vom Spion getötete Sinologe, nutzt die Hypothese der möglichen Welten, um sich selbst zu einem Gespenst zu stilisieren: In einer anderen Zeit »yo digo estas mismas palabras, pero soy un error, un fantasma« (FI 110). Gerade in dieser Erzählung verdichtet sich der filmische Stil, den Jaime Alazraki in den »›close-ups‹ sinecdóquicos« entdeckt.[54] Fünf von Alazrakis Beispielen entstammen *El jardín de senderos que se bifurcan*, so dass mir der Zusammenhang mit der Welt der Projektionen einfach zu begründen scheint: Es handelt sich bei diesen »Großaufnahmen« um Synekdochen, die eine besondere Aufmerksamkeit auf Augen, Hals, Mund und Hände legen – wie dies für das filmische close-up üblich ist.[55] So wird also auch durch eine stilistische Auffälligkeit der Eindruck verstärkt, den die Worte Alberts formulieren: Die Verschmelzung der Standpunkte verwandelt alle an der Mordhandlung Beteiligten in filmische Gespenster. Nur der die Zeitung lesende Chef des Geheimdienstes scheint sich dieser Versenkung entziehen und eine solide »kategoriale« Sicht auf das Ereignis einnehmen zu können.

Wie Meyrink mischt Borges idealistische, buddhistische und kabbalistische Elemente in diese filmische Fiktion. ›Die Welt als Traum Gottes‹ ist ein Motiv, für das Borges in verschiedenen Kontexten Ausdrucksformen findet: »Thus the story ›The Circular Ruins‹, which seems to be inspired by Eastern beliefs, is no less imbued with doctrines of the Kabbalah than the poem ›The Golem‹«.[56] Diese häretische Mischung betrifft jedoch nicht nur die einbezogenen religiösen

---

54 Jaime Alazraki: *La prosa narrativa de Jorge Luis Borges*, Madrid: Gredos 1968, S. 212-214.
55 Die entsprechenden Stellen werden angeführt in ebd., S. 213.
56 Jaime Alazraki: *Borges and the Kabbalah and Other Essays on His Fiction and Poetry*, Cambridge: Cambridge UP 1988, S. 19-20. Ebenso Adrián Nazareno Bravi: »Nota sobre Borges y ›El golem‹«, *Variaciones Borges* 6 (1998), S. 227-231, hier S. 230.

Diskurse, sondern auch die narrativ entworfene Fiktionalität, welche auf eine ähnliche Art und Weise wie bei Meyrink okkult überformt wird. Alazraki stellt fest, dass »metaphors of history« in »metaphors of literature« umgewandelt werden.[57] Diese Metaphern zeichnen sich, so meine ich, gerade durch ihre häretische Art von Literarizität aus: Es sind kühne Metaphern. Auch der Anspruch des Erzählers, es mit seiner Schrift der magischen Schöpfung des Rabbi oder des Träumers gleich zu tun, hat vor allem negative Bedeutung. Denn er sprengt den sicheren Rahmen der Fiktion, die eindeutige Form der Orientierung, welche eine Erzähltradition in sprachliche Formen gegossen hat. Die Unförmigkeit des Golem (wenn Adam in der Haggada »Golem« genannt wird, so meint dies seine ursprüngliche Gestaltlosigkeit) wird zur Metapher des desorientierenden Werks, das die phantasmatische Verlagerung des Wahrnehmungszentrums in eine unheimliche Versenkung verwandelt. Alazraki hat die kabbalistischen Wurzeln des Formproblems in *Las ruinas circulares* herausgearbeitet. Mit den Kategorien von Lachmann lässt sich das Werk des Träumers unter dem gleichen Aspekt – der Form – als Fiktionshäresie verstehen: Das intern fokussierte Wahrnehmungszentrum bietet keinen Anhaltspunkt, um Traum und Wachen zu unterscheiden, und setzt auch die egozentrische Deixis als Mittel der Reorientierung am Phantasma außer Kraft. Sobald das erträumte Wesen phantasmatisch flussabwärts (»aguas abajo«), nach Norden in einen Tempel verlagert wird, also den unmittelbaren Zeigeraum des Träumers verlässt, hat dieser keine Möglichkeit mehr, sich davon ab- oder sich dazu in Bezug zu setzen (FI 65). So kehrt es wieder als sein unheimlicher Doppelgänger, stellt sich als sein identisches Ebenbild heraus, und der Träumer versinkt selbst im Traum (bzw. im Feuer).[58]

Die kombinatorische Verwirklichung aller Möglichkeiten des Infiltrations- und Immersionssujets, die wir in dieser kurzen Durchsicht von Borges' Erzählungen sammeln konnten, bestätigt die Annahme, dass der Golem-Effekt hier zu einem strukturellen, konstitutiven Merkmal des phantastischen Erzählens geworden ist. Systematisch stellt die Fiktion die Koordination des Erzählers, die ästhetische Gren-

---

57 Alazraki: *Borges and the Kabbalah*, S. 20.
58 Auch mit dieser Erfahrung wird Introspektion magisch umbesetzt. Die Feuerprobe gehört zu den elementarsten Experimenten, die bei Gustav Spiller als Beispiel angeführt werden (Spiller: *The Mind of Man*, S. 36).

ze, in Frage. Dabei verweisen die unheimliche Desorientierung, die mediale Unbestimmtheit, nicht mehr auf die Herausforderung des Kinos, sondern können sich bereits auf essayistische Thematisierungen des Orientierungsproblems, vor allem aber auf die schon vorliegenden und Borges vertrauten Golem-Fiktionen stützen.

BORGES UND MEYRINK

Explizite Rezeption und narrative Verarbeitung

In mehreren Gesprächen erwähnt Borges, dass er schon als Jugendlicher in Genf den Roman Meyrinks las.[59] An zahlreichen Stellen kommt er außerdem auf Meyrink als Autor zu sprechen, von dessen Werk er im Grunde nur den einen Roman gelten lässt. Die Aussagen belegen eine kritische Reflexion: Vor allem die theosophische Erleuchtung wird abgelehnt zugunsten des kabbalistischen Aspekts, der in *Der Golem* noch vorherrsche.[60] Aber auch in den Besprechungen dieses Werks finden sich ironische Spitzen gegen das Lokalkolorit und das kolportagehafte Wunderbare. Wiederholt lobt Borges allerdings die Visualität des Romans. Es fehlt also nicht viel von der visuellen zur filmischen Fiktion.[61] 1936 schreibt Borges über dieses »libro extraordinariamente visual«, dass es Mythologie, Erotik, Tourismus und Prager Lokalkolorit mit »sueños premonitorios, los sueños de vidas ajenas o anteriores, y hasta la realidad« verquicke.[62] Und zwei Jahre später präzisiert er, dass die visuelle Dimension in den ersten

---

59 Alazraki: *Borges and the Kabbalah*, S. 7; vgl. Roberto Alifano: *Conversaciones con Borges*, Buenos Aires: Atlantida 1985, S. 194.

60 Vgl. auch den Kommentar von Hanke-Schaefer: *Totenklage um Deutschland*, S. 21-22.

61 Das Thema der Visualität hat Borges schon in den frühen Manifesten mit der Wortklasse der Substantive in Zusammenhang gebracht; die einfachste Metapher ist demnach visueller Natur, während die kühnen Metaphern akustische in optische Wahrnehmung übersetzen (vgl. Daniella Séville-Fürnkäs: *Poetische Relokalisierungen. Jorge Luis Borges' frühe Lyrik*, Frankfurt a.M.: Peter Lang 2004, S. 30-33).

62 Jorge Luis Borges: *Textos cautivos. Ensayos y reseñas en »El Hogar«*, hg. v. Enrique Sacerio-Gari/Emir Rodríguez Monegal, Barcelona: Tusquets 1986, S. 36 (= *El Hogar*, 16 de octubre de 1936).

Kapiteln besonders ausgeprägt sei: »En los primeros capítulos (los mejores) el estilo es admirablemente visual«.[63] Meyrink gelinge es, einen Schwindel erregenden Traum in Fiktion zu verwandeln, ohne dadurch unlesbar zu werden. Die letzten Kapitel hingegen seien mehr vom Baedeker-Reiseführer als von Edgar Allan Poe inspiriert, und glänzten nicht durch ihre optische, sondern nur durch typographische Intensität: »Penetramos sin placer en un mundo de excitada tipografía, habitado de vanos asteriscos y de incontinentes mayúsculas...«.[64] Die Spannung zwischen visuellem Kohärenzerlebnis und kategorialem Verhalten, welche von der exzentrischen Typographie herausgefordert wird, fällt Borges also ebenfalls auf. Diese Stellen bestätigen insgesamt den Zusammenhang zwischen dem Golem-Effekt und der Poetik der neuen Art von phantastischer Erzählung, die auf einer Problematik der ästhetischen Orientierung aufbaut.

Der Roman, den Borges rückblickend zu seinen prägenden Lektüren zählt, bildet für ihn eine Allegorie der Fiktion, einen unheimlichen Traum im Traum:

> Esa figura es a la vez el otro yo del narrador y un símbolo incorpóreo de las generaciones de la secular judería. Todo en este libro es extraño, hasta los monosílabos del índice: *Prag, Punsch, Nacht, Spuk, Licht.* Como en el caso de Lewis Carroll, la ficción está hecha de sueños que encierran otros sueños.[65]

Die Bestimmung des Golems als anderes Ich des Erzählers, als unkörperliches Zeichen, trifft genau die Neuerung, die Meyrink der Sage, aber auch der traditionellen Fiktion hinzufügt. Es handelt sich um eine seltsame, eben eine häretische Form von Fiktion, die sich schon in den einsilbigen Kapitelüberschriften andeutet. Insbesondere die Bestimmung der Fiktion als Traum kehrt in einigen der Erzählungen von Borges wieder. In *Las ruinas circulares* träumt die Hauptfigur von einer Gottheit, welche »mágicamente animaría al fantasma soñado, de suerte que todas las criaturas, excepto el Fuego mismo y el soñador, lo pensaran un hombre de carne y hueso« (FI 63). Der künstliche Mensch wird also nicht aus Lehm geschaffen, sondern erträumt, imaginiert. Beitrag

---

63 Borges: *Textos cautivos*, S. 230 (= *El Hogar*, 29 de abril de 1938)
64 Borges: *Textos cautivos*, S. 231 (= *El Hogar*, 29 de abril de 1938).
65 Jorge Luis Borges: *Biblioteca personal* (1988), Madrid: Alianza 1995, S. 96.

des Träumers ist es, sein Geschöpf in möglichst vielen Details zu denken und schrittweise an die Wirklichkeit anzunähern. Eng geführt werden damit also die beiden Themen des Traums, also der Immersion, und der Schöpfung, welche sich mit Hilfe Gottes in der Infiltration des erträumten Menschen verwirklicht.

Die Rezeption von Meyrinks Text bei Borges scheint mir in der Unschlüssigkeit zwischen Immersion und Infiltration greifbar, welche Borges zu zahlreichen narrativen Schlusseffekten zuspitzte. In Wegeners Film bildet die Sprache immerhin eine klare Trennlinie zwischen dem stummen Mann aus Lehm und dem aktiv schreibenden, schriftkundigen Rabbi – der in dieser Hinsicht eher ein Nachfolger des Pygmalion als des Don Quijote ist.[66] Eben diese Sprache bleibt in der fast wortlosen Handlung von *Las ruinas circulares* ausgeklammert. Diese Stummheit ermöglicht erst, dass der Zauberer sich schließlich als Doppelgänger seines Geschöpfes wieder erkennt. Die Geste seiner Schöpfung ist nichts anderes eine Verlagerung im Phantasma, welche ihn selbst nur als ein imaginäres Subjektzentrum betrifft. Der Traum bietet, anders als die Sprache, keinen sicheren Standpunkt, um sich von seinem Geschöpf abzusetzen. Denn es gibt hier keine durch ein bestimmtes Medium festgelegte ästhetische Grenze. In einem Wort, die Fiktion erscheint als Fiktionshäresie. Was die Figur für einen Akt der Schöpfung, also der fiktionalen Reorientierung, hält, erweist sich als eine unheimliche Wiederholung, also Desorientierung: In dieser desorientierten Fiktion überlagern sich Infiltration und Immersion.

In einem deutlich späteren Gedicht bezieht Borges diese Angleichung von Schöpfer und Geschöpf, welche sich beide als Traum erweisen, direkt auf die Golemsage als eine der großen Legenden der Kabbala, die er als »Metapher des Denkens« liest.[67] Ich möchte näher darauf eingehen, weil hier noch einmal die Form der Sprache als Mittel der Reorientierung in der Fiktion mit dem Thema der Zauberei eng geführt, also die Struktur der *Ficciones* metapoetisch reflektiert wird.

---

66 Vgl. dazu die eigene Nacherzählung, die Borges von der Sage gibt, in Alifano: *Conversaciones con Borges*, p. 193.
67 Ebd., S. 196.

Die vervielfachte Sprecherrolle in *El golem*

Ich beziehe mich auf das epische Gedicht *El golem*, welches 1958 im Band *El otro, el mismo* veröffentlicht wird.[68]

Si (como el griego afirma en el Cratilo)
El nombre es arquetipo de la cosa,
En las letras de *rosa* está la rosa
Y todo el Nilo en la palabra *Nilo*.

Y, hecho de consonantes y vocales,
Habrá un terrible Nombre, que la esencia
Cifre de Dios y que la Omnipotencia
Guarde en letras y sílabas cabales.

Adán y las estrellas lo supieron
En el Jardín. La herrumbre del pecado
(Dicen los cabalistas) lo ha borrado
Y las generaciones lo perdieron.

Los artificios y el candor del hombre
No tienen fin. Sabemos que hubo un día
En que el pueblo de Dios buscaba el Nombre
en las vigilias de la judería.

No a la manera de otras que una vaga
Sombra insinúan en la vaga historia,
Aún está verde y viva la memoria
De Judá León, que era rabino en Praga.

Sediento de saber lo que Dios sabe,
Judá León se dio a permutaciones
de letras y complejas variaciones
Y al fin pronunció el Nombre que es la Clave,

---

[68] Jorge Luis Borges: »El Golem« (1964), in: J.L.B.: *Obras completas*, 3 Bde., hg. v. Carlos V. Frías, Buenos Aires: Emecé 1990, Bd. 2, S. 263-265.

La Puerta, el Eco, el Huésped y el Palacio,
Sobre un muñeco que con torpes manos
labró, para enseñarle los arcanos
De las Letras, del Tiempo y del Espacio.

El simulacro alzó los soñolientos
Párpados y vio formas y colores
Que no entendió, perdidos en rumores
Y ensayó temerosos movimientos.

Gradualmente se vio (como nosotros)
Aprisionado en esta red sonora
De Antes, Después, Ayer, Mientras, Ahora,
Derecha, Izquierda, Yo, Tú, Aquellos, Otros.

(El cabalista que ofició de numen
A la vasta criatura apodó Golem;
Estas verdades las refiere Scholem
En un docto lugar de su volumen.)

El rabí le explicaba el universo
Esto es mi pie; esto el tuyo; esto la soga.
Y logró, al cabo de años, que el perverso
Barriera bien o mal la sinagoga.

Tal vez hubo un error en la grafía
O en la articulación del Sacro Nombre;
A pesar de tan alta hechicería,
No aprendió a hablar el aprendiz de hombre.

Sus ojos, menos de hombre que de perro
Y harto menos de perro que de cosa,
Seguían al rabí por la dudosa
Penumbra de las piezas del encierro.

Algo anormal y tosco hubo en el Golem,
Ya que a su paso el gato del rabino
Se escondía. (Ese gato no está en Scholem
Pero, a través del tiempo, lo adivino.)

Elevando a su Dios los manos filiales,
Las devociones de su Dios copiaba
O, estúpido y sonriente, se ahuecaba
En cóncavas zalemas orientales.

El rabí lo miraba con ternura
Y con algún horror. ¿*Cómo* (se dijo)
Pude engendrar este penoso hijo
Y la inacción dejé, que es la cordura?

¿Por qué di en agregar a la infinita
Serie un símbolo más? ¿Por qué a la vana
Madeja que en lo eterno se devana,
Di otra causa, otro efecto, y otra cuita?

En la hora de angustia y de luz vaga,
En su Golem los ojos detenía.
¿Quién nos dirá las cosas que sentía
Dios, al mirar a su rabino en Praga?

Dem Rabbi Judá León gelingt durch eine Kombinatorik von Buchstaben die Erschaffung eines künstlichen Menschen, dem er allerdings noch das elementare Sprachverständnis beibringen muss. »Ternura«, Zärtlichkeit, und ein gewisses Grauen ergreifen den Rabbi beim Anblick seines unvernünftigen und stummen Geschöpfs. Wer aber, fragt der Sprecher daraufhin, kann uns sagen, was Gott beim Anblick des Rabbi verspürte? Die komplexe und nicht ganz zuverlässige Instanz, die diese Geschichte erzählt, will zugleich *poeta doctus*, *poeta vates* und Autor einer Fiktion sein. Das Gedicht beginnt mit einem kurzen Exkurs über die kratylistische Sprachkonzeption, die kabbalistische Sprachmagie und die *lingua adamica*.[69] Die Bezüge auf die griechi-

---

69 Jorge Luis Borges: »El golem« (1958), in: J.L.B.: *Obras completas*, 3 Bde., hg. v. Carlos V. Frías, Buenos Aires: Emecé [19]1993, Bd. 2, S. 233-327, hier S. 263-265. Das Beispiel des Nils deutet wohl auf Platons Dialog *Kratylos* als Referenz des »griego« hin: Dort geht es um den Fluss Skamander, »Xanthos im Kreis der Götter genannt«, mit dem Sokrates das Thema des wahren Namens der Dinge einleitet (Platon:»Kratylos«, in: P.: *Phaidon, Das Gastmahl, Kratylos*, griechisch und deutsch, übers. v.

sche Philosophie und auf Gershom Scholem,[70] insbesondere aber die Art, diese Referenzen in seinen Diskurs einzubringen, führen den Sprecher zunächst als einen *poeta doctus* ein.[71] Unorthodox ist aber, an Scholems Wissen über die Kabbala und »un docto lugar de su volumen« gemessen, die Geschichte von der Erschaffung des Golem. Der Dichter betont den Aspekt der der praktischen Dienstbarkeit, welche Scholem, wie gesagt, abwertet.[72]

Das Thema wird deutlich metafiktional, auf die Problematik der Mimesis hin, zugespitzt. Bei Borges kann der Golem zwar die Geste des Gebets vollführen, aber diese nicht mit einer kommunikativen Absicht verbinden:

Elevando a su Dios los manos filiales,
Las devociones de su Dios copiaba
O, estúpido y sonriente, se ahuecaba
En cóncavas zalemas orientales.

Indem der Golem die Geste seines Schöpfers vernunftlos nachahmt, veranschaulicht er die Unvollkommenheit, die in der Kunst des Rabbi steckt; denn auch dieser ahmt seinerseits Gottes Handeln nach, ohne

---

Friedrich Schleiermacher, hg. v. Dietrich Kurz u.a., Darmstadt: Wissenschaftliche Buchgesellschaft 1974, S. 395-575, hier S. 425 [391e]). Das Beispiel der Rose verweist wahrscheinlich auf Paracelsus via De Quinceys *Palimpsest*: Die Behauptung des Magiers, eine Blume aus ihrer Asche wieder erschaffen zu können, hat eine spätere Erzählung Borges' mit dem Titel *La rosa de Paracelso* inspiriert.

70 Borges selbst gibt in seinem Vortrag über die Kabbala das Buch *Major Trends in Jewish Mysticism* als seine Hauptquelle an und empfiehlt es auch seinen Zuhörern (der Vortrag findet sich abgedruckt bei Alazraki: *Borges and the Kabbalah*, diese Hinweise stehen auf S. 54 und S. 61). Scholem schenkt ihm eine Ausgabe der englischen Version seines Buches bei seinem Israel-Besuch 1969 (Vgl. ebd., S. 19).

71 Zu Borges' eigener Beschäftigung mit der Kabbala vgl. ebd., S. 19, Anm. 24. Alazraki hält Meyrinks Roman für die Quelle, aus der Borges die Legende schöpft. In Frage kommen aber auch Wegeners Film und Scholems 1941 veröffentlichtes Buch *Major Trends in Jewish Mysticism*.

72 Als praktischer Helfer wird der Golem erst relativ spät durch die deutschen Chassidim gedeutet (Scholem: »Die Vorstellung vom Golem«, S. 253).

den Sinn der ersten Schöpfungsgeste zu verstehen. Der Pantomime des Golems entspricht eine visuelle Darstellung auf Seiten des Sprechers, der sein eigenes Wissen zur Schilderung der Szene nicht nutzen kann. Das orientalisierende Bild vom Prager Ghetto verweist außerdem weder auf Scholem noch auf Meyrink, sondern direkt auf die stereotypen Kulissen des Stummfilms. Nicht nur die Architektur Hans Poelzigs charakterisiert in Wegeners *Golem* das Ghetto mit entsprechenden orientalisierenden Höhlungen, sondern auch die »dudosa penumbra/de las piezas del encierro« könnte eine Reminiszenz an die Lichtführung des expressionistischen Films sein.[73] Zumindest war diese Borges bekannt, auch wenn er sich ausdrücklich gegen die Wiemarer Ästhetik verwahrt: Zu diesen »errores de la producción alemana« zählen laut seinem Essay *Films* (*Discusión*, 1932) »la simbología lóbrega, la tautología o vana reproducción de imágenes equivalentes, la obscenidad, las aficiones teratológicas, el satanismo«.[74] Diese Aspekte treffen natürlich nicht nur für Wegener zu, sondern auch für andere Werke des Weimarer Kinos, etwa den *Faust* (1926) von Murnau. Ein Motiv, das hingegen als Einzelreferenz verstanden werden könnte, ist die Katze, die in einer eigenen Einstellung des Golemfilms (nach Ledigs Zählung E 34) dem Ungeheuer furchtsam ausweicht: »Ese gato no está en Scholem/Pero, a través del tiempo, lo adivino«.[75] Der Sprecher fällt hier aus der Rolle des *poeta doctus* und beansprucht eine andere Rolle, die eines Sehers. Man darf sich nach dem Gesagten fragen, ob diese Vision magisch ist oder auf den Stummfilm zurückverweist. Das Ge-

---

73 Zum Raum des Ghettos vgl. Ledig: *Paul Wegeners Golem-Filme*, S. 177-178 und S. 182.

74 Jorge Luis Borges: »Films« (1932), in: J.L.B.: *Discusión*, Buenos Aires: Emecé 1961, S. 75-80, hier S. 75.

75 Auf das Motiv der Katze weist schon Barnatán hin, für den *El golem* überhaupt ein »poema cinematográfico« darstellt (Marcos Ricardo Barnatán: *Jorge Luis Borges*, Madrid: Júcar ²1976, S. 105-106). Dass Borges den Film gesehen haben soll, ist für Barnatán allerdings eine bloße Hypothese (ebd., S. 93) – und zwar eine äußerst kühne. Denn die verschiedenen Versionen des Golem-Mythos, die er im Gespräch mit Roberto Alifano in Erinnerung ruft, stimmen nicht im Geringsten mit der Version Wegeners überein (Alifano: *Conversaciones con Borges*, S. 191-196). Zur Situierung der Szene im Film vgl. Ledig: *Paul Wegeners Golem-Filme*, S. 175.

dicht weicht dieser Problematik aus, indem es die Reminiszenzen an den Film ausdrücklich zu formulieren vermeidet.

Was diese Unschlüssigkeit als neuartige Form der Fiktion charakterisiert, ist die Spiegelung des Sprechers in der erzählten Geschichte. In seiner überhistorischen Imagination, die sich eigenmächtig von der schriftlichen Quelle löst – »lo adivino« – liegt eine zusätzliche Autorisierung des *poeta doctus* als *poeta vates*. Zuvor scheint das gleiche Ich fähig, das vom Rabbi Gesehene und Gedachte zu imaginieren. Die Konturen dieser Gabe zeigen sich erst, wenn sie, Gott gegenüber, endet: »¿Quién nos dirá las cosas que sentía Dios, al mirar a su rabino en Praga?«. Der Sprecher-Seher kann zwar die Frage stellen, aber sie nicht selbst beantworten. Die rhetorische Lösung, die rhetorische Frauge nämlich, unterstreicht die Begrenztheit eines Sehers, der an die sprachliche Äußerung gebunden ist. Während der »poeta doctus« die Position ist, die es ermöglicht, sich mit dem gelehrten Rabbi zu identifizieren, teilt der Sprecher die Leiden des Geschöpfs, des Golems, an der Sprache:

Gradualmente se vio (como nosotros)
Aprisionado en esta red sonora
De Antes, Después, Ayer, Mientras, Ahora,
Derecha, Izquierda, Yo, Tú, Aquellos, Otros.

Diese vornehmlich deiktischen Ausdrücke bilden ein Koordinatensystem, in dem sich das sprechende Subjekt verankert, oder, um der negativ konnotierten Metapher zu folgen, wie in einem Netz verfängt. Genau genommen erscheint Sprache hier nicht mehr als der archetypische Grund, als welcher sie zu Anfang mit Platon aufgerufen wurde, sondern als Labyrinth. Die Sprache, so wie der Rabbi sie dem Golem beibringt, ist zunächst kognitiv strukturiert. Das gilt nicht nur für die Erkundung des Zeigfelds, sondern auch für die Ableitung des Symbolfelds aus diesem, so wie es auch den drei Funktionen aus Bühlers Organonmodell der Sprache entsprechen würde:

Esto es mi pie; esto el tuyo; esto la soga.

Dem Bezug auf den Sprecher folgt der auf den Angesprochenen und auf den Gegenstand der Kommunikation – das Tau, mit dem der Golem wie bei Meyrink die Glocken läuten soll.[76] Der Golem wird hier so belehrt, als würde ihm nicht nur Sprache, sondern auch Kognition beigebracht.[77] Er kann in seinem Gebet zwar zeigen, aber nicht das Zeigen auf eine sprachliche Deixis erweitern. Hingegen überlagern sich im fiktionalen Diskurs des Sprechers zwei Zeigefelder, die eine gewisse Unschärfe schaffen. Die Lehre des Rabbi wird in direkter Rede zitiert, also auf eine Art und Weise, die das »Esto es mi pie« als fiktional inszenierte Rede erkenntlich macht. Diese Analyse verdeckt allerdings, dass mit dem *poeta vates* ein Sehender an die Seite des *poeta doctus* und seiner Bücher tritt, dessen Reorientierung einige Berührungspunkte mit der Ästhetik des Stummfilms besitzt. Bühler vergleicht das Verfahren der plötzlichen »Versetzung« zu einem anderen Ich-Standpunkt, wie schon gesagt, mit der Technik der Kamera-Sprünge; und zwar in dem Sinn, dass die Sprache die Leistung des Kinos vorwegnimmt.[78] Es kann also auch als Beispiel für die Ambiva-

---

76 Vgl. den genauen Vergleich der beiden Stellen bei Nazareno Bravi: »Nota sobre Borges y ›El golem‹«, S. 230. Es liegt eine gewisse Ironie darin, dass ausgerechnet diese Charakteristik übernommen wird. »Glocken gibt es bekanntlich in keiner Synagoge«, bemerkt Alexander Wöll zu Meyrinks *Golem* (Wöll: »Der Golem«, S. 242).

77 Vielleicht verbirgt sich darin noch eine weitere Pointe: In der notwendigen Erziehung des Golem müsste sich, laut der Untersuchung Scholems, die Sündhaftigkeit des Rabbi zeigen. Dieser entdeckt in der kabbalistischen Tradition eine spezifische Begründung für die Sprachlosigkeit des Golem: Ein sündloses Wesen – also Adam vor seinem Fall – wäre imstande, die Seele des Lebens, das Pneuma, das auch mit Sprachvermögen ausgestattet ist, an sein eigenes Geschöpf weiterzugeben (Scholem: »Die Vorstellung vom Golem«, S. 247).

78 Er beschreibt die Deixis am Phantasma an einem »Fall aus dem Leben: eine Frau aus dem Volke berichtet von ›ihm‹ und was er ihr vorwirft; und das ich-Wort im Flusse ihrer lebendigen Schilderung der jüngsten Eheszene springt hin und her, muß jetzt aus ihrem und gleich darauf aus seinem Munde ertönend gedeutet werden. Man pflegt dies in der Epik als ein Wechselspiel von erzählender und direkter Rede zu bezeichnen [...] Ohne die subtile Verkehrstechnik des Standpunktwechsels wäre die Rede dieser Frau für jeden Hörer unentwirrbar; kraft dieser Technik aber fließt sie wohlverstanden in den mitfühlenden Empfänger.« (ST 374) Der Stilabfall

lenz des unschlüssigen dritten Falles der Deixis am Phantasma dienen. Für Borges hingegen repräsentiert das Kino bereits eine klar bestimmte ästhetische Grenze und kann daher nicht das Modell für das komplexe, fiktionshäretische Erzählen bilden. Die Grenzen beider Dichterrollen in *El golem* liegen in der jeweiligen Gestalt, die hinter der vom Golem geschauten formlosen Wirklichkeit, aber eben auch vor der unaussprechlichen Wirklichkeit Gottes zurückbleibt. Das abschließende »¿Quién nos dirá [...]?« erinnert noch einmal an die Befangenheit des Menschen in einer kulturell geformten Sprache und Wahrnehmung, die dem göttlichen Fühlen und Schauen nicht entspricht. Insofern wird auch das Urteil darüber, ob die Schöpfung gelungen ist oder nicht, durch die besondere Perspektive des Sprechers relativiert. Eine charakteristische Unbestimmtheit ensteht durch die Gegenüberstellung des literarischen – und somit dominant kategorialen – Rahmens des *poeta doctus* und der eher filmischen – und daher auf ein Kohärenzerlebnis zielenden – Sicht des *poeta vates*.

El Golem beschränkt sich nicht auf die Überlagerung von *poeta doctus* und *poeta vates* in der Gestalt des Sprechers; an ihrer Seite erscheint eine dritte Figur mit auktorialen Zügen. Denn auch der Rabbi, der den Golem mit Hilfe einer sprachlichen Kombinatorik erschafft, ist ein Autor.[79] Diese Figur schöpft nicht aus einer fiktionalen Distanz heraus, sondern aus einem Glauben an die magische Macht seiner Worte. Die magische Rede des Rabbi und diejenige des Rhapsoden, der an sie erinnert, stehen zueinander in Konkurrenz. Insbesondere der Vers »Sediento de saber lo que Dios sabe« nimmt die letzte Frage des Gedichts, die nach den Gefühlen Gottes forscht, vorweg: In dieser rhetorisch fragenden Neugier, die offensichtlich dem Sprecher zugeschrieben werden muss, spiegelt sich der Wissensdurst des Rabbi. Und auch im Hinweis auf den Unterschied zu bloßen Schattenbildern verbirgt sich der Anspruch eines eigenen Schöpfertums. Der Rabbi Löw selbst steht im lebendigen Andenken (»verde y viva«), das der

---

zwischen dem Gedicht von Borges und dem Beispiel von Bühler verdeutlicht, dass das Verfahren an sich noch nichts Poetisches ist.

79 Vgl. Stephen E. Soud: »Borges the Golem-Maker. Intimations of presence in ›The Circular Ruins‹«, *MLN* 110/4 (1995), S. 739-754, hier S. 741: Es gehe nicht nur um »logos«, sondern auch um den »creative act of artist«, der sich im Gestalten des Lehms ausdrückt.

Sprecher ausmalt, wirklicher da als die bloßen Schatten.[80] In der betont visuellen Fokalisierung, beginnend mit der Großaufnahme vom müden ersten Augenaufschlag des Geschöpfs bis zum zweimal erwähnten Blick des Rabbi auf das ihn anbetende Wesen, konkurriert das Sehen mit dem Sprechen. Aber dieses Sehen verweist nicht auf das Medium des Kinos, sondern auf die starke, teils konzeptionelle, teils typographische Visualität, die Borges an der Form von Meyrinks literarischer Fiktion beobachtet.

Als »literary magic«[81] bleibt die Spaltung der Erzählerpersönlichkeiten in einen buchstäblich belesenen *poeta doctus* und einen imaginär schauenden *poeta vates* bestehen. Das Schweigen des Golems und die letzte Verlagerung des Fokus unterstreicht die Unsicherheit, die aus dieser Betrachterposition entsteht. Indem sie die Unschlüssigkeit über die ästhetische Grenze aus einer intermedialen Provokation in eine Form der Fiktion übersetzen, haben Borges' Texte tatsächlich die Bedeutung einer »poética fundacional«. Fundiert wird hier eine häretische Form der Fiktion, welche die klare Orientierung der traditionellen Gattungen zugunsten eines Spiels mit der Infiltration aufgibt. Das Kino kann jedoch – anders als bei Meyrink und Quiroga – nur noch partiell als Metapher dieser ambivalenten Grenzüberschreitung gelten: Es wird in zunehmendem Maße zum Inbegriff einer festen, technisch

---

80 Auf den biographischen Zusammenhang dieser Selbst-Stilisierung, die sich im Gesamtwerk Borges' beobachten lässt, mit der zunehmenden Blindheit des Dichters nach 1954 deutet Emir Rodríguez Monegal hin (Rodríguez Monegal: *Borges. Una biografía literaria*, aus dem Engl. v. Homero Alsina Thevenet, México: Fondo de Cultura Económica 1987, S. 391). In meiner Argumentation steht diese Rhapsodenrolle aber nicht in funktionalem Bezug zu seiner homerischen Biographie, sondern in einer innertextuellen, strukturalen Oppositions-Relation zur optischen Gestalt des Golem und ihrer Ablösung von dem sprachlichen Zeigefeld, in welchem der Sprecher und der Rabbi sich bewegen.

81 Vgl. Alazraki: *Borges and the Kabbalah*, S. 19-23, der beide Texte ausführlich vergleicht, um dieses »literary magic« herauszuarbeiten. Die These von Soud ist sogar, Borges gehe es darum, das Heilige in die Literatur zurückzubringen, also »to re-establish presence in a literature of exhaustion« (»Borges the Golem-Maker«, S. 751). Wenn es tatsächlich eine solche Suche nach Präsenz gibt, muss sie zumindest, wie schon bei Meyrink, mit der manifesten Fiktionsironie vereinbart werden.

bestimmten »ästhetischen Grenze«. An seine Seite tritt ein Imaginäres, dessen allegorischer und bis in die Begriffe »Immersion« und »Infiltration« wirksamer Ausdruck das untechnische Medium der Flüssigkeit sein wird.

2.6 Palma, Bioy, Hernández: Legitime und illegitime Transgressionen

XYZ: DAS KINO ALS LEGITIMER INFILTRATIONSAPPARAT

Um die gleiche Zeit wie Karl Bühlers und Rudolf Arnheims Werke, welche, wie wir gesehen haben, das Kino zum Modell funktionierender Verschiebungen des Koordinationszentrums erheben, erscheint in Lima der Roman eines peruanischen *homme de lettres*, Clemente Palma, in welchem sich eine ähnliche Vereindeutigung des Diskurses andeutet. Sein Buch, *XYZ* (1935), bildet den Übergang zwischen den quasi magisch zum Leben erweckten Filmstars Horacio Quirogas und der technisch perfektionierten Illusion bei Adolfo Bioy Casares. Anders als bei Quiroga hat die ästhetische Grenze des Kinos ihre unheimliche Seite verloren. Der Prozess einer kinematographischen Immersion und Infiltration ist nun so weit rationalisiert, dass das Leben der Filmstars nur noch eine Frage von Formgewinn ist – und ihr Tod dementsprechend nur noch als bloßer Formverlust, als ein Zerfließen vorgestellt werden muss.

In Palmas Roman lässt ein exzentrischer Erfinder namens Rolland Poe auf einer einsamen Insel namens »Rollandia« einen Palast erbauen, in welchem er aus Eiklar, auf welches er mit Hilfe des Tonfilms die Form von Filmstars aufprägt, und radioaktiver Bestrahlung, welche diese multimedialen Skulpturen belebt, Doubles seiner Lieblingsschauspielerinnen zum Leben erweckt. Offensichtlich dient hier die Entwicklung vom Stummfilm zum Tonfilm als Modell einer additiv immer weiter perfektionierbaren Darstellung, welche nun nur noch um den Tastsinn (dazu dienen die Hühnereier als materielle Substanz) und um das Leben (als Strahlung) ergänzt zu werden braucht. Die Problematik dieser Doppelgängerinnen hat sich dabei auf signifikante Weise verschoben. Während auf der Ebene der Technik alles machbar scheint, erweist sich die wirtschaftliche und koloniale Vorherrschaft Hollywoods als das eigentliche Hindernis und die Quelle des zentralen Konflikts.

Dem Ingenieur, der in seiner Erfindung von der Liebe zum Kino, und insbesondere von der Leidenschaft zu Greta Garbo und Jeanette MacDonald angetrieben wird, stellt sich mit dem Direktor der Metro Goldwyn Mayer-Produktionsstudios ein Antagonist entgegen, für den die Filmstars nur ein gewinnbringendes Konsumgut darstellen. Während der Ingenieur explizit als würdiger Nachfahr des Romantikers Edgar Allan Poe dargestellt wird, der seine Macht über Leben und Tod der Doppelgängerinnen nicht übermäßig ausnützt,[1] zielt der Hollywood-Produzent darauf, die kostbaren Doubles durch eine Entführung in seine Gewalt zu bringen, um sie »en el mecanismo de nuestra industria, una de las más importantes, del mundo« einzuspeisen (XYZ 314). Die neokoloniale Tendenz des in Hollywood zentralisierten Tonfilms wird sehr drastisch in der Äußerung des Direktors karikiert, dem es darum geht, die neuen Kunstfiguren auszustellen, »explotando la estupefacción del mundo cinemero, es decir, de todo el mundo civilizado« (XYZ 319).

Der narrative Rahmen und die Handlung sind reich an fiktionsironischen Brechungen, welche das System des Hollywoodkinos betreffen. Der Erzähler, ohnehin ein persönlicher Freund des Erfinders, solidarisiert sich mit diesem. Der Entschluss, die Briefe, um deren Geheimhaltung ihn Rolland Poe bittet, an die Öffentlichkeit zu bringen, wird zwar nicht explizit kommentiert, lässt sich aber als eine Form von Subversion gegen das Monopol von Hollywood verstehen. Der Roman verwendet zu seinen eigenen, literarischen Zwecken nicht nur die Namen von Filmstars, welche als solche schon Markennamen sind, sondern auch wieder erkennbare »Markenzeichen« wie Greta Garbos Stimme (XYZ 200 und 202) und genrehafte Filmsujets wie die Ent-

---

[1] Der Hinweis auf die Verwandtschaft findet sich bei Clemente Palma: »XYZ. Novela grotesca«, in: C.P.: *Narrativa completa*, 2 Bde., hg. v. Ricardo Sumalavia, Perú: Pontificia Universidad Católica 2006, Bd. 2, S. 121-381, im Folgenden abgekürzt XYZ, hier S. 204. Selbstverständlich wird die sexuelle Enthaltsamkeit des verrückten Wissenschaftlers, derer er sich rühmt, kompensiert durch seine verbalen Ausfälle und viele andere Formen von Gewalt gegen seine Gefangenen.

führung der Doubles (welche durch wirkliche Schauspieler, wie etwa George Bancroft, vollzogen wird) oder ihre Ausstellung in Form einer Revue. Insofern eignet der Erzähler sich die Formen des Kinos mit großem Geschick an und unterwandert so das Produktionsmonopol der zitierten MGM-Studios.

In dem gleichen Maße, in dem die Fiktionen des Kinos programmatisch ausgebeutet werden, wird die literarische Fiktion bekräftigt. Hierin unterscheidet sich Palmas Text deutlich von Quirogas Erzählungen, in denen die kinematographische Form der Immersion zu narrativen Ambivalenzen führte. In *XYZ* hat sich das Thema des künstlichen Menschen vollständig in eine Form von Fiktionsironie verwandelt.[2] Der Ingenieur ist so weit Herr seiner Infiltrate, dass er ohne die böse List der Hollywood-Produzenten das Liebes-Idyll mit dem von ihm geschaffenen Double eines Filmstars glücklich ausleben könnte. Neben der politischen Satire bleibt ein Rest von Phantastik, der jedoch nicht mehr aus der ästhetischen Grenze des Films entspringt. Das Unheimliche hat sich vom Kino auf eine neue Entdeckung, das Radium, verlagert: Die radioaktiven Strahlen, welche die eigentliche Belebung der Doppelgänger leisten, fügen dem Erfinder tödliche Läsionen zu, und er bringt sich öffentlich in einem Filmtheater um, um einem langen und schmerzhaften Sterben zu entgehen.

Auf diese Weise wird das Filmtheater, wie in der bereits zitierten Polizeinotiz von 1896 und in *El espectro* (1921), zum Ort eines merkwürdigen Todes des Betrachters. Aber in dieser Homologie äußert sich auch der historische Wandel, den die ästhetische Grenze des Kinos durchläuft. Die drei Ereignisse könnten nicht verschiedener sein: Steht der Sturz des »neurótico« im Zeichen der Desorientierung, so stirbt der Erzähler Quirogas in einer Situation medialer Unschlüssigkeit; in *XYZ* hingegen wird alles, bis hin zum Tod, rational begründet. Das Filmtheater bei Palma ist nur noch der Raum einer theatralischen Inszenierung; die ästhetische Grenze des Films wirkt hingegen als eine stabile und verfügbare Referenz. Das Vorwort des Romans belehrt uns, dass der Autor die Kunst des Films auf die Literatur übertragen und auf diese Weise mit *L'Ève future*, dieser noch vor der Erfindung des Kinos entstandenen Erzählung, um die Schöpfung einer künstlichen Frau

---

2 Die Fiktionsironie wird sogar von den Doubles explizit thematisiert, wenn sie das Märchen aus 1001 Nacht, mit dem Rolland Poe ihnen ihre Schöpfung erklärt, als Genrefilm entlarven (XYZ 231-246).

wetteifern wollte.³ Die Momente des Kontrollverlusts, welche Quirogas Aneignung des Kinos und seine besondere Art, sie zu erzählen, charakterisieren, weichen einer perfekten Beherrschung der medialen Form und ihrer Genres, welche ironisch-satirisch denunziert werden. Palma ist in diesem fiktionsironischen Aspekt ein Vorgänger von Adolfo Bioy Casares. Umgekehrt wäre es nicht richtig, Bioy auf seine fiktionsironische Seite zu reduzieren.

Adolfo Bioy Casares' kurzer Roman *La invención de Morel* (1940) gehört, wie Borges in seinem Vorwort schreibt, zu den »obras de imaginación razonada«, deren staunenswerte Begebenheiten sich weder einer Halluzination noch einer allegorischen Absicht verdanken.⁴ Dies gilt auch für das Sujet von Immersion und Infiltration, die, wie schon bei Palma, weitgehend auf ein rationales Prinzip zurückgeführt werden. Dieses ist nun allerdings nicht frei von unheimlichen Effekten, welche die technische Funktion mit Anklägen an ein magisches Weltbild stören.⁵ Morels Erfindung, ein Apparat zur Erzeugung künstlicher Menschen, erfüllt in dieser Hinsicht die Funktion, die bis dahin das Kino innehatte: Der »Medienverbund« (Nitsch) produziert das Golem-Sujet, die mediale Unschlüssigkeit.⁶

---

3   »Cuando el arte y la industria cinematográficas alcanzaron mayor auge – me refiero al cine mudo – pensaba que esta deleitosa y espiritual conquista de la ciencia, que lo era tanto más que el fonógrafo, merecía también tener su novela« (XYZ 124).

4   »Adolfo Bioy Casares, en estas páginas [...] despliega una Odisea de prodigios que no parecen admitir otra clave que la alucinación o que el símbolo, y plenamente los descifra mediante un solo postulado fantástico pero no sobrenatural« (Jorge Luis Borges: »Prólogo«, in: Adolfo Bioy Casares: *La invención de Morel* (1940), hg. v. Trinidad Barrera, Madrid: Cátedra 1998, S. 89-91, hier S. 90-91).

5   Jorge B. Rivera: »Lo arquetípico en la narrativa argentina del 40« (1972), in: Grupo de investigación de literatura argentina de la UBA (Hg.): *Ficciones argentinas. Antología de lecturas críticas*, Buenos Aires: Norma 2004, S. 125-152.

6   Nitsch: »Die Insel der Reproduktionen«, S. 109.

LA INVENCIÓN DE MOREL:
DIE RISKANTE IMMERSION

Kinematographische Aspekte von Morels Erfindung

Die Geschichte der Erzählung, die aus den Aufzeichnungen eines Schiffbrüchigen besteht, ist bekannt: Ein vor der Justiz geflüchteter Mann findet Zuflucht auf einer abgelegenen Insel, vor deren Bewohnern er sich zunächst versteckt. Aus der Distanz beobachtet er das Treiben einiger Menschen, mit denen er immer vertrauter wird, bis er sich sogar in eine der Damen dieser Gesellschaft verliebt. Sein Versuch, mit der Frau Kontakt aufzunehmen, scheitert mehrmals an deren Gleichgültigkeit. Danach häufen sich die Indizien dafür, dass auf der Insel nicht alles mit rechten Dingen zugeht: Die beobachteten Ereignisse wiederholen sich, die Figuren lassen sich durch nichts von ihren Verrichtungen abbringen. Schließlich wird der Gestrandete Zeuge eines Vortrags, in dem eine dieser Personen, der Ingenieur Morel, seine Erfindung vorstellt, mit der er und seine Freunde eine Art von Unsterblichkeit gewinnen sollen: Ein Apparat der vollplastischen audiovisuellen Aufnahme und Wiedergabe. Der auf seiner Insel gestrandete Flüchtling versteht, dass er sich von Simulacren hat täuschen lassen. Er beschließt, seinen eigenen Körper mit Hilfe einer Art von Doppelbelichtung in den Kreislauf der Bilder einzuspeisen. Dabei geht es ihm vor allem darum, durch ein geschicktes Szenario, ohne den vorgegebenen Lauf der Dinge zu ändern, den Eindruck einer Liebesbeziehung zur von ihm verehrten Dame zu erzeugen. Diese »theatralische Simulation« unterwandert die »technische Simulation« Morels und führt die Problematik der Fiktion ein.[7] Die abschließende Überschreitung der ästhetischen Grenze passt in die Reihe der bisher betrachteten Erzählungen mit ihrer Engführung von Immersion und Infiltration: Anstatt das Kunstwerk einfach zu beleben, Faustine in der Art Pygmalions aus ihrem Bildnis heraustreten zu lassen, versenkt sich der Flüchtling selbst ins Reich der Schatten; denn die Strahlen des Apparats sind tödlich.

Der Übergang in ein mediales Jenseits, die Immersion des Betrachters und die Infiltration von technischen Artefakten steht als Thema in

---

7 Ebd., S. 112.

der Nachfolge von Erzählungen wie *El espectro* und *XYZ*. Im Vergleich zu Quiroga nehmen die Möglichkeiten der Reorientierung, der Rationalisierung der ästhetischen Grenze allerdings deutlich zu. Während die Überschreitung der Leinwand in *El espectro* ein unerklärlicher Unfall bleibt, scheint sie bei Bioy mit Hilfe einer Einsicht in die Form des neuen Mediums abgesichert. Wenn Morel die technische Erklärung für die sonderbaren Ereignisse auf der Insel liefert, zieht er die kognitiven Grenzen des Menschen heran: Die vermeintliche Magie beruhe, wie der Erfinder erklärt, auf Reizschwellen und bewusst gelenkter Aufmerksamkeit.

¿Les cuesta admitir un sistema de reproducción de vida, tan mecánico y artificial? Recuerden que en nuestra incapacidad de ver, los movimientos del prestidigitador se convierten en magia.[8]

Die Erklärung der Magie durch kognitive Schwellen entspricht der kinematographischen Illusion, wie sie in der experimentellen Psychologie analysiert wird. Das Kino steht also für denjenigen Teil des Projektionsapparats, dessen Fiktion als einfache Reorientierung erklärbar ist. Aber sowohl die Erfindung als auch der Umgang des Schiffbrüchigen mit ihr streben über die Reorientierung hinaus: Die projizierten Figuren sollen die Realität erfolgreich infiltrieren, nicht als Fiktionen wahrgenommen werden. Die funktionale Position kinematographischer Diskurse wird also neu besetzt. An die Stelle des vertrauten Films tritt ein unvertrauter neuer Medienverbund, der zur Ursache medialer Unschlüssigkeit wird.

Die Umbesetzung des Kinos zwischen Meyrink und Bioy wird besonders an der verschiedenen Behandlung des Unsterblichkeitstopos deutlich. Schon sehr früh finden sich Belege für die unvollkommene Unsterblichkeit, welche das Kino verleiht. Die lebensgroße und realistische Bewegung auf Leinwand weist in unheimlicher Art und Weise über die Begrenzungen des menschlichen Lebens hinaus und täuscht so etwas wie die Möglichkeit vor, mit den filmischen Schatten zu kommunizieren – und zwar auch mit den Toten. So berichtet Max Brod 1909 von einem Kinobesuch:

---

8   Adolfo Bioy Casares: *La invención de Morel* (1940), hg. v. Trinidad Barrera, Madrid: Cátedra 1998, im Folgenden abgekürzt IM, S. 157.

Ich sehe Straßen, Menschen, die vorübergehen, sehr schnell trotz aller Behaglichkeit, manche bleiben stehen und unbeteiligt schauen sie unter ihren australischen Mützen her zu mir. Grüß dich Gott, lieber Mensch, du siehst mich nicht, vielleicht bist du schon tot, einerlei, sei mir gegrüßt.[9]

Brods Schilderung trifft das Unheimliche an der Kommunikation, die über die ästhetische Grenze des Films hinweggehen soll: Die gesehene Figur selbst kann, obgleich sie präsent scheint, den Betrachter nicht sehen und seinen Gruß nicht hören. Dies stellt fiktionales Spiel – als Interaktion von Schauspieler und Publikum – grundsätzlich in Frage. Der Golem-Stoff wird, so habe ich in den Kapiteln zu Meyrink und Wegener angedeutet, zum willkommenen Ausdruck dieser Problematik. Auch der Golem ist, so heißt es bei Meyrink, selbst wenn er gegenwärtig sein sollte, nicht ansprechbar.

Der erste Weltkrieg verleiht diesem Phänomen, das Brod schon früher beschreibt, eine besondere Dramatik: In einem seiner ausführlicheren Feuilletons zum Kino erzählt Quiroga zwei komplementäre Fälle, in denen vermisste Soldaten durch den Film geborgen, das heißt lokalisiert, werden: Eine Mutter erkennt bei der Vorführung eines Kriegsfilms den Kadaver ihres Sohnes. Im komplementären Fall hat eine andere die Nachricht vom Tod ihres Sohnes erhalten und vor Entsetzen aufgeschrieen; ein Freudenschrei folgt später, als sie im Kino ihren Sohn in einer Schlange von Kriegsgefangenen in China erblickt. Wie bei Brod ist die Entfernung hier für die Ambivalenz verantwortlich, das Kino das einzige Mittel, um diese Entfernung zu überwinden und der projizierten Figur ein eigenes Leben zu verleihen – oder es ihnen endgültig zu nehmen:

---

9   Max Brod: »Kinematographentheater« (1909), in: Fritz Güttinger (Hg.): *Kein Tag ohne Kino. Schriftsteller über den Stummfilm*, Frankfurt a.M.: Deutsches Filmmuseum 1984, S. 33-35, hier S. 33. Vgl. auch Eduard Korrodi über Wegener: »Man konnte ihn vor wenigen Tagen unter seltsamen Umständen an der Weinbergstraße in Zürich sehen. Im Kientopp natürlich. Leib und Seele und seine menschliche Stimme opfert er aber weit weg von uns seinem Vaterlande als Leutnant irgendwo in Polen oder Galizien« (Korrodi: »Paul Wegener im Kino« (1915), in: Fritz Güttinger (Hg.): *Kein Tag ohne Kino, Schriftsteller über den Stummfilm*, Frankfurt a.M.: Deutsches Filmmuseum 1984, S. 322).

¿De qué otro modo, si no interviene el cinematógrafo, hubieran podido tener lugar estas prodigiosas revelaciones de muerte y de vida, a través de la distancia? ¿Qué invento como éste permite contemplar el movimiento de la vida, desde miles de kilómetros? (*El cinematógrafo*, ALC 373).

Die ästhetische Grenze des Filmtheaters ist, wie besonders aus Quirogas Essays hervorgeht, nicht nur undurchdringlich, sondern auch unbefestigt; die Figuren auf der Leinwand oszillieren zwischen Leben und Tod, wie auch ihre Gegenwart sich an- und ausschalten lässt. Diese Eigenschaften werden bei Bioy vom Kino auf den neuen Medienverbund des Projektionsapparats übertragen, wodurch das Kino zwar von dieser Ambivalenz entlastet, aber zugleich auch seiner früheren magischen Bedeutung entkleidet wird.

In einem ganz mystischen Ton spricht noch *Das grüne Gesicht* (1916) von der unsterblichen Aufbewahrung des Geschehens als Lichtspiel, die es gestattet, vergangene Handlungen zu vergegenwärtigen:

Es mußte also – ein Gedanke von erschütternder Furchtbarkeit! – in der unendlichen Ausdehnung des Weltenraumes jedes Geschehen, das einmal geboren worden, ewig als Bild, aufbewahrt im Licht, bestehenbleiben. »So gibt es also – wenn auch außerhalb des Bereiches menschlicher Macht – eine Möglichkeit«, schloß er, »Vergangenes zurückzubringen?« (GG 63).

Diese Idee wird in *La invención de Morel*, etwa 25 Jahre später, von Morel technisch konkretisiert, welcher seine Erfindung mit den folgenden Worten erklärt: »Asimismo, no es imposible que toda ausencia sea, definitivamente, especial... En una parte o en otra estarán, sin duda, la imagen, el contacto, la voz, de los que ya no viven (nada se pierde...)« (IM 163). Aber die zitierte Passage bezieht sich nunmehr auf den neuen Medienverbund, und nicht auf das Kino: Anstatt als Form zu einer ästhetischen Unbestimmtheit beizutragen, wird dieses in seiner begrenzten Funktion als Medium unter Medien dargestellt.[10] Das Bewusstsein für die Medialität der Medien entspringt dabei einer zunehmenden Skepsis gegenüber den technisch bestimmten Formen. So schreibt Borges in den dreißiger Jahren, Grammophon und Kino seien

---

10 Zu dieser Dialektik des Medienbegriffs vgl. Lisa Block de Behar: *Dos medios entre dos medios. Sobre la representación y sus dualidades*, Buenos Aires: Siglo XXI 1990.

nur Bilder von Bildern, welche nicht zur Erfindung der Ewigkeit hinlangten.[11]

Die zwischen Leben und Tod unheimlich oszillierende Erscheinung der infiltrierten künstlichen Figuren, die Verlagerung der Bewegung über zeitliche und räumliche Distanzen hinweg, erscheinen bei Bioy Casares also als Charakteristika eines rätselhaften Projektionsapparats, der nur noch teilweise als kinematographischer zu verstehen ist. Während die unvertraute Erfindung zum Ausdruck einer unheimlichen Desorientierung wird, nimmt der Film als Form von Fiktion immer stärker die Funktion einer Reorientierung an. Zwischen diesen beiden Modellen der ästhetischen Grenze vermittelt ein weiteres Mal das Schreiben – innerhalb einer auf andere mediale Formen offenen Fiktion.

Der unheimliche Medienverbund

Wolfram Nitsch hat schon darauf hingewiesen, dass nicht das Kino, sondern der Phonograph im neuen Medienverbund die wichtigste Rolle spielt – ja, dass das Immersionspotential des Kinos sogar explizit in Frage gestellt wird.[12] Innerhalb der Erzählung wird dies mit der »Flachheit« der kinematographischen Bilder begründet, die zu sehr mit der Wirklichkeit kontrastiere. Die Inselutopie funktioniert natürlich nur, wenn die medial erzeugten Darstellungen nicht auf einen bestimmten Betrachterstandpunkt angewiesen sind – sich also auch nicht bis zu ihrer Projektionsquelle zurückverfolgen lassen. Solches ist laut Borges, wie wir in den vorhergehenden Abschnitten gesehen haben, für akustische und olfaktive Erzeugnisse der Fall – nicht aber für das Kino. Vielleicht ist dies auch der Grund, weshalb Bioy Casares explizit von »discos« als Speichermedium spricht und den phonographischen Charakter der Aufzeichnung betont. Nicht eine bestimmte Ansicht der Realität, sondern ihre gleichmäßig nach allen Richtungen

---

11 »No basta con el disco gramofónico de Berliner o con el perspicuo cinematógrafo, meras imágenes de imágenes, ídolos de otros ídolos. La eternidad es una más copiosa invención« (Borges: »Historia de la eternidad«, S. 36). Zum Thema Skepsis verweise ich auf die ausführliche Untersuchung von Susanne Zepp: *Jorge Luis Borges und die Skepsis*, Stuttgart: Steiner 2003.

12 Nitsch: »Die Insel der Reproduktionen«, S. 109.

ausstrahlende Erscheinung soll festgehalten und wiedergegeben werden: »Una persona o un animal o una cosa es ante mis aparatos, como la estación que emite el concierto que ustedes oyen a la radio« (IM 155-156). Die allgegenwärtige, nicht orientierte Projektion stellt natürlich ein ästhetisches Paradox dar. Das Verhältnis von Morels Erfindung zur Lebenswelt fällt dementsprechend ambivalent aus: Lässt sich einerseits eine Grenze zwischen beiden ziehen, aufgrund derer die künstlichen Menschen als funktionierende Fiktion erscheinen, so führt andererseits gerade das Projekt eines nicht orientierten Medienverbunds zu unheimlichen Überlagerungen.

Der Beitrag des Rezipienten zur Entstehung ästhetischer Formen wird schon im ersten Teil der Erzählung zum Thema.

Entre los ruidos, empecé a oír fragmentos de una melodía concisa, muy remota... Dejé de oírla y pensé que había sido como esas figuras que, según Leonardo, aparecen cuando miramos un rato las manchas de humedad (IM 110).

In der Melodie, in der aus Flecken entstehenden Figur, werden zentrale Beispiele einer Psychologie der Gestalt zitiert. Dass der Erzähler sodann die Funktion des Apparats durchschaut und die Simulacren als solche wahrnimmt, kann bis zu einem gewissen Punkt als Geschichte funktionierender Reorientierung interpretiert werden. Der Apparat, welcher der Vergangenheit eine dauerhafte Form verleiht, repräsentiert insofern den Wunsch nach Stabilität in einer Zeit der ökonomischen und kulturellen Krise.[13] Die neue Faszination für Tableaux vivants, die in Südamerika aufblühende Kultur der »szenischen« Schaufenster bilden in dieser Hinsicht den Ausgangspunkt des Infiltrationssujets:[14] Die weibliche Figur, in die er sich verliebt, erscheint ihm beim ersten Anblick als ein Inbegriff der Konsumkunst, »una de esas bohemias o españolas de los cuadros más detestables« (IM 105). Wie Palma sich vom Genrefilm distanziert, verweist der Erzähler hier auf die Genremalerei als klar durchschaubare Form von Fiktion. Die unbestimmte, nicht eindeutig orientierte Form von Morels Erfindung unterscheidet

---

13 Rivera: »Lo arquetípico en la narrativa argentina del 40«, S. 150-152.
14 Dies zeigt besonders mit Bezug auf Felisberto und die rioplatensische Avantgarde Nicolás Gropp: »Una poética de la mirada intrusa. Maniquíes y escaparates en la literatura de Felisberto Hernández«, *Fragmentos* (Florianópolis) 19 (2000), S. 47-65, hier S. 49-51.

sie jedoch von derart einfach funktionalisierbaren Formen wie dem Schaufenster oder dem Kitschgemälde.

Der Schiffbrüchige selbst greift zunächst auf die Form des Tableau vivant zurück, in der doppelten Absicht, Faustine darzustellen und mit ihr zu kommunizieren. Er gestaltet ein lebendiges Kunstwerk, einen kleinen Garten, in dem die Gestalt der Faustine zu erkennen sein sollte. Diese Figuration hängt, wie der Erzähler kommentiert, als Vexierbild von der Fähigkeit des Betrachters ab, die gewünschte Form zu erkennen: »Sería un desordenado conjunto de flores o una mujer, indistintamente« (IM 119). Damit situiert er sich erneut in einem kognitivistischen Diskurs: Eine Verlagerung des Orientierungszentrums gestattet es, im Bild das Medium (die Blumen) oder die Form (die aus Blumen gebildete Dame) zu erkennen. Eben dieses Modell funktionierender Reorientierung wird durch den komplexeren Projektionsapparat in Frage gestellt, der nicht mehr, wie das Schaufenster, auf eine bestimmte Perspektive hin, sondern ohne vorgegebenen Betrachterstandpunkt konstruiert ist.

Die funktionierende Reorientierung, wie sie ein Diskurs der Form anbietet, bleibt gerade gegenüber dem neuen Medienverbund in ständiger Spannung zu einer unheimlichen Desorientierung. An der glatten Oberfläche der Maschine gleitet die Aufmerksamkeit des Erzählers ab. Seine Handlungen erweisen sich auf unerklärliche Weise als wirkungslos: Die Verdoppelung der Wirklichkeit entzieht sich seiner Kontrolle.[15] Nachdem er in den geheimnisvollen Maschinenraum im Untergrund des Museums einbricht, sucht er vergeblich die von ihm hergestellte Öffnung, um wieder herauszukommen: »Al mirar la pared tuve la sensación de estar desorientado. Busqué el agujero que yo había hecho. No estaba« (IM 171). Das Konzept des »estar desorientado« wird also explizit verwendet, um den Kontrollverlust des Besuchers innerhalb der von ihm betretenen Fiktion auszudrücken. Die doppelte Sonne, welche, so heißt es, dem Leser die Orientierung erleichtern soll (IM 139), und das identisch reproduzierte Buch[16] verweisen ähnlich allegorisch auf das Motiv des unheimlichen Doppelgängers, welcher

---

15 »Había pensado que si veía las máquinas ponerse en funcionamiento quizá las comprendiera o, por lo menos, pudiera sacar una orientación para estudiarlas. Esta esperanza no se cumplió« (IM 171).

16 Zu dieser Überformung der technischen Reproduzierbarkeit vgl. Nitsch: »Die Insel der Reproduktionen«.

durch die Allmachtsphantasie Morels hervorgebracht und von dem nicht unähnlichen Begehren des Schiffbrüchigen aufrechterhalten wird.[17]

Das Gefühl der Desorientierung hängt wie in Freuds Aufsatz *Über das Unheimliche* mit der Wiederkehr des überwunden Gemeinten zusammen. Es handelt sich, wie später bei Felisberto, um ein spezifisch mediales Unheimliches, für das die Rationalisierungs-Angebote der Technik – und der Ökonomie – nicht ausreichen. Dass die Mauer sich zeitweise durchbrechen lässt und dann wieder schließt, findet auch innerhalb des Medienverbundes keine rationale Erklärung. Der Erzähler erwägt, wie Freud es beschreibt, nichts anderes als eine magische Lösung, und er hat Angst: »Me conmovía el pavor de estar en un sitio encantado y la revelación confusa de que lo mágico aparecía a los incrédulos como yo, intransmisible y mortal, para vengarse« (IM 173). Genau dieses Gefühl des Unheimlichen liest er aus dem Bericht Morels, in dem er einen primitiven Aberglauben zu entdecken meint: der Übergang der Seele aus der Person in das Bild, dem der Tod des betroffenen Menschen notwendig folgt.[18] Dieses Unheimliche wird an den Leser weitergegeben, indem der Erzähler den am eigenen Körper beobachteten Schwund und Krankheitsprozess beschreibt, nachdem er sich aufgenommen, also bewusst in das Bild versenkt hat. Dieser Zustand, das Oszillieren zwischen funktionierender Reorientierung und dysfunktionaler Desorientierung, wird im neuen, unvertrauten Medienverbund, in der Erfindung auf Dauer gestellt.

---

17 Die Affinität zwischen den beiden und die Nähe zu Freuds Bestimmung des »Unheimlichen« beobachtet auch Mesa Gancedo: *Extraños semejantes*, S. 301.

18 »Por casualidad recordé que el fundamento del horror de ser representados en imágenes, que algunos pueblos sienten, es la creencia de que al formarse la imagen de una persona el alma pasa a la imagen y la persona muere./Hallar escrúpulos en Morel, por haber fotografiado a sus amigos sin consentimientos, me divirtió; en efecto, creí descubrir, en la mente de un sabio contemporáneo, la supervivencia de aquel antiguo temor« (IM 178).

Gewiss wird nur ein Teil dieser Problematik auf der Ebene der Technik mit ihrer charakteristischen Undurchdringlichkeit[19] ausgetragen, wenn der Erzähler nach zeitlicher und räumlicher Orientierung in der rätselhaft verdoppelten Welt ringt – »con una brújula que no entiendo; sin orientación« (IM 98).[20] Vieles ist Teil einer Geschichte, welche sich selbst als Allegorie einer unheimlichen Immersion entschlüsselt. Die Bedeutung von Ebbe und Flut, welche nicht nur den Erzähler im ersten Teil zu ertränken drohen, sondern sich auch, im zweiten Teil, als Energiequelle des Gezeitenmotors herausstellen, welcher den Projektor antreibt, entspricht natürlich auch den verschiedenen Stadien der ›Versenkung‹ des Erzählers in Morels Fiktion. Schon auf der ersten Seite spricht er vom möglichen Tod durch Ertrinken als Ausgang der Geschichte; dann heißt es nicht selten, dass er im Trockenen einschläft und im Wasser erwacht: »No me extraña despertarme en el agua« (IM 93 und 97).[21] Die zeitliche Abfolge der Ereignisse wird in Wirklichkeit nur durch die wechselnden Gezeiten, welche die Maschine mit unregelmäßiger Energie versehen, mit unvorhersehbaren Ereignissen durchsetzt. Diese Flüssigkeits-Isotopie stellt, wie bei Felisberto, eine neue Veranschaulichung des Golem-Effekts dar, bei dem die Immersion des Schiffbrüchigen sich der Infiltration der künstlichen Menschen überlagert; das Element der Flüssigkeit wird zum Inbegriff der unvollständigen Rationalisierung, der unheimlichen Seite des Medienverbundes, der unter seinem funktionalen Aspekt wie ein kinematographischer Aufzeichnungs- und Projektionsapparat wirken könnte.

Das Schreiben zwischen Reorientierung und Desorientierung

Das Schreiben mit seinem System deiktischer Koordination des Subjekts steht selbst zwischen der Form funktionierender Reorientierung,

---

19 Hier beziehe ich mich auf Hans Blumenbergs Analyse der Technisierung, die ich schon in der Einführung referiert habe (Blumenberg: »Lebenswelt und Technisierung unter Aspekten der Phänomenologie«).

20 »¿Cómo orientarme?«, heißt es bei einem weiteren Fluchtversuch: Das offene Meer erweist sich als unüberwindliches Hindernis (IM 143).

21 Etwas später kehrt das Bild wieder: »amanezco en un mar impregnado por las aguas barrosas de los pantanos« (IM 108).

wie es die kinematographische Projektion darstellt, und dem unheimlichen, unkontrollierbaren Medienverbund, der auf den Sumpf gebaut und auf unvorhersehbare Gezeiten angewiesen ist. Am interessantesten ist in dieser Hinsicht sicherlich der erste Teil, in dem der Schiffbrüchige die Erscheinungen in ihrer schockierenden Plötzlichkeit registriert. Hier finden sich plötzliche Auftritte, ohne jegliche Einsicht in ihre mediale Form oder technische Ursache. Dass der Erzähler das muntere Treiben um ihn herum vom ersten Satz an als »milagro« ansieht, lässt die Verortung einer solchen Erscheinung in der Kapelle als geschicktes Ablenkungsmanöver erscheinen. »De pronto hubo dos personas, bruscamente presentes, como si no hubieran llegado, como si hubieran aparecido nada más que en mi vista o imaginación...« (IM 109). Der Erzähler thematisiert diese Unschlüssigkeit nicht nur, sondern führt sie in seinem Schreiben auch vor. Zwar geht Bioy Casares nie so weit, das »Ich« des Erzählers von seiner Stimme zu lösen, wie dies bei Meyrink geschieht, aber zumindest in der ersten, in der Zeitschrift *Sur* erschienenen Fassung der Geschichte spielt er mit der temporalen Deixis, um eine entsprechende Verwirrung anzudeuten. »Y de pronto *hay* dos personas« (Hervorhebung von mir), heißt es da in einem dramatischen Präsens, das stark an entsprechende Verfahren bei Quiroga erinnert (IM 109, Anm. 102).

Mit der theatralischen Simulation des Schiffbrüchigen, der sich selbst in die künstliche Welt drängt und mit Hilfe des Apparats aufzeichnet, entsteht ein Paralleluniversum, das sich in der Existenz zweier Serien von Aufzeichnungen äußert. Konsequenterweise zerstört der Erzähler die Platten der ersten Aufnahme, um seine Version als die einzige darzustellen. Im Medium der Schrift jedoch, in seinem Tagebuch, bleibt die alte Fassung der Ereignisse erhalten, und damit ein Mittel der Reorientierung. Gerade die Form des Tagebuchs verleiht der Subjektivität ein Zentrum – sehr im Gegensatz zu den von der Maschine ausgehenden Projektionen, die auch in ihrer Aufzeichnungsform auf eine unendliche Anzahl von Sendern verweisen und eine unsichere, von den Gezeiten beeinflusste Chronologie befolgen. In dem gleichen Maße wie die aperspektivische Darstellung von Morels Apparat die Form der Fiktion verdeckt, und somit einen eventuellen Besucher zu desorientieren versucht, legt Schrift als »Kontermedium« nicht nur die Form des Projektionsapparats bloß, sondern auch die Differenz zwischen den beiden darin vermittelten Geschichten.[22]

Diese Ambivalenz charakterisiert das Medium Schrift schon in den verschiedenen Inszenierungen des Erzählers, die auf verhältnismäßig primitive Weise mit der Maschine Morels konkurrieren. So sein bereits besprochenes, schaufensterartiges Naturkunstwerk, welches mit Hilfe der Deixis als einmalige Botschaft hergerichtet wird:

> Una inmensa mujer sentada, mirando el poniente, con las manos unidas sobre una rodilla; un hombre exiguo, hecho de hojas, arrodillado frente a la mujer (debajo de este personaje pondré la palabra »YO« entre paréntesis) (IM 118).

Wenn der Garten insgesamt eine Textallegorie darstellt,[23] dann ist das »YO« der Anteil des Zeigefelds daran. Das Personalpronomen, das ins Vexierbild eingefügt wird, schafft eine Unschlüssigkeit zwischen Zeigefeld und Symbolfeld, welche auf die dysfunktionalen Aspekte des neuen Medienverbunds vorbereitet. Kann das »Ich« in ein Bild versenkt werden, ohne seinen deiktischen Wert zu verlieren? Dieses Problem, das das künstlerische Selbstporträt praktisch aufwirft,[24] wird im Folgenden mit den Möglichkeiten und Risiken der neuen Projektionstechnik gelöst: »Iba a decir que ahí se manifestaban los peligros de la creación, la dificultad de llevar diversas conciencias, equilibradamente, simultáneamente« (IM 121-122). Das Bild mit Bildunterschrift wirkt wie ein Andenken an die Zwischentitel des Stummfilms, wie eine unvollkommene Vorstufe von Morels Erfindung. Es stellt kein Simulacrum dar, sondern ist Zeichen einer Abwesenheit: Es setzt sich

---

22 Nitsch: »Die Insel der Reproduktionen«, S. 113-117. Der Ausdruck des Kontermediums stammt dabei von Andreas Mahler: »›The use of things is all‹. Frühneuzeitlicher Mediengebrauch und ästhetische. Anthropologie in Ben Jonsons ›The staple of news‹«, in: Wolfram Nitsch/Bernhard Teuber (Hg.): *Vom Flugblatt zum Feuilleton. Mediengebrauch und ästhetische Anthropologie in historischer Perspektive*, Tübingen: Narr 2002, S. 147-165.
23 Mesa Gancedo: *Extraños semejantes*, S. 321.
24 Nicht zufällig wählt Bioy hier eine manieristische Darstellung, verbunden mit einem barocken Sonett: Er trifft damit die Epoche, in welcher diese Problematik des Selbstporträts innerhalb der Malerei am intensivsten verhandelt wird (vgl. Stoichita: *L'Instauration du tableau*, S. 283f.).

nicht an die Stelle des Repräsentierten, sondern beklagt dessen Mangel.[25]

Die Simulacren Morels hingegen lösen das Problem des verdoppelten Subjekts auf einfache und grausame Art. Die Schöpfung eines alternativen Ich in der Welt der lebenden Bilder geht auf Kosten des durch seine Sinneswahrnehmung bestimmten Subjekts. Die Erkrankung des von der Maschine aufgenommenen Mannes erinnert an Quirogas und Palmas Opfer: Die Sicht verschlechtert sich, er verliert seine Haare und Fingernägel, die Haut löst sich und er wird so schmerzunempfindlich wie das gefolterte Versuchsobjekt von *El hombre artificial* (IM 184). Der Höhepunkt der unheimlichen Desorientierung ist das Verschwinden des Subjekts als Koordinationszentrum, seine vollständige Verwandlung ins repräsentierte Objekt. Wenn bis zu einem bestimmten Punkt der Projektionsapparat ein Teil des Erzählerdiskurses ist, so Tamargo, wird der Erzähler selbst schließlich zu einem Teil der Projektion des Apparats.[26]

Zusammenfassend lässt sich sagen: Auf der Ebene der Geschichte und in der Form des Tagebuchs, welche im »Ich« eines regelmäßig schreibenden Subjekts ein kontinuierliches Koordinationszentrum hat, dient das Schreiben einer Reorientierung und bildet (für Morel wie für den Erzähler) so etwas wie einen »doppelten Boden« der perfekten Immersion und Infiltration. Dennoch entsteht auf Ebene des Diskurses zugleich eine Unsicherheit über die Verankerung des Subjekts in der Schrift. So oszilliert das Schreiben in *La invención de Morel* zwischen Reorientierung und Desorientierung, deren Gegensatz durch denjenigen zwischen der vertrauten Ästhetik des Kinos und den unheimlichen Möglichkeiten des neuen Medienverbunds verkörpert wird. Diese Desambiguierung des Kinos verbindet Bioy mit Felisberto, bei dem die unheimliche Seite der Immersion in die Form der Tableaux vivants und einer vollständig vom Modell der Projektion abgelösten Flüssigkeits-Isotopie gebracht wird. Auch bei Felisberto kann die mediale Unschlüssigkeit nicht mehr alleine auf der formalen Herausforderung des Kinos und auf einer konzeptionellen Überbestimmtheit beruhen; anders als Bioy sucht er eine Lösung nicht in der Erfindung eines neu-

---

25 So, mit Bezug auf den Simulacrum-Begriff Baudrillards, Mesa Gancedo: *Extraños semejantes*, S. 295.

26 Maribel Tamargo: »›La invención de Morel‹: lecturas y lectores«, *Revista Iberoamericana* 96-97 (1976), S. 485-495, hier S. 488.

en Apparats, der Ambivalenzen produziert, sondern in einer unheimlichen, weil apparatlosen und somit konzeptionell unterbestimmten Medialität.

EL ACOMODADOR UND *LAS HORTENSIAS*: DIE ILLEGITIME TRANSGRESSION

Ästhetische Grenzen und soziale Grenzen

Felisberto Hernández nimmt unter den hier betrachteten Autoren eine Sonderstellung ein: Bei ihm lässt sich, wie später bei Julio Cortázar, eine bevorzugte Auseinandersetzung mit dem Diskurs der Psychoanalyse, also mit einem der Diskurse über Orientierung, nachweisen. Und dies prägt auch seine erste Rezeption: Der franko-uruguayische Surrealist Jules Supervielle führt seine Texte in die Kreise der Pariser Avantgarde ein, übersetzt und veröffentlicht zwei Erzählungen in französischen Zeitschriften, *El balcón* und *El acomodador*.[27] Gleichzeitig organisiert Roger Caillois, der nach Buenos Aires emigrierte Soziologe und Freund Supervielles, eine Sammlung von Felisbertos Erzählungen, die unter dem Titel *Nadie encendía las lámparas* 1947 bei dem angesehenen Verlag Sudamericana erscheinen und bis heute den bekannteren Teil seines Werks bilden.[28]

Felisbertos Erzählungen stellen, wie Giraldi Dei Cas zusammenfasst, durch die Rezeption der Psychoanalyse eine besondere Herausforderung an die Theorie der Phantastik dar, welche verschiedene Interpreten sehr unterschiedlich lösen.[29] Einigkeit besteht jedenfalls darüber, dass die Kategorien Todorovs ausschließen, dass es sich hier um phantastische Erzählungen im herkömmlichen Sinne handelt.[30] Durch

---

27 *El balcón* erscheint in der Zeitschrift *La licorne*, *El acomodor* in *Points* (Norah Giraldi Dei Cas: *Felisberto Hernández. Del creador al hombre*, Montevideo: Ediciones de la Banda Oriental 1975, S. 73).

28 Ebd., S. 70.

29 Norah Giraldi Dei Cas: »La fundación mítica y la identificación con el padre: Felisberto Hernández y *El caballo perdido*«, *América* (Cahiers du CRICCAL) 3 (1999), S. 281-297, hier S. 281.

30 Sehr deutlich formuliert dies Maryse Renaud: »›El acomodador‹ texto fantástico«, in: Alain Sicard (Hg.): *Felisberto Hernández ante la crítica actual*, Caracas: Monte Avila 1977, S. 257-277, hier S. 265-266. Das

seine kühne Metaphorik durchkreuzt der Erzähler die Zuverlässigkeit seiner Kommentare, eine der Grundbedingungen für die Poetik der »littérature fantastique«. Ein Beispiel ist in *El balcón* die Schilderung seines Verhaltens nach einem ausgedehnten Mahl: »Él –mi cuerpo– había atraído hacia sí todas aquellas comidas y todo aquel alcohol como un animal tragando a otros; y ahora tendría que luchar con ellos toda la noche. Lo desnudé completamente y lo hice pasear descalzo por la habitación«.[31] Für Phantastik im Sinn von Todorov ist ein derart metaphorischer Stil nicht nur irrelevant, sondern sogar störend. Denn metaphorische Äußerungen lösen den Effekt der Phantastik in poetische Lizenz, dichterische Freiheit, auf. Das Gefühl, sich in ein Tier verwandelt zu haben, ist nur so lange phantastisch, wie es nicht als ein rhetorischer Effekt uneigentlicher Rede dargestellt wird. Vorrangig scheint in dieser Erzählung die Metaphorik, nicht das phantastische Sujet, zu dem sie gelegentlich führt.[32]

In der Metaphorik äußert sich auch ein entfesseltes Imaginäres, das direkt auf den Horizont der Psychoanalyse zu verweisen scheint. Ein großer Teil der Sekundärliteratur zu Felisbertos Erzählungen deutet sie daher psychoanalytisch, als inszenierte Traumerzählungen. Der Titel von Jaime Alazraki, »Contar como se sueña«, ist dafür beispielhaft.[33]

Hauptargument ist für Renaud die Selbstverständlichkeit, mit der die merkwürdigen Ereignisse von den Figuren angenommen werden. Auch Rosario Ferré: *El acomodador. Una lectura fantástica de Felisberto Hernández*, México: Fondo de Cultura Económica 1986, S. 64, unterstreicht diese Gleichgültigkeit mit dem Hinweis, dass der Protagonist die Hypothese der Frau letztendlich akzeptiert. Beide Kommentare argumentieren anders: Für Renaud gibt es keine phantastische »Unschlüssigkeit« im Sinn von Todorov. Für Ferré sind hingegen beides Ausnahmen, weil sie wirkliche, und nicht nur metaphorische Metamorphosen erzählen (ebd., S. 61).

31 Felisberto Hernández: *Obras completas*, 3 Bde., hg. v. María Luisa Puga, México: Siglo XXI, Bd. 2, im Folgenden abgekürzt OC2, S. 68. Diese Stelle scheint mir auch deswegen einen längeren Kommentar wert, weil ein ähnlicher Vergleich mit wilden Tieren in anderem Kontext wiederkehrt: »El agua del mar [...] se tragaba la lluvia con la naturalidad con la que un animal se traga a otro.« (*La casa inundada*, OC 2 257).

32 Am deutlichsten Ferré: *El acomodador*, S. 60-68.

33 Jaime Alazraki: »Contar como se sueña: para una poética de Felisberto Hernández«, *Rio de la Plata: Culturas* 1 (1985), S. 21-43.

Gerade auf jene kühnen Metaphern, die für Todorov irrelevant sind, kommt es bei dieser Deutung an, weil sich in ihnen das nicht eigentlich Sagbare, also ins Unterbewusste Verdrängte äußert. Die oben zitierte Stelle wird bei Nicolás Bratosevich etwa als Indiz einer Abspaltung des Körpers vom Subjekt gedeutet, welche in gewissem Sinne die psychotische Haltung des Erzählers als Spiegel der Psychosen der mit dem Balkon verlobten und selbst auch literarisch tätigen jungen Frau erscheinen lässt.[34] Die psychoanalytische Perspektive unterstreicht tatsächlich einen Berührungspunkt zwischen *El balcón* und *El acomodador*: Beide inszenieren ein Gefühl des Unheimlichen, so wie es Freud im gleichnamigen Aufsatz über *Das Unheimliche* beschreibt.[35] Dieses Gefühl entsteht laut Freud, kurz gesagt, in einem Zustand unvollständig verarbeiteten magischen Denkens, aus dem Zusammenstoß von magischen Allmachtsphantasien mit der Erfahrung von realer Begrenztheit.[36]

Ein Aufbegehren des narzisstischen Ich inszeniert z.B. *El balcón* in den gewagten Metaphern und Vergleichen seines Erzählers, der seine

---

34 Nicolás Bratosevich: »La problemática del inconsciente en Felisberto Hernández«, in: N.B.: *Métodos de análisis literario aplicados a textos hispánicos*, Buenos Aires: Hachette 1985, S. 175-194.

35 Roberto Echevarren: *El espacio de la verdad. Práctica del texto de Felisberto Hernández*, Buenos Aires: Sudamericana 1981, S. 24-26, betont, dass die Erschütterung und Überraschung, die aus dem Zusammenbruch von Darstellungskonventionen und Kodes entstehen, einen Zusammenhang zwischen diesem Freudschen Unheimlichen und dem Witz bei Hernández erkennen lassen. Jorge Panesi: *Felisberto Hernández*, Rosario: Beatriz Viterbo 1993, S. 14-15, nutzt ebenfalls ausdrücklich das Freudsche Konzept *Das Unheimliche*, erweitert es aber um eine ökonomische Dimension, auf die ich noch zurückkomme. Und Prieto formuliert umsichtig und präzise, dass es eine Analogie zwischen der Vermischung von »normal« und »extraño« bei Felisberto und dem Diskurs des Unheimlichen bei Freud gebe (Julio Prieto: *Desencuadernados: vanguardias excéntricas en el Río de la Plata. Macedonio Fernández y Felisberto Hernández*, Rosario: Beatriz Viterbo 2002, S. 182).

36 Zur Freudschen »Allmacht des Gedankens« in *El acomodador* vgl. Jorge Panesi: »Felisberto Hernández, un artista del hambre«, in: J.P.: *Crítica*, Buenos Aires: Norma 2000, S. 183-220, hier S. 192.

Erzählung mit der bereits zitierten Behauptung beginnt, das Haus, wo er lebt, könne seine Schreie ersticken:

> Una de las casas abandonadas era muy antigua; en ella habían instalado un hotel y apenas empezaba el verano la casa se ponía triste, iba perdiendo sus mejores familias y quedaba habitada nada más que por los sirvientes. Si yo me hubiera escondido detrás de ella y soltado un grito, éste enseguida se hubiese apagado en el musgo (OC2 59).

Eine derartige Behauptung bildet ein interessantes Echo zur ebenso unheimlichen Vorstellung der jungen Frau, der Balkon ihres Hauses hätte sich nur ihretwegen, aus Eifersucht, zu Tode gestürzt. Die psychoanalytische Aufwertung von Metaphern bringt den Berührungspunkt zum Vorschein, der den Erzähler mit der jungen Frau von *El balcón* verbindet, und die vermeintliche Überlegenheit des ersteren aufhebt – ist doch auch die Dame literarisch tätig. Außerdem lässt sie die Gemeinsamkeiten zwischen diesem Erzähler und der Hauptfigur von *El acomodador* erkennen. Dieser erlebt das potenzierte Licht seiner Augen als eine Form von magischer Allmacht, welche ihm Gegenstände und sogar Menschen ausliefert. Auch hier ruft ein traumatisches Ereignis in Erinnerung, dass solche Allmacht nur im Phantasma möglich ist: Der Platzanweiser dringt mit seinem Blick unter die Haut der begehrten Frau vor und entdeckt statt des Objekts seines Begehrens – ein Gerippe.

Es kann natürlich nicht darum gehen, die überraschenden und verunsichernden Erzählungen in realistische, die Wirklichkeit des Seelenlebens abbildende Geschichten zu übersetzen.[37] Der Autor spielt schon in seiner Korrespondenz mit diesem Diskurs, indem er »Ego«

---

37 Alberto Giordano: *La experiencia narrativa: Juan José Saer. Felisberto Hernández. Manuel Puig*, Rosario: Beatriz Viterbo 1992, S. 53-55. Explizit bezieht sich Giordano auf die Lektüre Echevarrens in *El espacio de la verdad*, der zwar anfänglich den Effekt des Unheimlichen, Überraschenden bei Felisberto hervorhebt, dann aber mit Hilfe psychoanalytischer Konzepte die aufgeworfenen Fragen alle beantworten kann. Der Vorbehalt gegen die psychoanalytische Übersetzung phantastischer Unschlüssigkeit in klar benennbare Psychodynamik ist bei Todorov vorgeprägt (Todorov: *Introduction à la littérature fantastique*, S. 37-38 und S. 69).

oder »yo y el inconsciente« unterzeichnet.[38] Die Vertrautheit mit populären Karikaturen der Psychoanalyse mündet in der Erzählung über eine Stadt, wo alle sich psychoanalytisch betätigen, nach dem Schema »Tú sueñas con tal cosa y eso significa tal otra«, und Texte, welche die Praxis der Psychoanalyse geradezu parodieren.[39] Interessant wird der Diskurs der unheimlichen Desorientierung erst, wenn man ihn von den beiden festen Strukturen der Orientierung abhebt, welche Felisbertos Weltbild prägen: Unüberwindliche sozio-ökonomische Grenzen, welche sich in ebenso unüberwindlichen ästhetischen Grenzen fortsetzen. Es ist also konsequent, dass Jorge Panesi den ökonomischen Aspekt des Unheimlichen, ein »inquietante económico«, hervorhebt: Die Situation der Hauptfiguren wirkt vor allem deshalb bedrohlich, weil sie selbst mittellos, ohne materiellen Schutz sind.[40] Diese Lesart möchte ich mit Blick auf die ähnlich strukturierten ästhetischen Grenzen fortsetzen.

Felisberto Hernández' Erzählungen lassen sich erst vor dem Hintergrund einer spezifischen sozialen Realität verstehen. Diese Realität bildet einen charakteristischen Sujetraum, der alle Erzählungen von *Nadie encendía las lámparas* verknüpft. Von einigen Ausnahmen abgesehen, konturiert sich sogar eine identische Erzählerfigur über verschiedene Texte hinweg: Eine marginale Gestalt, die sich an Felisbertos eigene Biographie anlehnen lässt – als erfolgloser und schriftstellernder Pianist aber auch für eine gesellschaftliche und ökonomische

---

38 Giraldi Dei Cas: *Felisberto Hernández*, S. 114 und 117.
39 Prieto: *Desencuadernados*, S. 306-307. Prieto weist auf die Veröffentlichung von zehn Bänden *Freud al alcance de todos* zwischen 1935 und 1940 hin, die Traumdeutung und Psychoanalyse in Buenos Aires bekannt macht. Auf den Text *Buenos días [Viaje a Farmi]* (Hernández: *Obras completas*, 3 Bde., hg. v. María Luisa Puga, México: Siglo XXI, Bd. 3, im Folgenden abgekürzt OC3, S. 217) weisen im gleichen Sinne sowohl Panesi: *Felisberto Hernández*, S. 63 als auch Prieto: *Desencuadernados*, S. 306-307, hin. Panesi: »Felisberto Hernández, un artista del hambre«, S. 202, sieht in *La casa inundada* deutliche Elemente einer Parodie psychoanalytischer Praxis.
40 Panesi: *Felisberto Hernández*, S. 14-15 und 44, sowie Panesi: »Felisberto Hernández, un artista del hambre«, S. 213.

Realität steht.⁴¹ Der missachtete Musiker aus *Mi primer concierto* beklagt, dass »en este país un pianista de concierto tenga que ir a tocar a un café« (OC2 128). An den Rand der Gesellschaft gedrängt, betrachtet dieser Erzähler die Welt des Bürgertums mit ihren Ritualen, als wäre sie ein seltsamer Traum. Was für eine bürgerliche Rationalität kausale Begründungen hat, erscheint aus seiner Sicht unverbunden. Insbesondere das bourgeoise Haus und Interieur mit seinen zur Schau gestellten Einrichtungs-Gegenständen und Kulturobjekten erscheint aus einer sozial begründeten Außensicht; die unüberwindliche soziale Grenze übernimmt die Charakteristika einer ästhetischen Grenze.⁴² Ein interessanter Kommentar dazu findet sich in *El comedor oscuro*, derjenigen Erzählung, welche am ehesten als eine Art Gesellschaftsporträt gelesen werden kann. Die Geschichte beginnt mit einem Besuch des Erzählers, eines freiberuflichen und marginalen Konzert-Pianisten, bei der »Asociación de Pianistas«, die ihm schon öfter erniedrigende Auftritte – unter anderem in Tanzkapellen, »orquestas de música popular« – vermittelt hat (OC2 132). Diesmal hat der Vorsitzende dieser Gesellschaft ein Angebot für ein »trabajito«, das er selbst an der Grenze der Zumutbarkeit situiert: Er soll einer reichen Witwe zweimal wöchentlich für einen Hungerlohn vorspielen. Den Erzähler begeistert dieses Angebot jedoch, das er folgendermaßen kommentiert:

Él creía que a mi me deprimiría lo de ir a trabajar por tan poco; y dijo todo medio en broma y en tono de querer convencerme, porque había poco trabajo y era conveniente que yo me prendiera de lo primero que encontrara.
De buena gana yo le hubiera confiado lo contento que estaba con aquel ofrecimiento; pero a mí me hubiera sido muy difícil explicar, y a él comprender; por qué yo necesitaba entrar en casas desconocidas (OC2 132-133).

Die Frage, weshalb der Erzähler in fremde Häuser eindringen muss, bleibt auch im übrigen Text ungeklärt. Gewiss lässt es sich auch mit der Freudschen Analyse des Unheimlichen – des allzu heimischen fremden Hauses in Zusammenhang bringen. Die private Obsession des Helden mit Interieurs und Gegenständen geht über seine soziale Neu-

---

41 So bereits Jaime Concha: »Los empleados del cielo: En torno a Felisberto Hernández«, in: Alain Sicard (Hg.): *Felisberto Hernández ante la crítica actual*, Caracas: Monte Avila 1977, S. 61-83.
42 Panesi: *Felisberto Hernández*, S. 12-13.

gier hinaus. Diese Struktur lässt sich auch in *El balcón* beobachten: Der Erzähler spielt auch hier in einem fremden Haus vor, ohne dass deutlich wird, was ihn dazu veranlasst, sich so tief in das merkwürdig enge Verhältnis zu seinem Publikum zu bringen und sogar im Gästezimmer zu übernachten. Ist es die fetischistische Faszination für Objekte? Ist es der konkrete Hunger, welcher den Künstler in ein Abhängigkeitsverhältnis zu seinen Arbeitsgebern bringt? Explizit wird das gemeinsame Gelage mit dem Vater der Frau als einer der Gründe angesprochen, weshalb er sich überhaupt für ihre Hirngespinste interessiert. Soziale und erotische Transgression erscheinen als Überschreitung einer ästhetischen Grenze; die gesellschaftlich subversive Tendenz verbindet Felisberto dabei mit Palma, die mediale Unschlüssigkeit mit Bioy Casares. Die Sujets von ästhetischer Immersion und Infiltration, welche neben den Erzählungen von *Nadie encendía las lámparas* auch die beiden längeren Novellen *Las hortensias* (1949) und *La casa inundada* (1960) prägen, sollen im Folgenden näher betrachtet werden. Besonders in *El acomodador*, von dem schon die Rede war, wird die kontrollierte Immersion wieder, wie bei Bioy, mit der Form kinematographischer Projektion in Verbindung gebracht.

Der Aufstieg einer Flüssigkeitsisotopie

Lisa Block de Behar hat mit ihrer von Christian Metz inspirierten Deutung von Felisbertos Werken bereits auf die besondere Form von Versenkung in den Film bei dem uruguayischen Erzähler hingewiesen.[43] Sogar das Problem der Orientierung im Raum des Lichtspieltheaters erscheint in diesem Zusammenhang in einer Erzählung, *El caballo perdido*:

El alma se acomoda para recordar como se acomoda el cuerpo en la banqueta de un cine. No puedo pensar si la proyección es nítida, si estoy sentado muy atrás, quiénes son mis vecinos, o si alguien me observa. No sé si yo mismo soy el operador; ni siquiera sé si yo vine o alguien me preparó y me trajo para el momento del recuerdo (OC2 32).

---

43 Lisa Block de Behar: »A 100 años del nacimiento de Felisberto Hernández: recuerdos de cine y variaciones sobre notas al pie«, *Querencia* 5 (Diciembre de 2002), <http://www.liccom.edu.uy/docencia/lisa/articulos/cien.htm>.

Das Kino dient als Vergleich, um die Erinnerung zu veranschaulichen, welche sich der Kontrolle des Bewusstseins entzieht. Der Erinnernde wird von einer fremden Macht bewegt und wirkt insgesamt desorientiert. An mehreren Stellen wird das Kino bei Felisberto derart zur Allegorie des Bewusstseins stilisiert. Dabei steht es in einer charakteristischen Ambivalenz von Desorientierung und Reorientierung. Das Kino kann also auch als Modell einer funktionierenden ästhetischen Grenze herangezogen werden. Die funktionale Bindung bestimmter kinematographischer Formen findet sich schon an einer Stelle aus einem frühen Text, *Juan Méndez o Almacén de ideas o Diario de pocos días* (1929/1939), den Prieto ausführlich kommentiert:

> No, no pensaré despacio. Me detendré a prever cuando me levante con la maquinita cinematográfica y vea la cinta pasada con »ralentisseur«; entonces los pensamientos marcharán tan lentos como las patas de los caballos cuando van a dar un salto. Eso fue lo que hice antes, pasé la vida como vista con »ralentisseur«. Ahora ya ando lento y me parece que todo anda ligero, y después mis pensamientos, volverán a pasar a todo lo que da, y me reiré de ellos y otro día pasarán lentos y otro día ligero, y crearé el poema de lo absurdo y asombraré, que es lo que quieren los espíritus vertiginosos.[44]

Interessant scheint mir an dieser Passage nicht nur, dass der Filmapparat als Allegorie des Bewusstseins eingesetzt wird, sondern auch, dass die Form des Mediums sich zum Nachteil der im Medium vermittelten Formen in den Vordergrund drängt. Durch die Verzögerung oder Beschleunigung der Projektion wird die ästhetische Grenze des Kinos sichtbar gemacht. Wie der »ralentisseur«, die Zeitlupe, im Kino die Folge der Bilder verlangsamt und die Illusion durchbricht, so wird das Medium zum Äquivalent eines rhetorischen Dispositivs, dem Wechsel von Rhythmus, welches Reflexion und Distanz gestattet.[45] Die Unschlüssigkeit, die sich in diesen Passagen als expliziter Vergleich äußert, gewinnt ihre volle Tragweite aber erst, indem die ästhetische Grenze vom technischen Medium abgelöst wird und das Verhältnis des Menschen zu den Dingen zu regeln beginnt. Dies möchte ich vor

---

44 Hernández: *Obras completas*, 3 Bde., hg. v. María Luisa Puga, México: Siglo XXI, Bd. 1, S. 107.
45 Prieto: *Desencuadernados*, S. 291.

allem an zwei längeren Erzählungen zeigen, *Las Hortensias* und *El acomodador*.

In *Las Hortensias* wird noch einmal die Umbesetzung des Pygmalion-Mythos im Zeitalter technischer Reproduzierbarkeit erzählt. Die Hauptfigur mit ihrer Leidenschaft für Puppen erscheint zwar in gewisser Weise als ein neuer Pygmalion, als einer jener Bildhauer »que se han enamorado de sus estatuas« (OC2 201). An die Stelle der einzigen Statue sind jetzt aber zahlreiche technisch reproduzierbare und bewegliche Maschinen getreten, die nicht er selbst, sondern ein Erfinder namens Facundo herstellt. Die Handlung rollt sich außerdem vor dem Hintergrund einer schwarzen Fabrik ab, deren ständiger Lärm das Medium Kino, den lauten Projektionsapparat in Erinnerung ruft.[46] Auch das von Horacio inszenierte Schauspiel, das große Ähnlichkeit mit den Tableaux vivants der Schaufensterkultur hat,[47] nimmt Merkmale des Stummfilms auf, welche nun vor allem die Inszenierung betreffen, also den Rahmen einer funktionierenden Reorientierung bilden: Die Klavierbegleitung, das Drehbuch (»guión«) und die Zwischentitel (»leyendas«) der lebenden Bilder führen das Kino als Modell der Immersion in die Tableaux vivants ein. Dagegen steht nun die Interaktion der beiden Hauptfiguren Horacio und María mit den Puppen, welche in eine doppelte Entgleisung – zwischen sujethafter Immersion und Infiltration – mündet: Da Horacio sich zunehmend selbst in die Liebe zu Hortensia und in die Welt der Puppen verliert, nimmt María die Rolle einer Puppe ein, um ihn mit einem heilsamen Schrecken wieder zu sich zu bringen. Das Ergebnis ist jedoch, dass er ganz dem Wahnsinn verfällt und sich verwirrt auf den Weg in die Fabrik macht. Horacio verwandelt sich zunehmend selbst in einen Automaten, so wie aus seinem Fokus María immer mehr als Skulptur erscheint.[48]

Der Golem-Effekt, die unheimliche Verirrung der Hauptfiguren, verdankt sich nun nicht mehr den Projektionen des Kinos, sondern

---

46 Jean L. Andreu: »›Las hortensias‹ o los equivocos de la ficción«, in: Alain Sicard (Hg.): *Felisberto Hernández ante la crítica actual*, Caracas: Monte Avila 1977, S. 9-31, hier S. 30-31.

47 Diesen kulturgeschichtlichen Aspekt vertiefen Gropp: »Una poética de la mirada intrusa«, sowie Mesa Gancedo: *Extraños semejantes*, S. 91-94.

48 Diese wechselseitige Bekräftigung der Infiltration hat Daniel Mesa ausführlich dargestellt (ebd., S. 148-149).

dem Wirken einer warmen, in die Puppen eingeführten Flüssigkeit, die im Zusammenhang einer Flüssigkeits-Isotopie steht. Wie auch im Fall von *La invención de Morel* stellt das Kino also nur noch den funktionalen Aspekt der ästhetischen Grenze dar, während die dysfunktionale Seite, welche zum Selbstverlust der Hauptfigur in der Welt der Simulacren führt, auf die Wirkung einer undurchschaubaren, mit keinem erkennbaren Apparat verknüpften medialen Form – der flüssigen Beweglichkeit und Wärme der Puppen – zurückzuführen ist. Diese Tendenz ist besonders ausgeprägt in *El acomodador*. Während das Kino zusammen mit dem Theater darin die Stelle technisch kontrollierbarer Reorientierung einnimmt, erscheint die Form der Projektion als eine unheimliche Gewalt, welche dem Erzähler partiell übertragen wird, ohne dass dieser die vollständige Kontrolle darüber erhielte.

Der Protagonist und Erzähler von Felisberto Hernández' Erzählung *El acomodador* ist Platzanweiser im Theater. Diese Tätigkeit am Rand der Gesellschaft hat nicht nur eine soziale, auf die Wirtschaftskrise und Massenarbeitslosigkeit der dreißiger Jahre bezogene Bedeutung – die Figur strebt nicht nur dahin, die soziale Schranke zu überwinden, sondern vor allem die damit verbundene ästhetische Grenze. Das eine gelingt ihm durch einen Wohltäter, der ihn zusammen mit anderen Armen zu einer regelmäßigen Speisung in sein Haus einlädt. Das andere durch ein seltsames Licht, das im Dunkeln von seinen Augen ausgeht und ihm gestattet, die so gesehenen Gegenstände zu kontrollieren; selbstverständlich steht das auch Theater für eine konventionell vertraute und abgesicherte ästhetische Grenze. Innerhalb des Theaters bleibt die Beleuchtung ein Mittel, um die Form der Fiktion abzusichern. Außerhalb des Theaters zeichnet sich ein Mangel an derartiger Orientierung ab.[49] Die ästhetische Grenze des Theaters, der Unterschied zwischen Zuschauerraum und Bühne, wird, so der Beginn der Erzählung, durch einen Effekt der Beleuchtung hergestellt. Sie bildet sich »en el instante de encenderse el escenario y quedar en penumbra la platea« (OC2 76). Der Erzähler selbst hingegen, der den anderen zu

---

49 Den Zusammenhang des Hell-Dunkel-Kontrasts mit einer theatralisch abgesicherten Form der Fiktion signalisiert bereits Renaud: »›El acomodador‹ texto fantástico«, S. 271-272. Prieto unterstreicht die Bedeutung einer »poética de la penumbra« für die Verschleifung klarer Differenzen, und insbesondere der Grenze von Fiktion und Realität bei Felisberto (*Desencuadernados*, S. 287).

ihren festen Plätzen verhilft, ist der Vertreter einer alternativen Form, die sich im Licht seiner Augen äußert. Dieses eigene Licht hilft ihm, die ästhetische Grenze zu überschreiten und sich die gesehenen Dinge anzueignen.

Die Türspalten – seien es die »puertas entreabiertas« seiner Nachbarn, das weiße Portal, durch welches sein Wohltäter im Frack erscheint, die halb offene Türe des Vestibüls, welches den Erzähler anlockt, oder die Türe, durch welche die seltsame Frau eintritt – bezeichnen also nicht nur die soziale Randsituation des Platzanweisers, sondern auch eine ästhetische Beschränkung. Beides jedoch kann er aufgrund der seltsamen Gabe überwinden, welche ihm auch die Sphäre des bürgerlichen Interieurs eröffnet, das er sich in Gestalt von Nippesgegenständen ästhetisch aneignet: »De día había llenado la pared de clavos; y en la noche colgaba objetos de vidrio o porcelana: eran los que se veían mejor« (OC2 79). Das eigentümliche Licht der Augen verstärkt sich in der Nähe von attraktiven Objekten dieser Art, wie denjenigen, die sich in der Vitrine seines Wohltäters befinden. Die Aneignung dieser Dinge geschieht von einer Position aus, die sich als autonome ästhetische Erfahrung charakterisiert: »Yo podía mirar una cosa y hacerla mía teniéndola en mi luz un buen rato, pero era necesario estar despreocupado y saber que tenía derecho de mirarla« (OC2 83). Diese Umgang mit der bourgeoisen Kultur kehrt die Funktion des legitimen Genusses aber geradezu um: Das Ziel ist eine Überschreitung der ästhetischen Grenze. Legitime Kultur wird durch die marginale Gestalt auf illegitime, verkehrte Weise angeeignet. Dies beginnt mit der verkehrten Lage im Bett, mit dem Kopf zum Fußende hin, um im schwachen Licht einer Deckenlampe die Zeitung lesen zu können, und setzt sich fort mit der Matratze, von der aus er im verbotenen Zimmer des Philanthropen die Vitrinen betrachtet. »Vagando por aquel universo«, also im Liegen durch die dunkle Welt schweifend, welche ihm die Vitrinen darbieten, vollzieht er eine imaginäre Bewegung (OC2 83).[50] In den Kontext dieser Erfahrung von Immersion, die zugleich eine soziale und ästhetische Grenzüberschreitung darstellt, erscheint auch das Thema des künstlichen Menschen.

Wie in den bisher betrachteten Texten dringt die Infiltration also über die gleiche Grenze vor, welche in der Immersion überschritten

---

50 Zur Bedeutung der Straßen-Metaphorik vgl. Gropp: »Una poética de la mirada intrusa«, S. 56.

wurde. Der »acomodador« wird bei der Betrachtung der Gegenstände in der Vitrine vom Eintreten einer weiblichen Gestalt überrascht, in welcher er die Tochter des Philanthropen zu erkennen meint. Die weiße Dame, die einen Kerzenleuchter in der Hand hält, wirkt wie ein Scherenschnitt, wörtlich von menschlicher Hand gestaltet – »parecía haber sido hecha con las manos y después de haberla bosquejado en un papel«. Die Erscheinung der jeden Abend wiederkehrenden Figur lähmt, wie schon Olimpia in E.T.A. Hoffmanns *Der Sandmann*, den Betrachter und verwandelt seine ästhetische Aneignung in eine ästhetische Immersion. Anstatt durch seinen Strahl die starren Dinge zu kontrollieren, erstarrt er selbst, wie ein Mannequin, im Licht des Kerzenleuchters: »Yo estaba como un muñeco extendido en un escaparate« (OC2 84). Ein weiteres Mal überlagern sich Quijote-Effekt und Pygmalion-Effekt in einer Situation medialer Unschlüssigkeit. Denn die weibliche Figur ist weder Puppe noch kinematographische Projektion, und auch der im Dunklen leuchtende Sehstrahl des Erzählers verweist nicht eindeutig auf die Form des Kinos.

Die unheimliche Desorientierung entspringt bei Felisberto aus der Unfähigkeit, die von technischen Medien übernommenen Formen mit den Mitteln der Technik zu kontrollieren. Die künstliche Frau etwa lässt sich nicht eindeutig auf die Form des Kinos zurückführen. Es wirkt so, als wäre die Form der Dame selbst eine Projektion, also ein Lichtphänomen, wofür das Skelett oder die glatte, weiße Materie der Puppe den bloßen Träger darstellt. Es finden sich Hinweise auf den Diskurs über den frühen Film, in dem die farblose, schlafwandlerische Erscheinung situiert werden kann – man denke nur an die »vida espectral« bei Quiroga. Nicht nebensächlich ist außerdem das Detail, dass sie oder ihre Doppelgängerin sich mit ihrem Begleiter in ein Kino flüchtet und vom Erzähler dahin verfolgt wird. Die Farbe Weiß hat schließlich bei Felisberto eine besondere Bedeutung, die sich in anderen Erzählungen strukturell der blanken Leinwand zuordnen lässt.[51]

---

[51] »También en ›El caballo perdido‹, uno de sus cuentos más cinematográficos, empieza como un film, más todavía, antes de que el film empiece, cuando se ilumina la pantalla, bien blanca, previa a la proyección. [...] Polarizados por dos colores [blanco y negro] cinematograficamente emblemáticos, los demás colores, como las radiaciones, desaparecen absorbidos por el negro [...]« (Block de Behar: »A 100 años del nacimiento de Felis-

Die Form des Kinos wird allerdings erst in ihrem traumatischen Zusammenbruch greifbar. Auch der Erzähler besitzt keine Macht über das Licht, das von ihm ausgeht und das ihm die Grenzüberschreitung gestattet. Die Kehrseite der erotisch (als »lujuria de ver«, OC2 82) stilisierten ästhetischen Transgression ist die Erfahrung seiner Beschränktheit als Erfahrung eines makabren Leibes. Der Platzanweiser wohnt neben einem Schlachthof. Von dieser tristen Situation zieht sich eine makabre Reflexion über Fleisch und Knochen durch die Erzählung, bis hin zum Augenblick, als er eine Mütze nach der Erscheinung wirft, sie damit zu Fall bringt und desartikuliert.[52] Wie zwei Maden (»gusanos«) scheinen ihm seine Augen das Antlitz von ihrem Totenschädel zu lösen und machen weiße Flecken auf ihren Füßen sichtbar, welche ihn an Fingerknochen erinnern. An der Seite dieser makabren Isotopie entfaltet sich aber eine Reihe von Hinweisen auf eine technische Begründung des plötzlichen Verfalls. Die Gesichtsknochen, heißt es, »tenían un brillo espectral como el de un astro visto con un telescopio« (OC2 90). Und auch das Licht der Augen spielt in diesem Zusammenhang eine zentrale Rolle; offensichtlich ist das Verlöschen des Kandelabers und dieser Strahl, der »no sólo iluminaba a aquella mujer, sino que tomaba algo de ella«, an ihrem Verschwinden schuld (OC2 90). Offenbar drängt sich das Licht, welches die Projektion ermöglicht, als Formseite des Mediums in den Vordergrund und trübt die Finsternis, welche – anders als im Theater, wo ein Halbdunkel genügt – für die Sichtbarkeit der Formen notwendig ist.[53] Das Gegenteil der legitimen Reorientierung im Theater ist nun aber eine anthropologisch verankerte Medialität, ein Leuchten, das von allen technischen Medien abgelöst ist. Das charakteristische Sujet ergibt sich aus einer Situation medialer Unschlüssigkeit.

---

berto Hernández«). Gleiches scheint mir das Sujet von *El acomodador* zu bestimmen.

52 Wie Lisa Block de Behar würde ich diese Desartikulation der Figur zu »disjecta membra« einem Modell der Moderne zuordnen, das durch die Schriften Walter Benjamins und die kubistische Malerei umrissen ist. Block de Behar weist auch auf die Ähnlichkeit hin zwischen dieser Zerstückelung des Körpers und dem fragmentierten Gesicht des Erzählers, das dieser im Licht seiner Augen im Spiegel erblickt (ebd.).

53 Ich beziehe mich auf die Formulierung von Joachim Paech: »Figurationen ikonischer n...Tropie«.

In die vom Kino eröffnete Funktion eines unvertrauten Mediums, in das aufgrund der zunehmenden Vertrautheit seiner Formen entstandene Vakuum, tritt, wie schon bei Bioy, eine Isotopie der Flüssigkeit ein, welche eine Immersion und Infiltration ohne ästhetische Grenze realisiert. Das Wortfeld des Ertrinkens, welches eine zweite zentrale Isotopie bildet, lässt sich dabei als Allegorie der sujethaften Immersion, als Gegenmotiv zur ästhetischen Grenze verstehen.[54] Obgleich der Erzähler hört, dass die Tochter des Philanthropen vom Tod durch Ertrinken gerettet worden ist, stellt er sie sich als Wasserleiche vor und entwickelt eine Obsession um dieses Motiv. So imaginiert er sich die Gäste, mit denen er zusammen umsonst tafelt, mit dem Tod ringend:

A los que comían frente a mí y de espaldas al río, también los imaginaba ahogados: se inclinaban sobre los platos como si quisieran subir desde el centro del río y salir del agua; los que comíamos frente a ellos, les hacíamos una cortesía pero no les alcanzábamos la mano (OC2 78).

Während der Platzanweiser sich an dieser Stelle noch aus dem »Wasser« heraushält, um die Projektion durch seine Imagination zu gestalten, sinkt er zunehmend in das von ihm imaginierte Element ein. Dass dieser Prozess unkontrolliert vonstatten geht und ihm selbst nur teilweise bewusst wird, zeigt sich darin, dass er sich auf die Ebene der Metaphorik verschiebt. »Me hundía en mi mismo como en un pantano«, beobachtet er, um dann noch zweimal auf sich selbst als »pantano«, als Sumpf, zu sprechen zu kommen (OC2 78). Als er seine Augen im Spiegel sieht und entsetzt in Ohnmacht fällt, erwacht er sodann unter seinem Bett »y veía los fierros como si estuviera debajo de un puente« (OC2 79). Als er zum ersten Mal die Erscheinung der Frau wahrnimmt, welche offensichtlich die gerettete Tochter ist, bewegen sich »ríos dormidos«, schläfrige Flüsse, seine Wangen entlang, und er trinkt, bei einer weiteren Begegnung, nachdem er den ersten Schrecken überwunden hat, ihre duftende Schleppe mit großem Genuss – »bebía con fruición todo el resto de la cola« (OC2 86). Der festen

---

54 Über diese Erzählung hinaus handelt es sich natürlich um eines der zentralen Motive bei Felisberto. Eine Aufzählung der Bilder des Versinkens im Wasser und eine Lacansche Deutung dieser Angst vor dem Versinken findet sich bei Panesi: »Felisberto Hernández: un artista del hambre«, S. 195.

Verankerung des Subjekts im Theater steht mit der Flüssigkeits-Isotopie das Erlebnis einer desorientierten ästhetischen Erfahrung gegenüber. Zusammen mit Clemente Palma und Adolfo Bioy Casares stellt Felisberto also den Golem-Effekt in eine komplexere Struktur: Die mediale Unschlüssigkeit löst sich vom bestehenden Medium des Kinos; dessen legitime Position wird von häretischen, nicht mehr unbedingt technischen Formen wie dem fiktiven Medienverbund oder dem untechnischen Medium der Flüssigkeit neu besetzt. Diese Tendenz setzt sich bei Julio Cortázar fort.

2.7 Cortázar: Der Golem-Effekt als narrative Metalepse

IMMERSION UND INFILTRATION IN DER POETIK CORTÁZARS

Cortázar und Meyrink

Noch deutlicher als bei seinen rioplatensischen Vorgängern findet sich bei Julio Cortázar eine essayistische Reflexion zum Thema Immersion, und zugleich eine Zuspitzung des Golem-Effekts zur metapoetischen Chiffre. In diesem Sinne bilden die gesamten bisher rekonstruierten Diskurse und literarischen Verfahren einen wichtigen Prätext seines kritischen und erzählerischen Werks. Cortázar hat Gustav Meyrinks *Golem* 1962 gelesen und kommentiert dies ein Jahr später in einem Brief, mit dem er seiner Übersetzerin Laure Bataillon die Eindrücke der Pragreise schildert:[1]

»As-tu lu *Le Golem*, de Meyrinck [sic]? Tout était là: les ruelles mystérieuses, l'atmosphère toujours un peu, comment dire, métaphysique, angoissée, et puis, la nuit tombée, ces promenades dans les anciens quartiers, où l'on se perd dans des vagues passages qui débouchent dans un quartier de maisons au bout duquel s'ouvre un nouveau passage... On est un peu comme Jonas dans la ba-

---

[1] »El año pasado leí *El gólem* de Meyrink [sic]. Te imaginarás las ganas que tengo de ver Praga...« (Julio Cortázar: *Cartas 1937-1963*, hg. v. Aurora Bernárdez, Buenos Aires: Alfaguara 2000, S. 551). Ein weiterer Hinweis auf eine frühe Lektüre von »Gustave [sic] Meyrink« findet sich im Vortrag »El estado actual de la narrativa en Hispoanoamérica« (Julio Cortázar: *Obra Crítica III*, hg. v. Saúl Sosnowski, Buenos Aires: Alfaguara 1994, S. 95).

leine, et on a peur; mais c'est la belle peur qui [sic] donnent le théatre et les livres, et certains films, hélas de plus en plus rares.«[2]

Cortázar erfährt die Stadt, wie auch Meyrinks Roman, als eine Folge von Perspektiven ohne klaren Überblick: »ruelles« und »passages« versetzen den Beobachter in eine zugleich szenische und dynamische Situation. Das Sich-Verlieren in den Gassen der Altstadtviertel wird als eine Sukzession von Durchgängen (»passages«) wahrgenommen, die sich immer erst ab einem bestimmten Punkt öffnen. Die Situation der unheimlichen Eingeschlossenheit und Desorientierung wird mit Hinsicht auf den Affekt der »belle peur« zunächst mit Theater- und Lektüre-Erfahrungen verglichen, und erst an dritter Stelle mit manchen Filmen, welche leider selten geworden seien.[3] Wenn die Erfahrung der Wirklichkeit hier durch eine ästhetische Grenze durchkreuzt wird, so hat das Infiltrations-Erlebnis nur noch entfernt mit dem Kino zu tun.[4] Dieses stellt zwar noch eine mediale Form unter anderen Formen dar, welche zur Ambivalenz der ästhetischen Erfahrung beitragen (die zwi-

---

2   »Hast Du den *Golem*, von Meyrink, gelesen? Alles war da: Die geheimnisvollen Gassen, die Atmosphäre, die immer ein bisschen, wie soll ich sagen, metaphysisch, angsterfüllt ist, und dann, nach Einbruch der Nacht, diese Spaziergänge in den alten Vierteln, wo man sich in vagen Passagen verliert, die ein ein Wohnviertel münden, am Ende dessen sich eine neue Passage auftut... Man ist ein bisschen so wie Jonas im Bauch des Wals, und man hat Angst; aber es ist die schöne Angst, welche das Theater und die Bücher und gewisse Filme, die leider immer seltener geworden sind, einflößen« (Brief vom 20.4.1963, Cortázar: *Cartas 1937-1963*, S. 558).

3   Um welche immer selteneren Filme es Cortázar an dieser Stelle geht, kann man nur vermuten; neben Buñuel lässt er nur Bergman und Polanski gelten; ansonsten lobt er Alain Resnais, der hier wahrscheinlich gemeint ist; vgl. ebd., S. 673. Es passt in meine bisherige Argumentation, hier eine Anspielung auf den Weimarer Stummfilm zu erkennen.

4   Dies erläutert Cortázar in einem Brief zu Buñuels *Angel exterminador* – als einer der wenigen Ausnahmen, die es mit der Dichtung aufnehmen können: »Pero me ocurre tan pocas veces, es tan raro que el cine valga para mí como una experiencia realmente profunda, como eso que te da la poesía o el amor y a veces alguna novela y algún cuadro, que era necesario que te lo dijera esta noche misma aunque no recibas nunca esta carta« (ebd., S. 495).

schen Literatur, Theater und Film steht), aber der eigentliche Bezugspunkt ist Meyrinks Roman selbst.

Der Brief über die Pragreise spielt mit der ästhetischen Grenze, indem er reale Erfahrung durch das Zeigewort »là« als Lektüre-Erfahrung beschreibt: Das »là« – da – verweist nicht nur anaphorisch auf den Romantitel, sondern, wie im Folgenden klar wird, auch auf das fiktionale Konstrukt der Stadt Prag. Der Doppelsinn des Ausdrucks »passages«, der eine konventionalisierte Textmetapher darstellt, führt die deiktische Ambivalenz fort.[5] Die Lektüre von Meyrinks *Golem* geht für Cortázar fließend in den wirklichen Pragbesuch über: Die Kette von Analogien zwischen Theater, Buch und Film, die im Brief locker vorgebracht werden, entspricht einem Effekt, der schon im *Golem* beobachtet werden kann; dieser Roman ist somit zur Formel einer bestimmten Form der Fiktion geworden. Wenn deren Verknüpfung mit dem Kino Cortázar nicht entgeht, so gilt sein hauptsächliches Interesse der Überlagerung von Text und Lebenswelt, von Immersion und Infiltration, eben dem Golem-Effekt.

Nur fünf Jahre später greift er auf den »Golem« als Antonomasie zurück, um in einer seiner Erzählungen eine etwas unklare Situation dieser Art zu umschreiben. Das Prinzip von *Manuscrito hallado en un bolsillo* (1968) ist eine spielerisch-initiatorische Reise durch die Pariser Metro, bei welcher der Ich-Erzähler mit verschiedenen, ihm unbekannten Frauen nach bestimmten Regeln interagiert. Am zentralen Wendepunkt der Handlung weicht der Erzähler von den für sich selbst aufgestellten Spiel-Regeln ab, um einer unbekannten Passantin zu folgen:

El calambre que me había crispado en ese segundo en que Ana (en que Margit) empezaba a subir la escalera vedada, cedía de golpe a una lasitud soñolienta, a un gólem de lentos peldaños; me negué a pensar, bastaba saber que la seguía

---

5   Cortázar denkt natürlich an »Durchhäuser« oder Durchgänge im Straßenverlauf, aber dieser Begriff konnotiert natürlich außerdem noch die »rites de passage« und die Textpassagen (Zu den »rites de passage« und Morellis »pasaje de una sola palabra« in *Rayuela* vgl. Dominic Moran: *Questions of the Liminal in the Fiction of Julio Cortázar*, Oxford: Legenda 2000, S. 67 und S. 129; vgl. auch Peter Standish: *Understanding Julio Cortázar*, Columbia: University of South Carolina Press 2001, S. 50-53.

viendo, que el bolso rojo subía hacia la calle, que a cada paso el pelo negro le temblaba en los hombros.[6]

Mit der Transgression kippt das Spiel in eine Erfahrung der Besessenheit, die einerseits als körperlicher Tonus, als Übergang von Verkrampfung zu schläfrigem Sich-Gehen-Lassen, also Versenkung, beschrieben wird, andererseits durch die rätselhafte Formel »gólem de lentos peldaños« auf die sich in die Realität infiltrierende Roman- oder Kino-Figur anspielt. Ob hier eher die hypnotische Anteilnahme des Erzählers oder das Heraustreten des künstlichen Menschen aus seinem Medium gemeint sind, lässt sich nicht entscheiden. Der »Golem« wird durch diese rhetorische Verwendung also als fertige Formel aufgerufen, die eine Unschlüssigkeit von Immersion und Infiltration, einen Verlust eindeutiger ästhetischer Grenzen konnotiert.[7] Zu diesem Formverlust gehört der Zweifel, ob es sich um einen intertextuellen Verweis auf Meyrink handelt, wie im vorhergehenden Brief, oder auf den Film von Wegener zu beziehen ist, auf dessen markanter Wendeltreppe der Mann aus Lehm müden Schrittes der brünetten Tochter des Rabbi nachsteigt. Als Markierung dieses intermedialen Bezugs kann der Hinweis gelten, dass der Erzähler und die Unbekannte sich bei ihren späteren Verabredungen gegenseitig Kinofilme erzählen.[8] Unabhängig von dieser Frage jedoch steht fest, dass sich der Golem-Mythos bei Cortázar zu einem Effekt, eben zum Golem-Effekt, auskristallisiert hat, der in einer Metapher oder Antonomasie abgekürzt werden kann und eine mit der Literatur des Kinozeitalters verbundene Fiktionshäresie aufruft.[9]

---

6   Julio Cortázar: *Los relatos, 1: Ritos* (1976), Madrid: Alianza 2000, S. 87.
7   Auf ähnliche Weise und in der gleichen Formulierung findet sich der Golem in der Erzählung *Silvia*, die um 1969, also im gleichen Zeitraum, anzusiedeln ist: »algo que ni siquiera tuvo principio y sin embargo es sobre todo Silvia, esta ausencia que ahora puebla mi casa de hombre solo, roza mi almohada con su medusa de oro, me obliga a escribir lo que escribo con una absurda esperanza de conjuro, de dulce golem de palabras« (Julio Cortázar: *Último Round* (1969), Madrid: Debate 1992, S. 122-135, hier S. 122).
8   Cortázar: *Los relatos, 1: Ritos*, S. 88.
9   Diese Art der Verwendung ist symptomatisch. Auf die gleiche buchstäblich etiketthaft verkürzte Weise erscheint der Titel des Golem zusammen

Dafür lassen sich neben dieser narrativen Thematisierung bei Cortázar und seinen Zeitgenossen auch essayistische Belege anführen. Im geistigen Horizont der fünfziger Jahre ist der Golem nicht nur als philosophisches Thema (wie bei Scholem), sondern auch als Modell der Fiktion in der Literaturkritik aktuell. Der Kritiker Maurice Blanchot bringt die Golem-Sage sogar in Zusammenhang mit Bioy Casares' *La invención de Morel*.[10] Blanchot liest den Text als Gleichnis der Suche nach einer dichterischen Symbolik, die über die Grenzen der Fiktion hinaus in die Existenz des Menschen reicht. Das schriftliche Symbol bedeutet in diesem existenzialistischen Verständnis die Herausforderung, gewissermaßen aus der Literatur ins Leben zu springen.[11] Um Immersion und Infiltration zeichnet sich mit einem Mal eine neue Problematik ab, die spezifisch literarisch ist und dem dichterischen Schreiben ein neues Gewicht verleiht. »Bonheur, malheur de l'image«, so fasst Blanchot die Ambivalenz prägnant zusammen.[12] Denn das wahre Geheimnis des Golems liegt laut dem französischen Kritiker jenseits der Werke, insbesondere aber auch jenseits der Bilder, in einer mystischen Ekstase. In diesem Zusammenhang kann der Film jedoch nur ein unpassender Vergleich, eine Metapher für die »magie ordinaire« sein (»Le savant, à leur insu a ›filmé‹ ses amis«[13]), die mit den Bildern, mit der Fiktion, den Tod bringt. Im Zeichen der Existenz und des Sprungs steht der Golem dagegen für eine Art Anti-Fiktion, ein Mittel, um die Grenzen des Werks, die Schranken der Darstellung zu überwinden.

Julio Cortázar verfolgt zunächst ganz ähnliche Überlegungen, bei denen die ästhetische Grenze ebenso wenig als mediale oder technische Grenze reflektiert wird. Er greift z.B. in *Para una poética* (1954) – ungefähr zur gleichen Zeit wie Blanchot – auf die Figur des

---

mit anderen Film-Reminiszenzen als Inschrift auf »latas renegridas« in Carlos Fuentes' Roman *Cambio de piel* (1967), Buenos Aires: Alfaguara 1994, S. 417.

10 Vgl. Maurice Blanchot: »Le secret du golem«, in: M. B.: *Le Livre à venir*, Paris: Gallimard 1959, S. 108-115.

11 »[...] épreuve d'un vide, d'un écart infranchissable qu'il faut pourtant franchir, appel à sauter pour changer de niveau« (ebd., S. 112).

12 Ebd., S. 115.

13 Ebd., S. 114.

»Sprungs« zurück, der durch das poetische Bild aus dem Eigenen in das Fremde hinausführt:

El poeta y sus imágenes constituyen y manifiestan *un solo deseo de salto, de irrupción, de ser otra cosa*. La constante presencia metafórica en la poesía alcanza una primera explicación: el poeta confía a la imagen – basándose en sus propiedades – una sed personal de ajenación.[14]

Mit »imagen« ist hier die Metapher gemeint, die der Dichter wörtlich nimmt und damit den eigenen Standpunkt aufgibt, um an den Dingen teilzunehmen. Cortázars frühe Essays entwerfen also eine Poetik der Immersion, welche deutliche Affinität mit dem von Blanchot beschriebenen Golem-Effekt hat. Der Ausdruck »inmersión« wird vom Argentinier vor allem für ontologische, und nicht ästhetische Zusammenhänge gebraucht – vom medienanthropologischen Aspekt ganz zu schweigen.[15] In diesem halb philosophischen, halb poetologischen Kontext kommt er auf zwei Arten von geradezu mystischer Teilnahme zu sprechen, welche ihn aus seinen vertrauten Umgebungen herausreißen: Die Versenkung in die Lektüre und die Versenkung in die Dinge.

Dabei steht der argentinische Autor der Fiktion ähnlich argwöhnisch gegenüber wie Blanchot. Schon in einem der ersten Essays, der groß angelegten, zwischen 1951 und 1952 verfassten Monographie über John Keats, wünscht er eine Überwindung der Distanz zu den Dingen – sei es imaginär oder existentiell: »Distingo, pues, entre ser-en-otra-cosa (fenómeno de proyección sentimental común a todo

---

14 Julio Cortázar: *Obra Crítica II*, hg. v. Jaime Alazraki, Buenos Aires: Alfaguara 1994, S. 279.
15 Im Essay *Teoría del túnel* (1947) wird er beispielsweise mit Blick auf eine existenzialistische Form von Humanismus verwendet: »El intuir existencialista de la soledad resulta producto – más o menos entendido – de esta inmersión en el hombre mismo: rechazo de sostenes tradicionales, teologías auxiliares y esperanzas teológicas« (Julio Cortázar: *Obra Crítica I*, hg. v. Saúl Yurkievich, Buenos Aires: Alfaguara 1994, S. 117). Wenn es an dieser Stelle um die kontemplative Versenkung des Subjekts in sich selbst geht, so heißt es an anderer Stelle einfach, ohne Bezug auf Produktion oder Rezeption, dass das Existenzielle in die Wirklichkeit »eingelassen« sei: »lo existencial sólo se da, se cumple y expresa inmerso en la realidad, la realidad toda« (ebd., S. 127).

poeta) y ser-otra-cosa —instancia rara y perfecta, ápice de poesía cuyo no alcanzar motiva casi todos poemas del hombre, cantor de desencantos«.[16] Obgleich, Cortázar zufolge, jeder Dichter über das Gefühl der Korrespondenz und andere psychische Übertragungen in die Dinge eintauchen kann, genügt das nicht: Er solle vielmehr die Sache selbst werden. Die Unmöglichkeit einer solchen Verschmelzung mit dem Anderen erkläre die fortwährende, und stets aufs Neue enttäuschte dichterische Produktion. Der Übergang von »ser-en-otra-cosa« zum »ser-otra-cosa« reicht bei Cortázar derart von einer poetologischen Forderung zu einer Fülle von Themen und Formen des Erzählens.[17] Der Dichter, der sich in einen Gegenstand, und der Leser, der sich in einen Text versenkt, treffen sich in der Negation einer ästhetischen Grenze durch die ontologische Verwandlung. Dichtung ist für Cortázar das Gegenteil einer klar bestimmten Fiktion, so wie sie das Medium Buch repräsentiert.

Neben der Idee medialer Unschlüssigkeit finden sich bei Cortázar aber auch die beiden Diskurse über Orientierung wieder. In seinen Schriften erzeugen die gegensätzlichen Konzepte »Gestalt« und »unheimlich« eine gewisse Oszillation, welche die Unschlüssigkeit bereits implizit zum Programm literarischer Fiktion erhebt.

Die »Gestalt« und das »Unheimliche«

Hinweise auf eine Auseinandersetzung mit der Gestaltpsychologie finden sich reichlich in den poetologischen Schriften, und dies begonnen mit dem frühen Entwurf einer Monographie über John Keats. Hier greift Cortázar wieder auf den Gestaltbegriff zurück, um, in einer ähnlichen Weise wie Bühler oder Michalski, den Umgang bestimmter Maler mit der Perspektive zu erläutern:

Los frutos de cera no son para morder, su sentido último es preservar la granada de su muerte, mostrar la granada en regiones donde no crece. Un Benozzo Gozzoli, como *Endimión*, hace el inventario de su mundo predilecto; y todo inventario de lo predilecto supone apartamiento, recorte. Hoy preferimos las *Ge-*

---

16 Julio Cortázar: *Imagen de John Keats* (1951-1952), Buenos Aires: Alfaguara 1996, S. 497.
17 Ausführlich dazu Wiltrud Imo: »Julio Cortázar. Poeta Camaleón«, *Iberoromania* 22 (1985), S. 46-66.

stalt, las estructuras dadas en su plena complejidad y diversidad, que es a la vez su unidad esencial. Nos volvemos a Giotto y a Masaccio que calan en el todo en vez de recortar.[18]

Der Gestaltbegriff wird also eingeführt, um der perspektivischen Verkürzung, wie sie in der Malerei der Renaissance perspektivische Tiefe ausdrückt, eine ganzheitliche und damit auch lebensechte Darstellungsweise entgegenzustellen: Künstliches Obst, so der Vorwurf an die täuschende Perspektive, lässt sich nicht essen. Während in den *Gestaltwahrnehmungen* und noch in der klassizistischen Kinotheorie Münsterbergs die Illusion künstlicher Tiefe der Inbegriff des Gestaltsehens war, verbindet Cortázar damit eine ganz andere, nämlich moderne Ästhetik:

> Se olvida a veces que el secreto de todo clasicismo [...] está en sacrificar la totalidad confusa/(que el arte contemporáneo – y ésa es su grandeza – lucha por recrear sin pérdida)/a una belleza desgajada de lo perecedero; así como las mil expresiones del rostro de César el estatuario opta por una, dejando caer las demás, seguro de que su elección las compendia en la más significativa, en la que va a durar. En cambio Picasso junta en una cara el frente y el perfil. ¡Qué desesperación de *Gestalt*, de que el ojo no pierda en la tela lo que ha visto en el espacio-tiempo![19]

Das Ziel zeitgenössischer Kunst ist eine verlustlose Neuschöpfung der Wirklichkeit, und diese verlangt es, die Tiefendarstellung des Bildes der Tiefenanschauung in der raumzeitlichen Wirklichkeit anzupassen. Während eine starre Perspektive den in Wirklichkeit möglichen Standpunktwechseln des Betrachters widerspricht, schafft der Kubismus die Gestalt der Anschauung durch eine Überlagerung unterschiedlicher Ansichten. Das Auge nimmt seine raumzeitliche Positionierung auf die Leinwand mit, trifft dabei aber auf ein spezifisch mediales Hindernis: Denn das Medium der Darstellung lässt zwar eine Illusion von Tiefe, aber keine Bewegung zu. Das Auge des Malers, der die bewegte Wirklichkeit auf die Leinwand mitnehmen will, muss an ihr verzweifeln. Medienspezifische Gestaltwahrnehmung wird für Cortázar also zum Kriterium ästhetischer Grenzen.

---

18 Cortázar: *Imagen de John Keats*, S. 130.
19 Ebd., S. 130-131.

Die Übertragung dieses Gedankens auf die täuschende Tiefe des Schriftmediums folgt unmittelbar auf die zitierte Stelle:

Me detengo. Es el 10 de enero y anoche llovió sobre Buenos Aires. Una hormiguita colorada, que vive en mi casa, viene otra vez a andar por la página. Como tengo miedo de matarla sin querer, la soplo suavemente para que aterrice en lugar seguro. Ya van dos veces, y ahora retorna empecinada. Le gusta el olor de la tinta, se pasea activamente por la página. ¿Es siempre la misma? Está caminando sobre »es el 10 de enero y anoche llovió...«[20]

Wie bei einer Kippfigur wird vor der Tiefe des diskutierten Themas die Oberfläche der Schrift deutlich. Der Geruch der Tinte, die Buchseite und die Zeit des Schreibens, in der die Tinte trocknen und die Hand sich über das Papier bewegen muss, werden alle dem Leser durch die Bewegung der Ameise ins Bewusstsein gerufen. Dieser Effekt eines »hier und jetzt«, der bei Cortázar häufig variiert wird, hat also einen gestaltpsychologischen Hintergrund.[21] Zwar dient die deiktische Verankerung mit »anoche« zunächst als Möglichkeit, Raum und Zeit in den Text mitzunehmen, aber im Unterschied zu der wirklichen Präsenz der Ameise, die immer wieder über diese Stelle im Text läuft und so den Sprecher zwingt, sich selbst zu zitieren, wirkt die Deixis an die Form des Mediums gebunden. Einmal geschrieben, erstarrt die Rede und wird von der Wirklichkeit überholt. Die Ameise ruft also nicht nur die Gestalt der Sprache, sondern auch die ästhetische Grenze ins Bewusstsein, welche das Medium der Schrift zwischen kategorialer Erkenntnis und Kohärenzerlebnis zieht.[22]

In *Rayuela* (1963) formuliert Cortázar eine gestaltpsychologische Allegorie, in welcher die Struktur der Fiktion als sichtbare Form veranschaulicht wird:

---

20 Ebd., S. 131.
21 Matei Chihaia: »Aquí, ahora. Die intermediale Metalepse bei Julio Cortázar, Dan Graham und Michael Snow«, in: Uta Felten/Isabel Maurer Queipo/Alejandra Torres (Hg.): *Intermedialität in Hispanoamerika. Brüche und Zwischenräume*, Tübingen: Stauffenburg 2007, S. 103-124.
22 Zu diesen Begriffen, die von Ernst Cassirer stammen und ihrem Nutzen für die Problematik der Immersion vgl. oben das Kapitel 2.2 über Gustav Meyrink.

El libro debía ser como esos dibujos que proponen los psicólogos de la Gestalt, y así ciertas líneas inducirían al observador a trazar imaginativamente las que cerraban la figura. Pero a veces las líneas ausentes eran las más importantes, las únicas que realmente contaban.[23]

Der Roman als eine gezeichnete Figur, die vom Betrachter zu unterschiedlichen Gestalten ergänzt werden kann – diese gestaltpsychologische Alternative bleibt unter dem psychoanalytischen Vorbehalt, dass die unbewussten, nicht als festes Bild artikulierbaren Anteile wichtiger seien als die gesehenen Linien.[24] Diesen Aspekt der Poetik Cortázars hat die Kritik, ausgehend von Äußerungen des Autors aus den sechziger Jahren, schon sehr bald auf das Konzept der *figura* gebracht, der natürlich über den Diskurs der Gestalt hinausreicht.[25]

Was Cortázars historischen Ort betrifft, so hat bereits Wolfram Nitsch darauf hingewiesen, dass seine Poetik nicht so sehr neue Paradigmen setzt, als vielmehr »die Erneuerungsdialektik der historischen Avantgarde« neu inszeniert.[26] Diese Dialektik verfolgt Nitsch selbst an

---

23 Julio Cortázar: *Rayuela* (1963), hg. v. Julio Ortega/Saul Yurkievich, Madrid: Archivos 1991, Kap. 109, S. 386. Auch ausserhalb seiner Fiktion verwendet Cortázar den Gestaltbegriff, um etwa seine Erinnerung an eine Geschichte zu beschreiben: »me acuerdo muy bien de eso porque quedó una especie de *gestalt* completa del asunto« (Julio Cortázar/Omar Prego Gadea: *La fascinación de las palabras*, Buenos Aires: Alfaguara 1997, S. 93).

24 Für die Tradition der entsprechenden psychologischen Grundlegung von Gattung in der Gestalttheorie, vgl. Klaus W. Hempfer: *Gattungstheorie. Information und Synthese*, München: Fink 1973, S. 80-85. Zum Zusammenhang zwischen dem von Ehrenfels kognitionspsychologisch ›wissenschaftsfähig‹ gemachten Formbegriff und moderner Kulturphilosophie (Georg Simmel, Ernst Cassirer) vgl. Simonis: *Gestalttheorie von Goethe bis Benjamin*, S. 197.

25 Mario Goloboff: »El hablar con figuras de Cortázar« (1975), in: J.C.: *Rayuela*, hg. v. Julio Ortega und Saul Yurkievich, Madrid: Archivos 1991, S. 751-759. Noch früher erscheint der einschlägige Aufsatz von Alain Sicard: »Figura y novela en la obra de Julio Cortázar« (1972), in: Pedro Lastra (Hg.): *Julio Cortázar*, Madrid: Taurus 1981, S. 225-240.

26 Wolfram Nitsch: »Die lockere und die feste Schraube. Spiel und Terror in Cortázars ›Rayuela‹«, in: Ulrich Schulz-Buschhaus/Karlheinz Stier-

der Sphäre des Spiels. In diesem Zusammenhang lässt sich auch der Gegensatz von Reorientierung und Desorientierung situieren, den der erste Teil des vorliegenden Buchs untersucht. Die Literatur der Avantgarde und insbesondere des Surrealismus legen Cortázar die Auseinandersetzung mit dem psychoanalytischen Diskurs nahe. In seinem Vortrag *El estado actual de la narrativa en Hispanoamérica* (1976/1983) teilt er das Phänomen, das Freud beschreibt, gewissermaßen auf. Die eigene, die rioplatensische Phantastik wird abgesetzt von der traditionellen »escenografía verbal que consiste en ›desorientar‹ al lector desde el principio condicionándole dentro de un ambiente morboso a fin de obligarle a acceder dócilmente al misterio y al terror«.[27] Die Verwirrung des Lesers wird hier strategisch eingesetzt von einem Autor, der selbst noch einen festen Grund unter den Füßen hat, von dem aus er einen rhetorisch-pathetischen Diskurs organisieren kann. Zwar kommt hier der von Freud beschriebene Effekt des Orientierungsverlusts zustande, aber er bleibt auf den Leser beschränkt. Hingegen dehnt die neuere Phantastik das Gefühl des Unheimlichen auf den »Autor« aus. Die Desorientierung, die im Brief aus Prag und in *Manuscrito hallado en un bolsillo* beschrieben wird, entspricht einer weitgehenden Aneignung des psychoanalytischen Diskurses. Die am Beispiel der Sprecherposition Freuds bereits erläuterte Ambivalenz wird zur Grundlage der Poetik Cortázars, die er selbst, ohne sich explizit auf Freud zu beziehen, als »*das Unheimliche*« bezeichnet:

Así pues, cuando escribía historias fantásticas, mi sentimiento frente a lo que los alemanes llaman *das Unheimliche*, lo inquietante o lo sobrecogedor, surgía y sigue surgiendo en un plano que yo clasificaría de ordinario. Lo fantástico nunca me había parecido excepcional, ni siquiera de niño, y en ese momento lo sentía como una vocación o quizá mejor como un aviso originado en unas zonas de la realidad que el *homo sapiens* prefiere ignorar o relegar al desván de las creencias animistas o primitivas, de las supersticiones y de las pesadillas. [...] En mi interior o fuera de mí se abre de repente algo, un inconcebible sistema de receptáculos comunicantes hace que la realidad se torne porosa como una esponja; durante un momento, por desgracia breve y precario, lo que me rodea cesa de ser lo que era y yo dejo de ser quien soy o quien creo que

---

le (Hg.): *Projekte des Romans nach der Moderne*, München: Fink 1997, S. 263-287, hier S. 265.

27 Cortázar: *Obra crítica III*, S. 96.

soy, y en ese terreno en que las palabras sólo pueden llegar tarde e imperfectas para intentar expresar lo que no puede expresarse, todo es posible y todo puede rendirse.[28]

Während also die traditionelle Phantastik von einer »escenografía« als theatralischem Modell für die Inszenierung der Fiktion ausgeht und keine Schwierigkeiten hat, sich als pathetische Rhetorik zu versprachlichen, versagt beides vor der existentiellen Erfahrung des Unheimlichen. Das liegt zum einen daran, dass die sprachliche Verankerung des Ich vollständig gekappt wird, dass dieses Ich nicht mehr der einzige und von seiner Umgebung distinkte Ursprung ist. Zum anderen überfordert die Öffnung magischer Möglichkeiten auch die Sprache: Es ist nicht mehr möglich, eine Reorientierung in der Art einer Deixis am Phantasma zu leisten. Das »terreno« liegt jenseits der Unterscheidung von Zeige- und Symbolfeld, es ist ein schwammartiger, weder eindeutig euklidischer noch gemäß nicht-euklidischer Geometrie strukturierter Raum, in dem die Referenzen der Rede selbst unheimlich werden. Dieser Raum, den die Worte, wie Cortázar schreibt, »nur spät und unvollkommen erreichen« ist, in Gegensatz zur »escenografía« der traditionellen phantastischen Fiktion, ein nach-theatralischer Raum. Der Autor beschreibt eine Fiktion ohne eine szenographisch – über ein theatralisches Inszenierungsmodell – bestimmte Rampe.

Schon die poetologische Reflexion betrachtet das Erlebnis der ästhetischen Teilnahme nicht nur unter dem Aspekt der »anderen Wirklichkeit«, sondern auch unter dem der Imagination. Die Vorstellung Keats', der zum Sperling werden will, lässt sich in dieser Hinsicht – wie eine Anmerkung Cortázars verdeutlicht – psychoanalytisch oder existential-phänomenologisch verstehen: »el psicoanálisis (tanto freudiano que existencial) de Keats, sería una experiencia memorable«.[29] Die fiktionale Immersion ist nicht nur auf die Imagination des Lesers schlechthin angewiesen, sondern auch auf bestimmte Formen von Anschaulichkeit, die psychologisch rekonstruiert werden können.[30] Die

---

28   Ebd., S. 97.
29   Cortázar: *Imagen de John Keats*, S. 495, Fussnote. Vgl. Saúl Yurkievich: *Julio Cortázar: Mundos y Modos*, Madrid/Buenos Aires: Anaya/Muchnik 1994, S. 73-79.
30   Volker Roloff erinnert daran, dass Bilder »nur in ihrem historischen Kontext, d.h. im Wandel der Diskurse, der gesellschaftlichen und kulturellen

»Gestalt« und das »Unheimliche« stellen in einer Tradition der Kinotheorie solche Formen dar. In Cortázars Essayistik gestatten sie es, das Thema der Fiktion auf originelle Weise mit dem anti-fiktionalen Impuls der Teilnahme am Text zu verschränken. Die rioplatensische Tradition einer intermedialen Fiktionshäresie kommt also Cortázars Tendenz entgegen, die Poetik seiner Erzählungen gegen das Verständnis von Fiktion als Buch zu entwickeln.

CONTINUIDAD DE LOS PARQUES: ÄSTHETISCHE BEDINGUNGEN DER METALEPSE

Metalepse und Immersion

Im Rahmen ihrer Untersuchung über narrative Immersion und Interaktion kommt Marie-Laure Ryan auch auf die vielleicht bekannteste Erzählung von Cortázar zu sprechen, nämlich *Continuidad de los parques* (1960). In diesem kurzen Text versenkt sich ein Gutsherr in die Lektüre eines Romans. Der Protagonist des Romans ist im Begriff, einen Mord zu begehen. Das Opfer ist in die Lektüre eines Romans versunken, es befindet sich also in einer ähnlichen Situation wie der Leser; unklar ist, ob der Mörder nicht schon die Grenze zwischen Fiktion und Wirklichkeit überschritten hat und nicht das Opfer innerhalb des Romans, sondern den lesenden Gutsherrn selbst bedroht.[31] Für Ryan ist diese Geschichte eine »allegory of immersion«.[32] Betrachtet man die Infiltration als komplementäres Phänomen, so stellt die Erzählung – wie schon Horacio Quirogas *Espectro* oder Paul Wegeners *Golem* – beide Überschreitungen zueinander in Zusammenhang. Nach dem bisher Gesagten wird man eine doppelte Unschlüssigkeit wieder erkennen, über das Bestehen der ästhetischen Grenze wie

---

Imaginationsmuster zu begreifen« sind, was auch für die Bildhaftigkeit literarischer Texte gilt (Roloff: »Film und Literatur. Zur Theorie und Praxis der intermedialen Analyse am Beispiel von Buñuel, Truffaut, Godard und Antonioni«, in: Peter V. Zima (Hg.): *Literatur intermedial. Musik, Malerei, Photographie, Film*, Darmstadt: Wissenschaftliche Buchgesellschaft 1995, S. 269-309, hier S. 275).

31 Gérard Genette: »Discours du récit«, in: G.G.: *Figures III*, Paris: Seuil 1972, S. 65-282, hier S. 243-246.
32 Ryan: *Narrative as Virtual Reality*, S. 163.

über die Art ihrer Transgression. Denn in dem gleichen Maße, in dem der fiktive Leser sich sujethaft in seine Lektüre versenkt, scheint die Figur des Romans, den er liest, sujethaft aus diesem herauszutreten. In der Form einer spezifisch *narrativen* Metalepse wird der Golem-Effekt bei Cortázar literarisiert, also aus dem Kontext des Kinos in die Welt der Lektüre zurückgeholt.

Eine reiche Sekundärliteratur hat bereits eine überzeugende strukturelle Poetik der narrativen Metalepse entworfen, die ich einleitend kurz referieren möchte. Das ursprünglich rhetorische Konzept der »Metalepse« ist seit den 1970er Jahren zu einem wichtigen Thema der narratologischen Forschung geworden. Der Schöpfer dieses Begriffs ist Gérard Genette. Seine systematische Erzähltheorie, der *Discours du récit*, führt bereits *Continuidad de los parques* als Beispiel an.[33] Die narrative Metalepse gehört für Genette zu den Freiheiten, welche sich das fiktionale Erzählen mit der Stimme des Erzählers, seiner Situierung in Bezug auf das Erzählte (Ort oder Ebene des Erzählens) nehmen kann.[34] Normalerweise, so Genette, bleiben Rahmenerzählungen und Binnenerzählungen klar voneinander getrennt. In einigen Fällen jedoch wird die bewegliche, aber geheiligte Grenze (»mouvante mais sacrée«) zwischen der Welt des Erzählers und der erzählten Welt übertreten.[35] Das Eindringen, die »intrusion«, und die »transgression délibérée du seuil *d'enchâssement*«,[36] die Übertretung der Schwelle zwischen zwei ineinander verschachtelten Erzählungen, kann in zwei Richtungen erfolgen, je nachdem ob die Figuren auf die nächsthöhere Ebene aufsteigen oder der Autor sich an der Handlung seiner Geschichte beteiligt.

Die »narrative Metalepse« ist also ein Konzept, welches es gestattet, Effekte der Infiltration und Immersion im Rahmen einer strukturalen Erzähltheorie zu analysieren. Der Begriff stammt aus der Rhetorik und wird von Genette im Sinn seiner »erweiterten Figurenlehre« auch auf die Poetik der Fiktion übertragen. In der französischen klassischen Rhetorik bezeichnet die Metalepse die Ersetzung der Folge durch die

---

33 Genette: »Discours du récit«, S. 243-246.
34 Matías Martínez/Michael Scheffel: *Einführung in die Erzähltheorie*, München: Beck 1999, S. 79.
35 Genette: »Discours du récit«, S. 245.
36 Ebd., S. 250-251.

Ursache und umgekehrt.[37] Genette deutet diese rhetorische Figur in einem weiten Sinn, indem er mit ihr beispielsweise die epischen Verfahren bezeichnet, durch die sich der Erzähler (die »Ursache« der erzählten Welt) von Erscheinungen der erzählten Welt (der »Folge«) überrascht zeigt. In einem 2004 veröffentlichten Essay mit dem Titel *Métalepse* kommt Genette auf diese Übertragung zurück, um sie mit einem allgemeinen Prinzip zu begründen. Nach dem Prinzip »eine Fiktion ist im Großen und Ganzen nur eine buchstäblich genommene Stilfigur, die als ein wirkliches Ereignis behandelt wird«[38] gilt die narrative Metalepse als Musterbeispiel einer für Fiktionalität konstitutiven Transformation: Aus einem stilistischen Effekt auf Diskursebene wird ein Ereignis auf Geschichtsebene.

Auf diese Weise wird die Metalepse funktional der Fiktionsironie zugeordnet. Sie unterstreicht die einmalige Freiheit im Umgang mit der eigenen Rede, die fiktionale Erzähler von realen oder historischen

---

37 Armin Burkhardt: »Metalepse«, in: Gert Ueding (Hg.): *Historisches Wörterbuch der Rhetorik*, Bd. 5, Tübingen: Niemeyer 2001, Sp. 1087–1096.

38 »Une fiction n'est en somme qu'une figure prise à la lettre et traitée comme un événement effectif« (Genette: *Métalepse. De la figure à la fiction*, Paris: Seuil 2004, S. 20). Dieser Gedanke erscheint in abgewandelter Form bereits in Todorovs Theorie der phantastischen Literatur, der zufolge eine allegorische Lesart den phantastischen Effekt auflöst; ein nur metaphorischer Riese ist weder unheimlich noch wunderbar, sondern einfach poetisch (Todorov: *Introduction à la littérature fantastique*, S. 37-38). Der Vergleich mit Todorov liegt insofern nahe, als Genettes Monographie den meisten metaleptischen Fiktionen ein »régime fantastique« zuschreibt (*Métalepse*, S. 25). Diese Übereinstimmung kennzeichnet, meine ich, eine gemeinsame Grundposition: den wechselseitigen Ausschluss poetischer und rhetorischer Effekte. Wo Todorov impliziert, dass man entweder die Partei der Phantastik oder diejenige der Figur ergreifen muss, fordert Genette eine ähnliche Entscheidung zwischen fiktionalem Ereignis und bloßer Rhetorik. Die damit einhergehende Einschränkung zeigt sich bei Genette schon auf den folgenden Seiten, wo er einen zusätzlichen Sinn von Fiktion einführen muss: »fiction (au sens de *convention*)« verhält sich aber konträr zum Vertrauen darauf, dass sich hinter der rhetorischen Figur ein »événement effectif« verberge (ebd., S. 23).

Aussagesubjekten unterscheidet.³⁹ Betrachtet man die Metalepse nicht nur als narratives, sondern auch als metafiktionales Verfahren,⁴⁰ so umfasst es eine weit größere Fülle von Formen und Funktionen als das von Genette bevorzugte fiktionsironische Modell. Jean-Marie Schaeffer hat in einem sehr aufschlussreichen Essay unterstrichen, dass die Metalepse sogar zum Emblem fiktionaler Immersion werden kann – welche der distanzierenden Fiktionsironie gerade entgegengesetzt ist.⁴¹ Die konträren Funktionszuschreibungen verdanken sich m.E. auch unterschiedlichen Vorstellungen von dem, was als Immersion gelten kann. Die im ersten Teil der vorliegenden Arbeit besprochenen Diskurse über »Reorientierung« und »Desorientierung« beschreiben dementsprechend bereits grundsätzlich verschiedene Voraussetzungen der Metalepse.

Die »narrative Metalepse« mit der Problematik der ästhetischen Grenze zu verknüpfen, ist natürlich selbst eine starke Einschränkung. Der Grund, weshalb ich den Kontext von Immersion und Infiltration privilegiere, ist seine diskurs- und erfahrungsgeschichtliche Relevanz für das hier betrachtete Korpus. Als Alternativen seien nur kurz zwei andere Herangehensweisen an die Metalepse genannt, die für eine weitere Diskussion seines Werks ebenfalls relevant sind: In der abstraktesten Bestimmung stellt die Metalepse eine logische Ambiguität dar; diese lässt sich mit dem Konzept der Möbius-Schleife vergleichen, einem nicht-orientierbaren topologischen Raum.⁴² Dass dies

---

39 Matías Martínez/Michael Scheffel: »Narratology and Theory of Fiction. Remarks on a Complex Relationship«, in: Tom Kindt/Hans-Harald Müller (Hg.): *What is Narratology? Questions and Answers Regarding the Status of a Theory*, Berlin/New York: de Gruyter 2003, S. 221-237, hier S. 226-227.

40 »Les métalepses sont non seulement méta-narratives, mais en même temps méta-fictionnelles« (Tom Kindt: »L'Art de violer le contrat. Une comparaison entre la metalepse et la non-fiabilité narrative«, in: John Pier/Jean-Marie Schaeffer (Hg.): *Métalepses. Entorses au pacte de la représentation*, Paris: EHESS 2005, S. 167-178, hier S. 178).

41 Schaeffer: »Métalepse et immersion fictionnelle«, S. 330-331.

42 Ausgehend von Brian McHales Deutung von *Continuidad de los parques* als »*strange loop*« – der Begriff stammt aus Douglas Hofstadters *Gödel, Escher, Bach* – suchen auch Ryan und Meister in ihren Beiträgen zu *Métalepses* nach einer formalen Beschreibung dieser Schleife bzw. nach

wiederum für einige Erzählungen Cortázars wie *Anillo de Moebius* (1980) oder *Las caras de la medalla* (1977) ein fruchtbarer Ansatz sein kann, steht außer Frage. Eine zweite Alternative bildet die Vorstellung von der ›Welt als Text‹. Die narrative Metalepse unterstützt die konstruktivistische Hypothese »that ›we‹ are in some sense the product of cultural ›stories‹«.[43] Das gilt auch für vermeintlich konkrete und außertextuelle Aspekte, wie etwa das Geschlecht und die Materialität eines Körpers, welche sich in solchen metaleptischen Erzählungen nicht mehr sicher außerhalb der Binnenerzählung, außerhalb des Textes verorten lassen.[44] Auch für diese Herangehensweise bieten Erzählungen Cortázars wie *Instrucciones para John Howell* (1966) oder *Queremos tanto a Glenda* (1980) ein dankbares Korpus. Die nichteuklidische Geometrie (im ersten Ansatz) oder der Konstruktivismus (im zweiten) treffen dabei die Unterscheidung von rhetorischer und narrativer Metalepse mit Hilfe historischer, außerfiktionaler Diskurse. In beiden Fällen entfernen wir uns von einer Poetik der Immersion. Obgleich die »Metalepse« schließlich in mehr Dimensionen reicht und unter mehr Aspekten betrachtet werden kann, bildet sie umgekehrt auch nur eines unter vielen möglichen Verfahren der Thematisierung und Reflexion von ästhetischen Grenzen.

Dass die narrative Metalepse auch als ästhetisches Phänomen von bestimmten historischen Diskursen, etwa über den Körper oder das Leben, abhängig ist, hat Monika Fludernik gezeigt.[45] Zu diesen Bedin-

---

ihrer Modellierung mit Hilfe einer Programmschleife (Brian McHale: *Postmodernist Fiction*, London: Methuen 1987, S. 119-120; Jan Christoph Meister: »Le ›Metalepticon‹: Une étude informatique de la métalepse«, aus dem Engl. v. Ioana Vultur, in: John Pier/Jean Marie Schaeffer (Hg.): *Métalepses. Entorses au pacte de la représentation*, Paris: EHESS 2005, S. 225-246, hier S. 233-245).

43 Debra Malina: *Breaking the Frame: Metalepsis and the Construction of the Subject*, Columbus: Ohio State University Press 2002, S. 8.

44 Judith Butler: *Bodies that Matter. On the discursive limits of »Sex«*, New York/London: Routledge 1993.

45 Diese diachrone Dimension hat Monika Fludernik in einem größer angelegten Forschungsprojekt untersucht, dessen Ergebnisse zum Teil bereits publiziert sind (Fludernik: »Changement de scène et mode métaleptique«, aus dem Engl. v. Ioana Vultur, in: John Pier/Jean-Marie Schaeffer (Hg.):

gungen gehören m.E. auch die kinematographischen Formen der Immersion als – um mit Schlickers zu sprechen – historische Wahrnehmungs-Konventionen,[46] welche unter anderem die Grenzen zwischen Rahmen und Binnenerzählung festlegen. Der Golem-Effekt mit seiner charakteristischen Unschlüssigkeit zwischen Immersion und Infiltration gehört in dieser Hinsicht zu den spezifischen Inszenierungen, welche die narrative Metalepse im Kinozeitalter von den entsprechenden Formen des Barock und der Romantik unterscheidet. Auf eine historische Differenzierung führt übrigens auch die Frage, ob die Metalepse sich auf das Verhältnis von Binnen- und Rahmenerzählung beschränkt oder bis zur extradiegetischen Ebene, also dem äußersten Rahmen der Fiktion vordringt.[47] Der wirkliche Leser wird selbstverständlich erst in das Spiel einbezogen, wenn der äußerste Rahmen der Fiktion gebrochen wird.[48] Der von Dorrit Cohn signalisierte Unterschied zwischen Metalepse und *Mise en abyme* ist in beidenFällen nur mit Hilfe eines Schemas der Immersion und Infiltration nachzuweisen: Während es bei der Metalepse zu einer Interaktion extra- und intradiegetischer oder intra- und metadiegetischer Instanzen kommt, beschränkt sich die *Mise en abyme* auf deren Similarität. Ermöglichungsbedingung der Interaktion ist jedoch eine Transgression, die nur relativ zu bestimmten Wahrnehmungs- und Darstellungskonventionen definiert werden kann. Der Bezug auf die Form des eigenen Mediums oder anderer Medien bildet in dieser Hinsicht auch für sprachliche Äußerungen eine unumgängliche Bedingung, um eine narrative Metalepse zu konstruieren. Wo es keine Grenze gibt, ist es auch schwieriger, eine Transgression zu definieren. Allerdings tritt gerade dieser unwahrscheinliche Fall in der unheimlich desorientierenden Variante des Golem-Effekts ein.

Métalepses. Entorses au pacte de la représentation, Paris: EHESS 2005, S. 73-94).

46 Vgl. Sabine Schlickers: »Inversions, transgressions, paradoxes et bizarreries. La métalepse dans les littératures espagnole et française«, in: ebd., S. 151-166, hier S. 157ff., wo auch Woody Allens *Purple Rose of Cairo* kommentiert wird.

47 Dorrit Cohn: »Métalepse et mise en abyme«, in: John Pier/Jean-Marie Schaeffer (Hg.): *Métalepses. Entorses au pacte de la représentation*, Paris: EHESS 2005, S. 121-130, hier S. 122. Malina: *Breaking the Frame*, S. 46-50.

48 Ebd., S. 16.

Ferner: Obwohl die Möglichkeit eines Vordringens über die ästhetische Grenze, eines Hineintretens in oder Heraustretens aus dem Rahmen nicht nur in der Fiktion, sondern auch in einem volkstümlichen Imaginären bestehen,[49] haben diese Ereignisse bis zur zweiten Hälfte des 20. Jahrhunderts, als Interaktion zum Programm wird, keine narratologische Relevanz. Hier mischen sich vielmehr zwei Phänomene, die nicht mehr zur narrativen Metalepse im engeren Sinn zählen. Gewiss lässt sich in einer rhetorischen Figur suggerieren, dass der Leser an der Handlung beteiligt wird oder eine Figur der Welt der Fiktion insgesamt entkommt. Aber ohne Sujet konstituiert sich nicht eine narrative, sondern eine rhetorische Metalepse.[50] Das zweite Phänomen sind die interaktiven Erzählungen, welche den zentralen Gegenstand von Ryans Buch bilden. Dieses neue Korpus, zu dem wir auch Cortázars Roman *Rayuela* (1963) und Italo Calvinos *Se una notte d'inverno un viaggiatore* (1979) zählen können, bezieht den Leser wirklich in den Prozess der Schöpfung einer fiktionalen Welt mit ein. Aber wir verlassen hier das Gebiet der Fiktion und gelangen in eine neue Art von literarischer Praxis, die jetzt als performatives Spiel betrachtet werden müsste. Denn das Pendant der aktiven Beteiligung am Roman ist seine Aufführung in Form eines Rollenspiels.

Interessant für die Ästhetik der Metalepse ist schließlich, dass die beiden Diskurse über Reorientierung und Desorientierung bis in die Erzähltheorie hinein wirksam bleiben, wenn von Immersion oder Infiltration die Rede ist. Die Scheidung dieser Diskurse erklärt beispielsweise die Divergenz zwischen Cohns und Ryans Interpretation von *Continuidad de los parques*. Beide sind sich einig, dass der Text eine Allegorie der Immersion darstellt, begründen dies jedoch auf unterschiedliche Weise. Ryan deutet die kurze Erzählung als Allegorie ei-

---

49 Ryan: *Narrative as Virtual Reality*, S. 93ff. unterfüttert diese Metaphorik der »transportation« mit den Arbeiten der Psychologen Gerrig und Nell, um so eine »›folk theory‹ of immersion« zu rekonstruieren.

50 Zur prinzipiellen Unterscheidung zwischen der rhetorischen Verwischung klarer Grenzen und dem paradoxen Erzählen im engeren Sinne vgl auch die Erträge des Hamburger Forschungsprojekts, vgl. Klaus Meyer-Minnemann: »Narración paradójica y ficción«, in: Nina Grabe/Sabine Lang/Klaus Meyer-Minnemann (Hg.): *La narración paradójica y el principo de la transgresión*. Madrid-Frankfurt a.M.: Iberoamericana-Vervuert 2006, S. 49-71.

nes Verlusts an ästhetischer Distanz: »Virtual realities [...] are normally safe environments for the experiencer, but the parable of ›Continuity of Parks‹ suggests that when they are lived too fully they are no longer protected from death«.[51] Eine allzu starke Versenkung in den Text beendet die spielerische Sicherheit des Lesens und führt eine kognitive Fesselung, eine zwanghafte Reorientierung herbei. Cohn widerspricht dieser Interpretation: Sie sieht in der Metalepse vielmehr eine Verfremdung am Werk, welche die Leistung fiktional verdoppelter Kommunikation zurücknimmt. Nicht die kognitive Erfahrung versunkenen Lesens, sondern die Möglichkeit einer Welt ohne Differenzen verursacht die Angst. Ihre These von einer unheimlichen »absence potentielle de cette duplicité« bezieht sich zwar nicht explizit auf einen psychoanalytischen Diskurs, aber im Hintergrund steht die unvollständige Verarbeitung eines »magischen Weltbildes« und ein Gefühl des Unheimlichen.[52] Die Metalepse kann, so Cohn, beim Leser eine Art Verunsicherung, eine Art Beklemmung oder Schwindelgefühl erzeugen, und zwar jeder Text auf seine eigene Weise. Wie schon Ryan bringt sie dabei den »lecteur réel« als eine empirische Größe ins Spiel, die sich – im Fall von *Continuidad de los parques* – im »erzählten Leser«, dem lesenden Protagonisten, wieder erkennt.[53] Das Konstrukt dieses versunkenen Lesers führt beide Interpretationen in eine jeweils verschiedene Richtung. Ihre Uneinigkeit erklärt sich vor dem Hintergrund des bisher Gesagten durch ihr unterschiedliches Verständnis von Immersion: Während Ryan eine kognitive Position entwickelt, um interaktive Formen des Lesens zu beschreiben, greift Cohn zurück auf

---

51 Ryan: *Narrative as Virtual Reality*, S. 167.
52 Cohn: »Métalepse et mise en abyme«, S. 130. Zu diesem Diskurs gehört auch der bei Meister beschriebene Regress in ein »univers magique où les signes sont les choses et les choses des signes« (Meister: »Le ›Metalepticon‹«, S. 246).
53 Im Hintergrund steht dabei natürlich die bereits zitierte Stelle aus Jorge Luis Borges' *Magias parciales del Quijote*. Genette bespricht diese Stelle in »Discours du récit«, S. 245, als »métalepse«, Lucien Dällenbach kommt darauf als Beispiel der »mise en abyme« zurück (Lucien Dällenbach: *Le Récit spéculaire. Essai sur la mise en abyme*, Paris: Seuil 1977, S. 218). Die Unterscheidung von Metalepse und Mise en abyme bei Cohn, »Métalepse et mise en abyme«, verweist darauf, dass das eine nur eine Figur, wie bei Borges, das andere die erzählte Welt insgesamt betrifft.

den psychoanalytischen Diskurs über unheimliche Desorientierung. Von diesen beiden Deutungen möchte ich ausgehen, um den Effekt der Immersion und Infiltration – oder, besser gesagt, die mit beidem verbundene Unschlüssigkeit – in *Continuidad de los parques* zu analysieren.

Ambivalente Reorientierung

Einige der Kommentare zur Metalepse im Allgemeinen und zu *Continuidad de los parques* im Besonderen gehen von bestimmten Ambivalenzen sprachlicher Koordination aus, welche in der Mikrostruktur des Texts beschrieben werden können. Die formal an einem sprachlichen Modell orientierten Ansätze greifen also auf den alten Gedanken der »Deixis am Phantasma« zurück, um die ambivalente Positionierung des Subjekts auf ein imaginär verdoppeltes Zeigefeld zurückzuführen. Monika Fludernik zitiert Bühler, um eine sprachlich vermittelte imaginäre Versetzung der Ich-Origo in die Fiktion zu beschreiben, so wie der Leser sie kognitiv verarbeitet.[54] Damit ist allerdings nur einer der beiden Hauptfälle der Deixis am Phantasma erfasst, von denen Bühler spricht. Der zweite Hauptfall, in welchem der Berg zum Propheten, bzw. der Stephansdom zum Studenten in den Hörsaal kommt, führt auf das Phänomen einer »undurchschauten Infiltration virtueller Welten« (Koch). Die Spuren einer solchen Versetzung in die eine oder andere Richtung lassen sich gut nachweisen: Der Sprecher kann den Standpunkt eines fiktionsinternen Fokalisierers einnehmen und dies mit Hil-

---

54 Fludernik: »Changement de scène et mode métaleptique«, S. 78 und Anm. 13. Ein anderes Beispiel ist Meyer-Minnemann, der ähnlich argumentiert wie Fludernik, allerdings nicht von »Deixis am Phantasma«, sondern allgemeiner von »moi-ici-maintenant de la narration« spricht (»Un procédé narratif qui ›produit un effet de bizzarrerie‹«, S. 138). Auf Differenzen im literarischen Einsatz der Deixis macht anhand eines deutschen und eines französischen Korpus Peter Blumenthal aufmerksam; Gerade die Deixis am Phantasma wird in beiden Sprachen sehr unterschiedlich eingesetzt, was eine überkulturell gültige »Logik« der Dichtung in Frage stellt (Blumenthal: »Deixis im literarischen Text«, in: Kirsten Adamzik/Helen Christen (Hg.): *Sprach-Kontakt, -Vergleich, -Variation. Festschrift für Gottfried Kolde zum 65. Geburtstag*, Tübingen: Niemeyer 2001, S. 11-29).

fe von imaginär auf dessen Position bezogener Deixis anzeigen.[55] Charakteristisch für *Continuidad de los parques* ist die Ambivalenz dieses deiktischen Systems, welches eine generelle Unschlüssigkeit produziert:[56] Welches ist die ästhetische Grenze, die hier überschritten wird? Ist es der Lesende, welcher im Roman versinkt, oder die Figur, die aus diesem heraustritt?

Als erste semantische Grundopposition stellt die Erzählung das Merkmal der grammatikalischen Bestimmtheit in den Vordergrund. Der Beginn verwendet, wie es der fiktionalen Konvention entspricht, bestimmte Artikel, die teilweise als anaphorische Deixis wieder aufgenommen werden: »La novela« kehrt im nächsten Satz als »la« und »-la« wieder, und verbindet sich mit dem ebenfalls bestimmten »la finca«.[57] Es geht definit weiter, wobei sich die Bestimmtheit als implizite Zuordnung zum Roman verstehen lässt: »la trama«, »el dibujo«, »los personajes« sind direkt bestimmt, weil sie sich auf genau diesen Roman beziehen, von dem hier die Rede ist.[58] Die Struktur des Anfangs setzt die Vertrautheit mit den bezeichneten Gegenständen voraus, mit einer Welt, in der klar ist, was mit »dem Roman« und »dem Landgut« gemeint ist. Die Bestimmtheit hat einen deiktischen Aspekt, sie bezieht sich auf Evidenzen, die nur innerhalb des Zeigfelds des Protagonisten gelten. Auch wenn die Erzählung sich auf diese Weise seinem Standpunkt annähert, erhält man keinen Einblick in das Bewusstsein des Lesenden. Der Charakter wird nur dadurch bestimmt, dass er liest, ein Landgut besitzt und wichtigen Geschäften nachgeht.

---

55 Vgl. etwa Sabine Schlickers: *Verfilmtes Erzählen. Narratologisch-komparative Untersuchung zu »El beso de la mujer araña« (Manuel Puig/Hectro Babenco) und »Crónica de una muerte anunciada« (Gabiel García Márquez/Francesco Rosi)*, Frankfurt a.M.: Vervuert 1997, S. 95-97, die sich auf neuere Theorien narrativer Deixis bezieht, und Meyer-Minnemann: »Un procédé narratif qui ›produit un effet de bizzarrerie‹«, S. 138-139.

56 An dieser Stelle möchte ich noch einmal auf die Arbeit von Alma Rosa Aguilar: *La référenciation dans la construction du récit fantastique. Analyse sémantique de la référenciation dans »Pasajes« de Julio Cortázar*, Villeneuve d'Ascq: Presse Universitaire du Septentrion 1998, hinweisen, welche die Referenzstruktur der Erzählungen Cortázars systematisch erforscht.

57 Julio Cortázar: *Los relatos, 2: Juegos*, Madrid: Alianza, S. 7.

58 Ebd.

Die interne Fokalisierung verstärkt sich im dritten Satz, mit dem die Exposition der Geschichte vollendet und der erste szenische Handlungsraum, das Lesezimmer, eingeführt wird. Zugleich wird die Identität der Figuren nicht etwa durch Eigennamen, sondern durch direkte Artikel und Universalien verbürgt. Auch hier fällt wieder die Häufung von Artikeln auf, die, wie »el mayordomo«, »el parque«, »los robles«, parallel zum vorigen Satz stehen – zumal es »el dibujo de los personajes« hieß und jetzt, auch syntaktisch parallel, »el parque de los robles«. Durch das Possessivpronomen »su apoderado« entsteht ein Verhältnis zwischen dem Helden und einer anderen Figur; gleichzeitig unterbricht sich die Serie der definiten Artikel durch das unbestimmte »una carta«. Dieser Brief als einer unter vielen, eine unbestimmte »cuestión de aparcerías« und gewisse »negocios urgentes« kontrastieren mit der Bestimmtheit des Romans.[59]

Zur Orientierung *innerhalb* des gelesenen Romans lässt sich nun Ähnliches sagen: Hier herrscht die gleiche Häufung von bestimmten Ausdrücken – »la puerta de la cabaña«, »la senda que iba al norte« –, und der gleiche Mangel von Eigennamen vor. Im Unterschied zum Anfang der Erzählung fehlt allerdings jener strukturelle Gegenpart, den die unbestimmten Geschäfte und Verwaltungsfragen bildeten: Die Liebenden wollen »la tarea que los esperaba« erfüllen. Die Tätigkeit ist durch die gemeinsame Planung – von ihrem Standpunkt aus betrachtet – bekannt. Das gilt auch für den Raum der lesenden Figur, der im Roman wieder so bestimmt eingeführt wird, wie zu Anfang der Erzählung. Diesmal muss die Vertrautheit mit dem Gutshaus aber motiviert werden, und zwar durch die vorausgesetzte Beschreibung, welche die Frau dem Mann von diesem Raum gibt.

Relevant wird die Häufung bestimmter Artikel durch die beiden Ausnahmen, die am Ende der Erzählung die Ähnlichkeit zwischen der Welt des »Lesers« und der gelesenen Welt nahe legen sollen: »un sillón de terciopelo verde« und »una novela«.[60] »Su sillón favorito« ist der Ort, wo der Gutsbesitzer sich zur Lektüre niederlässt. Wenn es anfangs heißt, »su mano izquierda acariciara una y otra vez el terciopelo verde«, dann erklärt sich die Bestimmtheit des Artikels dadurch, dass

---

59 Ebd.
60 José Sanjinés: *Paseos en el horizonte. Fronteras semióticas en los relatos de Julio Cortázar*, New York u.a.: Peter Lang 1994, S. 138-140, weist schon auf die semantische Ähnlichkeit hin.

der grüne Samt zum Sessel gehört. Die Eigenschaft des Sessels kompensiert für den Eindringling seine Unbestimmtheit, ermöglicht seine Identifizierung. Das zusätzliche Attribut legt dann für den Leser eine anaphorische Orientierung nahe: Er erkennt den Sessel wieder, von dem bereits die Rede war – wenn auch aus einer anderen Perspektive.

Diese sprachlichen Besonderheiten gehören zur Taktik der narrativen Metalepse. Die Ähnlichkeit zwischen den definiten Strukturen der Welt und denen des Romans sowie die Figurenkonstitution ohne Eigennamen erzeugen den Eindruck eines Kontinuums. José Sanjinés erläutert ausführlich die »gradual identificación de [...] dos series similares en la estructura semántica del texto – identificación cuya figura el lector concluye en forma de *gestalt* durante el acto de la lectura – que produce en el texto la ilusión de continuidad entre los registros de la realidad y lo imaginario«.[61] Der Effekt der Erzählung beruht laut Sanjinés auf dem Wiederauftauchen von ähnlichen Gegenständen in der intra- und hypodiegetischen Welt: »ventanales«, »sillón«, »terciopelo verde«, »la puerta«.[62] Die Pointe liegt allerdings darin, dass referentielle Identität *trotz* semantischer Differenz geschaffen wird: Selbstverständlich meint »una novela« etwas empirisch anderes als »la novela«, genau wie »un sillón de terciopelo verde« verschieden von »su sillón favorito« ist. Noch deutlicher verhält es sich bei der »alameda«, in der man nicht unbedingt den »parque de robles« wieder erkennen muss.[63] Der Text stellt den Leser vor die Wahl, die feinen Unterschiede zu einer prägnanten Gestalt zu nivellieren oder aber die Einheit der Referenz selbst in Frage zu stellen. Es gibt außerhalb der Rede des Erzählers keinen Ort, von dem aus man die in ihr enthaltenen Positionsangaben relativieren könnte. Der Text bricht mit einem offenen, spannungsvollen Ende ab.[64]

Neben räumlicher Bestimmtheit und Unbestimmtheit bildet die Zeit ein semantisches Oppositionssystem, in dem deiktische Hinweise

---

61 Ebd., S. 141.

62 Ebd., S. 138-140.

63 Obgleich Sanjinés suggeriert, dass die »alameda« natürlich zum »parque« gehören kann (ebd., S. 140).

64 Paech: »Figurationen ikonischer n...Tropie«, S. 120-121, Schlickers: »Inversions, transgressions, paradoxes et bizzarreries«, S. 161, und Sanjinés: *Paseos en el horizonte*, S. 142, betonen alle den notwendigen Beitrag des Lesers zu diesem Schluss.

auf Erzähl- und Lesezeit eingeordnet werden können. Die Beschleunigung modernen Lebens, die »negocios urgentes«, die dringenden Geschäfte, sowie die Rückkehr »en tren« stehen zunächst in Gegensatz zur Langsamkeit der Lektüre, die über »lentamente« und »tranquilidad« als Muße charakterisiert wird. Außerdem widersetzt sich die kontinuierliche Bewegung des Hineingleitens in die Fiktion dem zeilenweise taktierten »irse desgajando línea a línea«. Der Fluss der Bilder kontrastiert innerhalb des gelesenen Romans mit dem Laufen des Antagonisten und der Frau, mit dem »galopando« des Bluts in seinem Gehör, einer klaren Aufteilung der Zeit: »A partir de esa hora cada instante tenía su empleo minuciosamente atribuido«.[65] Durch diese beiden Oppositionen entsteht eine Korrespondenz zwischen der Ordnung des Lesens und derjenigen des Handelns, sowie zwischen der bewussten Planung und dem Fluss, als welcher die Handlung wahrgenommen wird. Das Zeigefeld der Erzählerrede kann auf dieser Affinität aufbauen und entscheidende Hinweise auf eine Überschreitung der narrativen Ebenen hinzufügen.

Das Tempussystem des Texts ermöglicht es, die ästhetische Grenze zwischen erlebter und gelesener Handlung zu bestimmen. Zwischen dem Absatz, der mit »Empezaba a anochecer« endet, und dem Teil, der mit »Sin mirarse ya« beginnt, wechselt das Tempus vom Imperfecto zum Indefinido. Dies wirkt so, als würde nach dem Absatz der Roman, der bis dahin indirekt referiert wurde – daher die Tempusverschiebung ins Imperfecto, die für indirekte Rede typisch ist –, direkt zitiert. Allerdings bietet gerade »Empezaba a anochecer« Anlass zur Unsicherheit. Da sich auch die Lektüre »esa tarde« vollzieht, lässt sich die Angabe im System der Lesezeit verorten – als Fortsetzung der fortschreitenden Tageszeit, die mit »danzaba el aire del atardecer« ebenfalls im *imperfecto* eingeführt wurde. Dazu kommt, dass mit »A partir de esa hora« das Tempussystem des Romans über den gleichen indexikalischen Ausdruck bestimmt wird wie – mit »esa hora« – das Tempussystem der Erzählung selbst. Schon kurz vor dem Absatz verdoppelt sich die Referenz der Temporaldeixis. Die Wiederaufnahme der Formel »esa tarde« mit »esa hora« erinnert an den konventionellen Umgang mit Deixis in der Fiktion, während der Wechsel von Tageszeit zu Stunde eine dramatische Beschleunigung des Handlungstakts suggeriert. Im dreigliedrigen System der spanischen Zeigewörter –

---

65 Cortázar: *Los relatos, 2: Juegos*, S. 8.

esta/esa/aquella – gilt »esa« für egozentrische Theorien der Deixis als Bezeichnung eines Bereichs, der für den Sprecher noch erreichbar ist, kann also eine Nähe des Erzählers zum Geschehen ausdrücken.[66] Im Unterschied zu »aquella tarde« oder »aquella hora« nähert sich das Orientierungszentrum der Figurenebene an, was aber im Fall von »esa tarde« die Ebene des fiktionalen Lesers in seinem Gutshaus, im Fall von »esa hora« die Welt des Romans bezeichnet, den er liest. Ausgehend von stärker kommunikationsorientierten Interpretationen der Deixis lässt sich der zweifache Gebrauch von »esa« noch genauer deuten: Neben der vermeintlich genauen Relationierung des Gemeinten zum Standpunkt des Sprechers enthält es auch einen Hinweis auf das räumliche Verhältnis der Kommunikationspartner.[67] Wenn das »esa« in *Continuidad de los parques* an einen Leser gerichtet wird, so situiert es die Handlung in einer gemeinsamen Kommunikationssituation: Dieser Akt des Fingierens wiederholt sich aber *en abyme* durch das zweite »esa«, das zwar innerhalb des Romans, in einer Fiktion zweiten Grades, steht, sich aber in der Rede des Erzählers nicht von dem ersten

---

66 Obgleich es in konventionellen Definitionen dieser Dreiteilung heißt, dass »ese« und »ahí« sich auf die Nähe zur angesprochenen Person beziehen, findet etwa Hottenroth sehr oft überhaupt keine Verknüpfung mit der zweiten Person und folgert daraus, dass das spanische System der Deixis stärker auf räumliche Verankerung im Zeigefeld des Sprechers aufbaue als das Französische, Englische oder Deutsche. Die drei unterschiedlichen Zeigewörter decken somit Bereiche ab, die sich in konzentrischen Kreisen um den Sprecher anordnen (Priska-Monika Hottenroth: »The System of Local Deixis in Spanish«, in: Jürgen Weissenborn/Wolfgang Klein (Hg.): *Here and There. Cross-linguistic Studies on Deixis and Demonstration*, Amsterdam/Philadelphia: John Benjamins 1982, S. 133-153, hier S. 140-144). Zur Kritik am Modell der »entfernungsorientierten« Deixis im Spanischen und einer Differenzierung nach unterschiedlichen Kommunikationssituationen s. Konstanze Jungbluth: »Deictics in the Conversational Dyad. Findings in Spanish and Some Cross-Linguistic Outlines«, in: Friedrich Lenz (Hg.): *Deictic conceptualisation of Space, Time and Person*, Amsterdam/Philadelphia: John Benjamins 2003, S. 13-40.
67 So etwa die Kritik von Harald Weinrich an Bühlers Begriff des »Ursprungs« (Weinrich: »Über Sprache, Leib und Gedächtnis«, in: Hans Ulrich Gumbrecht (Hg.): *Materialität der Kommunikation*, Frankfurt a.M.: Suhrkamp ²1995, S. 80-93, hier S. 82-83).

»esa« unterscheiden lässt. Durch die Formgleichheit der indexikalischen Ausdrücke entsteht der Eindruck einer Überlagerung der beiden Orientierungssysteme.

Semantisch deutet sich die Überschneidung der Situationen bereits vorher an. Die konventionalisierte Metapher »fue testigo« konstituiert einen entsprechend doppeldeutigen Raum:

Palabra a palabra, absorbido por la sórdida disyuntiva de los héroes, dejándose ir hacia las imágenes que se concertaban y adquirían color y movimiento, fue testigo del último encuentro en la cabaña del monte.[68]

Die Verlagerung des Standpunkts bleibt durch diesen ambivalenten Ausdruck im Imaginären, sie lässt sich – mit Bühler – beschreiben als ein »Weg Mohammeds zum Berg«. Noch ist es unmissverständlich klar, dass sich der Leser in Wirklichkeit außerhalb des Romans und der Berghütte befindet. Anders verhält es sich allerdings mit jener unthematisch konstituierten Zeit, die beide Orte verknüpft. Während das »dejándose ir hacia las imágenes« nur eine Metapher für die Tätigkeit des Imaginären darstellt, findet sich im zweiten Absatz ein realer Weg, der von einem Ort zum anderen führt, und die Überschneidung der zeitlichen Zeigfelder mit einer Überlagerung der entsprechenden räumlichen Orientierungszentren ergänzt. Während das »Sich-Gehenlassen« zu den Bildern bedeutet, dass das Subjekt seinen Ursprung allmählich in den imaginierten Schauplatz hinverlegt, verwirklicht die narrative Metalepse den dritten Hauptfall der Deixis am Phantasma, jenes dritte Übergangsstadium, das Bühler als seltene und in beide Hauptfälle übergehende Fern-Schau beschreibt: »Mohammed sieht den Berg von seinem Wahrnehmungsplatz aus« (ST 135). Auf ein fernes Objekt zu zeigen, ohne es in der Imagination näher heranzuholen, reißt das Subjekt selbst aus seiner Verankerung. Das Konzept einer »›buena continuación‹ entre los registros de lo real y lo imaginario«, wie es Sanjinés mit Iser formuliert,[69] führt in eine Aporie. Das Prinzip der »guten Fortsetzung« führt nicht nur zu Formbildung, sondern auch zu Formbruch. *Continuidad de los parques* nutzt diese Dysfunktionalität der Gestaltprinzipien, indem die narrative Vermittlung raumzeitliche Reorientierung zu unheimlicher Desorientierung in Spannung gesetzt

---

68 Cortázar: *Los relatos, 2: Juegos*, S. 7.
69 Sanjinés: *Paseos en el horizonte*, S. 182.

wird. Schon indem der Text so die Beteiligung des Lesers – die Herstellung von Prägnanz oder die »gute Fortsetzung« – fordert, ist er auf Unschlüssigkeit angelegt. Die Vorschrift, dass eine Geschichte Anfang, Mitte und Ende haben soll, die »gute Fortsetzung« der Gestalt über das offene Ende hinweg, verlangt, wie Sabine Schlickers beobachtet, zwei Transgressionen: den imaginären Vollzug eines Mords und die Durchbrechung des binnenfiktionalen Rahmens.[70] Der Schluss stellt den Leser vor die paradoxe Wahl, entweder mit einer »guten Gestalt« eine Figur der Desorientierung zu bilden – oder ohne einen entsprechenden Formwillen die Auflösung der Geschichte in einer linearen Folge von Differenzen zu akzeptieren. Diese Poetik lässt sich aus bloß sprachlichen Indizien kaum begründen. Konstitutiv ist vielmehr eine Reihe von intertextuellen und intermedialen Bezügen auf die historischen Vorläufer des Golem-Effekts.

Vom Roman zur Erzählung:
Der Sessel als unheimliche Form

Dass *Continuidad de los parques* als erster Text in einer Sammlung von kurzen Erzählungen (*Final del juego* in der Ausgabe von 1964[71]) veröffentlicht wird, unterstreicht seine metapoetische Dimension. Der kurze Text erzählt von einem Roman, und bestimmt damit die Gattung des »Cuento«. Die Untersuchung der Metalepse muss also außer der Transgression narrativer Ebenen auch die Überschreitung von Gattungsgrenzen in Betracht ziehen. Die extreme Kürze der Erzählung, die auf einem Blatt Platz findet, steht dabei markant gegen die Form

---

70 Schlickers: »Inversions, transgressions, paradoxes et bizarreries«, S. 161. Die empirische Alternative zu diesem rezeptionsästhetischen Umgang mit Gestalt liegt in der Erklärung Ryans, die Erzählung müsse deswegen vor dem Mord enden, weil die Fokalisierungsinstanz stirbt (*Narrative as Virtual Reality*, S. 167) – genau genommen ist das keine überzeugende Begründung, denn zum Zeitpunkt des Mordes liegt der Fokus längst beim Täter.

71 Schon 1956 erscheint in Mexiko eine Sammlung mit diesem Titel, in der nur neun der Erzählungen enthalten sind. *Continuidad de los parques* zählt noch nicht darunter (vgl. Mario Goloboff: *Julio Cortázar. La biografía*, Barcelona: Seix Barral 1998, S. 107).

des Buchs. Schon Cortázars frühe poetologische Schrift *Teoría del túnel* (1947) erwähnt die »Verachtung für das Buch«:

El desprecio hacia el Libro marca un estado agudo de la angustia contemporánea, y su víctima por excelencia, el intelectual, se subleva contra el Libro en cuanto éste le denuncia como hacedor de máscaras, sucedáneos de una condición humana que él intuye, espera y procura diferente.[72]

Mit der Allegorie des »trojanischen Pferds«[73] versucht Cortázar die List von Autoren zu erläutern, die sich schreibend, von innen heraus, gegen die Kultur des Buchs als »objeto de arte« wenden.[74] Das Verhältnis zur Form der Fiktion ist also ambivalent: Wie ein Tunnelbauer muss der Schriftsteller zunächst zerstören, um wieder aufzubauen, »destruye para construir«.[75] Zu dieser Fiktionskritik dient auch der Gebrauch der Metalepse als fiktionshäretisches Verfahren. Die »novela«, die vom Protagonisten von *Continuidad de los parques* gelesen wird, gehört offenbar zu den »schlechten«, konventionell gebrauchten Büchern, die Erzählung selbst hingegen verwirklicht durch die Auflösung des binnenfiktionalen Rahmens eine komplexere Form.

Die Position des Lesers in diesem Möbelstück, »arrellanado en su sillón favorito«, verbirgt einige intertextuelle Bezüge. Er unterstreicht insbesondere einen Abbau ästhetischer Distanz, der als unheimliche Desorientierung gedeutet werden kann. Bei Balzac, zu Beginn von *Le Père Goriot* (1834), der in *Teoría del túnel* als Beispiel »de maravilla estética y desaliño escolar« angesprochen wird,[76] kommt die Ablösung der müßig versunkenen Lektüre von der Arbeit, aber auch die ästhetische Grenze, durch das bequeme Möbelstück zum Ausdruck:

---

72 Cortázar: *Obra crítica I*, S. 43f.
73 Ebd., S. 60f.
74 Ebd., S. 40.
75 Ebd., S. 66. Diese titelgebende Formulierung übernimmt Cortázar übrigens von dem französischen Kritiker Gaëtan Picon, der damit die metapoetische Dimension der Dichtung von Henri Michaux charakterisiert: »[Elle] nous oblige à reconsidérer l'idée que nous nous faisons de la poésie, elle recule les limites, boulverse les habitudes: elle détruit parce qu'elle édifie.« [Hervorhebung von mir, M.C.] (Picon: *Panorama de la nouvelle littérature française* (^{2}1949), Paris: Gallimard: ^{23}1951, S. 202).
76 Cortázar: *Obra crítica I*, S. 50.

Ainsi ferez-vous, vous qui tenez ce livre d'une main blanche, vous qui vous enfoncez dans un moelleux fauteuil en vous disant: »Peut-être ceci va-t-il m'amuser.« Après avoir lu les secrètes infortunes du père Goriot, vous dînerez avec appétit en mettant votre insensibilité sur le compte de l'auteur, en le taxant d'exagération, en l'accusant de poésie. Ah! sachez-le: ce drame n'est ni une fiction, ni un roman. *All is true*, il est si véritable, que chacun peut en reconnaître les éléments chez soi, dans son cœur peut-être.[77]

Der Leser kann trotz dieser Versicherung bequem Platz nehmen und von da aus den Ereignissen zuschauen. Denn die Echtheits-Beteuerung, die Behauptung, dass es sich nicht um einen Roman handle, steht bereits innerhalb des Rahmens der Erzählung und wird zudem durch die Wendung ins Psychologische – jeder trägt Ähnliches in seinem Herzen – abgeschwächt. Interessant ist in diesem Zusammenhang die konventionalisierte Metapher des »drame«. Wird auf Geschichtsebene der Gegensatz von Unbeweglichkeit und Ereignishaftigkeit thematisiert, so lehnt sich die Vermittlungsebene mit einer Reihe von Metaphern an ein theatralisches Modell an. Der Lesesessel ersetzt den Theatersessel. Die »Wahrheit«, auf die mit einem kursiv gesetzten Zitat verwiesen wird, ist die fiktionale Wirklichkeit der Bühne, die vermeintliche Sentenz stellt sich als Titel von Shakespeares *King Henry VIII or All is True* heraus. Das Theater wird als Inbegriff der ästhetischen Distanz zitiert.

Die Situation sicheren Lesens, die im *Père Goriot* auf die konventionelle Interaktion von Publikum und Bühne zurückgreift, wird in *Continuidad de los parques* zurückgenommen. Bei Balzac umschreiben die weiße Hand, die das aufgeschlagene Buch hält, und der weiche Sessel eine Situation ungestörter Muße – bei Cortázar hingegen hat der fiktive Leser seinen Sessel mit dem Rücken zur Tür plaziert. Diese ungesicherte Situation evoziert eine Teilnahme im Zeichen des Kontrollverlusts, wie er in modernen und romantischen Intertexten narrativ entfaltet wird. Am unmittelbarsten lässt sich im kurzen Text die Folie von Roberto Arlts *Los lanzallamas* (1932) erkennen, wo die Figur Barsut in einem grünen Samtsessel – wie in *Continuidad de los parques* –

---

[77] Honoré de Balzac: »Le Père Goriot« (1834), in: H.B.: *La Comédie humaine III. Etudes de mœurs: Scènes de la vie privée, scènes de la vie de province*, hg. v. Pierre-Georges Castex, Paris: Gallimard 1976, S. 49-290, hier S. 50.

von einem Eindringling überrascht wird, welcher sich von hinten mit einem Messer anpirscht.[78] Noch wahrscheinlicher ist der Bezug auf Poes *The Fall of the House of Usher* (1839), ein Text, den Cortázar ins Spanische übertragen hat.[79] In einer stürmischen Nacht versucht der Ich-Erzähler seinen Gastgeber Roderick Usher zu beruhigen, indem er ihm aus einem Ritterroman die Geschichte eines Kampfs zwischen Ritter und Drachen vorliest. Eine merkwürdige Übereinstimmung der seltsamen Geräusche im Roman mit tatsächlich hörbaren Lauten im Zimmer macht den Sprecher auf eine Veränderung in der Haltung seines Zuhörers aufmerksam: »From a position fronting my own, he had gradually brought round his chair, so as to sit with his face to the door of the chamber«.[80] Usher wendet seinen Stuhl also derart um, dass er der Erscheinung seiner frisch verstorbenen Schwester im Türrahmen vorausgreift. Einen Augenblick lang besteht eine phantastische Ungewissheit über die Herkunft der Geräusche – aber es ist nicht die wunderbare Figur des Ritterromans, die vor den Lesenden auftritt, sondern die scheintote Schwester, welche sich mit übermenschlicher Kraft aus dem Grab befreit hat. Die »seltsame« und die »wunderbare« Auflösung im Sinn von Todorov betreffen hier bereits die ästhetische Grenze des Buches, welche durch ein in die Welt der Lesenden infiltriertes Ungeheuer durchbrochen scheint.[81] Diese Infiltration – eine

---

78 Roberto Arlt: *Los siete locos. Los lanzallamas*, hg. v. Mario Goloboff, Madrid: Archivos 2000, Kap. »La buena noticia«, S. 560-565.

79 Eine Erzählung, die Cortázar im Nachhinein als eine seiner prägenden Lektüren bezeichnet: »La huella de escritores como Edgar Allan Poe – que prolonga genialmente lo gótico en plena mitad del siglo pasado – es innegable en el plano más hondo de muchos de mis relatos; creo que sin *Ligeia*, sin *La caída de la casa Usher*, no se hubiera dado en mí esa disponibilidad a lo fantástico que me asalta en los momentos más inesperados y que me lleva a escribir como única manera posible de atravesar ciertos límites, de instalarme en el terreno de lo otro« (»Notas sobre el gótico en el Río de la Plata«, Cortázar: *Obra crítica III*, S. 82-83).

80 Edgar Allan Poe: »The Fall of the House of Usher«, in: E.A.P.: *Collected Works*, 3 Bde., hg. v. Thomas O. Mabbott, Cambridge, Mass./London: Belknap of Harvard University Press 1978, Bd. II, S. 392-422, hier S. 415.

81 »I did actually hear (although from what direction it proceeded I found it impossible to say) a low and apparently distant, but harsh, protracted, and most unusual screaming or grating sound – the exact counterpart of what

makabre Variante des Pygmalion-Effekts – bildet in der romantischen Erzählung den Grund phantastischer Unschlüssigkeit.

Cortázar kann von Poe jedoch einige Verfahren übernehmen, die zur Erzeugung einer spezifisch modernen Unschlüssigkeit dienen, und gegen die Form der ästhetischen Grenze aufbieten. Um den Effekt der unheimlichen Desorientierung zu verstärken, baut er die metaphorischen Kontaminationseffekte aus, die etwa die »ponderous and ebony jaws« der Türe mit dem Ungeheuer des Romans verbinden.[82] Schon der »mundo de hojas secas«, der das Geheimnis der romantisch-romanhaften Liebe bei Cortázar wahrt, verweist nicht nur auf eine Herbstlandschaft, sondern auch auf den Schutz, den die Liebenden innerhalb der Buchseiten genießen. Diese Metapher wird kühn fortgeführt: »Un diálogo anhelante corría por las páginas como un arroyo de serpientes«.[83] Das Gespräch in der Berghütte wird vom Lesenden nicht nur gehört, sondern auch auf dem aufgeschlagenen Buch gesehen. Denn die Metapher »arroyo de serpientes«, also »Rinnsal aus Schlangen« kann sich auf das Druckbild der unregelmäßig umgebrochenen Repliken oder auf die Verlaufsgestalt des Lesens in Serpentinen (jeweils von links nach rechts und zurück) beziehen. Der damit verglichene Dialog repräsentiert also auch die gedruckte Fiktion, wie sie im Buch steht, und nicht nur die imaginäre, dramatische Szene, deren Zeuge der Leser dank der Illusionsmacht der Sprache wird. Gleichzeitig führen die Schlangen und der Bach das Bildfeld der Wildnis fort, das mit den »hojas secas y senderos furtivos« beginnt. So übernimmt Cortázar aus dem romantischen Text das Verfahren, mit Hilfe kühner Metaphorik eine der Infiltration entsprechende Immersion zu suggerieren, um die ästhetische Grenze des Romans in Frage zu stellen ohne die Richtung der Grenzüberschreitung präzisieren zu müssen.

In diesem Zusammenhang ist auch das Material des Sesselbezugs nicht belanglos. Walter Benjamin bemerkt eine funktionale Ähnlichkeit von Fotografie und bürgerlichem Interieur: Die Möbel des 19. Jahrhunderts, so Benjamin, sind bevorzugt aus Plüsch und Samt, dem

---

my fancy had already conjured up for the dragon's unnatural shriek as described by the romancer« (ebd., S. 414).
82 Ebd., S. 416.
83 Cortázar: *Los relatos 2: Juegos*, S. 8.

»Stoff, in dem sich besonders leicht Spuren abdrücken«.[84] Diese Beobachtung wird im *Passagen-Werk* so verallgemeinert, dass die Inneneinrichtung selbst wie ein Speichermedium wirkt: »Die Etuis, die Überzüge und Futterale, mit denen der bürgerliche Hausrat des vorigen Jahrhunderts überzogen wurde, waren ebenso viele Vorkehrungen, um Spuren aufzufangen und zu verwahren«.[85] In *Continuidad de los parques* hat der Lesesessel eine vergleichbare Funktion. Er wird zur Spur, auf die der Leser im Lauf des Romans zurückgestoßen wird, und welche die von traditionellen Gattungen gesetzten ästhetischen Grenzen als Form der Orientierung ersetzt.

Anders als der Sessel bei Balzac dient der Sessel in *Continuidad de los parques* also nicht einer ironischen Bekräftigung der Grenze zwischen Fiktion und Wirklichkeit, sondern einer charakteristischen Unschlüssigkeit, die in ein Infiltrations- und Immersionssujet mündet. Der Samtsessel übernimmt insofern die Funktion, die für Meyrink und Quiroga der Stummfilm erfüllt. Die Erzählung endet mit einer dynamischen, telegrammartigen Aufnahme, die dem vom Eindringling Gesehenen entspricht, ohne dies explizit auf dessen Wahrnehmung zurückzuführen:

En lo alto, dos puertas. Nadie en la primera habitación, nadie en la segunda. La puerta del salón, y entonces el puñal en la mano, la luz de los ventanales, el alto respaldo de un sillón de terciopelo verde, la cabeza del hombre en el sillón leyendo una novela.[86]

Es fehlen in dieser Folge von handlungsrelevanten Details die Verben, welche den einzelnen Teilsätzen ihren unterschiedlichen Aspekt, ihren jeweiligen zeiträumlichen Rahmen geben würden. Nicht Reorientierung, sondern unheimliche Desorientierung charakterisiert also dieses Ende.

Der dysfunktionale Umgang mit Gestaltprinzipien dient, zusammenfassend gesagt, einer häretischen Umdeutung fiktionaler Form. Er produziert eine besondere Art von Unschlüssigkeit, die üblicherweise

---

84 Walter Benjamin: *Das Passagen-Werk. Gesammelte Schriften V*, 2 Bde. (V.I und V.II), hg. v. Rolf Tiedemann, Frankfurt a.M.: Suhrkamp 1972, Bd. V.I, S. 294.
85 Ebd., S. 298.
86 Cortázar: *Los relatos 2: Juegos*, S. 8.

als Metalepse beschrieben wird, aber auch in der im vorliegenden Buch nachgezeichneten Tradition steht: Die Unterdrückung der ästhetischen Grenze des Romans, die an deiktische Konventionen gebunden ist, lässt die Erzählung einerseits zwischen Reorientierung und Desorientierung, andererseits zwischen Immersion und Infiltration oszillieren. Der Golem-Effekt hat sich dabei weitgehend von seinem ursprünglichen Bezugsmedium gelöst. Obgleich Cortázar das Kino an anderer Stelle sehr oft erwähnt, erscheint es an der Erzeugung dieser Unschlüssigkeit nicht mehr ausdrücklich durch die kinematographische Form oder in eindeutigen Film-Metaphern beteiligt. Das fiktionshäretische Erzählen steht zwar in der Tradition einer Problematik, die an Diskurse und Fiktionen des Kinozeitalters gebunden ist, aber wie schon bei Felisberto angedeutet, kann sich die Unschlüssigkeit auch auf die Form untechnischer Medien übertragen; im Fall von *Continuidad de los parques* ist es der Samtsessel, der als Medium dem Buch entgegengestellt wird.

Die Analyse von *Continuidad de los parques* legt es schließlich auch nahe, die narrative Metalepse historisch zu kontextualisieren. Das erzählerische Verfahren ruht auf den beiden partiellen Diskursen auf, die Cortázar in seiner Essayistik mit den deutschen Fremdwörtern »Gestalt« und »Unheimlich« abkürzt. Auch wenn die »narrative Metalepse« also mit Hilfe sprachlich-stilistischer Mittel erzeugt wird, ist sie zugleich abhängig von kulturellen, historisch variablen Schemata der Orientierung. Der »Golem-Effekt« kann folglich das Konzept der »Metalepse« nicht ersetzen, macht jedoch verständlich, welche fiktionalen Strukturen diese narrative Struktur voraussetzt. Immersion und Infiltration sind nicht einfach Funktionen einer Rhetorik der Erzählung, sondern das Analogon dieser narrativen Strukturen auf Ebene fiktionaler Struktur: Sie stellen das Verhältnis des Lesers zu dem Text, den er liest, in Frage. Julio Cortázars Werk bildet innerhalb der rioplatensischen Literatur den Höhepunkt einer längeren Reflexion über die ästhetische Grenze, die von den neuen Fiktionsmodellen des Kinos angestoßen wird, sich aber zunehmend von diesem Auslöser entfernt. Seine besondere Position zeigt sich in der prägnanten Verkürzung des Themas: Der zur Metapher gewordene »Golem«, das mit einem Wort aufgerufene Prinzip der »Gestalt« und des »Unheimlichen«, schließlich die »Immersion« selbst. Das mit dieser Verkürzung und in den poetologischen Schriften Cortázars über die erzählte Phantastik erreichte Reflexionsniveau gestattet es, auch die Untersuchung der vom

Golem-Effekt geprägten Neubestimmung phantastischen Erzählens an dieser Stelle enden zu lassen.

Schluss

In den beiden Teilen meiner Arbeit habe ich zwei Serien zu analysieren versucht, welche im 20. Jahrhundert das Thema der Immersion und Infiltration behandeln: Essay und Fiktion. In beiden erscheint das Kino, mit einer gewissen Unvermeidlichkeit, unter verschiedenen Aspekten. Der erste Teil widmet sich der Ablösung des Orientierungszentrums vom menschlichen Körper, was die Versenkung in die Fiktion und das Heraustreten von fiktiven Figuren über eine ästhetische Grenze psychologisch oder psychoanalytisch zu begründen gestattet. Der zweite Teil beschreibt eine Umkodierung, welche die Poetik der phantastischen Erzählung und insbesondere das Motiv des »künstlichen Menschen« betrifft. Anders als die Statue des Pygmalion erhält der Golem ein intermittentes Leben, kann also an- und ausgeschaltet werden. Die auktoriale Kontrolle über die Wirkung der Fiktion, die sich einerseits an die Technik des Kinos anlehnt, wird von dieser andererseits auf ihre vielfache Partialität zurückgestoßen: Auf diese Weise entstehen Gegensatzpaare, die für die Form der Fiktion in der frühen Moderne relevant sind. So wie die Frage der Ich-Koordination zu zwei partiellen Erklärungen für das Phänomen der Versenkung (oder Infiltration) führt, nämlich der Reorientierung oder der Desorientierung, konfrontieren die Fiktionen des Kinos den literarischen Text mit seiner Partialität als Nicht-Bild. Die Unschlüssigkeit über die Form der ästhetischen Grenze äußert sich in einem Teil des hier betrachteten Korpus als Unschlüssigkeit, in welche Richtung diese Grenze überschritten wird: Der Golem-Effekt situiert sich genau zwischen dem Pygmalion-Effekt, der sujethaften quasi-magischen Infiltration, und dem Quijote-Effekt, der entsprechenden Immersion. Zum Zusammenhang der beiden Serien Essay und Erzählung in einem modernen, kinematographischen Verständnis von Fiktion gehört also auch die Wechselbeziehung von Immersion und Infiltration. Dabei zeigt sich gerade an dem Korpus von Literatur des La-Plata-Raums, wie der Golem-Effekt sich zwar konsequent aus einer medialen Unschlüssigkeit ergibt, die Position der Kinos in dieser Unschlüssigkeit aber zunehmend mit anderen Formen umbesetzt wird.

Um das Phänomen der Immersion und Infiltration auf eine diskursgeschichtliche Grundlage zu stellen, habe ich begonnen, nach der Verankerung des Subjekts in der außerfiktionalen Wirklichkeit zu fragen. Ernst Cassirers *Philosophie der symbolischen Formen* hat diese Verankerung als ein kulturelles Konstrukt von »Orientierung« dargestellt. Jede Verlagerung des Subjektzentrums, jede »Umzentrierung«, bedeutet für Cassirer wie für die Gestaltpsychologie eine grundsätzliche *Reorientierung* der Wirklichkeit – etwa in Differenz von »Kohärenzerlebnis« und »kategorialem Verhalten« als unterschiedliche Haltungen zum Text. Allerdings gilt diese Möglichkeit nur im Rahmen einer Weltanschauung, die auf einem bestimmten Medium der Darstellung, wie der Sprache, beruht. Das mythische Denken hingegen zentriert Koordination in so absoluter Art und Weise auf den menschlichen Körper, dass imaginäre Verlagerungen notwendig eine *Desorientierung* und das Erscheinen von »Doppelgängern« nach sich ziehen. Diese zweite Möglichkeit, die in Cassirers kulturgeschichtlichem Aufriss mitgedacht wird, steht beim psychoanalytischen Zugriff auf das Subjekt im Vordergrund und gewinnt dort als das »Unheimliche« (Freud) eine besondere Relevanz. In kognitiver Hinsicht erscheinen Orientierungsdefizite hingegen nur als experimentell isolierbare und therapeutisch behebbare Grenzlinien der »Umzentrierung«. Kognitive Experimente dienen zum einen der Perfektionierung des technischen Mediums, zum anderen aber auch einer spezifischen Poetik, bei der Zentrenbildung als mediale Form von Fiktion, als »ästhetische Grenze« reflektiert wird.

In der philosophischen, psychologischen oder psychoanalytischen Auseinandersetzung mit Orientierung verbindet sich das Thema der fiktionalen Immersion ab den zwanziger Jahren also zunehmend mit der Filmkunst. Dabei bilden sich zwei Diskurse heraus. Auf der einen Seite erscheint die Versenkung als kognitives Phänomen der »Deixis am Phantasma« (Bühler), als Form der Fiktion und Überschreitung einer ästhetischen Grenze. Auf der anderen Seite stellt die Psychoanalyse diesem Diskurs über Reorientierung einen Diskurs über Desorientierung entgegen; Immersion und Infiltration sind hier nicht einfach Verlagerungen eines Koordinationszentrums, sondern Verlust oder Verdoppelung dieses Subjektzentrums, wodurch die Welt des Betrachters, der Schauraum, mit in Frage gestellt wird. Die Kinotheorie, welche das Thema der Immersion wissenschaftlich verhandelt, greift diese beiden Diskurse auf, welche sich entweder für die »Gestalt« des Films als Kunst (Arnheim) oder Fiktion (Hamburger) entscheiden oder im Gegenteil die Geschichte der Desorientierung fortschreiben, welche in Sigmund Freuds Aufsatz über *Das Unheimliche* mit dem Phänomen des Doppelgängers in Verbindung gebracht wird. Entsprechend werden auch die Infiltration, das Thema des künstlichen Menschen, und die Immersionserfahrung des Kinos entweder als technische Form der Kontrolle oder als überwältigende, dem Traum vergleichbare Macht erfahren. Diese Ausdifferenzierung, die bis zu den aktuellen Analysen der Immersion, den unvereinbaren Positionen von Jean-Marie Schaeffer und Friedrich Kittler reicht, verdeckt das Moment der Unschlüssigkeit, das die Fiktionen der frühen Kinozeit charakterisiert. Denn wie die Medienreflexion und Kinotheorie beide Diskurse in ihrer Partialität bis in die Gegenwart fortführt, so zieht sich auch das fiktionale Spiel mit der kinematographischen Reorientierung oder Desorientierung bis in die zweite Hälfte des 20. Jahrhunderts.

Die zweite Serie, die Geschichte fiktionaler Inszenierungen des Sujets, die ich komparatistisch als Golem-Effekt beschreibe, ist nicht durchgängig mit der ersten Serie korreliert: Die Essayistik entdeckt das Kino erst verhältnismäßig spät, während es bei Erzählern wie Meyrink oder Quiroga schon während des Ersten Weltkriegs unter dem Aspekt der Immersion und Infiltration erscheint. Ähnliches gilt für das Weimarer Kino, für das ich stellvertretend Paul Wegeners *Golem*-Filme analysiere. Noch einschneidender als die Essayistik, die um das Kino als spezifisches Medium kreist, löst jedoch die zunehmende Vertrautheit mit dem Medium Film die Spannung auf, welche den frühen Dialog von kinematographischer und literarischer Fiktion bestimmt. Dabei wird allerdings das Kino immer mehr als eine Form der funktionierenden Reorientierung aufgefasst – also als ein Modell auktorial kontrollierter Immersion und Infiltration. Der neu erfundene, unvertraute Medienverbund bei Adolfo Bioy Casares, die Allegorie der Flüssigkeit bei Felisberto Hernández, der Samtsessel bei Julio Cortázar übernehmen insofern als unvertraute ästhetische Grenzen den desorientierenden, dysfunktionalen Aspekt und somit die Verantwortung für die mediale Unschlüssigkeit, welche Immersion und Infiltration sich einander überlagern lässt.

Für die Poetik der Erzählung löst sich damit die Kittlersche Frage, ob Film als funktionierende Psychotechnik die Form der Fiktion ersetzt oder den Betrachter mit einem dysfunktionalen Imaginären konfrontiert. Gemäß der metapoetischen Reflexion der hier betrachteten Texte ist weder das eine noch das andere der Fall. Denn nicht nur die Literatur, sondern auch das Kino selbst nutzen die entstehenden Interferenzen sowohl für eine fiktionsironische Auflösung als auch für eine fiktionshäretische Stabilisierung der Unschlüssigkeit. So bilden Julio Cortázars Erzählungen den Höhepunkt einer Entwicklung in der rioplatensischen Literatur der Moderne, welche mit den metapoetischen Sujets und Kinobesprechungen Horacio Quirogas beginnt. Die Ambivalenz kinematographischer Fiktion, die zugleich eine technische Kontrolle des Imaginären verspricht *und* eine fatale Desorientierung zur Folge haben kann, wird bei Jorge Luis Borges systematisch auf das Schreiben, auf das Erzählen übertragen. Die narrative Metalepse bei Cortázar bringt diese Entwicklung auf einen Höhepunkt, löst aber zugleich die mediale Unschlüssigkeit von den Formen des Kinos ab. Die narrative Metalepse in *Continuidad de los parques* inszeniert immersive Lektüre und Infiltration auf ambivalente Weise: Der Leser kann seinen eigenen sicheren Standpunkt aufgeben und an dem unheimlichen Spiel teilnehmen oder es – unter dem Aspekt der Reorientierung – als Fiktionsironie betrachten. Zweitens führt es aber auch die beiden Serien, die fiktionale und nicht-fiktionale Rede, zusammen, so wie dies Borges schon des Öfteren getan hat: Selbstverständlich handelt es sich um eine fiktionale Erzählung, aber die mediale Konzeption der Fiktion, ihre ästhetische Grenze, ist durch die Kürze und andere Verfahren auf unheimliche Weise verwischt. Nicht der Film bildet dabei das »Kontermedium« (Mahler), dessen Form die Grenzen des Textes bricht, sondern ein metapoetisch einschlägiger Samtsessel als Träger der Lektüre. Die von Cortázar erzeugte Unschlüssigkeit setzt nicht nur eine Form der Phantastik fort, welche im La-Plata Raum von Horacio Quiroga eingeführt wurde, sondern setzt auch die beiden, in den zwei Teilen der Arbeit referierten Serien voraus. Sie baut auf die ambivalente Inszenierung ästhetischer Grenzen und situiert sich so in einer bestimmten modernen Erzähltradition, die, beginnend mit Gustav Meyrinks *Golem*, die fiktionale Immersion des Lesers mit der Infiltration künstlicher Gestalten kreuzt.

Um die Argumentation des vorliegenden Buches auch systematisch zusammenzufassen, kann man sagen, dass es, ausgehend vom Thema der Immersion, eine Erneuerung der erzählten Phantastik untersucht. Auf der Ebene wissenschaftlicher Diskurse über die Versenkung wurde auf diese Weise eine exklusive Opposition rekonstruiert, der Gegensatz zwischen einem kognitiv-psychologischen und einem psychoanalytischen Diskurs. Die Konkretisierung dieser Diskurse auf Ebene von Ästhetik, Fiktions- und Medientheorie scheint bis in die

Gegenwart wirksam: Immersion wird entweder als Überschreitung einer ästhetischen Grenze, als Reorientierung, als Schaffung einer Form der Fiktion betrachtet, oder aber als Selbstverlust, Desorientierung und Zusammenbruch der fiktionalen Form. Der Gegensatz dieser Diskurse ist nicht nur ein Indiz ihrer jeweiligen Partialität, sondern auch ein strukturell relevanter Unterschied auf Ebene der historischen Poetik. Die Poetik des hier beschriebenen Korpus von Erzählungen lässt sich durch eine neue Art von Unschlüssigkeit charakterisieren, welche zu der von Todorov beschriebenen Form von Fiktionshäresie hinzukommt (oder sie, in vielen Fällen, insgesamt ersetzt). Neben die Frage, ob die beobachteten Immersionen oder Infiltrationen eine natürliche oder eine wunderbare Erklärung haben, drängt sich diejenige, welche Art von ästhetischer Grenze hier überschritten wird und in welcher Richtung die Transgression stattfindet (also ob es sich um Immersion oder Infiltration handelt). In der Geschichte fiktionaler Inszenierungen dieser Struktur erschließt das Kino die partiellen Diskurse von Reorientierung und Desorientierung, bevor diese bei Jorge Luis Borges und Julio Cortázar poetologisch relevant werden.

Die ästhetische Betrachtung von Immersion und Infiltration hat ihre Grenzen, die ich schon angedeutet habe. Ob ihre Aspekte auch über die historische Poetik hinaus relevant sind, darf man bezweifeln. Das Thema des künstlichen Menschen interessiert in unserer Gegenwart z.B. eher die Genetik und Kybernetik und Bioethik unter einem praktischen Aspekt. Schon zuvor war Cassirers kultursemiotisches Konzept des Geistes, in dem die psychologische »Gestaltung« eine gewisse Rolle spielte, von anderen Konzepten abgelöst worden. Das Paradigma transzendentaler Philosophie, die Kantsche Frage, was es heißt, sich im Denken zu orientieren, wurde schließlich bei Ludwig Wittgenstein selbst zum Gegenstand einer sprachanalytischen Reflexion: »Wir sagen nur vom Menschen, und was ihm ähnlich ist, es denke. Wir sagen es auch von Puppen und wohl auch von Geistern. Sieh das Wort ›denken‹ als Instrument an!«.[1] Die denkenden Puppen und Geister haben Mitte der fünfziger Jahre den Bereich der Phantastik, ja überhaupt der Fiktion verlassen, so dass von Infiltration nicht mehr die

---

1 Ludwig Wittgenstein: »Philosophische Untersuchungen« (1953), in: L.W.: *Tractatus logico-philosophicus, Tagebücher 1914-1916, Philosophische Untersuchungen (= Werkausgabe Bd. 1)*, hg. v. Joachim Schulte u.a., Frankfurt a.M.: Suhrkamp 1989, S. 225-580, hier § 360, S. 394.

Rede sein kann. Umgekehrt lässt auch die Immersion, wie Ryan überzeugend herausgearbeitet hat, immer weiter einer performativen Interaktion des Rezipienten mit dem Werk ihren Platz. Die besondere Funktion des Golem-Effekts erweist sich damit als zeitlich ebenso beschränkt wie die irdische Existenz des Golems.

Danksagung

Selbstverständlich ist diese Untersuchung im Dialog mit zahlreichen Kolleginnen und Kollegen entstanden. Davon sollten abschließend einige namentlich erwähnt werden, deren Beitrag aus den Fußnoten noch nicht in der angemessenen Weise hervorgeht. An erster Stelle möchte ich Wolfram Nitsch danken, der mein Habilitationsprojekt begleitet hat. Auch den Gutachten von Katharina Niemeyer, Claudia Liebrand und Andreas Kablitz konnte ich viele nützliche Anregungen zur Überarbeitung entnehmen. Peter Blumenthal, Hans-Ulrich Gumbrecht und Luzius Keller ermöglichten und ermutigten mit ihren Empfehlungsschreiben meine Tätigkeit als Heisenberg-Stipendiat, die ich zur Vertiefung des Themas genutzt habe. Erich Kleinschmidt lud mich ein, mehrere Abschnitte daraus in verschiedenen Ringvorlesungen des Kölner Zentrums für Moderneforschung vorzustellen. Ein anderes Kapitel durfte ich im Seminar von Annick Louis an der Universität Reims vortragen. Für die Korrektur verschiedener Stadien des Manuskripts möchte ich mich bei Frauke Bode, Wiebke Heyens, Agneta Hirschhausen, Ariane Lüthi, Kai Merten und Christine Rath bedanken. In dem gemeinsam mit Uli Reich angebotenen Proseminar zu Julio Cortázar gewann ich viele wertvolle Einsichten über den Zusammenhang von Phantastik und Sprache. Auch der Reader von Irene Albers' Proseminar zur Medienphantastik im La-Plata-Raum, den sie mir großzügig zur Verfügung stellte, hat mir bei der Erschließung des Themas geholfen. Stellvertretend für alle, die mich ihre Bibliotheken oder Schreibtische benutzen liessen, bedanke ich mich bei Elisabeth Axmann-Mocanu und Victoria Torres – und nicht zuletzt bei Patricia Gossart.

Abkürzungsverzeichnis

ALC Quiroga, Horacio: *Arte y lenguaje del cine*, hg. v. Carlos Dámaso Martínez, Buenos Aires: Losada 1996

CI Quiroga, Horacio: *Cuentos*, hg. v. Jorge Lafforgue/Pablo Rocca, 2 Bde., hier Bd. 1, Buenos Aires: Losada 2002

DU Freud, Sigmund: »Das Unheimliche«, in: S.F.: *Studienausgabe IV: Psychologische Schriften*, hg. v. Alexander Mitscherlich, Angela Richards u. James Strachey, Frankfurt a.M.: S. Fischer 1970, S. 241-274

FI Borges, Jorge Luis: *Ficciones*, Buenos Aires: Emecé 1956

GG Meyrink, Gustav: *Das grüne Gesicht*, Leipzig: Kurt Wolff 1916

GO Meyrink, Gustav: *Der Golem. Ein Roman*, Leipzig: Kurt Wolff 1915

HA Quiroga, Horacio: »El hombre artificial«, in: H.C.: *Obras. Novelas y relatos*, hg. v. Jorge Lafforgue/Pablo Rocca, Buenos Aires: Losada 1998, S. 343-376

IM Bioy Casares, Adolfo: *La invención de Morel*, ed. Trinidad Barrera, Madrid: Cátedra 1998

OC2 Hernández, Felisberto: *Obras completas*, 3 Bde., hg. v. María Luisa Puga, México: Siglo XXI, Bd. 2

OC3 Hernández, Felisberto: *Obras completas*, 3 Bde., hg. v. María Luisa Puga, México: Siglo XXI, Bd. 3

ST Bühler, Karl: *Sprachtheorie. Die Darstellungsfunktion der Sprache* (1934), Stuttgart: Fischer ^{2}1965

XYZ Palma, Clemente: »XYZ. Novela grotesca«, in: C.P.: *Narrativa completa*, 2 Bde., hg. von Ricardo Sumalavia, Perú: Pontificia Universidad Católica 2006, Bd. 2, S. 121-381

Bibliographie

Abret, Helga: *Gustav Meyrink conteur*, Berlin/Frankfurt a.M.: Peter Lang 1976

Aguilar, Alma Rosa: *La référenciation dans la construction du récit fantastique. Analyse sémantique de la référenciation dans »Pasajes« de Julio Cortázar*, Villeneuve d'Ascq: Presses Universitaires du Septentrion 1998

Alazraki, Jaime: *»Borges and the Kabbalah« and Other Essays on his Fiction and Poetry*, Cambridge: Cambridge UP 1988

Alazraki, Jaime: »Contar como se sueña: para una poética de Felisberto Hernández«, *Rio de la Plata: Culturas* 1 (1985), S. 21-43

Alazraki, Jaime: *En busca del unicornio: los cuentos de Julio Cortázar. Elementos para una poética del neofantástico*, Madrid: Gredos 1983

Alazraki, Jaime: *La prosa narrativa de Jorge Luis Borges*, Madrid: Gredos 1968

Alifano, Roberto: *Conversaciones con Borges*, Buenos Aires: Atlantida 1985

Allendy, René: »La Valeur psychologique de l'image«, in: R.A. et al.: *L'Art cinématographique*, Paris: F. Alcan 1926, S. 75-103

Almeida, Ivan: »Conjeturas y mapas. Kant, Peirce, Borges y las geografías del pensamiento«, *Variaciones Borges* 5 (1998), S. 7-37

Andreu, Jean L.: »›Las hortensias‹ o los equivocos de la ficción«, in: Alain Sicard (Hg.): *Felisberto Hernández ante la crítica actual*, Caracas: Monte Avila 1977, S. 9-31

Andriopoulos, Stefan: *Besessene Körper. Hypnose, Körperschaften und die Erfindung des Kinos*, München: Fink 2000

Arbeitsgruppe München: »Epistemische Strukturen und Medialität«, in: Erika Fischer-Lichte u.a. (Hg.): *Wahrnehmung und Medialität*, Tübingen/Basel: Francke 2001, S. 31-50

Aristoteles: *Poetik*, übersetzt u. hg. v. Manfred Fuhrmann, Stuttgart: Reclam 1982

Arlt, Roberto: *Los siete locos. Los lanzallamas*, hg. v. Mario Goloboff, Madrid: Archivos 2000

Arnheim, Rudolf: *Film als Kunst* (1932), hg. v. Karl Prümm, Frankfurt a.M.: Suhrkamp 2002

Ash, Mitchell G.: *Gestalt Psychology in German Culture, 1890-1967. Holism and the Quest for Objectivity*, Cambridge and New York: Cambridge University Press 1995

Baader, Theodor: *Die identifizierende Funktion der Ich-Deixis im Indoeuropäischen. Eine ethnologisch-sprachwissenschaftliche Untersuchung*, Heidelberg: Carl Winter 1929

Baecker, Dirk: »Vorwort«, in: Fritz Haider: *Ding und Medium*, Berlin: Kadmos 2005, S. 7-22

Bär, Gerald: *Das Motiv des Doppelgängers als Spaltungsphantasie in der Literatur und im deutschen Stummfilm*, Amsterdam: Rodopi 2006

Balzac, Honoré de: »Le Père Goriot« (1835), in: H.B.: *La Comédie humaine III. Etudes de mœurs: Scènes de la vie privée, scènes de la vie de province*, hg. v. Pierre-Georges Castex, Paris: Gallimard 1976, S. 49-290

Barnatán, Macos Ricardo: *Jorge Luis Borges*, Madrid: Júcar [2]1976

Becker, Oskar: »Beiträge zur phänomenologischen Begründung der Geometrie und ihrer physikalischen Anwendungen«, *Jahrbuch für Philosophie und phänomenologische Forschung* VI (1923), S. 385-560

Benninghoff-Lühl, Sibylle: »Stein, Zitat, Apostrophe. Figuration in Gustav Meyrinks ›Der Golem‹«, in: Gabriele Brandstetter/Sibylle Peters (Hg.): *de figura. Rhetorik – Bewegung – Gestalt*, München: Fink 2002, S. 163-175

Benjamin, Walter: »Das Kunstwerk im Zeitalter seiner technischen Reproduzierbarkeit« (1939), in: W.B.: *Gesammelte Schriften I*, 2 Bde. (I.I und I.II) hg. v. Rolf Tiedemann und Hermann Schweppenhäuser, Frankfurt a.M.: Suhrkamp 1974, Bd. I.II, S. 471-508

Benjamin, Walter: *Das Passagen-Werk. Gesammelte Schriften V*, 2 Bde. (V.I und V.II), hg. v. Rolf Tiedemann, Frankfurt a.M.: Suhrkamp 1972

Berens, Roland: *Narrative Ästhetik bei Horacio Quiroga*, Bielefeld: Aisthesis 2002

Bergson, Henri: *Le Rire. Essai sur la signification du comique* (1900), Paris: PUF 1981

Bioy Casares, Adolfo: *La invención de Morel*, hg. v. Trinidad Barrera, Madrid: Cátedra 1998

Blanchot, Maurice: *Le Livre à venir*, Paris: Gallimard 1959

Bloch, Chajim: *Der Prager Golem. Von seiner »Geburt« bis zu seinem »Tod«*, Berlin: Verlag von Dr. Blochs Wochenschrift 1919

Block de Behar, Lisa: »A 100 años del nacimiento de Felisberto Hernández: recuerdos de cine y variaciones sobre notas al pie«, in: *Querencia, revista en línea de psicoanálisis*, No. 5, Diciembre 2002 (=http://www.liccom.edu.uy/docencia/lisa/articulos/cien.htm)

Block de Behar, Lisa: *Dos medios entre dos medios. Sobre la representación y sus dualidades*, Buenos Aires: Siglo XXI 1990

Blumenberg, Hans: *Die Legitimität der Neuzeit*, Frankfurt a.M.: Suhrkamp ^{2}1988

Blumenberg, Hans: »Lebenswelt und Technisierung unter Aspekten der Phänomenologie«, in: H.B.: *Wirklichkeiten in denen wir leben*, Stuttgart: Reclam 1981, S. 7-54

Blumenthal, Peter: »Deixis im literarischen Text«, in: Kirsten Adamzik/Helen Christen (Hg.): *Sprach-Kontakt, -Vergleich, -Variation. Festschrift für Gottfried Kolde zum 65. Geburtstag*, Tübingen: Niemeyer 2001, S. 11-29

Bonitzer, Pascal: *Peinture et Cinéma. Décadrages*, Paris: Cahiers du Cinéma/Étoile ^{3}1995

Bonnefille, Eric: *Julien Duvivier, le mal aimant du cinéma français. Tome 1, 1896-1940*, Paris: L'Harmattan 2002

Borge, Jason: *Latin American Writers and the Rise of Hollywood Cinema*, New York/London: Routledge 2008

Borges, Jorge Luis: *Biblioteca personal* (1988), Madrid: Alianza 1995.

Borges, Jorge Luis: »El acercamiento a Almotásim«, in: J.L.B.: *Historia de la eternidad*, Buenos Aires: Emecé 1953, S. 135-144

Borges, Jorge Luis: »El arte narrativo y la magia« (1932), in: J.L.B.: *Discusión*, Buenos Aires: Emecé 1957, S. 81-92

Borges, Jorge Luis: »El golem« (1958), in: J.L.B.: *Obras completas*, 3 Bde., hg. v. Carlos V. Frías, Buenos Aires: Emecé 1990, Bd. 2, S. 263-265

Borges, Jorge Luis: »Epílogo«, in: J.L.B.: *El hacedor*, Buenos Aires: Emecé 1960, S. 109

Borges, Jorge Luis: *Ficciones*, Buenos Aires: Emecé 1956

Borges, Jorge Luis: »Films« (1932), in: J.L.B.: *Discusión*, Buenos Aires: Emecé 1961, S. 75-80

Borges, Jorge Luis: »Historia de la eternidad«, in: J.L.B.: *Historia de la eternidad*, Buenos Aires: Emecé 1953, S. 11-42

Borges, Jorge Luis: *Historia universal de la infamia*, Buenos Aires: Alianza/Emecé 1971

Borges, Jorge Luis: »›La fuga‹ (1937)«, in: Edgardo Cozarinsky (Hg.): *Borges y el cinematógrafo*, Barcelona: Emecé 2002, S. 51-53

Borges, Jorge Luis: »La penúltima versión de la realidad« (1928), in: J.L.B.: *Discusión*, Buenos Aires: Emecé 1957, S. 39-44

Borges, Jorge Luis: »Los traductores de las ›1001 noches‹« (1935), in: J.L.B.: *Historia de la eternidad*, Buenos Aires: Emecé 1953, S. 99-134

Borges, Jorge Luis: »Magias parciales del Quijote«, in: J.L.B.: *Otras inquisiciones* (1952), Buenos Aires: Emecé 1981, S. 52-55

Borges, Jorge Luis: »Notas« (1932), in: J.L.B.: *Discusión*, Buenos Aires: Emecé 1957, S. 163-181

Borges, Jorge Luis: »Prólogo«, in: Adolfo Bioy Casares: *La invención de Morel* (1940), hg. v. Trinidad Barrera, Madrid: Cátedra 1998, S. 89-91

Borges, Jorge Luis: »Sobre el doblaje« (1945), in: J.L.B.: *Discusión*, Buenos Aires: Emecé 1957, S. 177-179

Borges, Jorge Luis: *Textos cautivos. Ensayos y reseñas en »El Hogar«*, hg. v. Enrique Sacerio-Gari und Emir Rodríguez Monegal, Barcelona: Tusquets 1986

Borges, Jorge Luis: *Textos recobrados 1919-1929*, ed. Sara Luisa del Carril, Buenos Aires: Emecé 2002

Bratosevich, Nicolás: »La problemática del inconsciente en Felisberto Hernández«, in: N.B.: *Métodos de análisis literario aplicados a textos hispánicos*, Buenos Aires: Hachette 1985, S. 175-194

Bresnick, Adam: »Prosopopeic Compulsion: Reading the Uncanny in Freud and Hoffmann«, *The Germanic Review* 71/2 (1996), S. 114-132

Breton, Philippe: *A l'Image de l'homme. Du Golem aux créatures virtuelles*, Paris: Seuil 1995

Breve antología de los pioneros de aquellos tiempos del biógrafo, Buenos Aires: Museo Municipal del cine, septiembre de 1980

Bravo, Víctor: *El orden y la paradoja. Jorge Luis Borges y el pensamiento de la modernidad*, Rosario: Beatriz Viterbo 2004

Brod, Max: »Kinematographentheater« (1909), in: Fritz Güttinger (Hg.): *Kein Tag ohne Kino. Schriftsteller über den Stummfilm*, Frankfurt a.M.: Deutsches Filmmuseum 1984, S. 33-35

Bühler, Karl: *Die Erscheinungsweise der Farben*, Jena: Gustav Fischer 1922

Bühler, Karl: *Die Gestaltwahrnehmungen. Experimentelle Untersuchungen zur psychologischen und ästhetischen Analyse der Raum- und Zeitanschauung*, Stuttgart: Spemann 1913

Bühler, Karl: *Die Krise der Psychologie*, Jena: Gustav Fischer 1927

Bühler, Karl: *Sprachtheorie. Die Darstellungsfunktion der Sprache* (1934), Stuttgart: Fischer ^{2}1965

Burkhardt, Armin: »Metalepse«, in: Gert Ueding (Hg.): *Historisches Wörterbuch der Rhetorik*, Bd. 5, Tübingen: Niemeyer 2001, Sp. 1087-1096

Butler, Judith: *Bodies that Matter. On the discursive limits of »Sex«*, New York/London: Routledge 1993

Campbell, Jan: *Film and Cinema Spectatorship. Melodrama and Mimesis*, Cambridge: Polity 2005

Casetti, Francesco: *Les Théories du cinéma depuis 1945*, aus dem Ital. v. Sophie Saffi, Paris: Nathan 1999

Cassirer, Ernst: *Zur Logik der Kulturwissenschaften. Fünf Studien* (1942), Darmstadt: Wissenschaftliche Buchgesellschaft ^{3}1971

Cassirer, Ernst: *Die Philosophie der symbolischen Formen I. Die Sprache* (1923), Darmstadt: Wissenschaftliche Buchgesellschaft 1956

Cassirer, Ernst: *Die Philosophie der symbolischen Formen II. Das mythische Denken* (1925), Darmstadt: Wissenschaftliche Buchgesellschaft 1953

Cassirer, Ernst: *Die Philosophie der symbolischen Formen III. Phänomenologie der Erkenntnis* (1929), Darmstadt: Wissenschaftliche Buchgesellschaft 1954

Castle, Terry: »Phantasmagoria: Spectral Technology and the Metaphorics of Modern Reverie«, in: T.C.: *The Female Thermometer. 18th Century Culture and the Invention of the Uncanny*, Oxford: Oxford University Press 1995, S. 140-167

Castoriadis, Cornelius: *Gesellschaft als imaginäre Institution*, Frankfurt a.M.: Suhrkamp 1990

Cave, Terence: *Recognitions. A Study in Poetics*, Oxford: Clarendon 1988

Cersowsky, Peter: *Phantastische Literatur im ersten Viertel des 20. Jahrhunderts. Untersuchungen zum Strukturwandel des Genres, seinen geistesgeschichtlichen Voraussetzungen und zur Tradition*

der »schwarzen Romantik« insbesondere bei Gustav Meyrink, Alfred Kubin und Franz Kafka, München: Fink 1989
Cervantes, Miguel de: *Don Quijote de la Mancha*, 2 Bde., hg. v. John Jay Allen, Madrid: Cátedra 2000
Chihaia, Matei: »Aquí, ahora. Die intermediale Metalepse bei Julio Cortázar, Dan Graham und Michael Snow«, in: Uta Felten/Isabel Maurer Queipo/Alejandra Torres (Hg.): *Intermedialität in Hispanoamerika. Brüche und Zwischenräume*, Tübingen: Stauffenburg 2007, S. 103-124
Chihaia, Matei: *Institution und Transgression. Inszenierte Opfer in Tragödien Corneilles und Racines*, Tübingen: Gunter Narr 2002
Chihaia, Matei: »¿Qué pincel podrá pintarlas? – Variantes modernas de la pampa sublime«, in: Wolfram Nitsch/Matei Chihaia/Alejandra Torres (Hg.): *Ficciones de los medios en la periferia. Técnicas de comunicación en la ficción hispanoamericana moderna*, Köln: Universitäts- und Stadtbibliothek Köln 2008, S. 51-72
Clarasó, Mercedes: »Horacio Quiroga y el cine«, *Revista Iberoamericana* 108-109 (julio-diciembre de 1979), S. 613-622
Cohn, Dorrit: »Métalepse et mise en abyme«, in: John Pier/Jean-Marie Schaeffer (Hg.): *Métalepses. Entorses au pacte de la représentation*, Paris: EHESS 2005, S. 121-130
Combes, André: »A partir de ›Metropolis‹ de F. Lang: La Gestalt de masse et ses espaces«, in: Claudine Amiard-Chevrel (Hg.): *Théâtre et cinéma années vingt. Une quête de la modernité*, 2 Bde., Paris: L´Âge d'homme 1990, Bd. 2, S. 178-224
Concha, Jaime: »Los empleados del cielo: En torno a Felisberto Hernández«, in: Alain Sicard (Hg.): *Felisberto Hernández ante la crítica actual*, Caracas: Monte Avila 1977, S. 61-83
Contreras, Sandra: »En torno a la definición del pudor artístico. Quiroga, 1916-1917«, in: Gloria Chicote/Miguel Dalmaroni (Hg.): *El vendaval de lo nuevo. Literatura y cultura en la Argentina moderna entre España y América Latina (1880-1930)*, Rosario: Beatriz Viterbo 2007, S. 173-195
Cortázar, Julio/Prego Gadea, Omar: *La fascinación de las palabras*, Buenos Aires: Alfaguara 1997
Cortázar, Julio: *Cartas 1937-1963*, hg. v. Aurora Bernárdez, Buenos Aires: Alfaguara 2000
Cortázar, Julio: *Imagen de John Keats*, Buenos Aires: Alfaguara 1996
Cortázar, Julio: *Los relatos, 1: Ritos* (1976), Madrid: Alianza 2000

Cortázar, Julio: *Los relatos, 2: Juegos* (1976), Madrid: Alianza ⁴1988
Cortázar, Julio: *Obra Crítica I*, hg. v. Saúl Yurkievich, Buenos Aires: Alfaguara 1994
Cortázar, Julio: *Obra Crítica II*, hg. v. Jaime Alazraki, Buenos Aires: Alfaguara 1994
Cortázar, Julio: *Obra Crítica III*, hg. v. Saúl Sosnowski, Buenos Aires: Alfaguara 1994
Cortázar, Julio: *Último round* (1969), Madrid: Debate 1992
Cortázar, Julio: *Rayuela* (1963), hg. v. Julio Ortega und Saul Yurkievich, Madrid: Archivos 1991
Cozarinsky, Edgardo: *Borges y el cinematógrafo*, Barcelona: Emecé 2002
Dällenbach, Lucien: *Le Récit spéculaire. Essay sur la mise en abyme*, Paris : Seuil 1977
Dapía, Silvia: *Die Rezeption der Sprachkritik Fritz Mauthners im Werk von Jorge Luis Borges*, Wien: Böhlau 1993
De Costa Toscano, Ana María: *El discurso autobiográfico en la escritura de Horacio Quiroga*, Valladolid: Universitas Castellae 2002
Deleuze, Gilles: *Cinéma I. L'Image-mouvement*, Paris: Minuit 1983
Dünne, Jörg: »Borges und die Heterotopien des Enzyklopädischen. Mediale Räume in der phantastischen Literatur«, in: Clemens Ruthner/Ursula Reber/Markus May (Hg.): *Nach Todorov*, Tübingen: Francke 2006, S. 189-208
Dünne, Jörg/Günzel, Stephan (Hg.): *Raumtheorie. Grundlagentexte aus Philosophie und Kulturwissenschaften*, Frankfurt a.M.: Suhrkamp 2007
Echevarren, Roberto: *El espacio de la verdad. Práctica del texto de Felisberto Hernández*, Buenos Aires: Sudamericana 1981
Ehrenzweig, Anton: *The Psychoanalysis of Artistic Vision and Hearing. An introduction to a theory of unconscious perception* (1953), New York: George Braziller 1965
Eisner, Lotte H.: *Die dämonische Leinwand*, Frankfurt a.M.: Kommunales Kino 1975
Ekstein, Rudolf: »Karl Bühler's ›Sprachtheorie‹ in Psychoanalytic Perspective: from monologue to dialogue to plurilogue«, in: Achim Eschbach (Hg.): *Karl Bühler's Theory of Language*, Amsterdam/Philadelphia: John Benjamins 1988, S. 3-15
Elsenhans, Theodor: *Lehrbuch der Psychologie* (1912), Tübingen: J.C.B. Mohr 1920

Ewers, Hans Heinz: »Geleitwort zu ›Der Student von Prag‹« (1930), in: Fritz Güttinger (Hg.): *Kein Tag ohne Kino. Schriftsteller über den Stummfilm*, Frankfurt a.M.: Deutsches Filmmuseum 1984, S. 25-30

Fernández, Mauro A. »Fénix«: *Historia de la magia y del ilusionismo en la Argentina (desde su orígenes hasta el siglo XIX inclusive)*, Buenos Aires: Servicio 1996

Ferré, Rosario: *El acomodador. Una lectura fantástica de Felisberto Hernández*, México: Fondo de Cultura Económica 1986

Fleig, Anne: »Grauenvolle Stimme. Das Lachen in E.T.A. Hoffmanns ›Der Sandmann‹«, in: Arnd Beise/Ariane Martin/Udo Roth (Hg.): *LachArten. Zur ästhetischen Repräsentation des Lachens vom späten 17. Jahrhundert bis zur Gegenwart*, Bielefeld: Aisthesis 2003, S. 113-134

Fludernik, Monika: »Changement de scène et mode métaleptique«, aus dem Engl. von Ioana Vultur, in: John Pier/Jean-Marie Schaeffer (Hg.): *Métalepses. Entorses au pacte de la représentation*, Paris: EHESS 2005, S. 73-94

Foucault, Michel: »Nietzsche, Freud, Marx« (1964), in: M.F.: *Dits et Ecrits*, 4 Bde. hg. v. Daniel Defert u. François Ewald, Bd. 1 1954-1969, Paris: Gallimard 1994, S. 564-579

Freud, Sigmund: »Das Unheimliche«, in: S.F.: *Studienausgabe IV: Psychologische Schriften*, hg. v. Alexander Mitscherlich, Angela Richards u. James Strachey, Frankfurt a.M.: S. Fischer 1970, S. 241-274

Freud, Sigmund/Breuer, Josef: »Studien über Hysterie« (1895), in: S.F.: *Gesammelte Werke, chronologisch geordnet*, Bd. 1, hg. von Anna Freud, Frankfurt a.M.: Fischer 1978, S. 75-312

Fuentes, Carlos: *Cambio de piel* (1967), Buenos Aires: Alfaguara 1994

Gardiés, André: *L'Espace au cinéma*, Paris: Méridiens Klincksieck 1993

Genette, Gérard: »D'un récit baroque«, in: G.G.: *Figures II*, Paris: Seuil 1969, S. 195-222

Genette, Gérard: »Discours du récit«, in: G.G.: *Figures III*, Paris: Seuil 1972, S. 65-282

Genette, Gérard: *Fiction et diction* (1979), Paris: Seuil 2004

Genette, Gérard: *Métalepse. De la figure à la fiction*, Paris: Seuil 2004

Gilli, José: »La teoría de la relatividad«, *Nosotros* 181 (1924), S. 298-320

Giordano, Alberto: *La experiencia narrativa: Juan José Saer. Felisberto Hernández. Manuel Puig*, Rosario: Beatriz Viterbo 1992

Giraldi Dei Cas, Norah: *Felisberto Hernández. Del creador al hombre*, Montevideo: Ediciones de la Banda Oriental 1975

Giraldi Dei Cas, Norah: »La fundación mítica y la identificación con el padre: Felisberto Hernández y ›El caballo perdido‹«, *América* (Cahiers du CRICCAL) 3 (1999), S. 281-297

Glantz, Margo: »Poe en Quiroga«, in: Angel Flores (Hg.): *Aproximaciones a Horacio Quiroga*, Caracas: Monte Avila 1976, S. 93-124

Goloboff, Mario: *Julio Cortázar. La biografía*, Barcelona: Seix Barral 1998

Goloboff, Mario: »El hablar con figuras de Cortázar« (1975), in: J.C.: *Rayuela* (1963), hg. v. Julio Ortega und Saul Yurkievich, Madrid: Archivos 1991, S. 751-759

Gropp, Nicolás: »Una poética de la mirada intrusa. Maniquíes y escaparates en la literatura de Felisberto Hernández«, *Fragmentos* (Florianópolis) 19 (2000), S. 47-65.

Gubern, Román: *Mensajes icónicos en la cultura de masas* (1974), Barcelona: Lumen 1988

Guidi, Roberto: *Como se escribe una obra para el cinematógrafo*, Buenos Aires: Ariel 1918

Gumbrecht, Hans-Ulrich: *In 1926. Living on the edge of time*, Cambridge/Mass.: Harvard University Press 1997

Gunning, Tom: »The Cinema of Attraction. Early Film, Its Spectator and the Avant-Garde«, in: Thomas Elsaesser (Hg.): *Early Cinema. Space, Frame, Narrative*, London: British Film Institute 1990, S. 56-62

Gunning, Tom: »›Primitive‹ Cinema. A Frame-Up? Or The Trick's on Us«, in: Thomas Elsaesser (Hg.): *Early Cinema. Space, Frame, Narrative*, London: British Film Institute 1990, S. 95-103

Heider, Fritz: *Ding und Medium* (1926), Berlin: Kadmos 2005

Hamburger, Käte: *Die Logik der Dichtung* (1957), Stuttgart: Klett-Cotta 1994

Hanke-Schaefer, Adelheid: *Totenklage um Deutschland. Das Echo deutscher Stimmen im Werk von Jorge Luis Borges*, Berlin: tranvía 2007

Heath, Stephen: »Cinema and Psychoanalysis. Parallel Histories«, in: Janet Bergstrom (Hg.): *Endless Night. Cinema and Psychoana-*

lysis. Parallel Histories, University of California Press 1999, S. 27-56

Hedges, Inez: *Breaking the Frame. Film Language and the Experience of Limits*, Bloomington and Indianapolis: Indiana UP 1991

Hempfer, Klaus W.: *Gattungstheorie. Information und Synthese*, München: Fink 1973

Hernández, Felisberto: *Obras Completas*, 3 Bde., hg. v. María Luisa Puga, México, Siglo XXI 1983

Heydolph, Claudia: *Der Blick auf das lebende Bild. F.W. Murnaus ›Der letzte Mann‹ und die Herkunft der Bilderzählung*, Kiel: Ludwig 2004

Hillis Miller, John: »La figura en ›La muerte y la brújula‹ de Borges: Red Scharlach como hermeneuta«, in: Lisa Block de Behar (Hg.): *Diseminario. La desconstrucción, otro descubrimiento de América*, Montevideo: xyz 1987, S. 163-173

Hoffmann, E.T.A.: »Der Sandmann« (1816), in: E.T.A.H.: *Nachtstücke* etc. (=*Sämtliche Werke in sechs Bänden*, Bd. 3), hg. v. Hartmut Steinecke, Frankfurt a.M.: Deutscher Klassiker Verlag 1985, S. 11-49

Hoffmann, Kai: »Ein Erzähler im Kinozeitalter. Filmisches Schreiben im Erzählwerk von Jorge Luis Borges«, in: Uta Felten/Isabel Maurer Queipo (Hg.): *Intermedialität in Hispanoamerika. Brüche und Zwischenräume*, Tübingen: Stauffenburg 2007 (Siegener Forschungen zur romanischen Literatur- und Medienwissenschaft 19), S. 151-161

Hopfe, Karin: *Vicente Huidobro, der Creacionismo und das Problem der Mimesis*, Tübingen: Narr 1996

Hottenroth, Priska-Monika: »The System of Local Deixis in Spanish«, in: Jürgen Weissenborn/Wolfgang Klein (Hg.): *Here and There. Cross-linguistic Studies on Deixis and Demonstration*, Amsterdam/Philadelphia: John Benjamins 1982, S. 133-153

Houswitschka, Christoph: »Burned to Light: The Reception of F.W. Murnau's ›Nosferatu‹ (1922) in E. Elias Merhige's ›Shadow of the Vampire‹«, in: Oliver Jahraus/Stefan Neuhaus (Hg.): *Der phantastische Film*, Würzburg: Königshausen & Neumann 2005, S. 61-81

Huber, Martin: *Der Text als Bühne. Theatrales Erzählen um 1800*, Göttingen: Vandenhoek & Ruprecht 2003

Huidobro, Vicente: »Mío Cid Campeador« (1928), in: V.H.: *Poesía y prosa. Antología*, Madrid: Aguilar ²1967, S. 355-422

Huidobro, Vicente: *Obras completas*, hg. v. Hugo Montes, Santiago: Bello 1976

Husserl, Edmund: *Ideen zu einer reinen Phänomenologie und phänomenologischen Philosophie, 2. Buch: Phänomenologische Untersuchungen zur Konstitution*, hg. von Marly Biemel, Haag: Martinus Nijhof 1952

Imo, Wiltrud: »Julio Cortázar. Poeta Camaleón«, *Iberoromania* 22 (1985), S. 46-66

Ingarden, Roman: *Das literarische Kunstwerk* (1930, zweite Auflage 1960), Tübingen: Max Niemeyer 1960

Jackson, Rosemary: *Fantasy. The literature of subversion*, London: Methuen 1981

Jacobsen, Wolfgang: »Frühgeschichte des deutschen Films«, in: W.J. u.a. (Hg.): *Geschichte des deutschen Films*: Stuttgart: Metzler 2004, S. 13-38

Jäger, Ludwig/Stanitzek, Georg (Hg.): *Transkribieren. Medien/Lektüre*, München: Fink 2002

Jentsch, Ernst: »Zur Psychologie des Unheimlichen«, *Psychiatrisch-Neurologische Wochenschrift* 22 (1906), S. 195-198

Jungbluth, Konstanze: »Deictics in the Conversational Dyad. Findings in Spanish and Some Cross-Linguistic Outlines«, in: Friedrich Lenz (Hg.): *Deictic conceptualisation of Space, Time and Person*, Amsterdam/Philadelphia: John Benjamins 2003, S. 13-40

Kabatek, Wolfgang: *Imagerie des Anderen im Weimarer Kino*, Bielefeld: transcript 2003

Kaes, Anton: »Film in der Weimarer Republik«, in: Wolfgang Jacobsen u.a. (Hg.): *Geschichte des deutschen Films*: Stuttgart: Metzler 2004, S. 39-98

Kaiser, Gerhard R.: *E.T.A. Hoffmann*, Stuttgart: Metzler 1988

Kant, Immanuel: »Was heißt: sich im Denken orientieren?«, in: I.K.: *Werke in zwölf Bänden*, hg. v. Wilhelm Weischedel, Frankfurt a.M.: Suhrkamp 1977, Bd. 5, S. 267-283

Kieval, Hillel J.: »Pursuing the Golem of Prague: Jewish Culture and the Invention of a Tradition«, *Modern Judaism*, 17/1 (Feb. 1997), S. 1-23

Kindt, Tom: »L'Art de violer le contrat. Une comparaison entre la metalepse et la non-fiabilité narrative«, in: John Pier/Jean-Marie

Schaeffer (Hg.): *Métalepses. Entorses au pacte de la représentation*, Paris: EHESS 2005, S. 167-178

Kittler, Friedrich: *Grammophon – Film – Typewriter*, Berlin: Brinkmann & Bose 1986

Kittler, Friedrich: »›Das Phantom unseres Ich‹ und die Literaturpsychologie: E.T.A. Hoffmann – Freud – Lacan«, in: F.K./Horst Turk (Hg.): *Urszenen. Literaturwissenschaft als Diskursanalyse und Diskurskritik*, Frankfurt a.M.: Suhrkamp 1977, S. 139-166

Kittler, Friedrich: »Romantik – Psychoanalyse – Film. Eine Doppelgängergeschichte«, in: F.K.: *Draculas Vermächtnis. Technische Schriften*, Leipzig: Reclam 1993, S. 81-104

Koch, Gertrud: »Pygmalion – oder die göttliche Apparatur«, in: Gerhard Neumann/Mathias Mayer (Hg.): *Pygmalion. Die Geschichte des Mythos in der abendländischen Kultur*, Freiburg: Rombach 1997, S. 423-441

Korrodi, Eduard: »Golem – Wegener – Poelzig« (1921), in: Fritz Güttinger (Hg.): *Kein Tag ohne Kino. Schriftsteller über den Stummfilm*, Frankfurt a.M.: Deutsches Filmmuseum 1984, S. 323-326

Korrodi, Eduard: »Paul Wegener im Kino« (1915), in: Fritz Güttinger (Hg.): *Kein Tag ohne Kino. Schriftsteller über den Stummfilm*, Frankfurt a.M.: Deutsches Filmmuseum 1984, S. 322

Kracauer, Siegfried: *Theorie des Films. Die Errettung der äußeren Wirklichkeit*, hg. Inka Mülder-Bach u.a., Frankfurt a.M.: Suhrkamp 2005

Kracauer, Siegfried: *From Caligari to Hitler. A Psychological History of the German Film* (1947), Princeton: Princeton University Press 2004

Kracauer, Siegfried: *Theory of Film. The Redemption of Physical Reality* (1960), New York/Oxford: Oxford University Press 1965

Kramer, Kirsten: »Spektrale Epiphanie und Kontingenz. Erscheinungsformen und Funktionen der Photographie in der phantastischen Literatur Horacio Quirogas«, in: Christoph Hoch/Philipp Jeserich (Hg.): *EgoLogie. Subjektivität und Medien in der Spätmoderne (1880-1940)*, Frankfurt a.M. u.a.: Peter Lang 2005, S. 71-103

Krieger Gambarini, Elsa: »Un cambio de código y su descodificación en ›El espectro‹ de Horacio Quiroga«, *INTI, Revista de literatura hispánica* 20 (otoño de 1984), S. 29-40

Külpe, Oswald: *Vorlesungen über Psychologie*, hrsg. von Karl Bühler, Leipzig: Hirzel 1920

Lacan, Jacques: »Le Stade du miroir comme formateur de la fonction du Je«, in: J.L.: *Écrits*, Paris: Seuil 1966, S. 93-100

Lachmann, Renate: *Erzählte Phantastik. Zur Phantasiegeschichte und Semantik phantastischer Texte*, Frankfurt a.M.: Suhrkamp 2002

Lafforgue, Jorge: »Notas sobre los textos«, in: Horacio Quiroga: *Obras. Novelas y relatos*, ed. Jorge Lafforgue y Pablo Rocca, Buenos Aires: Losada 1998, 483-498

Ledig, Elfriede: *Paul Wegeners Golem-Filme im Kontext fantastischer Literatur*, München: Schaudig/Bauer/Ledig 1989

Lothar, Rudolf: *Der Golem. Phantasien und Historien*, München/Leipzig: Georg Müller ^{2}1904

Lotman, Juri: *Die Struktur literarischer Texte*, München: Fink 1972.

Lotman, Juri: »Zur Metasprache typologischer Kultur-Beschreibungen«, in: J.L.: *Aufsätze zur Theorie und Methodologie der Literatur und Kutur*, übers. u. hg. v. Karl Eimermacher, Kronberg/Ts.: Scriptor 1974, S. 338-377

Louvel, Liliane: »Nuances du pictural«, *Poétique* 126 (2001), S. 175-189

Lube, Manfred: *Gustav Meyrink. Beiträge zu seiner Biographie und Studien zu seiner Kunsttheorie*, Graz: Verlag für die Technische Universität Graz 1970

Lube, Manfred: »Zur Entstehungsgeschichte von Gustav Meyrinks Roman ›Der Golem‹«, *Österreich in Geschichte und Literatur* 15 (1971), S. 521-541

Lugones, Leopoldo: »Un fenómeno inexplicable«, in: L.L.: *Las fuerzas extrañas*, Buenos Aires: Arnoldo Moen y hermano 1906, S. 49-62

Luhmann, Niklas: *Die Kunst der Gesellschaft*, Frankfurt a.M.: Suhrkamp 1995

Luna Sellés, Carmen: *La exploración de lo irracional en los escritores modernistas hispanoamericanos: literatura onírica y poetización de la realidad*, Santiago de Compostela: Universidad de Santiago de Compostela 2002

Mahler, Andreas: »›The use of things is all.‹ Frühneuzeitlicher Mediengebrauch und ästhetische. Anthropologie in Ben Jonsons The staple of news«, in: Wolfram Nitsch/Bernhard Teuber (Hg.): *Vom Flugblatt zum Feuilleton. Mediengebrauch und ästhetische Anthropologie in historischer Perspektive*, Tübingen: Narr 2002, S. 147-165

Malina, Debra: *Breaking the Frame: Metalepsis and the Construction of the Subject*, Columbus: Ohio State University Press 2002

Manvell, Roger: *Masterworks of the German Cinema*, London: Lorrimer Publishing 1973

Marbe, Karl: *Theorie der kinematographischen Projektionen*, Leipzig: Barth 1910

Martínez, Carlos Dámaso: »Estudio preliminario: El cine y la literatura como una conjunción estética«, in: Horacio Quiroga: *Arte y lenguaje del cine*, hg. v. C.D.M., Buenos Aires: Losada 1996, S. 15-37

Martínez, Matías/Scheffel, Michael: *Einführung in die Erzähltheorie*, München: Beck 1999

Martínez, Matías/Scheffel, Michael: »Narratology and Theory of Fiction. Remarks on a Complex Relationship«, in: Tom Kindt/Hans-Harald Müller (Hg.): *What is Narratology? Questions and Answers Regarding the Status of a Theory*, Berlin/New York: de Gruyter 2003, S. 221-237

Matzat, Wolfgang: *Dramenstruktur und Zuschauerrolle*, München: Fink 1982

Matzker, Reiner: *Das Medium der Phänomenalität. Wahrnehmungs- und erkenntnistheoretische Aspekte der Medientheorie und Filmgeschichte*, München: Fink 1993

Mauthner, Fritz: *Wörterbuch der Philosophie. Neue Beiträge zu einer Kritik der Sprache* (1910), Leipzig: Meiner 1923

McHale, Brian: *Postmodernist Fiction*, London: Methuen 1987

Meister, Jan Christoph: »Le ›Metalepticon‹: Une étude informatique de la métalepse«, aus dem Engl. v. Ioana Vultur, in: John Pier/Jean Marie Schaeffer (Hg.): *Métalepses. Entorses au pacte de la représentation*, Paris: EHESS 2005, S. 225-246

Mesa Gancedo, Daniel: *Extraños semejantes. El personaje artificial y el artefacto narrativo en la literatura hispanoamericana*, Zaragoza: Prensas universitarias de Zaragoza 2002

Meteling, Arno: *Monster. Zu Körperlichkeit und Medialität im modernen Horrorfilm*, Bielefeld: transcript 2006

Metz, Christian: *Le Signifiant imaginaire. Psychanalyse et cinéma*, Paris: Christian Bourgeois 1977

Meyer-Minnemann, Klaus: »Un procédé narratif qui ›produit un effet de bizzarrerie‹: la métalepse littéraire«, in: John Pier/Jean-Marie

Schaeffer (Hg.): *Métalepses. Entorses au pacte de la représentation*, Paris: EHESS 2005, S. 133-150

Meyer-Minnemann, Klaus: »Narración paradójica y ficción«, in: K.M.-M., Nina Grabe, Sabine Lang (Hg.): *La narración paradójica y el principo de la transgresión*. Madrid-Frankfurt/M.: Iberoamericana-Vervuert 2006, S. 49-71

Meyrink, Gustav: *Der Golem. Ein Roman*, Leipzig: Kurt Wolff 1915

Meyrink, Gustav: *Das grüne Gesicht*, Leipzig: Kurt Wolff 1916

Michalski, Ernst: *Die Bedeutung der ästhetischen Grenze für die Methode der Kunstgeschichte*, Berlin: Deutscher Kunstverlag 1932

Monaco, James: *Film verstehen. Kunst, Technik, Sprache, Geschichte und Theorie des Films und der Neuen Medien*, Hamburg: Europa 2000

Moran, Dominic: *Questions of the Liminal in the Fiction of Julio Cortázar*, Oxford: Legenda 2000

Mourey, Jean-Pierre: *Borges. Vérité et univers fictionnels*, Bruxelles: Pierre Madarga 1988

Münsterberg, Hugo: *Das Lichtspiel. Eine psychologische Studie* (1916), hg. v. Jörg Schweinitz, Wien: Synema 1996

Mulvey, Laura: »Visual Pleasure and Narrative Cinema«, *Screen* 16 (Autumn 1975), S. 6-18

Nazareno Bravi, Adrián: »Nota sobre Borges y el golem«, *Variaciones Borges* 6 (1998), S. 227-231

Neerman, Elena/Nuñez, Maria Gracia: »El narrador alucinado como marca textual de ambigüedad en Horacio Quiroga«, in: Sylvia Lago (Hg.): *Actas de las jornadas de homenaje a Horacio Quiroga*, Montevideo: Universidad de la República, S. 135-146

Neuhoff, Bernhard: »Ritual und Trauma. Eine Konstellation der Moderne bei Benjamin, Freud und Hofmannsthal«, *Hofmannsthal-Jahrbuch zur europäischen Moderne* 10 (2002), S. 183-211

Niemeyer, Katharina: »›How to make films with words‹. Sobre los comienzos de la escritura fílmica en la literatura hispanoamericana«, in: Dieter Ingenschay/Gabriele Knauer/Klaus Meyer-Minnemann (Hg.): *El pasado siglo XX. Una retrospectiva de la literatura latinoamericana*, Berlin: tranvía 2003, S. 161-177

Nitsch, Wolfram: »Anthropologische und technikzentrierte Medientheorien«, in: Claudia Liebrand/Irmela Schneider u.a. (Hg.): *Einführung in die Medienkulturwissenschaft*, Münster: Lit 2005, S. 81-98.

Nitsch, Wolfram: »Barocke Dezentrierung. Spiel und Ernst in Lope de Vegas Dorotea«, in: Joachim Küpper/Friedrich Wolfzettel (Hg.): *Diskurse des Barock. Dezentrierte oder rezentrierte Welt?*, München: Fink 2000, S. 219-244

Nitsch, Wolfram: »Die Insel der Reproduktionen. Medium und Spiel in Bioy Casares' ›La invención de Morel‹«, *Iberoromania* 60 (2004), S. 102-117

Nitsch, Wolfram: »Die lockere und die feste Schraube. Spiel und Terror in Cortázars ›Rayuela‹«, in: Ulrich Schulz-Buschhaus/Karlheinz Stierle (Hg.): *Projekte des Romans nach der Moderne*, München: Fink 1997, S. 263-287

Nitsch, Wolfram: »Theater der Magie – Magie des Theaters. Spuk und Zauberei im Drama Calderóns«, in: Gerhard Penzkofer/Wolfgang Matzat (Hg.): *Der Prozeß der Imagination. Magie und Empirie in der frühen Neuzeit*, Tübingen: Niemeyer 2005, S. 307-322

Odin, Roger: *De la Fiction*, Brüssel: De Boeck 2000

Orosz, Susanne: »Weiße Schrift auf schwarzem Grund. Die Funktion von Zwischentiteln im Stummfilm, dargestellt aus Beispielen aus Der Student von Prag (1913)«, in: Elfriede Ledig (Hg.): *Der Stummfilm. Konstruktion und Rekonstruktion*, München: Schaudig/Bauer/Ledig 1988, S. 135-151

Orth, Ernst Wolfgang: *Was ist und was heißt »Kultur«? Dimensionen der Kultur und Medialität der menschlichen Orientierung*, Würzburg: Königshausen & Neumann 2000

Osorio, P.: »Einstein visto por Kant«, übers. v. Emilio Suárez Calinaro, *Nosotros* 161 (1922), S. 326-342

Paech, Joachim: »Der Bewegung einer Linie folgen. Notizen zum Bewegungsbild«, in: J.P.: *Der Bewegung einer Linie folgen... Schriften zum Film*, Berlin: Vorwerk 8 2002, S. 133-161

Paech, Joachim: »Figurationen ikonischer n...Tropie. Vom Erscheinen des Verschwindens im Film«, in: J.P.: *Der Bewegung einer Linie folgen...Schriften zum Film*, Berlin: Vorwerk 8 2002, S.112-132

Paech, Joachim: »Intermedialität. Mediales Differenzial und transformative Figurationen«, in: Jörg Helbig (Hg.): *Intermedialität. Theorie und Praxis eines interdisziplinären Forschungsgebiets*, Berlin: Erich Schmidt, 1998, S. 14-30

Paech, Joachim: »Rodin, Rilke und der kinematographische Raum«, in: J.P.: *Der Bewegung einer Linie folgen...Schriften zum Film*, Berlin: Vorwerk 8 2002, S. 24-41

Paech, Joachim: »Überlegungen zum Dispositiv als Theorie medialer Topik«, in: J.P.: *Der Bewegung einer Linie folgen...Schriften zum Film*, Berlin: Vorwerk 8 2002, S. 85-111

Palma, Clemente: »XYZ. Novela grotesca«, in: C.P.: *Narrativa completa*, 2 Bde., hg. v. Ricardo Sumalavia, Perú: Pontificia Universidad Católica 2006, Bd. 2, S. 121-381

Panesi, Jorge: *Felisberto Hernández*, Rosario: Beatriz Viterbo 1993

Panesi, Jorge: »Felisberto Hernández, un artista de hambre«, in: J.P.: *Crítica*, Buenos Aires: Norma 2000, S. 183-220

Penning, Dieter: »Die Ordnung der Unordnung. Eine Bilanz zur Theorie der Phantastik«, in: Christian W. Thomsen/Jens Malte Fischer (Hg.): *Phantastik in Literatur und Kunst*, Darmstadt: Wissenschaftliche Buchgesellschaft 1980, S. 34-51

Pérez Martín, Norma: *Testimonio autobiográfico de Horacio Quiroga. Cartas y diario de viaje*, Buenos Aires: Corregidor 1997

Picon, Gaëtan: *Panorama de la nouvelle littérature française* (^{2}1949), Paris: Gallimard: ^{23}1951

Plantinga, Carl: »The Limits of Appropriation. Subjectivist Accounts of the Fiction/Nonfiction Film Distinction«, in: Ib Bondebjerg (Hg.): *Moving Images, Culture and the Mind*, Luton: Luton University Press 2000, S. 133-141

Platon: »Kratylos«, in: P.: *Phaidon, Das Gastmahl, Kratylos*, griechisch und deutsch, übers. v. Friedrich Schleiermacher, hg. v. Dietrich Kurz u.a., Darmstadt: Wissenschaftliche Buchgesellschaft 1974, S. 395-575

Poe, Edgar Allan: »The Fall of the House of Usher«, in: E.A.P.: *Collected Works*, 3 Bde., hg. v. Thomas O. Mabbott, Cambridge, Mass./London: Belknap of Harvard University Press 1978, Bd. II, S. 392-422

Poe, Edgar Allan: »Life in Death (The Oval Portrait)« (1842/1845), in: E.A.P.: *Collected Works*, 3 Bde., hg. v. Thomas O. Mabbott, Cambridge, Mass./London: Belknap of Harvard University Press 1978, Bd. 2, S. 659-667

Prandtl, A[ntonin]: »Assoziationspsychologie«, in: Emil Saupe (Hg.): *Einführung in die neuere Psychologie*, Osterwieck am Harz: Zickfeldt 1928, S. 87-106

Prieto, Julio: *Desencuadernados: vanguardias excéntricas en el Río de la Plata. Macedonio Fernández y Felisberto Hernández*, Rosario: Beatriz Viterbo 2002

Pulch, Harald: »type in motion. Schrift in Bewegung«, in: Hans-Edwin Friedrich/Uli Jung (Hg.): *Schrift und Bild im Film*, Bielefeld: Aisthesis 2002, S. 13-31

Quiroga, Horacio: *Arte y lenguaje del cine*, hg. v. Carlos Dámaso Martínez, Buenos Aires: Losada 1996

Quiroga, Horacio: *Cuentos*, 2 Bde., hg. v. Jorge Lafforgue/Pablo Rocca, Buenos Aires: Losada 2002

Quiroga, Horacio: *El hermano Quiroga. Cartas de Quiroga a Martínez Estrada* (1957), hg. v. Oscar Rodríguez Ortiz, Caracas: Fundación Biblioteca Ayacucho 1995

Quiroga, Horacio (alias »Licenciado Torralba«): »El hipnotismo al alcance de todos«, *Caras y caretas*, 23.6.1906

Quiroga, Horacio: »El hombre artificial«, in: H.C.: *Obras. Novelas y relatos*, hg. v. Jorge Lafforgue/Pablo Rocca, Buenos Aires: Losada 1998, S. 343-376

Quiroga, Horacio: »Miss Dorothy Phillips, mi esposa«, *La novela del día* 12 (14.2.1919)

Rank, Otto: *Der Doppelgänger. Eine psychoanalytische Studie* (1914), Leipzig/Wien/Zürich: Internationaler Psychoanalytischer Verlag 1925

Renaud, Maryse: »›El acomodador‹ texto fantástico«, in: Alain Sicard (Hg.): *Felisberto Hernández ante la crítica actual*, Caracas: Monte Avila 1977, S. 257-277

Ricci, Graciela N.: *Las redes invisibles del lenguaje: la lengua en y a través de Borges*, Sevilla: Alfar 2002

Rivera, Jorge B.: »Lo arquetípico en la narrativa argentina del 40« (1972), in: Grupo de investigación de literatura argentina de la UBA (Hg.): *Ficciones argentinas. Antología de lecturas críticas*, Buenos Aires: Norma 2004, S. 125-152

Rodríguez Monegal, Emir: *Borges. Una biografía literaria*, aus dem Engl. v. Homero Alsina Thevenet, México: Fondo de Cultura Económica 1987

Roloff, Volker: »Film und Literatur. Zur Theorie und Praxis der intermedialen Analyse am Beispiel von Buñuel, Truffaut, Godard und Antonioni«, in: Peter V. Zima (Hg.): *Literatur intermedial. Musik, Malerei, Photographie, Film*, Darmstadt: Wissenschaftliche Buchgesellschaft 1995, S. 269-309

Romano, Eduardo: *Literatura/Cine Argentino sobre la(s) frontera(s)*, Buenos Aires: Catálogos 1991

Rosenzweig, Franz: *Der Stern der Erlösung* (1921), hg. v. Reinhold Mayer, Haag: Martinus Nijhoff 1976

Rossi, Paolo: »Die magische Welt: Cassirer zwischen Hegel und Freud« in: Enno Rudolph (Hg.): *Cassirers Weg zur Philosophie der Politik*, Hamburg: Felix Meiner 1999, S. 133-147

Ryan, Marie-Laure: *Narrative as Virtual Reality. Immersion and Interactivity in Literature and Electronic Media*, Baltimore and London: The Johns Hopkins UP 2001

Saítta, Sylvia: »Mirar con otros ojos: el cine en la literatura argentina (1900–1950)«, in: Wolfram Nitsch / Matei Chihaia / Alejandra Torres (Hg.): *Ficciones de los medios en la periferia. Técnicas de comunicación en la ficción hispanoamericana moderna*, Köln: Universitäts- und Stadtbibliothek Köln 2008, S. 111-123

Sanjinés, José: *Paseos en el horizonte. Fronteras semióticas en los relatos de Julio Cortázar*, New York u.a.: Peter Lang 1994

Sarlo, Beatriz: *La imaginación técnica*, Buenos Aires: Nueva Visión 1992

Sarlo, Beatriz: *El imperio de los sentimientos. Narraciones de circulación periódica en la Argentina (1917-1927)*, Buenos Aires: Norma 2000

Sarlo, Beatriz: *Una modernidad periférica. Buenos Aires 1920 y 1930*, Buenos Aires: Nueva Visión 1988

Schaeffer, Jean-Marie: »Métalepse et immersion fictionnelle«, in: J.-M. S. / John Pier (Hg.): *Métalepses. Entorses au pacte de la représentation*, Paris: EHESS 2005, S. 323-334

Schaeffer, Jean-Marie: *Pourquoi la fiction?*, Paris: Seuil 1999

Schefer, Jean-Louis: *L'Homme ordinaire du cinéma*, Paris: Cahiers du Cinéma / Gallimard 1980

Schlickers, Sabine: »Inversions, transgressions, paradoxes et bizarreries. La métalepse dans les littératures espagnole et française«, in: John Pier / Jean-Marie Schaeffer (Hg.): *Métalepses. Entorses au pacte de la représentation*, Paris: EHESS 2005, S. 151-166

Schlickers, Sabine: *Verfilmtes Erzählen. Narratologisch-komparative Untersuchung zu »El beso de la mujer araña« (Manuel Puig / Hectro Babenco) und »Crónica de una muerte anunciada« (Gabiel García Márquez / Francesco Rosi)*, Frankfurt a.M.: Vervuert 1997

Schmitz-Emans, Monika: »Die Poesie der Maschinen. Literarische Darstellungen von Automaten und Kunstmenschen in Zeichen ästhetischer Autoreflexion«, *Neohelicon* 24/2 (1997), S. 237-279

Schmitz-Emans, Monika: »Eine schöne Kunstfigur? Androiden, Puppen und Maschinen als Allegorien des literarischen Werkes«, *Arcadia* 30 (1995), S. 1-30

Schönemann, Heide: *Paul Wegener. Frühe Moderne im Film*, Stuttgart/London: Axel Menges 2003

Scholem, Gershom: *Briefe*, 3 Bde., hg. von Itta Shedletzky u.a., München: Beck 1999

Scholem, Gershom: »Seelenwanderung und Sympathie der Seelen in der jüdischen Mystik«, *Eranos-Jahrbuch* 24 (1955), S. 55-118

Scholem, Gershom: »Die Vorstellung vom Golem in ihren tellurischen und magischen Beziehungen«, in: G.S.: *Zur Kabbala und ihrer Symbolik* (engl. 1941), Zürich: Rhein-Verlag 1960

Schopenhauer, Arthur: »Versuch über das Geistersehen und was damit zusammenhängt«, in: A.S.: *Parerga und Paralipomena*, Erster Band (=Sämtliche Werke, Fünfter Band), hg. v. Arthur Hübscher, Leipzig: Brockhaus 1938, S. 239-329

Schweinitz, Jörg: »Psychotechnik, idealistische Ästhetik und der Film als mental strukturierter Wahrnehmungsraum: Die Filmtheorie von Hugo Münsterberg«, in: Hugo Münsterberg: *Das Lichtspiel. Eine psychologische Studie*, hg. v. Jörg Schweinitz, Wien: Synema 1996, S. 9-26

Segeberg, Harro: *Das Kino der Weimarer Republik im Kontext der Künste*, München: Fink 2000

Séville-Fürnkäs, Daniella: *Poetische Relokalisierungen. Jorge Luis Borges' frühe Lyrik*, Frankfurt a.M.: Peter Lang 2004

Sicard, Alain: »Figura y novela en la obra de Julio Cortázar« (1972), in: Pedro Lastra (Hg.): *Julio Cortázar*, Madrid: Taurus 1981, S. 225-240

Simmel, Georg: »Der Bilderrahmen. Ein ästhetischer Versuch« (1902), in: G.S.: *Gesamtausgabe Bd. 7: Aufsätze und Abhandlungen 1901-1908 (1. von 2 Bdn.)*, hg. v. Rüdiger Kramme, Angela Rammstaedt und Otthein Rammstedt, Frankfurt a.M.: Suhrkamp 1995, S. 101-108

Simonis, Annette: *Gestalttheorie von Goethe bis Benjamin. Diskursgeschichte einer deutschen Denkfigur*, Köln/Weimar/Wien: Böhlau 2001

Smit, Frans: *Gustav Meyrink. Auf der Suche nach dem Übersinnlichen*, aus d. Niederl. v. Konrad Dietzfelbinger, München/Wien: Langen Müller 1988

Soud, Stephen E.: »Borges the Golem-Maker. Intimations of presence in ›The Circular Ruins‹«, *MLN* 110/4 (1995), S. 739-754

Spencer, Herbert: *The Principles of Psychology*, Faksimile der Ausgabe von 1899, Osnabrück: Otto Zeller 1966

Spiller, Gustav: *The Mind of Man. A text-book of psychology*, London: Swan Sonnenschien 1902

Standish, Peter: *Understanding Julio Cortázar*, Columbia: University of South Carolina Press 2001

Stoichita, Victor I.: *L'Instauration du tableau : métapeinture à l'aube des temps modernes*, Genf: Droz ²1999

Stoichita, Victor I.: »Der Quijote-Effekt. Bild und Wirklichkeit im 17. Jahrhundert unter besonderer Berücksichtigung von Murillos Œuvre«, in: Hans Körner (Hg.): *Die Trauben des Zeuxis. Formen künstlerischer Wirklichkeitsaneignung*, Hildesheim u.a.: Georg Olms 1990, S. 106-139

Stoichita, Victor I.: *L'Effet Pygmalion*, Genève: Droz 2008

Stoichita, Victor I.: *A Short History of the Shadow*, London: Reaktion Books 1997

Taiana, Cecilia: »Conceptual Resistance in the Disciplines of the Mind: The Leipzig-Buenos Aires Connection at the Beginning of the 20th Century«, *History of Psychology* 8/4 (2005), S. 383-402

Tamargo, Maribel: »›La invención de Morel‹: lecturas y lectores«, *Revista Iberoamericana* 96-97 (1976), S. 485-495

Todorov, Tzvetan: *Introduction à la littérature fantastique*, Paris: Seuil 1970

Utrera, Laura Lorena: »Horacio Quiroga: lo estético, lo narrativo y lo visual«, in: Analía Costa (Hg.): *Actas del I° Congreso Regional del Instituto Internacional de Literatura Iberoamericana* 2005 (Digitale Publikation: http://www.geocities.com/aularama/ponencias/-rstz/utrera.htm)

Veras, Vicente: *La fotografía y el cinematógrafo*, Madrid: Calpe 1923

Verne, Jules: »Le Château des Carpathes«, in J.V. : *Les romans du feu*, Paris: Omnibus 2002, S. 283-481

Wagner, Richard: »Die Meistersinger von Nürnberg«, in: R.W.: *Gesammelte Schriften und Dichtungen*, 12 Bde., Leipzig: Breitkopf und Härtel ⁵1883 Bd. 7, S. 150-271

Waldvogel, Bruno: *Psychoanalyse und Gestaltpsychologie. Historische und theoretische Berührungspunkte*, Stuttgart-Bad Cannstatt: Frommann Holzboog 1992

Warning, Rainer: »Chaos und Kosmos. Kontingenzbewältigung in der ›Comédie humaine‹«, in: R.W.: *Die Phantasie der Realisten*, München: Fink 1999, S. 35-88

Warning, Rainer: »Der inszenierte Diskurs. Bemerkungen zur pragmatischen Relation der Fiktion«, in: Dieter Henrich/Wolfgang Iser (Hg.): *Funktionen des Fiktiven*, München: Fink 1983, S. 183-206

Warning, Rainer: »Poetische Konterdiskursivität: Zum literaturwissenschaftlichen Umgang mit Foucault«, in: R.W.: *Die Phantasie der Realisten*, München: Fink 1999, S. 313-345

Wegener, Paul: *Der Golem wie er in die Welt kam. Eine Geschichte in fünf Kapiteln*, Berlin: August Scherl 1921

Wegener, Paul: »Die künstlerischen Möglichkeiten des Films« (1916), in: Kai Möller (Hg.): *Paul Wegener. Sein Leben und seine Rollen. Ein Buch von ihm und über ihn*, Hamburg: Rowohlt 1954, S. 102-113

Weinrich, Harald: »Über Sprache, Leib und Gedächtnis«, in: Hans Ulrich Gumbrecht (Hg.): *Materialität der Kommunikation*, Frankfurt a.M.: Suhrkamp ^{2}1995, S. 80-93

Weissenborn, Jürgen: »Von der ›demonstratio ad oculos‹ zur ›Deixis am Phantasma‹. Die Entwicklung der lokalen Referenz bei Kindern«, in: Achim Eschbach (Hg.): *Karl Bühler's Theory of Language*, Amsterdam/Philadelphia: John Benjamins 1988, S. 257-276

Williams, Lee: »Film Criticism and/or Narrative? Horacio Quiroga's Early Embrace of Cinema«, *Studies in Hispanic Cinemas* 1/3 (2005), S. 181-197

Williams, Lee: »Hollywood as Imaginary in the Work of Horacio Quiroga and Ramon Gomez de la Serna«, *West Virginia University Philological Papers* 53 (2006), S. 48-55

Wittgenstein, Ludwig: »Philosophische Untersuchungen« (1953), in: L.W.: *Tractatus logico-philosophicus, Tagebücher 1914-1916, Philosophische Untersuchungen (= Werkausgabe Bd. 1)*, hg. v. Joachim Schulte u.a., Frankfurt a.M.: Suhrkamp 1989, S. 225-580

Wöll, Alexander: »Der Golem: Kommt der erste künstliche Mensch und Roboter aus Prag?«, in: Marek Nekula / Walter Koschmal /

Joachim Rogall (Hg.): *Deutsche und Tschechen. Geschichte – Kultur – Politik*, München: Beck 2001, S. 235-245

Wünsch, Marianne: *Die fantastische Literatur der frühen Moderne*, München: Fink 1991

Yurkievich, Saúl: *Julio Cortázar: Mundos y Modos*, Madrid/Buenos Aires: Anaya/Muchnik 1994

Zepp, Susanne: *Jorge Luis Borges und die Skepsis*, Stuttgart: Steiner 2003

Zischler, Hanns: *Borges im Kino*, Reinbek: Rowohlt 1999

Filmographie

Paul Wegener: *Der Golem, wie er in die Welt kam* (Deutschland 1920), DVD (Restaurierte Fassung mit neuer Musik), Erscheinungsdatum 15.3.2004 (Transit und UFA/Universum)

Woody Allen: *The Purple Rose of Cairo* (USA 1984), DVD, Erscheinungsdatum 25.10.2004 (MGM)